사시사철 주말여행 프로젝트

| 일러두기 |

〈1박 2일 추천코스 예시〉

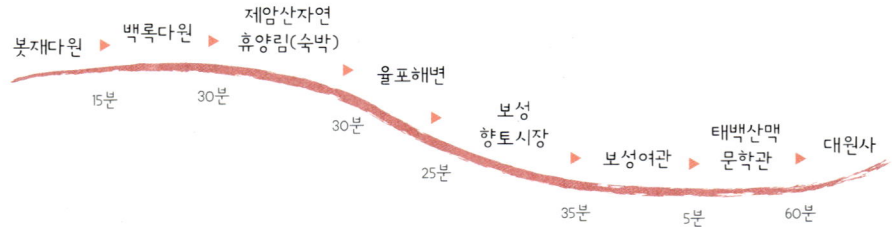

※ 추천코스는 여행지에 따라 당일, 1박 2일, 2박 3일 등으로 제시하였습니다.
이 코스는 저자가 동선과 시간을 고려해 추천한 것이니, 여행자의 상황에 따라 자유롭게 변경할 수 있습니다.

※ 이동소요시간은 자가운전을 기준으로 작성하였으며, 도로와 운전자 사정에 따라 바뀔 수 있습니다.
도보와 자전거, 선박 등의 소요시간은 별도로 명기하였습니다.

 굿스테이는 문화체육관광부와 한국관광공사가 지정한 우수숙박브랜드입니다. 중저가 숙박시설을 대상으로 한국관광공사가 정한 우수숙박시설 지정 기준을 통과한 업체에 한해 지원혜택을 주고, 굿스테이 마크를 사용할 수 있게 합니다.

 한옥스테이는 전통한옥에서 숙박체험을 할 수 있게 한국관광공사가 인증한 숙박 브랜드입니다. 한옥체험 숙박업소를 대상으로 한국관광공사가 정한 우수숙박시설 지정 기준을 통과한 업체에 한해 지원혜택을 주고, 한옥스테이 마크를 사용할 수 있게 합니다.

 1330은 문화체육관광부와 한국관광공사가 운영하는 대표 관광안내전화입니다. 내·외국인 관광객들에게 관광안내뿐만 아니라 통역 서비스를 지원하고 있으며 24시간 연중무휴 이용 가능합니다. 이용방법 : 국번 없이 1330 지원언어 : 한국어, 영어, 일본어, 중국어

 스마트폰의 바코드 스캐너 어플을 이용해 각 여행지에 첨부된 QR코드를 찍어보세요. 한국관광공사가 운영하는 웹사이트 '대한민국 구석구석'으로 연결되어 더 자세한 여행정보를 볼 수 있습니다.

사시사철
주말여행
프로젝트

한국관광공사 추천 가볼만한 곳 100

한국관광공사 지음

꿈의지도

Contents

팔도벚꽃축제

001 진해군항제 | 경남 창원시 벚꽃 잔치의 최고봉, 봄날의 낭만에 취한다 ... 016
002 경포호 | 강원 강릉시 호수에서 즐기는 벚꽃 산책 ... 018
003 옥포로&두류공원 | 대구광역시 하늘 가득 펼쳐진 분홍 꽃밭 ... 020
004 현충원 | 서울특별시 동작구 '충혼'의 수양벚꽃 마중하는 호젓한 꽃길 ... 022
005 송광사 | 전남 순천시 흰 구름 깔아놓은 듯 황홀한 벚꽃의 자태 ... 024
006 익산벚꽃길 | 전북 익산시 역사 위에 피어난 봄 ... 026
007 제주벚꽃길 | 제주특별자치도 분홍빛 꽃비 내리는 봄날의 하이라이트 ... 028
008 충주댐벚꽃길 | 충북 충주시 충주호반 푸른 물빛에 젖은 벚꽃 터널 산책 ... 030

봄나들이

- **009 갈모봉산림욕장** | 경남 고성군 연둣빛 신록으로 빛나는 숲 ······ 034
- **010 대청호오백리길** | 대전광역시 물길 따라 500리, 마음 길 따라 1,000리 ······ 038
- **011 제암산자연휴양림** | 전남 보성군 봄이 먼저 오는 남도의 숲 ······ 042
- **012 국립생태원** | 충남 서천군 기차 타고 만나는 세계 5대 기후대 ······ 046
- **013 순천만** | 전남 순천시 드넓은 갈대밭에 울려 퍼지는 생명의 노래 ······ 050
- **014 소백산자락길** | 경북 영주시 꽃향기에 취해 걷고 봄 햇살에 쉬어 가다 ······ 054
- **015 옥천 향수 100리길** | 충북 옥천군 금빛 물결 너머 가슴 푸근한 풍경 ······ 058
- **016 정선오일장** | 강원 정선군 향긋한 봄을 먹다 ······ 062
- **017 지리산 바래봉** | 전북 남원시 분홍빛 능선을 걷다 ······ 066
- **018 국립수목원** | 경기 포천시 5월, 아름다운 신록을 만나다 ······ 070

공연여행

- **019 하회별신굿 탈놀이** | 경북 안동시 800년을 이어온 신명 나는 탈판 ······ 076
- **020 남사당풍물놀이** | 경기 안성시 얼씨구 어깨가 들썩, 덩더꿍 흥이 절로 ······ 080
- **021 난계국악여행** | 충북 영동군 봄볕 선율, 봄바람 가락 ······ 082
- **022 진도국악체험** | 전남 진도군 아리랑 장단이 흥겨워 '아리리요' ······ 086

도시야경

023 월성지구 | 경북 경주시 도보로 즐기는 신라의 여름밤 ... 092
024 남한산성 | 경기 광주시 세계유산 성곽에서 야경에 취하다 ... 094
025 앞산 야경 | 대구광역시 남구 마치 야간 비행에 나선 비행사가 된 기분 ... 096
026 으능정이 문화의 거리 | 대전광역시 중구 밤의 열기 가득한 도시의 야경 ... 098
027 목포 야경 | 전남 목포시 밤이 아름다운 산과 바다 ... 100
028 한양도성 낙산길 | 서울특별시 종로구 서울의 아름다운 밤을 바라보다 ... 102
029 문신미술관 | 경남 창원시 도시·섬·항구가 어우러진 바다의 야경 ... 104
030 수암골전망대 | 충북 청주시 우암산 자락에서 바라보는 청주의 야경 ... 106

DMZ 생태여행

031 두타연 | 강원 양구군 금강산 가는 길목 비밀의 계곡 ... 110
032 민통선 | 경기 연천군 시간이 멈춘 듯한 풍경 ... 114
033 고석정 | 강원 철원군 임꺽정이 호령하던 한탄강의 비경 ... 118
034 화천 DMZ | 강원 화천군 숨겨진 청정 습지에 희귀 동식물이 살다 ... 122

여름 Summer

섬여행

035	**덕적도&굴업도** ｜ 인천광역시 옹진군 해수욕장과 절경 산책로를 품은 '보물섬'	128
036	**나로도** ｜ 전남 고흥군 뭍은 신록으로 물들고 섬들은 훈풍에 취하고	132
037	**문항어촌 체험마을** ｜ 경남 남해군 조개 캐고, 쏙 잡고, 맨손 고기잡이까지!	136
038	**사도** ｜ 전남 여수시 섬과 섬으로 이어진 신비의 섬	140

여름체험

039	**차유마을** ｜ 경북 영덕군 바다와 바람, 자연체험여행의 보물창고	146
040	**365세이프타운** ｜ 강원 태백시 안전을 체험하다	150
041	**내린천 레포츠** ｜ 강원 인제군 짜릿한 모험레포츠를 즐기자	154
042	**탄금호** ｜ 충북 충주시 한반도의 중심에서 즐기는 알뜰한 여름방학	158
043	**비봉내마을** ｜ 경남 사천시 뗏목 타고 피라미 잡으며 더위사냥	162
044	**파주출판도시** ｜ 경기 파주시 책과 함께하는 특별한 체험여행	166
045	**화천쪽배축제** ｜ 강원 화천군 숲과 호수에서 즐기는 산소욕, 더위야 물렀거라	170
046	**산내들체험마을** ｜ 경기 가평군 오감만족, 신나는 레저체험	174
047	**하전갯벌마을** ｜ 전북 고창군 뙤약볕이 두렵지 않은 조개 캐기 삼매경	176
048	**삼원레저타운** ｜ 충남 서산시 캠핑과 승마, 골프까지 한 번에	178
049	**안덕마을** ｜ 전북 완주군 건강 챙기고, 힐링도 하는 일석이조 체험이 가득!	180

힐링여행

050 군산근대문화유산 | 전북 군산시 1930년대로 떠나는 군산 시간 여행 — 184
051 논골담길 | 강원 동해시 잊힌 묵호항의 이야기를 듣다 — 188
052 영화 촬영지 투어 | 부산광역시 영화보다 더 영화 같은 여행, 부산 — 192
053 전주한옥마을 | 전북 전주시 역사의 향기 그윽한 전통마을 — 196
054 우포늪 | 경남 창녕군 사계절 변신하는 생태 천국 — 200
055 고마나루와 공산성 | 충남 공주시 곰 여인의 전설이 강물 되어 흐르네 — 204
056 수종사 | 경기 남양주시 한강에 기대 선현을 추억하다 — 208
057 윗대티골 | 경북 영양군 고향처럼 넉넉한 산골을 걷다 — 210

가을캠핑

058 당항포오토캠핑장 | 경남 고성군 자연을 품은 가을밤의 서정 — 214
059 충주 캠핑장 | 충북 충주시 여백과 낙엽 향 가득한 하룻밤 — 218
060 아트인아일랜드캠핑장 | 강원 평창군 계곡 속의 섬에서 누리는 캠핑의 즐거움 — 222
061 고대산캠핑리조트 | 경기 연천군 자연 속에서 즐기는 휴식 같은 캠핑 — 226
062 유식물원캠핑장 | 경기 포천시 식물원과 캠핑을 동시에 즐기는 곳 — 228
063 매화미르마을캠핑장 | 경기 김포시 민통선 안에서 즐기는 특별한 캠핑 — 230
064 덕유대야영장 | 전북 무주군 덕유산 너른 품에서 하룻밤 — 232
065 방화동가족휴가촌 | 전북 장수군 호젓해서, 너무 호젓해서 좋은 — 234

가을 Autumm

단풍놀이

066 조무락골	경기 가평군 계곡미가 빼어난 가평의 단풍 명소	238
067 은행마을	충남 보령시 옛집 담긴 은행나무 마을서 '황금빛 향연'	242
068 석남사와 간월재	울산광역시 울주군 붉은 단풍에 홀리고, 은빛 억새에 취하고	246
069 주왕산 절골	경북 청송군 기암절벽에 피어난 단풍 따라, 깊은 계곡 따라	250
070 청남대	충북 청주시 가을빛 담은 나무들이 주인이 되는 시간	254
071 수타사계곡&산소길	강원 홍천군 청량하고 달콤한 공기를 맘껏 호흡하다	258
072 해산령과 비수구미	강원 화천군 울긋불긋 단풍의 바다에 풍덩~	262

유네스코 세계문화유산

073 경주 역사유적지구 | 경북 경주시 왕에게 가다   268
074 고창 고인돌 유적 | 전북 고창군 세계 최대 고인돌 왕국   272
075 창덕궁과 종묘 | 서울특별시 종로구 선의 왕들이 지극히 아끼던 공간   276
076 해인사 장경판전&대장경판 | 경남 합천군 불심으로 새기고 지혜로 보존하다   280
077 거문오름 | 제주특별자치도 화산섬 제주의 속살을 만나다   284

겨울여행

078 북촌한옥마을 | 서울특별시 종로구 600년 역사의 재미난 스토리가 흐르는 골목   288
079 경춘선 기차여행 | 경기 가평군 젊음의 낭만이 가득한 물의 여정   292
080 대관령 눈꽃마을 | 강원 평창군 봅슬레이 눈썰매로 겨울이 뜨겁다   296
081 거가대교 | 경남 거제시 바다 위와 바다 속을 달리다   300
082 목포 별미여행 | 전남 목포시 겨울 입맛을 돋워주는 목포 5미   304
083 천수만 | 충남 태안군 서해바다를 붉게 물들이는 아침 해를 품에 안다   308
084 고판화박물관 | 강원 원주시 판화의 오묘한 세상 속으로 들다   312

겨울 Winter

온천여행

085 덕구온천 | 경북 울진군 온천으로 뜨끈하게 달구고, 대게로 몸보신 ... 318
086 동래온천 | 부산광역시 동래구 온천욕 뒤 파전과 곰장어로 몸보신 ... 320
087 척산온천 | 강원 속초시 족욕공원, 산책로, 설악산을 품에 안다 ... 322
088 월출산온천 | 전남 영암군 칼바람 잊게 하는 힐링 천국 ... 324
089 부곡온천 | 경남 창녕군 최고 수온 78℃, 피부 질환에 좋은 유황 성분 가득 ... 326
090 수안보온천 | 충북 충주시 피로야 가라! 온천에서 즐기는 휴식 여행 ... 328

전철여행

091 개항장 문화지구 | 인천광역시 중구 추억과 문화가 담긴 따뜻한 골목 ... 332
092 부산 지하철1호선 | 부산광역시 지하철 타고 돌아보는 부산 시간여행 ... 336
093 대구 당일전철여행 | 대구광역시 김광석 노래 부르며 문화유산 답사와 별미 체험 ... 340
094 광주 지하철여행 | 광주광역시 근현대를 넘나드는 100년 여행 ... 344
095 대전 지하철여행 | 대전광역시 대전의 역사와 문화를 한 줄로 엮다 ... 348

한옥마을

096 쌍산재 | 전남 구례군 지리산과 섬진강에 기댄 명당에서 쉬다 ... 354
097 계암고택 | 충남 서산시 300년의 시간을 오감으로 느끼는 하룻밤 ... 358
098 조선왕가 | 경기 연천군 왕가의 기품이 서린 한옥 ... 362
099 조견당&우구정가옥 | 강원 영월군 따뜻한 온기가 담긴 추억의 옛집 ... 366
100 청송한옥민예촌 | 경북 청송군 TV 없던 선조들의 심심한 일상을 체험해볼까 ... 370

팔도벚꽃축제

001 진해군항제 | 벚꽃 잔치의 최고봉, 봄날의 낭만에 취한다 경남 창원시

002 경포호 | 호수에서 즐기는 벚꽃 산책 강원 강릉시

003 옥포로&두류공원 | 하늘 가득 펼쳐진 분홍 꽃밭 대구광역시

004 현충원 | '충혼'의 수양벚꽃 마중하는 호젓한 꽃길 서울특별시 동작구

005 송광사 | 흰 구름 깔아놓은 듯 황홀한 벚꽃의 자태 전남 순천시

006 익산벚꽃길 | 역사 위에 피어난 봄 전북 익산시

007 제주벚꽃길 | 벚꽃과 유채꽃이 서로 뽐내는 제주의 봄날 제주특별자치도

008 충추댐벚꽃길 | 충주호반 푸른 물빛에 젖은 벚꽃 터널 산책 충북 충주시

001 진해군항제
경남 창원시

벚꽃 잔치의 최고봉, 봄날의 낭만에 취한다

　벚꽃놀이는 최고봉은 누가 뭐래도 진해다. 매년 3월 말~4월 초순이면 진해는 도시 전체가 벚꽃으로 뒤덮인다. 진해군항제가 처음 시작된 것은 1952년 4월 13일. 진해 북원로터리에 충무공 이순신 장군의 동상을 세우면서 추모제를 올린 것이 시초다. 1963년부터는 진해군항제로 명칭을 바꾼 다음 충무공의 얼을 기리는 행사 외에 문화예술행사, 팔도풍물행사 등도 열었는데, 마침 시기가 벚꽃이 만개하는 때라서 자연의 아름다움도 함께 누릴 수 있다. 진해 시내에서 벚꽃을 감상하기에 좋은 명소는 여좌천, 진해내수면환경생태공원, 장복산조각공원, 안민도로, 경화역, 제황산공원, 해군사관학교 및 해군진해기지사령부 등. 여좌천은 폭이 좁은 하천으로 좌우에 산책하기 좋도록 데크가 가지런히 깔려 있고 군데군데 다리가 놓여 있는데, 미국의 CNN 방송이 한국에서 가봐야 할 곳 50곳 중 하나로 선정해 더욱 유명해졌다. 사진촬영이 취미인 여행객들은 경화역 철길을 선호한다. 경화역은 이름만 남고 역사 건물은 없어졌지만 길이가 약 800m 정도 되는 벚꽃 터널 사이로 기차가 들어오는 모습이 인상적이다.

PART 1. 봄 : 팔도벚꽃축제

여행 내비게이션

여행 콘셉트 벚꽃길 걸으며 봄의 정취 감상
추천 일정 1박 2일 **추천 교통** 자가운전 **추천 계절** 봄
Must Do 1.여좌천 벚꽃길 걷기 2.군악의장 페스티벌 관람
3.제황산공원 모노레일 타보기 4.주남저수지 산책 5.아구찜 먹어보기

추천 여행지

장복산조각공원

창원과 진해를 잇는 장복터널에서부터 장복산조각공원 표지판과 휴게소를 거쳐 마진터널에 이르는 1.5km의 산중 도로는 벚꽃이 필 때면 봄날 드라이브의 운치를 한껏 살려준다. 잠시 차에서 내려 장복산조각공원을 산책해도 좋다.

제황산공원

365개의 계단을 이용하거나 편하게 모노레일에 탑승해 정상에 오를 수 있다. 진해탑 전망대에 오르면 벚꽃이 구름처럼 드리워진 진해시의 전경이 환상적이다. 모노레일은 군항제 기간 중 오전 9시부터 오후 6시까지 운행된다.

추천 일정

여좌천 → (도보 5분) → 내수면생태공원 → (10분) → 장복산 조각공원 → 창원 시내 (숙박) → 제황산공원 → (10분) → 경화역 → (20분) → 창원 해양공원 → (30분) → 마산아구찜 (점심)

여행 정보

웹 페이지와 전화
창원시청 문화관광 055-225-3651, http://culture.changwon.go.kr **창원해양공원** 055-545-3600, http://marinepark.cwsisul.or.kr

대중교통
기차 서울-마산, KTX 하루 9~11회 운행, 약 3시간 소요 / 마산-진해, 무궁화호 하루 2회 운행, 33분 소요
버스 서울남부터미널-진해, 하루 12회 운행, 약 4시간 30분 소요 / 부산서부버스터미널-진해, 오전 6시부터 20분 간격 운행, 약 1시간 10분 소요

자가운전
남해고속도로 내서IC→5번국도→마창대교→장복터널→경화역삼거리→진해구청

숙박
창원호텔 의창구 중앙대로, 055-283-5551 **시티세븐 풀만 앰배서더** 의창구 원이대로, 055-600-0700 **마산m호텔** 마산합포구 해안대로, 055-224-7115 **호텔 인터내셔널** 성산구 중앙대로, 055-281-1001

맛집
진짜초가집 원조아구찜 아구찜, 마산합포구 오동남3길, 055-246-0427 **마산전통아구찜** 아구찜, 마산합포구 동서북17길, 055-221-8989 **원조판문점** 석쇠불고기, 의창구 삼남로, 055-287-5514 **돌산갈비** 생등심, 진해구 중원로, 055-546-6778

축제 및 행사
고향의봄축제 매년 4월 중순, 055-225-2341, http://festival.changwon.go.kr/spring **미더덕축제** 매년 4월 중순, 055-225-3411, http://festival.changwon.go.kr/mideodeok **마산가고파큰잔치** 매년 5월 초순, 055-225-2341, http://festival.changwon.go.kr/msgagopa

002
경포호
강원 강릉시

호수에서 즐기는 벚꽃 산책

강릉의 봄은 경포호 벚꽃에서 시작된다. 4월 중순이면 경포호 주변에 벚꽃이 흐드러지게 피어나 봄을 예찬한다. 경포호에 벚꽃길이 조성된 것은 1960년 경포대해수욕장을 개장하면서다. 경포해변 앞 3km에 이르는 강둑길에 벚나무 묘목을 심고 벚꽃이 피면서 1980년대 말 저동 주민들이 자체적으로 열던 축제가 지금의 경포벚꽃잔치다. 경포호 벚꽃의 경관 포인트는 경포대다. 경포대에는 수령 100년을 헤아리는 10여 그루의 벚나무가 있는데, 벚나무 고목에서 화사하게 피어난 벚꽃잎이 장관을 이룬다. 경포대에 올라 벚꽃과 어우러진 경포호를 바라보는 풍경도 빼놓을 수 없다. 벚꽃 흩날리는 경포호를 한 바퀴 걸어보는 것도 좋다. 경포호는 둘레가 4km 남짓한 석호로 천천히 걸어도 1시간 내외면 넉넉하다. 경포호는 볼거리와 이야기가 많다. 고려시대 안찰사 박신과 기생 홍장의 애틋한 사랑 이야기가 전해지는 홍장암, 가곡 '사공의 노래'로 시작되는 시비·조각 산책로, 홍길동 캐릭터 로드, 경포습지생태공원 등이 있어 지루할 틈이 없다. 곳곳에 설치된 전망대에서 시시각각 변하는 경포호의 풍경을 볼 수 있다.

여행 내비게이션

여행 콘셉트 경포호를 따라 산, 바다, 호수를 즐기는 여행
추천 일정 1박 2일 **추천 교통** 자가운전, 버스 **추천 계절** 사계절
Must Do 1.경포대에 올라 경포호 내려다보기 2.경포호 걷기 3.안목항에서 커피 마시기
4.참소리축음기박물관에서 음악 들어보기 5.커피커퍼 커피박물관에서 로스팅 체험 해보기

추천 여행지

참소리축음기·에디슨과학박물관

뮤직 박스와 축음기 등 에디슨의 수많은 발명품을 만나볼 수 있는 곳이다. 조선 고종 30년 우리나라에 처음 들어온 클래스엠 축음기, 문을 여닫아 볼륨을 조절한 크레덴저 축음기, 축음기의 여왕이라 불리던 멀티폰 등을 만나볼 수 있다.

안목항 커피거리

강릉을 '커피의 도시'로 만든 거리로 연인들의 필수 데이트 코스다. 동해바다를 보며 커피를 마시는 기분이 특별하다. 산토리니, 엘빈, 커피커퍼 등 개성 있는 커피숍은 물론, 스타벅스와 할리스, 엔제리너스 등 프랜차이즈 커피 전문점도 있어 묘한 대비를 이룬다.

추천 일정

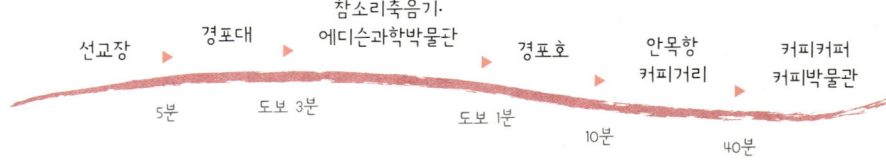

선교장 — 5분 — 경포대 — 도보 3분 — 참소리축음기·에디슨과학박물관 — 도보 1분 — 경포호 — 10분 — 안목항 커피거리 — 40분 — 커피커퍼 커피박물관

여행 정보

웹 페이지와 전화
관광강릉 033-640-5420, tour.gangneung.go.kr **참소리축음기·에디슨과학박물관** 033-655-1130, www.edison.kr **커피커퍼 커피박물관** 033-655-6644, cupper.kr

대중교통
버스 서울고속버스터미널-강릉, 하루 41회 운행, 약 2시간 40분 소요 / 동서울종합터미널-강릉, 하루 52회 운행, 약 2시간 50분 소요
기차 청량리-강릉, 하루 6~7회(07:07~23:25) 운행, 약 5시간 30분 소요

자가운전
영동고속도로 강릉JC→동해고속도로 강릉IC→강릉 방면 35번국도→주문진·경포 방면 경강로→터미널오거리에서 솔올 지구 방면 좌회전→경포사거리 지나 경포로 따라 직진→경포호

숙박
경포비치호텔 강릉시 해안로 406번길, 033-643-6699 **강릉선교장** 강릉시 운정길, 033-646-4270 **리카이 샌드파인리조트** 강릉시 해안로, 1644-3001

맛집
서지초가뜰 한정식, 강릉시 난곡길 76번길, 033-646-4430 **원조초당순두부** 순두부·모두부, 강릉시 초당순두부길 77번길, 033-652-2660 **삼교리동치미막국수** 동치미막국수, 강릉시 경포로 15번길, 033-642-3935 **강문어화횟집** 활어회, 강릉시 창해로, 033-653-0025

축제 및 행사
경포벚꽃잔치 4월 중순, 033-640-5807 **강릉단오제** 5월 말~6월 초, 033-641-1593, www.danojefestival.or.kr

003 옥포로 & 두류공원
대구광역시

하늘 가득 펼쳐진 분홍 꽃밭

대구광역시는 4월 초순이면 곳곳에 벚꽃이 차오른다. 팔공산 순환도로, 수성유원지, 앞산공원, 옥포로, 두류공원로 등 도심과 산속 어디나 벚꽃 가득하다. 이중 오래된 벚나무 가로수가 남다른 자태를 뽐내는 옥포로와 대구 시민과 여행자의 쉼터인 두류공원 벚꽃길이 손꼽힌다. 옥포로 벚꽃길은 달성군노인복지관 앞 5번국도를 따라 이어진다. 사람들이 가장 좋아하는 구간은 달성군노인복지관 앞에서 용연사 방향 1km 남짓한 꽃 터널이다. 하늘이 보이지 않을 만큼 빼곡하게 꽃이 핀 벚나무 아래를 걷다 바람을 만나면 그림처럼 꽃비가 내리는 길이다. 벚꽃 터널을 중앙에 두고 양옆으로 도보 전용 논둑길과 우회 도로변 꽃길도 나란히 이어진다. 용연사의 벚꽃은 옥포로보다 일주일 정도 늦다. 두류산과 금봉산 일원에 조성된 두류공원은 대구 벚꽃 명소다. 두류공원사거리에서 이월드 정문까지 이어지는 두류공원로를 따라 벚꽃이 만개한다. 공원 안쪽에도 다양한 꽃이 피어난다. 조명으로 도드라진 이월드의 83타워와 색색의 조명을 받은 벚꽃이 어우러진 야간벚꽃축제도 열린다.

여행 내비게이션

여행 콘셉트 벚꽃길 따라 산책을 즐기는 여행 **추천 일정** 1박 2일 **추천 교통** 자가운전 **추천 계절** 봄
Must Do 1.벚꽃길 거닐어보기 2.두류공원 야경 감상하기
3.비슬산 자락에 있는 용연사 산책로 거닐어 보기

추천 여행지

화원유원지
신라 경덕왕이 세자 문병차 왕래할 때 머물던 상화대와 토성의 흔적, 초기 삼국시대의 고분 등이 있다. 역사도 깊지만, 화원이라는 이름에 걸맞게 꽃동산으로도 손색이 없다. 낙동강과 금호강의 합수지점으로 사문진나루터가 있던 곳이다. 사문진주막촌과 나루터가 복원되어 북적였던 옛 풍경이 고스란히 재현되었다.

마비정 벽화마을
장군이 쏜 화살보다 늦게 도착했다는 이유로 죽임을 당한 안타까운 말의 전설이 전해지는 작은 마을로 마을 전체가 벽화로 꾸며져 있다. 버스 종점에서 출발해 마을길을 따라 차근차근 둘러보면 된다. 마을길은 크게 물레방아와 거북바위까지 두 갈래로 나뉘며, 마비정의 전설, 오누이, 누렁이와 지게, 난로 위의 도시락, 움직이는 소, 얼룩이와 점박이 등 한국의 토속적인 벽화가 이어진다.

추천 일정

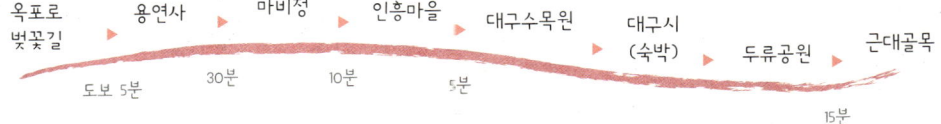

옥포로 벚꽃길 ▶ 용연사 ▶ 마비정 ▶ 인흥마을 ▶ 대구수목원 ▶ 대구시 (숙박) ▶ 두류공원 ▶ 근대골목

도보 5분 / 30분 / 10분 / 5분 / 15분

여행 정보

웹 페이지와 전화
대구광역시청 관광문화재과 053-803-6512, tour.daegu.go.kr/kor **달성군청 관광과** 053-668-2481, culture.dalseong.daegu.kr **두류공원** 053-625-1949, www.daegu.go.kr/Duryupark **마비정 벽화마을** cafe.daum.net/mabijeong

대중교통
기차 서울-동대구, KTX 하루 60여 회 운행, 약 1시간 50분 소요
옥포로 벚꽃길 대구지하철 1호선 대곡역 1번 출구에서 600, 606, 655, 836, 달성2번 버스 탑승. 간경리 정류장에서 하차
두류공원 벚꽃길 대구지하철 2호선 두류역 14번 출구로 나와 약 1km 도보 이동

자가운전
옥포로 벚꽃길 중부내륙고속지선 화원옥포IC→화원옥도IC사거리에서 창녕·고령 방향 우회전→약 580m 진행→용연사 방향 좌회전→165m 진행→달성군노인종합복지관 앞
두류공원 벚꽃길 중부내륙고속지선 성서IC→달구벌대로, 2.5km→감삼사거리에서 두류시장 방향 우회전, 200m 진행→삼거리 좌회전→두류공원

숙박
앞산비즈니스호텔 남구 현충로, 053-625-8118 **히로텔** 중구 국채보상로, 053-421-8988 **옛 구암서원 서원스테이** 중구 국채보상로, 053-428-9900 **공감게스트하우스** 중구 중앙대로 79길, 070-8915-8991

맛집
투뿔 쇠고기구이, 중구 달구벌대로 446길, 053-422-1033 **로라방앗간 떡볶이**, 중구 달구벌대로 450길, 053-427-1375 **소두불식당 국밥**, 중구 중앙대로 77길, 053-252-9430 **사문진주막촌 국밥**, 달성군 화원읍 사문진로1길, 010-8575-4296

004
현충원
서울특별시 동작구

'충혼'의 수양벚꽃 마중하는 호젓한 꽃길

4월의 현충원은 꽃으로 다시 피어난다. 현충원 정문을 시작으로 현충탑까지 이어지는 겨레얼 마당 주변으로 벚꽃이 연분홍빛 수를 놓는다. 현충원에서는 나라를 위해 꽃잎처럼 스러져간 선열들의 의미를 되새기며, 요란하거나 북적이지 않게 봄을 음미할 수 있다. 벚꽃 명소의 수종이 대부분 왕벚나무인데 반해 현충원은 수양벚나무가 주종을 이룬다. 수양벚나무는 수양버들처럼 양 옆으로 길게 가지를 늘어트리는 것이 특징이다. 조선시대 병자호란 이후 청나라에 볼모로 잡혀가 수모를 겪은 효종이 청나라를 치기 위해 활을 만드는 재료로 쓰고자 수양벚나무를 심었다는 사연이 전해 내려온다. 4월 중순 현충원 전역에서 진행되는 벚꽃제 역시 이런 호국의 뜻을 담아내고 있다. 국궁을 직접 쏴보는 체험 마당이 마련되며, 국군 의장대의 퍼레이드와 전통무예시범이 곁들여진다. 벚꽃제 기간에 현충원은 밤 9시까지 연장 개장한다. 현충탑과 약수터가 있고, 수백 년 수령의 느티나무, 작은 사찰인 호국지장사, 공작지 연못 주변으로 꽃 산책을 하기 좋다. 현충지 옆으로는 유품전시관과 사진전시관이 마련돼 있어 호국선열들이 남긴 당시의 자료들을 살펴볼 수 있다.

여행 내비게이션

여행 콘셉트 호젓한 현충원서 맞이하는 봄 벚꽃
추천 일정 당일 **추천 교통** 자가운전, 대중교통 **추천 계절** 봄
Must Do
1.현충원 벚꽃길 걷기 2.대통령 묘역 방문록 남기기 3.사육신공원 산책 4.솔냇길 둘러보기

추천 여행지

창빈 안씨 묘역
김대중 대통령 묘소 옆에 중종의 후궁이었던 창빈 안씨의 묘역이 있다. 창빈 안씨는 선조의 할머니로 9살에 궁녀로 들어가 후궁이 됐다. 이 묘소는 조선시대 후궁의 묘를 살펴볼 수 있는 귀한 자료다.

하늘길과 솔냇길
현충원 일대는 걷기 좋은 고요한 산책로들이 에워싸고 있다. 흑석통문, 상도통문, 사당통문 등이 현충원 뒤쪽으로 이어지며 동작충효길, 하늘길 코스와 연결돼 있다. 사당통문과 닿아 있는 솔냇길은 차량 출입 금지 구역이라 호젓함이 더한다.

추천 일정

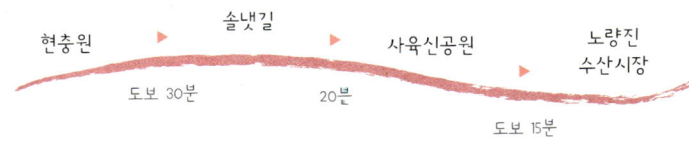

현충원 ▶ 솔냇길 ▶ 사육신공원 ▶ 노량진 수산시장
도보 30분   20분   도보 15분

여행 정보

웹 페이지와 전화
국립서울현충원 02-814-0625, www.snmb.mil.kr 동작구 문화관광 02-813-2130, tour.dongjak.go.kr 노량진 수산시장 02-814-2211, www.susansijang.co.kr

대중교통
지하철 9호선, 4호선 동작(현충원)역 하차
버스 350, 360, 462, 640, 5524번 현충원 하차

자가운전
올림픽대로→사당, 이수교차로 방면 진입→현충원 정문 (주차 무료)

숙박
코보스호텔 영등포구 국회대로 72길, 02-782-9092 더엠호텔 마포구 월드컵북로, 02-336-0001, www.hotelthem.com

맛집
호남숯불갈비 돼지갈비, 동작구 흑석로, 02-814-9413
엘림성 해물누룽지탕, 동작구 노량진로, 02-6333-5300
형제직화 직화구이·순두부, 마포구 월드컵북로, 02-3152-8895

축제 및 행사
국립현충원벚꽃제 4월 중순

005 송광사
전남 순천시

흰 구름 깔아놓은 듯 황홀한 벚꽃의 자태

 '춘송광 추해인(春松廣 秋海印)'이란 말이 있다. 송광사는 봄이, 해인사는 가을이 아름답다는 뜻이다. 송광사의 봄을 상징하는 것이 벚꽃이다. 송광사 벚꽃은 호남고속도로 주암IC를 나와 문길삼거리에서 송광사로 향하는 송광사길부터 시작된다. 벚나무가 송광사 주차장까지 약 10km에 걸쳐 국도 양옆으로 사열하듯 서 있다. 벚나무는 등걸이 굵고 옹골찬 게 수령이 제법 되어 보인다. 벚꽃도 솜사탕처럼 풍성하다. 활짝 핀 벚꽃이 꽃구름처럼 바람에 날려 가슴 깊이 스며들면 송광사로 가는 길은 더욱 빛난다. 천천히 길을 달리다 주암호를 만나면 벚꽃 사이로 파란 호수가 어우러져 드라이브하는 즐거움이 배가 된다. 벚나무 사이로 난 오솔길을 걸어보려면 송광사 진입로가 제격이다. 개천을 따라 금방이라도 톡 터질 듯 연분홍 벚꽃이 터널을 이룬다. 송광사 삼거리에서 주차장까지는 약 2km. 느긋하게 걸으며 사진을 찍어도 한 시간이면 충분하다. 송광사의 봄은 벚꽃이 전부가 아니다. 송광사는 우리나라 큰스님의 산실이다. '승보사찰'이라는 명성도 여기서 비롯됐다. 송광사를 빛낸 16국사의 영정은 국사전에 봉안되었다.

여행 내비게이션

여행 콘셉트 송광사의 벚꽃 터널 걷기
추천 일정 1박 2일 **추천 교통** 자가운전 **추천 계절** 봄
Must Do 1.벚나무길 드라이브하기 2.송광사 새벽 예불 보기 3.송광사 3대 명물 찾기
3.선암사 해우소 경험하기 4.선암사 홍매화 보기 5.순천만정원의 꽃밭 걷기

추천 여행지

선암사

'선암사는 열흘에 한 번씩 단장을 바꾼다'는 유홍준 교수의 말처럼 사시사철 꽃이 피고 지는 선암사에는 우리나라에서 가장 오래된 토종매화가 있다. 원통전 뒤편의 백매(수령 620년)와 무우전 돌담길의 홍매(수령 550년)가 주인공이다. 매화에서 벚꽃, 진달래와 개나리, 철쭉, 영산홍의 순서로 쉼없이 피며, 자연미가 넘치는 해우소와 무지개 다리 승선교, 원통각의 문창살도 볼만하다.

순천만정원

세계정원박람회가 개최됐던 순천만정원도 봄이면 꽃이 지천이다. 튤립, 무스카리, 유채, 라넌큘러스, 클레마티스 등 화려하고 사랑스러운 꽃을 만날 수 있다. 나눔의 숲과 비오톱 습지에는 유채가 노란 꽃을 피우고, 나무도감원 등에는 튤립이 고운 자태를 뽐낸다. 프랑스정원에는 디기탈리스가 우아함을 자랑한다. 한국정원이 있는 동산에는 두루미 모양 화원을 조성해 눈길을 끈다.

추천 일정

송광사 → 선암사 → 순천전통야생차체험관 → 낙안읍성(숙박) → 〈태백산맥〉무대 벌교읍 → 순천 드라마 촬영장 → 순천만정원 → 순천문학관 → 순천만자연생태공원

20분 / 도보 10분 / 20분 / 15분 / 30분 / 5분 / 5분 / 5분

여행 정보

웹 페이지와 전화
순천시청 관광진흥과 061-749-4221, http://tour.suncheon.go.kr 송광사 061-755-0107, www.songgwangsa.org 선암사 061-754-5247, www.seonamsa.net 순천만정원 1577-2013, www.scgardens.or.kr 순천에코트랜스(순천만정원 PRT) 061-740-0600, www.sc-prt.com

대중교통
기차 용산-순천, KTX 하루 9회(05:20~21:15) 운행, 약 3시간 10분 소요
버스 센트럴시티터미널-순천, 하루 25회(06:10~23:55) 운행, 약 3시간 45분 소요

자가운전
호남고속도로→주암IC→순천 방면→문길삼거리 우회전→신흥마을회관→송광사삼거리→송광사

숙박
노블레스호텔 순천시 장선배기2길, 061-722-7730, www.ggpage.kr/0617227705 브라운호텔 순천시 상풍길, 070-4255-2736, www.hotelbrown.co.kr 밀라노모텔 순천시 장선배기2길, 061-723-4207

맛집
길상식당 한정식, 송광면 송광사안길, 061-755-2173 신성회관 메기매운탕, 송광면 고인돌길, 061-755-5688 옛날보리밥집 보리밥, 순천시 상사호길, 061-745-1311 신화식당 돼지국밥, 순천시 웃장 국밥골목, 061-752-7027 대대선창집 짱뚱어탕, 순천시 순천만길, 061-741-3157

축제 및 행사
순천만 갈대축제 매년 10월 말, 061-749-4221, reeds.sc.go.kr 남도음식문화큰잔치 매년 10월, 061-749-4221, www.namdofood.or.kr

| 006
| **익산벚꽃길**
| 전북 익산시

역사 위에 피어난 봄

익산의 벚꽃 여행지로는 보석박물관과 왕궁리 유적지, 송천마을이 유명하다. 보석박물관은 희귀한 보석과 광물 등 11만 8,000여 점을 소장·전시한 곳으로, 박물관 옆에 보석을 파는 주얼팰리스에서 나오면 함벽정이 기다린다. 함벽정 아래 벚꽃이 보석처럼 반짝이고, 왕궁저수지에서 불어오는 시원한 바람에 봄꽃 향기가 느껴진다. 왕궁리 유적지에서는 왕궁리오층석탑(국보 289호)이 벚꽃과 어우러져 찬란한 백제의 그 시절로 시간 여행을 떠나게 해준다. 금강이 흘러가는 웅포면에는 벚꽃 터널로 유명한 송천마을이 있다. 송천사거리부터 신촌삼거리까지 약 2.6km 가운데 600~700m 구간이 벚꽃 터널인데, 벚꽃에 가려 하늘이 보이지 않을 정도다. 익산에는 벚꽃과 함께 봄꽃으로 유명한 곳이 또 있다. 꽃잔디가 몽환적인 분위기를 연출하는 늘푸른수목원이 그곳이다. 이곳은 전국 최대의 꽃잔디 수목원으로 봄이면 분홍색과 흰색의 꽃잔디가 융단을 깔아놓은 것처럼 피어난다. 다만, 최근에 폭증하는 관광객들로 수목원은 휴면제를 실시하고 왕궁다원 방면만 개방한다.

PART 1. 봄 : 팔도벚꽃축제

여행 내비게이션

여행 콘셉트 익산 곳곳에 자리잡은 봄꽃 여행지 돌아보기
추천 일정 당일 **추천 교통** 자가운전 **추천 계절** 봄
Must Do 1.보석박물관 탄생석 전시관 둘러보기 2.벚꽃 핀 왕궁리오층석탑 보기 3.송천마을 벚꽃 터널 걸어보기 4.왕궁다원에서 융단처럼 깔린 꽃잔디 보기 5.웅포나루에서 일몰 보기

추천 여행지

왕궁다원
늘푸른수목원 내에 있다. 150년 전에 지어진 한옥으로 정갈한 아름다움이 느껴진다. 지금은 차를 마실 수 있는 찻집으로 운영된다. 특히, 꽃잔디가 피어나는 봄의 운치가 남다르다.

웅포관광지
금강하구에 조성된 관광지로 일몰이 유명하다. 자전거도로, 캠핑장, 황포돛배 나루터, 정자 등을 조성했다. 이곳에서 이웃한 송천마을도 벚꽃으로 유명하다. 600~700m 구간의 벚꽃 터널은 하늘을 가릴 정도다.

추천 일정

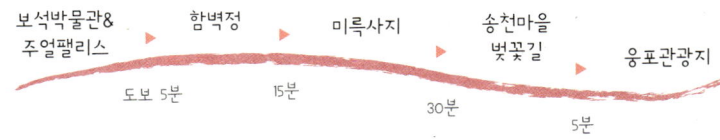

보석박물관&주얼팰리스 → 도보 5분 → 함벽정 → 15분 → 미륵사지 → 30분 → 송천마을 벚꽃길 → 5분 → 웅포관광지

여행 정보

웹페이지와 전화
익산시 문화관광 063-859-5771, http://iksan.gojb.net 왕궁리유적전시관 063-859-4631, http://wg.iksan.go.kr 익산보석박물관 063-859-4641, www.jewelmuseum.go.kr 미륵사지유물전시관 063-290-6799, www.mireuksaji.org

대중교통
버스 센트럴시티터미널-익산, 하루 29회 운행, 약 2시간 50분 소요
기차 용산-익산, 하루 30여 회 운행, 약 2시간 소요

자가운전
호남고속도로 익산IC→보석박물관

숙박
왕궁온천 왕궁면 온천길, 063-291-5000 **미륵산자연학교** 삼기면 죽청길, 063-858-2580 **나비야모텔** 익산시 인북로6길, 063-851-4923

맛집
미륵산순두부 순두부백반, 익산시 금마면 미륵사지로, 063-836-8919 **본향** 한정식, 마약밥, 익산시 무왕로, 063-858-1588 **별미집** 콩나물국밥, 익산시 고봉로, 063-843-2131

축제 및 행사
익산보석대축제 매년 4월 중, 063-834-5100 **익산서동축제** 매년 6월 중, 063-831-0541~2, http://seodong.iksan.go.kr

007
제주벚꽃길
제주특별자치도

분홍빛 꽃비 내리는 봄날의 하이라이트

　전국에서 가장 먼저 개화하는 제주도 벚꽃은 벚꽃 가운데 으뜸으로 꼽힌다. 꽃잎이 크고 화사한 왕벚나무의 원산지가 제주도다. 제주시 봉개동에 오래된 왕벚나무 자생지(천연기념물 159호)가 있으며, 제주 벚꽃 명소로 전농로와 제주대학교 진입로, 제주종합경기장이 첫손에 꼽힌다. 옛 도심지에 자리한 전농로는 제주의 대표적인 벚꽃 거리로, 교보생명부터 남성오거리까지 1.2km 구간에 걸쳐 좁은 2차선 도로가 벚꽃 물결로 일렁인다. 도민들의 봄나들이 장소로 인기 있는 제주대학교는 꽃이 흐드러지게 핀 벚나무 아래 피크닉을 즐기기 좋은 곳이다. 특히 정문까지 1km에 이르는 진입로 양쪽에 벚나무가 늘어서 드라이브 코스로 그만이다. 주말이면 꽃구경하는 인파로 넓은 도로가 가득 찬다. 대학교 안 잔디밭 주변에도 벚나무가 늘어서 화창한 날엔 소풍 온 유치원 아이들로 활기를 띤다. 제주종합터미널 뒤편에 위치한 제주종합경기장은 매년 '제주왕벚꽃축제'가 열리는 행사장이기도 하다. 경기장 주변의 벚나무 숲에서 새하얀 꽃잎이 흩날리는 나무 사이를 산책해보자.

PART 1. 봄 : 팔도벚꽃축제

여행 내비게이션

여행 콘셉트 제주 벚꽃 드라이브
추천 일정 1박 2일 **추천 교통** 자가운전 **추천 계절** 봄
Must Do 1.제주대 진입로 벚꽃길 걷기 2.제주대 잔디밭에서 피크닉 즐기기
3.방림원에서 개구리 조형물 찾기 4.저지문화예술인마을 산책하기

추천 여행지

방림원

국내 최초로 설립된 세계 야생화 박물관이다. 방한숙 원장이 1만6,500㎡ 부지에 수십 년 동안 수집하고 가꿔온 들꽃 수천 종이 자란다. 이곳을 둘러보면 사소하게 지나쳤던 작은 들꽃도 제각각 이름이 있고 존재 가치가 있다는 사실을 새삼 깨닫는다.

저지문화예술인마을

방림원과 제주현대미술관이 자리한 저지리마을은 문화예술인마을로 꾸며져 있다. 예술인 마을에 입주한 작가가 작업실이나 갤러리를 공개하는 경우도 있으니 찬찬히 둘러보자. 한적한 숲 속 마을길을 따라 사색하며 걸어도 좋다.

추천 일정

제주국제공항 ▶ 전농로 벚꽃길 드라이브 ▶ 제주대학교 벚꽃 감상 ▶ 제주마 방목지 ▶ 절물자연휴양림
(10분) (20분) (10분) (30분) (1시간)

저지문화예술인마을 ◀ 제주현대미술관 ◀ 방림원 ◀ 녹산로 드라이브 ◀ 성산일출봉 ◀ 성산포(숙박)
(도보 5분) (도보 5분) (1시간 20분) (35분) (도보 5분)

여행 정보

웹 페이지와 전화
제주특별자치도 관광정보 www.jejutour.go.kr **조랑말체험공원** 064-787-0960, www.jejuhorsepark.com **방림원** 064-773-0090, www.banglimwon.com **제주현대미술관** 064-710-7801, www.jejumuseum.go.kr

자가운전
제주국제공항→중문·한림 방면 우회전→신제주 입구에서 성산·시청 방면 좌회전→서광로→제주시청 사거리에서 우회전→제주대학 사거리에서 좌회전→제주대

숙박
성산포스카이호텔 서귀포시 성산읍 동류암로 36번길, 064-784-7000, www.jeju-sky.com **예하게스트하우스 본점(제주터미널점)** 제주시 삼오길, 064-724-5506, www.yehaguesthouse.com **라포즈펜션** 서귀포시 중산간서로, 064-738-3367, www.lapause-jeju.com **온더로드게스트하우스** 제주시 구좌읍 일주동로, 010-3318-1755, http://cafe.naver.com/houseontheroad

맛집
미풍해장국 신제주점 해장국, 제주시 연동11길, 064-749-6776 **명진전복** 전복돌솥밥, 제주시 구좌읍 해맞이해안로, 064-782-9944 **교래손칼국수** 닭칼국수, 제주시 조천읍 비자림로, 064-782-9870 **네거리식당** 갈치조림, 서귀포시 서문로 29번길, 064-762-5513 **목포고을 흑돼지구이**, 서귀포시 일주서로, 064-738-5551

축제 및 행사
제주왕벚꽃축제 매년 4월, 064-728-2753 **제주유채꽃큰잔치** 매년 4월, 064-760-4413 **우도소라축제** 매년 4월 중순, 064-728-4321~2 **가파도청보리축제** 매년 4월 중순~5월 초순, 064-794-7130

008 충주댐벚꽃길
충북 충주시

충주호반 푸른 물빛에 젖은 벚꽃 터널 산책

 매년 4월이면 충주호가 벚꽃으로 물든다. 이때를 맞춰 충주호봄나들이한마당도 열린다. 10km에 이르는 호수 양안의 벚꽃 터널을 걷고, 따스한 햇살이 내려앉은 공원에서 다채로운 체험 행사를 즐기는 축제다. 벚꽃길 걷기, 마술과 음악 공연, 벚꽃 손수건 만들기 등 이벤트도 마련된다. 행사가 열리는 우안공원(물레방아휴게소)은 연못과 벤치, 각종 조각품이 어우러진 소박한 공원으로, 도시락을 먹으며 봄 햇살을 즐기기 좋다. 공원을 천천히 걸으며 화단 곳곳에 피어난 들꽃을 찾아보는 것도 재미있다. 벚꽃은 충주호 지천에서 피어난다. 충주나루로 가는 호반 도로, 계명산자연휴양림으로 가는 호반 도로가 모두 벚나무로 이어진다. 호반을 따라 즐기는 드라이브도 일품이지만, 나무 데크가 연결되어 느릿느릿 걷는 여행을 즐기기에도 그만이다. 남한강에서 충주댐으로 가는 길도 벚나무들이 안내하니 벚꽃만으로도 배가 부르다. 충주댐 물문화관에서는 엘리베이터를 타고 댐 정상으로 내려가 댐 위에 놓인 공도교를 걸을 수 있다. 길이 447m 공도교 위에서 거대한 충주댐을 만나고, 호수에 안긴 듯 걸어보는 느낌이 특별하다.

여행 내비게이션

여행 콘셉트 벚꽃 감상과 온천욕으로 몸과 마음이 행복한 여행
추천 일정 1박 2일 **추천 교통** 자가운전 **추천 계절** 봄
Must Do 1.충주호반 걸으며 벚꽃 감상하기 2.충주댐 공드교 걷기
3.종댕이길 걷기 4.수안보 온천욕 하기

추천 여행지

수안보 벚꽃
충주호의 벚꽃이 만개할 무렵이면 수안보온천의 벚꽃도 꽃망울을 터뜨린다. 이때 맞춰 수안보온천비각이 있는 물탕공원을 중심으로 수안보 온천제가 열린다.

종댕이길
충주호와 심항산 자락이 만나는 곳을 잇는 숲길이다. 마즈막재 주차장에서 출발해 생태연못과 제1조망대, 제2조망대, 출렁다리를 거쳐 계명산자연휴양림 쪽으로 돌아오는 6.2km 코스. 출렁다리를 건너보고 숲해설안내소 쪽으로 길을 잡는 것이 좀 더 수월하고, 숲을 오래 즐길 수 있다.

추천 일정

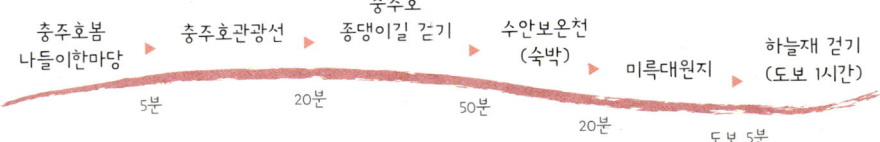

충주호봄나들이한마당 ▶ 충주호관광선 ▶ 충주호종댕이길 걷기 ▶ 수안보온천(숙박) ▶ 미륵대원지 ▶ 하늘재 걷기(도보 1시간)

5분 / 20분 / 50분 / 20분 / 도보 5분

여행 정보

웹 페이지와 전화
충주문화관광포털 043-850-6720, www.cj100.net/tour
충주자연생태체험관 043-856-3620, www.cjecology.kr
충주호관광선 043-851-6481, www.chungjuho.com

대중교통
버스 동서울종합터미널-충주, 하루 7회 운행, 약 1시간 40분 소요. 충주공용버스터미널에서 515번 버스 승차, 충주댐 정류장 하차

자가운전
중부내륙고속도로 충주IC→중원대로→서부순환대로→충주시청·충주댐 방면 우회전→충주댐

숙박
수안보대림호텔 수안보면 온천변길, 043-846-3111

수안보온천랜드 수안보면 주정산로, 043-855-8400
글로리아호텔 수안보면 장터2길, 043-856-7008 **수안보코레스코호텔** 수안보면 주정산로, 043-846-3636
계명산자연휴양림 충주시 충주호수로, 043-850-7313

맛집
거궁회관 붕어찜·송어채소비빔회·쏘가리매운탕, 동량면 조동1길, 043-851-3773 마당회가든 메기찜·쏘가리매운탕, 동량면 지등로, 043-851-4077 영화식당 산채정식·자연산 버섯전골, 수안보면 물탕1길, 043-846-4500 대장군식당 꿩 요리, 수안보면 미륵송계로, 043-846-1757

축제 및 행사
충주호봄나들이한마당 매년 4월, 043-847-4001 수안보온천제 매년 4월, 043-846-3605

봄나들이

009 갈모봉산림욕장 | 연둣빛 신록으로 빛나는 숲 경남 고성군
010 대청호오백리길 | 물길 따라 500리 마음 길 따라 1,000리 대전광역시
011 제암산자연휴양림 | 봄이 먼저 오는 남도의 숲 전남 보성군
012 국립생태원 | 기차 타고 만나는 세계 5대 기후대 충남 서천군
013 순천만 | 드넓은 갈대밭에 울려 퍼지는 생명의 노래 전남 순천시
014 소백산자락길 | 꽃향기에 취해 걷고 봄 햇살에 쉬어 가다 경북 영주시
015 옥천 향수 100리길 | 금빛 물결 너머 가슴 푸근한 풍경 충북 옥천군
016 정선오일장 | 향긋한 봄을 먹다 강원 정선군
017 지리산 바래봉 | 분홍빛 능선을 걷다 전북 남원시
018 국립수목원 | 5월, 아름다운 신록을 만나다 경기 포천시

009 갈모봉산림욕장
경남 고성군

연둣빛 신록으로 빛나는 숲

여행 내비게이션

여행 콘셉트 산림욕장 신록 숲 산책
추천 일정 1박 2일 **추천 교통** 자가운전 **추천 계절** 봄
Must Do 1.갈모봉 정상에 올라가 전망 즐기기 2.갈모봉산림욕장에서 산림욕하기 3.고성 읍내 시장에서 도다리쑥국 먹기 4.당항포관광지 내 당항포요트N스쿨에서 요트 타기 5.고성탈박물관 관람하기

PART 1. 봄 : 봄나들이

고성 갈모봉은 신록이 시작되는 곳이다. 이 산에 조성된 산림욕장에는 편백나무와 삼나무가 가득하다. 70여 핵타르에 달하는 이 숲에 들면 온 몸에 초록물이 든다. 숲이 발산하는 싱그러운 향기에 가슴이 탁 트인다.

갈모봉산림욕장에는 1.6km의 산책로가 있다. 산책로만 걸어도 괜찮고, 갈모봉 정상까지 가도 좋다. 산림욕장에서 갈모봉 정상까지 가는 길은 여러 갈래다. 가장 짧은 코스는 1시간, 가장 긴 코스는 2시간 정도 걸린다. 보통 정상까지 왕복 1시간 30분을 잡으면 되는데, 내려올 때도 산림욕장으로 돌아온다.

갈모봉산림욕장의 숲을 이룬 나무 중 하나인 삼나무는 연평균 기온 12~14℃, 연 강수량 300mm 이상 되는 골짜기나 산기슭에서 잘 자라고 특유의 향기가 있다. 편백나무는 높이 40m, 지름 2m까지 자라며 건축재, 펄프재, 조경수, 약용 등으로 활용도가 높다. 나무는 박테리아나 벌레 등으로부터 자신을 보호하기 위해 특유의 향기와 살균력, 살충력이 있는 피톤치드를 내뿜는데, 편백나무가 침엽수 가운데 피톤치드 배출량이 가장 많다.

산책로를 따라 편백과 삼나무 숲길을 걷다 보면 갈모봉 정상으로 올라가는 이정표가 나온다. 음수대도 있다. 갈모봉 정상 1.56km라고 적혔다. 이 길이 갈모봉으로 올라가는 가장 짧은 코스다. 등산로를 따라가다 보면 숲에 산림욕대 의자 등 시설이 있다.

짧은 오르막 구간을 몇 번 지나면 갈모봉 정상으로 가는 길과 여우바위봉으로 가는 길을 알리는 이정표가 나온다. 여우바위봉으로 가는 길목 전망바위에서 바라보는 신록의 바다가 장관이다. 전망바위 바로 앞 바위 절벽 위에 작은 나무 한 그루가 당당하게 서 있다. 전망바위에서 돌아 나와 갈모봉 정상에 오르면 고성 읍내가 한눈에 들어오고, 한려수도 바다도 보인다.

1 갈모봉 정상으로 가는 길에 만난 숲길 2 갈모봉 정상에서 바다가 보인다 3 갈모봉 정상

추천 여행지

학동마을
고성의 봄기운을 더 느끼려면 하일면 학동마을 옛 담장과 솔섬에 들른다. 학동마을 옛 담장은 등록문화재 258호다. 수태산에서 채취한 두께 2~3cm 납작돌과 황토로 담장을 쌓았다. 0.4~1m 높이까지 큰 납작돌을 쌓고, 그 위에 작은 납작돌을 쌓았다. 이 마을에는 고성 학림 최영덕씨 고가(경상남도 문화재자료 178호)가 있다. 고가에서 나와 마을 정자나무같이 보이는 큰 나무를 지나 도랑 길을 따라가다 보면 한쪽에 서비정이 보인다. 서비정은 일본의 국권 강탈에 맞서 의병을 일으키고, 한일병합 이듬해(1911년) 순절한 서비 최우순의 사당이다.

솔섬
학동마을에서 약 3km 떨어진 곳에 솔섬이 있다. 작은 섬 둘레에 데크와 산책로도 있다. 진달래가 핀 산책로를 따라 섬을 도는 데 30~60분 걸린다. 바닷가에 작은 캠핑장도 있다. 물이 빠질 때면 캠핑장 바로 앞 갯바위에 오를 수 있다. 갯바위에 오르면 솔섬이 한눈에 든다.

고성탈박물관
고성오광대놀이를 비롯해 전국의 탈놀이, 가면극, 산대놀이 등 전래 연희에 쓰이는 각종 탈을 볼 수 있다. 탈 제작과정과, 외국의 탈도 볼 수 있다. 포토존에서는 탈을 쓰고 기념사진을 찍을 수 있다.

송학동 고분군
고성박물관 곁에 있다. 가야시대 조성된 무덤으로 모두 7기가 있다. 경주 대릉원처럼 고분이 크지 않지만 고분 사이로 산책로가 나있어 쉬엄쉬엄 거닐기 좋다. 고성박물관은 가야국의 역사를 느낄 수 있는 곳이다. 유물은 대부분 고분에서 출토된 것들로 조문청동기가 눈여겨볼만하다.

요트N스쿨
고성의 봄 바다를 제대로 즐기려면 당항포관광지에서 요트체험을 하는 것이 좋다. 고성군에서 운영하는 요트N스쿨에서 요트를 타고 바다를 누비는 체험 프로그램을 운영한다. 돛을 올리고 푸른 물결을 가르며 느끼는 봄바람이 싱그럽다.

1 고성 학림리의 서비정 2 고성 하일면의 솔섬 3 고성시장에서 파는 도다리쑥국 4 고성 송학동의 고분군

추천 일정

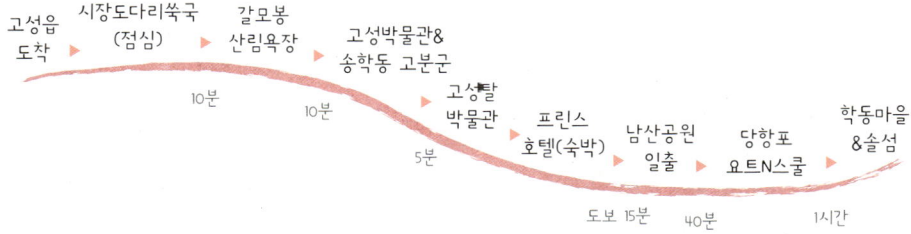

- **갈모봉산림욕장** | 산림욕장 한 바퀴, 그리고 정상으로 고고씽 2~3시간 소요
- **고성박물관과 송학동고분군** | 송학동고분군은 보는 각도 마다 풍경이 달라져요
- **고성탈박물관** | 고성은 탈의 고장, 고성 여행의 필수 코스!
- **남산공원일출** | 다도해의 일출 비경! 해무와 함께 하면 신비스러워요
- **학동마을** | 마을 가운데 도랑 흐르는 옛 마을의 전형적인 풍경을 즐기세요
- **요트N스쿨** | 당항포오토캠핑장도 아주 좋아요

갈모봉 석문

고성탈박물관

남산공원

여행 정보

웹 페이지와 전화
고성군 문화관광 055-670-2234, http://visit.goseong.go.kr
당항포 요트N스쿨 055-673-5080, http://yacht.goseong.go.kr 고성박물관 055-670-5822, http://gsmuseum.goseong.go.kr 고성탈박물관 055-672-8829, http://tal.goseong.go.kr

대중교통
버스 서울남부터미널-고성, 하루 27회 운행, 4시간 15분 소요

자가운전
대전통영고속도로 고성IC→14번국도 고성 읍내 방향→고성여객자동차터미널→경남항공고등학교→33번도로→갈모봉산림욕장

숙박
당항포관광지펜션 회화면 당항만로, 055-670-4501
프린스호텔 고성읍 남해안대로, 055-673-7477 고성학림 최영덕씨고가 하일면 학동돌담길, 055-673-6904

맛집
하모횟집 하모(갯장어)회, 고성읍 중앙로, 055-672-0055
동해식당 한정식, 고성읍 성내리, 055-674-4343 대가저수지가든 생갈비, 고성읍 덕선2길, 055-674-7611

축제 및 행사
고성오광대 전수교육관 상설공연 055-674-2582, www.ogwangdae.or.kr

010 대청호오백리길
대전광역시

물길 따라 500리,
마음 길 따라 1,000리

여행 내비게이션

여행 콘셉트 대청호반을 따라 느리게 걷기
추천 일정 당일 **추천 교통** 자가운전 **추천 계절** 봄~가을
Must Do
1.대청호오백리길 4, 5구간 걷기 2.대청로하스길 걷기 3.반석천 카페거리 걷기

PART 1. 봄 : 봄나들이

1 대청로하스길의 왕버들 군락지 2 대청호의 전경 3 대청호오백리길의 조팝나무 군락

　220km가 넘는 대청호오백리길은 푸른 호수와 초록의 숲, 정겨운 마을을 함께 돌아보는 명품 길이다. 대전 신탄진의 대청댐 아래에서 출발해 충북 옥천과 보은, 청원을 아우르고 다시 대청댐으로 이어지는 코스로, 총 27개 구간이다.
　대청호오백리길의 대전 구간은 멋진 드라이브 코스와 이어지고, 대중교통과 연계가 용이해 가족 단위 도보 여행자에게 추천한다. 그중 4구간(호반낭만길)은 호수의 풍광을 가까이서 만날 수 있는 길이다. 총 10km 거리에 나무 데크로 만든 호반 길과 호젓한 숲길, 정겨운 마을이 이어진다.
　마산동삼거리에서 출발해 호반 갈대숲을 지나면 드라마 〈슬픈 연가〉 촬영지에 닿는다. 모래언덕에 자라는 나무들이 인상적인 호숫가는 불어오는 바람 소리가 들릴 만큼 고요하다. 조팝나무를 비롯해 떨기나무 숲을 지나 걸으면 앙증맞은 봄꽃들이 식재된 대청호자연수변공원을 만난다. 작은 풍차가 이국적인 풍광을 연출하는 공원 위쪽에는 대청호자연생태관이 자리한다. 규모는 크지 않지만 아이들과 함께 대청호에 서식하는 동식물에 대해 알아볼 수 있다.
　연꽃마을을 지나 금성마을에 이르면 엉고개로 향하는 숲길이 이어진다. 땀방울이 맺히는가 싶을 때쯤 길은 다시 호수로 이어지는데, 4구간 종착점인 신상교로 향하는 둑길이다. 이 길은 호수의 물이 불어나면 사라지기 때문에 여름에는 만날 수 없다. 5구간(백골산성낭만길)은 해발 340m에 축조된 백골산성이 중심이다. 삼국시대 전략적 요충지로 신라와 전투에서 많은 사람들이 죽어 백골산성이라는 이름이 붙었으나, 이곳에서 바라보는 대청호의 풍광은 평화롭기만 하다.
　4구간의 종착점이자 5구간의 출발점인 신상교에서 바깥아감 방향으로 걷는 길은 크게 휘는 호반 길을 따라간다. 잔잔한 호수의 물결이 친구가 되는 길이다. 바깥아감에서 강살봉을 지나 백골산성에 이르는 2.7km는 산행 구간이다. 긴 산행이 부담스럽다면 바깥아감에서 잠시 국도를 따라 걸어 한식마을에 올라도 된다. 산행 거리를 1km 정도로 줄일 수 있고, 등산로도 잘 정비되어 있다.

추천 여행지

찬샘마을

대청호에 안긴 작은 마을 중 2구간(찬샘마을길)의 찬샘마을은 농촌 체험 학습장으로 유명하다. 마을에서 나는 농산물을 수확하고, 다양한 먹거리를 함께 만들어보는 식문화체험관이 인기다. 두부 만들기, 매실액 만들기, 장아찌 만들기 등 다양한 체험을 할 수 있다. 최근에는 외국의 대학생들도 찬샘마을을 찾아 떡볶이 같은 음식을 함께 만들어보는 체험을 진행한다. 허수아비와 물레방아가 마을의 풍광을 넉넉하게 만들어주고, 숙박시설도 잘 갖춰져 가족이 함께 머물며 시골 마을의 하룻밤을 즐기기에 부족함이 없다.

로하스길

대청호오백리길 21구간(대청로하스길)의 마지막 5km에 해당하는 이 길은 대청호 조정지댐에서 출발해 금강로하스대청공원에 이른다. 대청댐에서 흘러내린 작은 물길을 따라 초록의 숨결을 느낄 수 있다. 나무 데크로 이어져 유모차나 휠체어 이동이 가능하다. 물 아래 뿌리를 내린 왕버들 군락으로도 유명해 카메라를 들고 일부러 찾아오는 여행자가 많다. 갈대숲과 푸른 호수, 우거진 나무들이 한 폭의 그림 같다.

엑스포기념관과 세계엑스포기념품박물관

세계 최초의 엑스포 기념품 박물관이다. 1851년 런던 만국박람회부터 현재까지 160년에 걸쳐 만들어진 엑스포 기념품 5,000여 점이 전시된 곳이다. 런던만국박람회가 열린 수정궁 모형 전시관을 비롯해 까르띠에, 에르메스 등 수공예 장인들이 만든 기념품이 눈길을 끈다. 시대를 대표하는 다양한 가전제품과 캐릭터 상품도 볼 수 있다.

반석천 카페거리

커피를 즐기는 여행자라면 눈이 번쩍 뜨일 거리다. 개성 넘치는 인테리어와 커피 맛을 자랑하는 카페 20여 곳이 모인 거리로, 대전의 명소로 자리 잡고 있다. 노천카페에 앉아 커피를 마시며 여유와 낭만을 즐겨보자. 개성 있는 옷가게, 인테리어용품점, 그릇가게들을 구경하는 재미도 있다.

1 물레방아가 돌아가는 찬샘마을의 전경
2 대청로하스길 왕버들 군락지의 아침
3 세계엑스포기념품박물관
4 반석천 카페거리의 저녁 풍경

PART 1. 봄 : 봄나들이

추천 일정

대청호오백리길 21구간
(대청로하스길) 중
마지막 5km 걷기(도보 1시간) ▶ 세계엑스포 기념품박물관 ▶ 반석천 카페거리

40분   20분

대청로하스길 | 영화 〈역린〉 중 한 장면을 이곳에서 촬영했더요
세계엑스포기념품박물관 | 최초의 세계엑스포가 열렸던 수정궁을 만나보아요
반석천 카페거리 | 여성 여행자들에게 추천해요

찬샘마을 찬샘정

반석천 카페거리

대청호

여행 정보

웹 페이지와 전화
대청호오백리길 042-270-3981, www.dc500.org 찬샘마을 042-274-3398, chansaem.com 대청호자연생태관 042-251-4781, nature.donggu.go.kr 대청댐 물문화관 042-930-7332 대전관광포털 042-861-1330, www.daejeon.go.kr/dj2009/tour/index.action 엑스포과학공원(세계엑스포기념품박물관) 042-869-5114, www.expopark.co.kr

대중교통
기차 서울-대전, KTX 하루 60여 회 운행, 약 1시간 소요, 대전역에서 2번 버스 승차, 남경마을 정류장에서 72번 버스 승차 환승, 금강로하스대청공원 정류장 하차
버스 서울고속버스터미널-대전, 15~20분 간격 운행, 약 2시간 소요. 대전복합터미널에서 2번 버스 승차, 남경마을 정류장에서 72번 버스 환승, 금강로하스대청공원 정류장 하차

자가운전
경부고속도로 신탄진IC→덤바위 삼거리에서 신탄진·청주 방면 좌회전→신탄진로→대청호 방면 우회전→대청댐 휴게소 주차장 혹은 대청댐 물문화관 주차장

숙박
한일관광호텔 동구 용운로, 042-283-4401 태웅관광호텔 동구 대전로 839번길, 042-224-8000 코스모스관광호텔 동구 동서대로, 042-628-3400 호텔선샤인 대전 동구 동서대로, 042-620-6500

맛집
할먼네집 매운탕, 동구 대청호수로, 042-273-2225 더리스 바비큐, 동구 냉천로, 042-283-9922 조선 오리백숙, 동구 회남로 79번길, 042-273-6143 후루룩손칼국수 낙지볶음면·손칼국수, 유성구 반석로 11번길, 042-825-7565

축제 및 행사
대전국제푸드&와인페스티벌 매년 10월경, 042-860-0151, www.djfoodwine.com 대전사이언스페스티벌 매년 10월~11월경, 042-869-5170, www.djsf.kr

011
제암산 자연휴양림
전남 보성군

봄이 먼저 오는 남도의 숲

여행 내비게이션

여행 콘셉트 남녀노소 함께 즐기는 트레킹 코스 따라 봄맞이
추천 일정 1박 2일 **추천 교통** 자가운전 **추천 계절** 봄, 가을
Must Do 1. 휠체어로 갈 수 있는 무장애 탐방로를 걸어 제암산 즐기기
2. 율포해수녹차탕에서 건강목욕 즐기기 3. 보성의 다양한 녹차밭 산책하기
4. 대원사에서 삶에 대한 문구 공감해보기 5. 율포의 해산물과 보성읍의 한정식 맛보기

PART 1. **봄** : 봄나들이

1 휠체어 더늠길 체험 2 제암산 자연휴양림 편백숲길 3 제암산

제암산은 정상의 바위가 임금 제(帝)자를 닮았다 하여 제암산이라 불린다. 이 산 아래 제암산자연휴양림이 있다. 제암산자연휴양림은 최근 많은 변화가 있었다. 가장 눈에 띄는 변화는 무장애 산악 트레킹 코스 '더늠길'을 만든 것. '더늠'이란 판소리 명창의 으뜸 재주를 일컫는 말이다. 능선을 넘나들며 이어지는 5.8km 데크가 제암산자연휴양림의 더늠이라는 뜻이다. 무장애 산악 트레킹 코스에 대한 휴양림 사람들의 자부심을 발견할 수 있는 이름이다.

더늠길의 본격적인 시작점은 제암산자연휴양림의 숙박 단지 '물빛 언덕의 집'과 '차 향기 가득한 집' 입구다. 휴양림 투숙객이 걸어둔 소원 목걸이가 150m 남짓 이어진 곳을 지나면 지그재그 오르막길이다. 하지만 걱정할 것 없다. 평균 경사 5~8도를 유지하는 이 길은 평지를 걷는 듯 기울기가 느껴지지 않는다. 오르막길 끝에는 편백나무 숲이 있다. 피톤치드 향이 가득한 길 곳곳에 쉼터가 마련되었다. 사람이 생활하기 가장 좋은 높이라는 해발 500m '해피500' 지점을 지나면 지그재그 내리막길이다. 길 끝에서 삼나무 숲으로 이어지는 데크는 여행자가 처음 출발했던 숙박 단지 앞으로 데려다준다. 숲을 크게 한 바퀴 돌아보고 내려오는 동선이다.

더늠길에서는 계단이 없어 걸음이 불편한 노인, 휠체어 사용자, 유모차를 사용하는 유아 동반 가족까지 숲을 즐길 수 있다. 데크 양쪽 난간의 높낮이도 다르다. 산 아래쪽 경사로 방향의 난간은 안전을 위해 높이고, 산 위쪽 경사로 방향의 난간은 자연을 가깝게 느낄 수 있도록 낮췄다. 덕분에 데크를 걷는 동안 답답함이 느껴지지 않는다. 중간 중간에 휠체어나 유모차를 만나면 비켜 갈 수 있는 교행 구간, 숲 속 공기를 만끽하며 쉬어 갈 수 있는 광장과 쉼터, 식물 관찰 안내판 등도 마련되었다.

더늠길에서 제암산 정상 임금바위까지 왕복하거나, 정상에서 곰재와 철쭉 군락, 사자산, 일림산을 지나 한치재로 이어지는 등산로를 이용할 수도 있다. 편안히 이어지는 더늠길이 단조롭게 느껴지는 여행자라면 등산로와 더늠길이 맞닿는 곳에서 본격적인 산행을 선택해도 된다.

추천 여행지

율포해변과 율포해수녹차탕
1.2km에 이르는 백사장과 수령 100년의 소나무가 숲을 이룬 아름다운 해변이다. 고흥반도로 떠오르는 일출을 볼 수 있으며, 매년 전어축제가 열린다. 율포해수녹차탕에서는 지하 120m의 암반 해수와 보성의 특산물인 녹차를 우려낸 녹수를 이용한 웰빙목욕을 즐길 수 있다. 콜레스테롤을 저하시켜 고혈압과 동맥경화를 줄이고, 중금속을 체외로 배출해줄 뿐 아니라 인체의 호르몬 분비를 촉진시켜 위장병, 부인병, 성인병 등에도 효과가 있다. 율포해변으로 가는 길 봇재 일대에서는 보성의 아름다운 차밭을 감상할 수 있다.

보성여관
벌교 읍내에 있다. 일제강점기 때인 1935년 일본인의 왕래가 잦아 유동인구가 늘어나면서 건립된 2층의 목조건물이다. 당시 5성급 호텔이었을 정도로 규모가 큰 건물이었으며, 조정래의 대하소설 〈태백산맥〉에서 토벌대장과 그의 대원들이 머물던 숙소인 남도여관으로 등장하기도 한다. 지난 2004년 등록문화재 제132호로 지정되었다. 1층은 벌교와 보성여관의 역사를 전시해 놓은 공간, 카페, 소극장으로 구성되어 있고, 2층은 다다미방으로 복원해 놓았다. 1층 한옥에서는 숙박도 가능하다.

태백산맥문학관
조정래의 장편대하소설 〈태백산맥〉에 대한 자료를 전시해 놓은 문학관이다. 〈태백산맥〉의 주무대인 벌교에서 소설의 첫 장면에 등장하는 현부잣집과 소화의 집 인근에 세워졌다. 6년간의 집필을 위해 4년간 준비했던 자료 조사, 벌교 이야기, 16,500매에 달하는 〈태백산맥〉의 육필 원고, 소설가 조정래의 삶 등을 만나볼 수 있다.

대원사
백제시대 아도화상이 창건한 천년고찰. 부모를 만나지 못하고 생을 마감한 아기의 영혼을 위해 기도하는 사찰로 잘 알려져 있다. 크리스마스를 연상케 하는 빨간 모자를 쓴 108개의 동자상이 경내 곳곳에 놓여 있다. 대원사 주변에는 티베트박물관이 있어 티베트의 장례 풍습인 천장을 통해 죽음에 대한 경건함도 느껴볼 수 있다. 봄이면 대원사로 들어가는 벚꽃길이 유명하다.

1 대원사 2 율포해변 3 보성여관 1층 입구 전시장

추천 일정

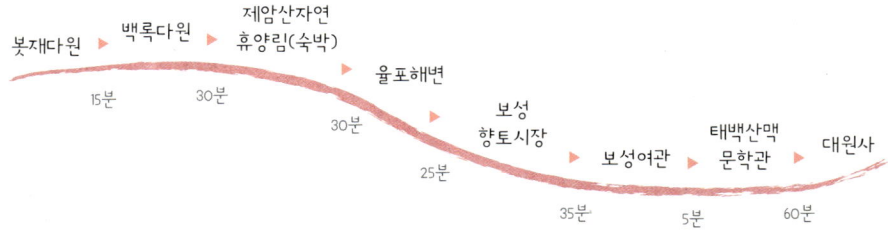

봇재다원 → 15분 → 백록다원 → 30분 → 제암산자연휴양림(숙박) → 30분 → 율포해변 → 25분 → 보성향토시장 → 35분 → 보성여관 → 5분 → 태백산맥문학관 → 60분 → 대원사

봇재다원 | 전망대에서만 머물지 말고, 차밭도 한번 내려가보세요
제암산자연휴양림 | 10월 말부터 11월 초가 단풍 절정기예요
율포해변 | 해변 인근에 보성회천수산물위판장이 있어 저렴하게 회를 맛볼 수 있어요
대원사 | 티베트박물관은 꼭 관람하고, 죽음 체험도 해 보세요

백록다원

벌교 꼬막

여행 정보

웹 페이지와 전화
보성군 문화관광 061-850-5213, http://tour.boseong.go.kr
제암산자연휴양림 061-852-4334, www.jeamsan.go.kr 보성여관 061-858-7528, www.boseonginn.org 태백산맥문학관 061-858-2992, http://tbsm.boseong.go.kr 대원사 061-852-1755, www.daewonsa.or.kr

대중교통
기차 순천-보성, 하루 4회 운행(주말 1회 추가), 약 1시간 소요 / 광주(송정)-보성, 하루 3회 운행(주말 1회 추가), 약 1시간 20분 소요
버스 센트럴시티터미널-보성, 하루 1회 운행(주말 1회 추가), 약 5시간 소요 / 광주-보성, 하루 25회 운행, 약 1시간 30분 소요

자가운전
영암순천고속도로 보성IC→춘정교차로→초당교차로→조리교차로→일림로→제암산자연휴양림

숙박
보성다비치콘도 회천면 충의로, 061-850-1114 보성여관 벌교읍 태백산맥길, 061-858-7528 제암산자연휴양림 웅치면 대산길, 061-852-4434

맛집
해돋이횟집 바지락회, 회천면 남부관광로, 061-852-6790 임가네식육식당 한우·녹돈구이, 보성읍 현충로(보성향토시장 내), 061-852-2669 수복식당 한정식, 보성읍 중앙로, 061-853-3032 국일식당 꼬막정식, 벌교읍 태백산맥길, 061-857-0588

축제 및 행사
보성다향대축제 매년 5월 061-850-5885, http://dahyang.boseong.go.kr/index.boseong 벌교꼬막축제 매년 10월, 061-857-7676, http://cockle.boseong.go.kr/index.boseong 보성차밭빛축제 매년 12~2월, 061-850-5211, http://light.boseong.go.kr/index.boseong

012 국립생태원
충남 서천군

기차 타고 만나는 세계 5대 기후대

여행 내비게이션

여행 콘셉트 살아 숨쉬는 지구 생태계의 탐험
추천 일정 1박 2일 **추천 교통** 자가운전, 기차 **추천 계절** 봄~가을
Must Do
1. 세계 5대 기후대 체험하기 2. 극지관에서 펭귄 만나기
3. 마량포구서 주꾸미 먹기 4. 한산오일장 구경하기

PART 1. **봄** : 봄나들이

1 금구리못
2 에코리움
3 온대관 박새

　서천 국립생태원은 살아 숨쉬는 지구생태계를 탐험하는 체험여행의 공간이다. 우리나라의 숲과 습지 외에도 세계 기후대별 다양한 생태계를 간직한 곳으로, 4,500여 종의 동식물을 만날 수 있다. 국립생태원은 열차로 찾아가는 생태학습의 장이다. 장항선 장항역에서 내리면 생태원 후문까지는 걸어서 2~3분 거리다. 열차에 내릴 때쯤이면 생태원의 푸른 전경이 한눈에 들어온다.

　생태원은 크게 내부 전시체험공간인 에코리움과 습지 등이 있는 외부 체험지역으로 나뉜다. 생태원의 랜드마크는 유장한 곡선미의 건축물을 뽐내는 에코리움이다. 에코리움은 열대, 사막, 지중해, 온대, 극지관 등 세계 5대 기후대를 고스란히 재현해낸 국립생태원의 자랑거리다. 현지 생태계를 그대로 옮겨온 온실은 들어서면서부터 저마다 습하고, 건조하고, 쾌청한 분위기를 자아낸다. 에코리움에는 1,900여 종의 식물, 230여 종의 동물이 전시돼 있다.

　에코리움 관람은 열대관부터 본격적으로 시작한다. 열대관은 아시아, 중남미, 아프리카의 열대우림을 수직적으로 재구성한 공간이다. 피라루크, 나일악어 등 열대지방에서 서식하는 양서류, 파충류 외에도 유리천정까지 치솟은 열대의 숲은 미로를 탐험하듯 흥미진진한 시간을 만들어낸다. 사막관은 극한 환경 속에서도 서식하는 각 대륙의 사막생물들을 재현해 놓았다. 극지관 안에는 순록, 북극곰 등의 표본 외에도 물속에서 직접 뛰노는 펭귄들을 눈앞에서 구경할 수 있다.

　국립생태원의 외부공간은 하다람, 금구리, 나저어, 고대륙 구역으로 크게 구분된다. 금구리 구역의 습지생태원에서는 람사르 습지 등 한반도의 습지가 재현됐고, '금구리못'은 연못 생태계를 재현한 못으로 흰뺨검둥오리 등이 관찰된다. 하다람 구역은 숲과 놀이터의 공간이다. 고산생태원은 백두산, 설악산 등 고산에서 자생하는 구상나무, 눈향나무 등 자생식물이 식재돼 있으며 한반도 숲은 우리나라의 기후대별 삼림을 재구성했다. 꼬마들에게 인기 높은 곳은 하다람 광장으로 동물과 숲을 테마로 다양한 놀이공간과 쉼터가 마련돼 있다. 고대륙 구역은 사슴류의 생태를 관찰할 수 있으며, 나저어 구역은 저어새, 황새 등 멸종위기 조류의 야생 복귀를 돕는 훈련장으로 사용되고 있다.

추천 여행지

마량포구
서천여행 때는 해가 뜨고 지는 마을인 마량포구를 빼놓을 수 없다. 4월 주꾸미 축제가 열렸던 마량포구에서는 5월 하순이면 자연산광어도미축제가 열린다. 축제가 번성해진 뒤로 옛 포구의 모습은 많이 퇴색됐지만 그래도 서해 포구 마을의 고즈넉한 정취를 마량에서 엿볼 수 있다.

동백정
마량리 동백정과 동백나무 숲은 서천8경 중 1경으로 꼽히는 명소다. 후드득 붉은 동백꽃잎을 떨군 뒤에도 동백정은 아름다운 자태를 뽐낸다. 이곳에는 오백년 수령의 동백나무 80여 그루가 군락을 이루고 있다. 동백정 언덕마루에 오르면 무인도 너머로 지는 서해의 일몰을 감상할 수 있다.

한산오일장
매 1, 6일 들어서는 한산오일장도 함께 둘러보면 좋다. 한때 서천에서 가장 큰 규모였던 한산오일장은 새벽 일찍 문을 여는 모시장으로도 유명하다. 장은 오전 무렵이면 대부분 마무리되지만 한산지역의 공예가가 만든 '한다공방', 3대가 가업을 이어가는 '아성대장간' 등을 둘러보는 것만으로도 한산장터 나들이는 제법 훈훈해진다.

1 마량포구 2 동백정 서해 전경 3 한산오일장 4 한다공방 장인

추천 일정

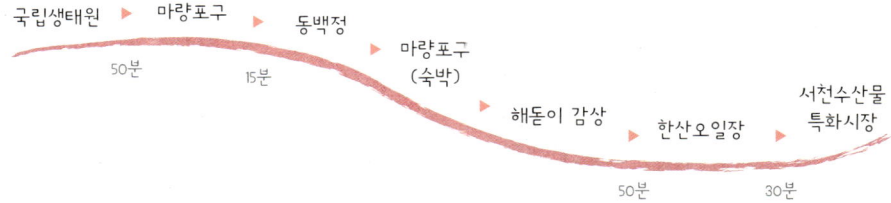

국립생태원 ▶ 마량포구 (50분) ▶ 동백정 (15분) ▶ 마량포구 (숙박) ▶ 해돋이 감상 ▶ 한산오일장 (50분) ▶ 서천수산물특화시장 (30분)

국립생태원 | 꽃구경보다는 생태환경의 가치를 되새겨요
마량포구 | 해가 뜨는 모습을 꼭 봐요
동백정 | 바다 조망이 일품이에요
한산오일장 | 이른 아침에 가야 장터가 볼만해요
서천수산물특화시장 | 서해의 수산물이 전부 있어요

국립생태원

국립생태원

한산장터

여행 정보

웹 페이지와 전화
국립생태원 041-950-5300, www.nie.re.kr 서천군 문화관광 041-950-4256, http://tour.seocheon.go.kr 한산오일장 www.gohansanjang.net

대중교통
기차 용산-장항, 하루 16회 운행, 새마을호 2시간 50분 소요
버스 서울남부터미널-서천, 2시간 20분 소요

자가운전
서해안고속도로 서천IC→군산 방면 4번국도→송내 교차로 21번국도→국립생태원

숙박
서천비치텔 서면 서인로, 041-952-9566, www.seocheonbeachtel.co.kr 산호텔 종천면 충서로, 041-952-8012, www.sanhotel.net 희리산해송자연휴양림 종천면 희리산길, 041-953-2230, www.huyang.go.kr

맛집
할매온정집 아귀찜, 장항읍 장서로, 041-956-4860 모시원 돌솥밥, 한산면 한산모시길, 041-951-0021 서산회관 주꾸미볶음, 서면 서인로, 041-951-7677

축제 및 행사
자연산광어도미축제 5월 하순 한산모시문화제 6월 초, mosi.seocheon.go.kr

013
순천만
전남 순천시

드넓은 갈대밭에 울려 퍼지는 생명의 노래

여행 내비게이션

여행 콘셉트 생태공원 탐방과 남도의 문화유산 순례
추천 일정 1박 2일 **추천 교통** 자가운전 **추천 계절** 봄~가을
Must Do
1. 순천만 갈대밭 걷기 2. 용산전망대에서 S자 물길 보기 3. 순천만정원 탐방
4. 낙안읍성민속마을 탐방 5. 송광사와 선암사 방문하기

PART 1. 봄 : 봄나들이

우리나라 최대의 갈대군락이자 세계5대 연안습지로 꼽히는 순천만 갈대습지는 전남 순천시의 동천과 이사천이 만나 순천만 바다로 흘러드는 3km의 물길을 따라 형성된 갈대들의 천국이다. 국제보호조인 흑두루미를 비롯해 재두루미, 노란부리저어새 등 140여 종의 철새들이 몸을 쉬어가고 다양한 갯벌 생물들과 습지식물들이 함께 어우러진 생명의 보고다.

순천만을 오가는 배들이 정박했던 대대포구를 중심으로 순천만자연생태공원이 자리 잡고 있다. 입구의 자연생태관에서는 다양한 전시물과 영상물을 통해 순천만을 찾는 철새들의 모습과 갯벌의 생태, 습지식물들을 알아볼 수 있어 갈대밭으로 가기 전 꼭 들러야 할 곳이다.

대대포구에서 무진교를 건너면 본격적인 갈대밭 탐방이 시작된다. 하트모양으로 만들어진 나무 데크는 남녀가 함께 걸으면 사랑이 이루어지고 백년해로 한다고 소문난 코스. 불어오는 바람을 맞으며 끝없이 펼쳐진 갈대밭 사이를 걷는 동안·나룻배와 초가지붕을 얹은 정자 등 낭만적인 정취를 더하는 구조물들이 여행자를 맞아준다. 물이 빠진 간조 때는 갈대밭 아래로 드러난 갯벌에 달랑게들이 분주히 오가는 모습도 보인다.

드넓은 갈대밭을 한눈에 보기 위해서는 용산전망대를 올라야 한다. 갈대밭 탐방로가 끝나는 지점에서 약 1km만 더 걸으면 전망대 정상에 닿을 수 있다. 울창한 소나무 숲과 대나무 숲이 어우러진 용산은 용이 하늘로 오르다 순천만 풍광에 반해 머물었다는 전설이 전해지는 야트막한 산이다. 전망대에는 수많은 사진 애호가들이 순천만의 S자 물길과 낙조를 카메라에 담기 위해 일몰을 기다리고 있다. 이제 막 몸집을 키우기 시작한 동글동글한 갈대 군락들과 붉은 칠면초 군락 사이를 미끄러지듯 뻗어가는 S자 물길에 초점이 맞춰진다. 굽이치는 물길 위로 번지는 낙조는 장엄하기까지 하다.

1 순천만 용산전망대에서 바라본 S자 물길 2 용산전망대에서 바라본 순천만 낙조 3 갈대밭 탐방로

추천 여행지

순천드라마촬영장

〈사랑과 야망〉, 〈에덴의 동쪽〉 등 TV 드라마를 촬영한 야외 세트장이다. 서울의 도심 풍경을 엿볼 수 있는 거리를 지나 70~80년대 서울의 달동네를 그대로 재현해 놓은 세트장을 돌아보는 추억여행의 시간이다. 순천역 앞에서 운행하는 시티투어버스는 순천만과 드라마 세트장을 비롯해 낙안읍성과 송광사, 선암사까지 둘러 볼 수 있어 대중교통을 이용하는 여행객들에게 인기다. 하루에 단 한 차례, 아침 9시 50분경에 출발하므로 사전 예약은 필수다.

순천만정원

지난 2013년 개최된 순천만국제정원박람회장이 아름다운 정원으로 다시 문을 열었다. 박람회 당시의 세계정원과 테마정원이 그대로 남아있고 주변에 식재된 수목들도 시간의 깊이가 더해져 더욱 울창해졌다. 둥근 언덕을 따라 순천만호수정원을 거닐면 또 다른 정원의 풍광을 만나게 된다.

송광사

불보, 법보, 승보로 일컬어지는 우리나라의 삼보사찰 중 16국사를 배출한 승보사찰이다. 대웅전을 중심으로 50여 개의 크고 작은 전각들이 자리 잡고 있으며 국보와 보물, 지정문화재 등 많은 문화재를 보유하고 있는 대사찰이다. 본전 위쪽으로 오르면 2010년 입적한 법정스님이 머물던 불일암이 있다.

선암사

선암사는 깊고 시원한 물소리를 따라 오르는 계곡길과 300년 넘는 세월을 견뎌낸 승선교로 유명한 사찰이다. 초록의 계곡을 이어주는 아치형의 승선교와 강선루의 아름다움은 두고두고 기억에 남는다.

낙안읍성

읍성 안에 100여 가구가 고유의 주거양식을 그대로 지키며 살아가고 있는 마을이다. 마을을 품고 있는 1.4km에 이르는 성곽 위를 걸으며 다정하게 머리를 맞대고 앉은 초가지붕을 감상하는 것도 여행 포인트. 초가지붕 아래 툇마루에 앉아 밤하늘을 바라보는 민박체험도 할 수 있다.

1 순천드라마촬영장의 거리 풍경 2 송광사 우화각 3 선암사 승선교 4 초가지붕이 정겨운 낙안읍성

추천 일정

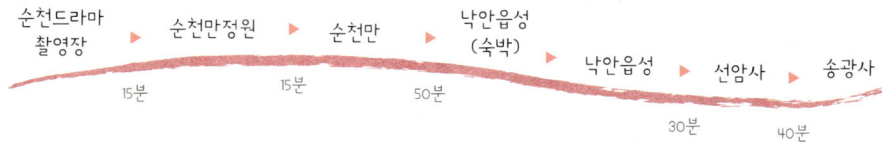

순천드라마촬영장 → 순천만정원 → 순천만 → 낙안읍성(숙박) → 낙안읍성 → 선암사 → 송광사
15분 15분 50분 30분 40분

순천드라마촬영장 | 추억의 장소로 어르신들이 좋아해요
순천만정원 | 야경도 멋져요
순천만 | 갈대밭 산책로가 끝나는 곳에서 약 1km만 더 걸으면 용산전망대예요
송광사 | 국보 3점과 보물 10점을 찾아보아요
선암사 | 승선교와 강선루의 아름다움을 사진에 담아요
낙안읍성 | 초가지붕 아래서 하룻밤 묵어요

생태체험선

순천드라마촬영장

순천만호수정원

여행 정보

웹 페이지와 전화
순천시청 문화관광 061-749-3328, http://tour.suncheon.go.kr 순천역관광안내소 061-749-3107 순천만자연생태공원 061-749-4007, www.suncheonbay.go.kr 순천드라마촬영장 061-749-4003, http://scdrama.sc.go.kr 송광사 061-755-0107, www.songgwangsa.org 선암사 061-754-5247, www.seonamsa.net 낙안읍성 061-749-8831, www.nagan.or.kr

대중교통
기차 서울~순천, KTX 하루 10회 운행, 약 3시간 10분 소요
버스 센트럴시티터미널~순천, 하루 19회 운행, 약 3시간 45분 소요

자가운전
완주순천고속도로 서순천IC→순천만 방향→가곡삼거리에서 벌교·여수 방향→남승룡로·벌교 방향 좌회전→순천만

숙박
노블레스호텔 순천시 장선배기2길, 061-722-7730 브라운호텔 순천시 상풍길, 061-745-2737 밀라노모텔 순천시 장선배기2길, 061-723-4207 갈대밭사랑채 순천시 교량1길, 010-8490-6626

맛집
대대선창집 짱뚱어탕·장어탕, 순천시 순천만길, 061-741-3157 순천만갯장어 장어구이·장어탕, 순천시 순천만길, 061-755-9292 들마루 오리바비큐, 순천시 순천만길, 061-741-5233 순천만가든 꼬막정식·짱뚱어탕, 순천시 순천만길 576, 061-741-4489

축제 및 행사
순천만갈대축제 매년 10월 중순경, 061-749-4007, http://reeds.suncheon.go.kr/reeds 낙안읍성민속문화축제 매년 10월경, 061-749-8831, http://nagan.suncheon.go.kr

014

소백산자락길
경북 영주시

꽃향기에 취해 걷고
봄 햇살에 쉬어 가다

여행 내비게이션

여행 콘셉트 소백산 자락을 감아 도는 문화생태탐방로 따라 걷는 힐링 여행
추천 일정 1박 2일 **추천 교통** 기차 **추천 계절** 봄~가을
Must Do
1. 소백산자락길 선비길 구간 걷기 2. '뜬돌절' 부석사 구경하기
3. 인삼갈비탕과 청국장 맛보기 4. 풍기온천에서 피로 풀기

PART 1. 봄 : 봄나들이

5월의 영주는 꽃향기가 지천이다. 초순에는 사과꽃이 천지를 하얗게 물들이고, 중순 이후로는 화사한 연분홍 철쭉이 소백산을 천상의 화원으로 만든다. 선비의 고장 영주를 대표하는 트레킹 코스 '소백산자락길'은 이때부터 절정의 아름다움을 뽐낸다. 소백산 아래 자락을 한 바퀴 감아 도는 소백산자락길은 모두 12자락으로 구성된다. 각 자락은 평균 12km 내외로 3~4시간이 소요된다. 소수서원에서 출발하는 1자락은 가족 여행객에게 인기다. 우리나라 최초의 사액서원인 소수서원을 비롯해 선비촌, 소수박물관 등 영주의 유교 문화를 두루 살펴보고 트레킹도 즐길 수 있어서다. 1자락은 소수서원 소나무 숲길에서 출발해 배점분교까지 가는 선비길(3.8km, 70분), 배점분교에서 죽계구곡을 지나 초암사에 이르는 구곡길(3.3km, 50분), 초암사에서 달밭골과 비로사를 거쳐 삼가주차장으로 가는 달밭길(5.5km, 150분) 총 3개 구간으로 나뉜다. 길은 평탄하며 구간마다 이야기를 품고 있어 안내판을 읽으며 걷는 재미가 각별하다.

특히 퇴계 선생의 유일한 천민 제자였던 대장장이 배순의 이야기, 퇴계 선생이 아홉 굽이마다 이름을 붙이고 바위에 글을 새겼다는 죽계구곡 이야기가 서린 구곡길은 흐르는 계곡물 소리를 벗 삼아 호젓하게 걷는 맛이 일품이다. 각 구간의 기점인 소수서원과 배점마을, 삼가동까지 영주나 풍기에서 시내버스를 이용할 수 있는데, 운행 횟수(8~14회)가 많지 않으므로 시간표를 챙겨두는 것이 좋다.

중앙선 희방사역(소백산역)에서 시작되는 3자락도 매력이 있다. 3자락은 죽령옛길, 용부원길, 장림말길 총 3개 구간이 총 11.4km에 걸쳐 이어진다. 그중 첫 구간인 죽령옛길의 유래와 역사가 눈길을 끈다. 〈삼국사기〉에 따르면 죽령길이 처음 열린 때는 서기 158년. 1910년대까지만 해도 경상도 각지에서 과거를 보러 가는 선비와 장사꾼, 공무를 수행하던 관원들이 이 길을 이용해 서울로 올라갔고, 길목마다 주막이며 객점, 마방, 짚신 가게가 즐비했다 한다. 그러다 5번국도가 개통하면서 사람의 왕래가 없어졌고, 이후 트레킹 코스로 개발되었으며, 2007년에는 명승 30호로 지정됐다. 희방사역에서 50분쯤 걸어 첫 구간의 끝 지점인 죽령마루에 오르면 출출한 배도 채우고, 막걸리 한 사발에 목도 축일 수 있는 죽령주막이 있다. 균형과 절제의 미학으로 칭송받는 천년 고찰 부석사와 연계하여 걷고 싶다면 11자락을 추천한다. 부석사에서 속두들, 소백산예술촌, 숲실, 사그래이로 이어지는 11자락의 첫 구간 과수원길은 사과꽃이 만개한 과수원을 곁에 두고 걷는 90분 코스다.

1 해 질 무렵 부석사 무량수전과 안양루 2 1자락 두 번째 구간인 죽계구곡의 제6곡 3 8자락길 출발점인 부석면 남대리

추천 여행지

소수서원
1543년 풍기군수 주세붕이 고려 때의 유학자 안향을 배향하고 유생을 가르치기 위해 '백운동서원'을 지은 것이 효시다. 퇴계 이황의 청으로 1550년에 명종이 '소수서원'이라는 현판을 내려 최초의 사액서원이 되었다. 서원 옆을 흐르는 죽계천은 고려시대의 경기체가 〈죽계별곡〉의 배경이자, 퇴계 선생이 '죽계구곡'을 이름 지은 곳이기도 하다.

선비촌과 소수박물관
영주 지역 전통 가옥 12채를 한자리에 모은 선비촌은 옛사람들의 생활상을 그대로 복원하고 재현해 어른과 아이에게 모두 흥미롭다. 한지 공예, 천연 염색, 짚풀 공예, 소달구지 체험, 목공예와 같은 전통문화를 체험할 수 있고, 한옥 숙박을 원하는 이들에게는 일반 관람을 마친 뒤 고택 7채를 개방한다.

부석사
신라 문무왕 16년(676)에 의상대사가 창건했다. 창건에 얽힌 의상과 선묘 아가씨의 애틋한 사랑의 설화로 유명하다. 무량수전(국보 18호) 배흘림기둥에 기대서 물결치듯 일렁이는 소백산 자락을 바라보는 것을 잊지 말자. 관람객이 거의 빠져나간 늦은 오후, 텅 빈 경내에 머물러보는 것도 특별한 경험이다. 해 질 녘 산사에 울려 퍼지는 불전 사물 소리가 가슴 깊이 벅찬 희열을 선사한다.

소백산풍기온천리조트
트레킹 뒤에는 소백산풍기온천리조트에서 뜨끈한 물에 피로를 풀자. 노천탕을 비롯해 최첨단 수치료 시설인 바데풀과 물놀이 시설을 갖췄고, 푸드코트와 한식당도 이용할 수 있다. 트윈(2인실), 스위트(3인실), 온돌(5인실) 등 3가지 타입의 객실도 운영한다.

풍기인삼갈비와 청국장
영주에서 꼭 맛봐야 할 음식을 꼽으라면 특산물 '인삼'이 들어간 갈비탕과 '부석태'로 만든 청국장이다. 풍기 군수였던 주세붕에 의해 재배되기 시작했다는 풍기 인삼은 매년 축제를 개최할 만큼 대표적인 지역의 명물이다. 인삼갈비탕, 인삼전복갈비탕 외에 인삼곰탕, 인삼 왕갈비, 인삼 갈빗살 등 다양한 메뉴가 있다. 풍기역 바로 앞에 위치한 한결청국장의 '부석태로 만든 청국장 전골'은 2013년 영주 향토음식 경연대회에서 대상을 수상했다.

1 소수서원 2 선비촌의 봄 3 죽령주막의 산채비빔밥 4 소백산풍기온천리조트 객실

추천 일정

소수서원 → (도보 3분) → 소수박물관 → (도보 1분) → 선비촌 → 소백산자락길 1자락 트레킹(12.6km) → (도보 4시간 30분) → 삼가동 → (20분) → 풍기인삼갈비나 한결청국장에서 저녁식사 → (10분) → 소백산 풍기온천 리조트(숙박) → (1시간) → 부석사

소수서원 | 풍기역 앞에서 27번 버스를 타세요
소수박물관 | 입장권 하나로 소수서원, 소수박물관, 선비촌을 모두 돌아볼 수 있어요
소백산자락길 | 매월 둘째 토요일에 진행되는 '자락길 동무삼기' 프로그램에 참여하면 해설사의 설명을 들으며 걸을 수 있어요. 예약 필수
삼가동 | 1자락 마지막 지점. 26번 버스를 타면 풍기읍으로 돌아올 수 있어요. 운행 횟수가 적으므로 미리 시간표를 챙기세요
소백산풍기온천리조트 | 여름철엔 아이들이 좋아하는 야외 쿨놀이 시설을 오픈해요
한결청국장 | 풍기역 앞에 위치. 식사를 먼저 하고 걸어도 OK!

소수서원 죽계천

부석사

여행 정보

웹 페이지와 전화
영주시청 문화관광 054-639-6365, tour.yeongju.go.kr
소백산자락길 054-633-5636, www.sanjarak.or.kr 부석사 054-633-3464, www.pusoksa.org 선비촌 054-638-6444, www.sunbichon.net

대중교통
기차 청량리-풍기, 하루 8회 운행, 약 2시간 30분 소요
버스 동서울종합터미널-영주, 하루 30회 운행, 약 2시간 30분 소요 / 센트럴시티터미널-영주, 하루 10회 운행, 약 2시간 20분 소요

자가운전
중앙고속도로 풍기IC→소백산국립공원 풍기·봉화 방면 우회전→소백로·신재로 따라 약 10km 이동 후 순흥교차로에서 부석·소수서원 방면 좌회전→소백로 따라 1.27km 이동→소수서원 주차장

숙박
선비촌(한옥스테이) 순흥면 소백로, 054-638-6444, www.sunbichon.net 소백산풍기온천리조트 풍기읍 죽령로, 054-604-1700, taliaresort.co.kr 부석사가는길에 부석면 봉황산로 103, 054-634-0747, www.buseoksa.net 산수방펜션 풍기읍 삼가로 140, 054-631-3332, www.sansubang.com

맛집
죽령주막 산채비빔밥, 풍기읍 죽령로, 054-638-6151 한결청국장(인천식당) 청국장, 풍기읍 인삼로, 054-636-3224 풍기인삼갈비 한우구이·인삼갈비탕, 풍기읍 소백로, 054-635-2382 황재먹거리한우 등심·모둠구이, 풍기읍 소백로, 054-638-0094

축제 및 행사
선비문화축제 매년 10월, 054-633-7597, www.seonbifestival.com 영주소백산철쭉제 매년 5~6월 중, 054-639-6064

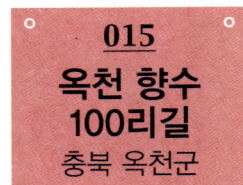

015 옥천 향수 100리길
충북 옥천군

금빛 물결 너머 가슴 푸근한 풍경

여행 내비게이션

여행 콘셉트 정지용 시인의 '향수'를 따라가는 낭만 여행
추천 일정 당일 **추천 교통** 자가운전 **추천 계절** 봄~가을
Must Do
1.자전거 라이딩에 도전하기 2.정지용 문학관에서 시 낭송하기 3.장계관광지 산책하기
4.둔주봉 올라가기 5.용암사 일몰 감상하기

PART 1. **봄** : 봄나들이

1 향수 100리 라이딩 **2** 청마리 제신탑 **3** 금강유원지에 조성된 조형물

　〈향수〉의 고장 옥천은 한국현대시의 선구자로 불리는 정지용 시인이 태어난 곳이다. 정지용 시인의 발자취는 정지용 생가와 문학관을 시작으로 100리에 걸쳐 이어진다. 종전 향수 30리 길과 금강길을 합쳐 만든 향수 100리길은 그의 작품 속에 나타난 아름다운 풍경을 따라가는 정겨운 고향 길이다. 향수 100리길은 자전거 마니아들에게 소문난 코스로, 날씨나 체력 상황 등을 고려해 자전거로 도전해도 좋다. 정지용 생가에서 출발해 장계관광지, 안남면, 금강변, 금강휴게소 등을 거쳐 출발 지점으로 돌아오는 50.6km 거리지만, 금강변 비포장도로(약 4.5km)를 제외하고는 특별히 위험하거나 어려운 구간은 없다.

　정지용 생가에서 출발해 옛 37번국도를 타고 장계관광지까지 가는 길은 종전 향수 30리길에 해당하는 코스다. 새 국도가 생긴 뒤 차량 통행이 적어 자전거 하이킹이나 드라이브를 만끽하기에 좋다. 초록빛이 넘실거리는 가로수 길을 달리다 보면 마치 봄의 한가운데로 초대받은 느낌이 든다. 옛 37번국도는 4월 초·중순 벚꽃 터널이 펼쳐지는 명소다. 장계관광지에는 정지용의 시문학을 공간적으로 재해석한 공공 예술 프로젝트 '멋진 신세계'가 조성되어 있다. 한국 최초의 모더니스트로 일컬어지는 정지용 시인을 추억하게 하는 모단 가게와 모단 갤러리, 다양한 예술 체험 프로그램이 운영되는 모단 스쿨이 있다. 금강을 따라 조성된 산책로를 걷다 보면 정지용 문학상 시비를 비롯해 그의 시를 테마로 한 조형물을 만난다.

　장계교를 넘어 강 건너에 닿으면 곧 안남면으로 이어진다. 안남면을 지나 금강변을 달리는 길은 향수 100리 코스의 하이라이트라 할 수 있다. 정지용 시인이 노래한 정겹고 평화로운 풍경이 느릿한 걸음으로 흘러간다. 유유히 흐르는 물결 위로 어린 시절 친구들과 장난치고 뛰놀던 추억이 떠오르는 듯하다. 청보리가 물결치는 강변 한쪽에는 캠핑을 나온 사람들이 낚시를 즐기는 모습도 볼 수 있다.

　금강변 비포장도로를 달리다보면 얼마 지나지 않아 금강휴게소에 도착한다. 경부고속도로에 면한 금강휴게소는 주변 경치가 빼어나 여행자들이 일부러 찾는 곳이다. 이곳에서 다시 정지용 생가에 도착하면 향수 100리길이 마무리된다.

추천 여행지

정지용 생가와 문학관

구읍이라 불리는 옥천 옛 마을 한쪽에 정지용 시인이 살던 생가와 문학관이 있다. 최근 복원된 생가에 들어서면 우물과 아담한 초가가 관람객을 맞는다. 생가 앞에는 시에 등장하는 실개천이 흐른다. 가난하지만 가족이 함께 지내던 안식처 위로 그가 꿈에서도 잊지 못하던 고향 풍경이 겹쳐 보인다. 생가 관람 후 정지용문학관 방문은 필수다. 규모는 작지만 정지용 시인의 삶과 시대적 상황 속에서 꽃피운 문학적 성과가 일목요연하게 정리되었다. 〈정지용 시집〉, 〈백록담〉, 〈지용시선〉, 〈문학독본〉 등 정지용 시인의 시와 산문집 원본도 전시되어있다. 전시관 한쪽에 마련된 시 낭송실에서 잔잔한 음악을 배경으로 시를 낭송해보는 것도 좋은 추억이 된다.

둔주봉

안남면 둔주봉에 오르면 산 아래쪽 금강이 휘돌아 나가는 곳에 한반도 모양으로 형성된 특별한 지형을 볼 수 있다. 산을 오르다 보면 산불 감시초소와 정자가 나오는데, 한반도 지형을 감상하기에 좋은 장소이다. 차로 산길 입구까지 올라갈 수 있지만, 양방향 통행이 어려우므로 운전에 조심해야 한다. 산길이 험한 편은 아니어서 삼림욕을 겸해 쉬엄쉬엄 오르기 좋다.

용암사

장령산 기슭에 자리했다. 신라 진흥왕 때 창건된 사찰로 전해진다. 용암사 동·서 삼층석탑(보물 제 1338호)과 용암사 마애여래입상(충청북도 유형문화재 제 17호) 등이 있고, 이곳에서 바라본 운해 위로 솟아오르는 일출과 일몰이 비경으로 꼽힌다.

1 정지용문학관 앞에 서 있는 동상 2 둔주봉 3 옥천군 용암사 일출

추천 일정

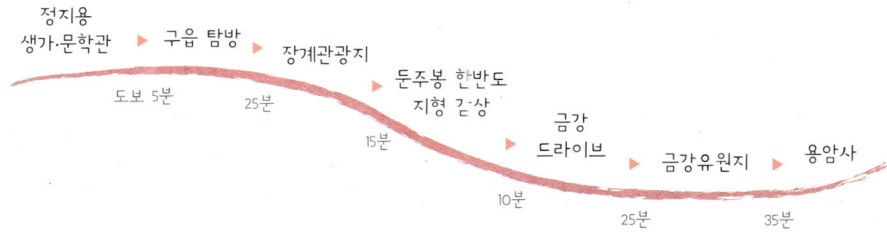

정지용 생가·문학관 → (도보 5분) → 구읍 탐방 → (25분) → 장계관광지 → (15분) → 둔주봉 한반도 지형 걷상 → (10분) → 금강 드라이브 → (25분) → 금강유원지 → (35분) → 용암사

정지용 생가·문학관 | 시 낭송실에서 시낭송을 해보세요
장계관광지 | 제대로 둘러보려면 1시간 정도 걸려요
둔주봉 | 산길을 30분 정도 걸어 올라가야 해요
금강 드라이브 | 비포장도로 구간 운전에 유의하세요
금강유원지 | 금강 쪽 테라스 자리 전망이 끝내줘요!
용암사 | 좁은 커브 오르막길을 조심 하세요

장계관광지

청마리

향수100리 시문학자전거열차

여행 정보

웹 페이지와 전화
옥천 문화관광 043-730-3413, http://tour.oc.go.kr 정지용 생가·정지용문학관 043-730-3408, www.jiyong.or.kr 장계관광지 043-730-3418 금강유원지 043-731-3223 둔주봉 한반도 지형(안남면사무소) 043-730-4544 용암사 043-732-1400

대중교통
기차 서울-옥천, 무궁화호 하루 16회 운행, 약 2시간 15분 소요
버스 동서울종합터미널-옥천, 하루 2회 운행, 약 2시간 소요

자가운전
경부고속도로 옥천IC→옥천IC사거리에서 보은·대전 방면 좌회전→구읍삼거리에서 구읍 방면 11시 방향→정지용 생가 방면 우회전→정지용 생가

숙박
과수원파크 옥천읍 성왕로, 043-731-8788 리베라모텔 옥천읍 성왕로, 043-731-8713 명가모텔 옥천읍 성왕로, 043-733-7744 옥천관광호텔 옥천읍 옥천로, 043-731-2435

맛집
선광집 생선국수, 청산면 지전2길, 043-732-8404 별미올갱이 올갱이국밥, 옥천읍 삼금로2길, 043-731-4423 대전가든 송어회무침, 군북면 성왕로, 043-732-5603 부산식당 쏘가리매운탕, 동이면 조령2길, 043-732-3478 샛강변가든 인삼메기탕, 군북면 성왕로, 043-733-3678 옛날보리밥 보리밥, 옥천읍 삼금로3길, 043-731-0524 참샘송어직판장 송어회, 옥천읍 성왕로, 043-733-4109

016 정선오일장
강원 정선군

향긋한 봄을 먹다

여행 내비게이션

여행 콘셉트 맛 좋고 몸에 좋은 대표 봄나물 곤드레를 테마로 떠나는 정선 여행
추천 일정 1박 2일
추천 교통 자가운전
추천 계절 봄~가을
Must Do
1.곤드레밥 먹기 2.정선오일장에서 장 보고 공연 감상 3.스카이워크에서 동강 감상 4.짚와이어 타기
5.삼탄아트마인 관람

PART 1. 봄 : 봄나들이

정선아리랑에도 등장하는 곤드레는 정선을 대표하는 봄나물이다. 5월의 정선은 산나물이 지천이다. 산비탈을 일군 산밭에 곤드레, 곰취, 산마늘(명이나물), 참나물, 취나물 등이 흔하게 자란다. 그 가운데 유독 곤드레를 많이 먹은 것은 다른 산나물보다 맛과 향이 순해서 밥에 넣어 먹기에도, 국을 끓이기도 좋았기 때문이다. 게다가 아무리 많이 먹어도 탈이 나지 않아 식량이 귀하던 보릿고개 시절에는 거의 매끼 먹을 수 있었다.

곤드레 요리 가운데 가장 유명한 것은 곤드레밥이다. 데친 나물에 소금, 참기름으로 밑간한 다음 쌀에 얹고 밥을 지으면 되니 요리법이랄 것도 없다. 그냥 먹어도 구수하고, 양념장에 비비면 다른 반찬이 없어도 한 그릇 뚝딱 비울 수 있다. 된장국을 끓여도 좋고, 무쳐도 맛있다. 오래 두고 먹기 위해 장아찌를 만들기도 하고, 데친 뒤 말려 묵나물로도 만든다.

정선 장터에는 다양한 곤드레가 나온다. 비닐하우스에서 키워 일찍 나온 생나물부터 지난해 생산한 묵나물, 나물무침, 짭짤하고 아삭한 장아찌, 보관이나 요리가 간단한 냉동 곤드레, 곤드레 모종까지 두루 볼 수 있다. 여기에 곤드레밥, 곤드레된장국, 나물에 메밀이나 옥수수를 넣고 끓인 곤드레국죽 같은 음식이 더해진다.

정선아리랑시장은 오일장뿐만 아니라 상설시장으로도 열려서 장날이 아니라도 곤드레를 구입할 수 있다. 시장에는 정선에서 난 각종 농산물 판매장은 물론 먹거리 골목도 조성돼 있다. 곤드레밥과 메밀전, 콧등치기, 황기닭백숙 등이 맛나다. 시장 입구의 야외공연장에서는 장날(끝자리 2·7일)마다 하루 두 차례 〈아리랑〉 공연이 약식으로 펼쳐진다. 흥겨운 장터 구경에 특산물 쇼핑, 〈아리랑〉 공연까지 볼 수 있으니 일석삼조. 정선문화예술회관에서는 4월 27일부터 12월 27일까지 장날마다 〈아리랑〉 공연이 무대에 오른다. 공연시간은 약 1시간 10분 정도다. 정선아리랑시장 외에 임계(5·10일), 사북과 여량(3·8일), 고한(1·6일), 민둥산(4·9일)에서도 오일장이 열린다.

1 곤드레 생나물을 보여주는 상인
2 곤드레알밥
3 명이나물
4 곤드레밥 상차림

추천 여행지

스카이워크와 짚와이어
병방치에 자리한 아리힐스리조트에 있다. 깎아지른 절벽 위에 세운 유리 전망대인 스카이워크에 서면 한반도 지형을 만들어내며 휘감아도는 동강 전망을 한눈에 내려다볼 수 있다. 바닥과 옆면 모두 유리로 마감해 마치 구름 위를 걷는 느낌이다. 아시아 최장 길이를 자랑하는 짚와이어는 1.1km 거리를 시속 70km로 순식간에 날아간다. 짚와이어 도착 지점 옆에 있는 동강생태체험학습장에도 볼거리가 많다.

그림바위미술마을
화암동굴로 유명한 화암면에 자리한 그림바위미술마을은 '화암'이라는 지명을 풀어 쓴 것으로, 2013년 미술 마을 프로젝트를 진행하면서 마을 전체가 야외 미술관이 됐다. 화암 8경과 마을의 역사, 동네 주민을 테마로 한 작품 35점이 마을 곳곳을 수놓는다. 마을 산책하듯 걷다보면 절로 작품 감상까지 하게 된다.

삼탄아트마인
2001년에 폐광된 삼척탄좌를 문화와 예술의 공간으로 재탄생시킨 곳이다. 4층 규모의 사무동은 제일 위층에 로비와 전망 라운지를 만들고, 아래로 내려가면서 현대미술관 캠, 삼탄뮤지엄·자료실, 마인갤러리, 세계 미술품 수장고, 작가 스튜디오, 예술 놀이터, 아트 숍 등을 차례로 두었다. 그 자체로 거대한 조형예술 작품인 수직갱, 옛 건물의 역사를 고스란히 간직한 레스토랑, 작가는 물론 여행자를 위해 개방된 아트레지던시 등도 인상적이다.

1 정선 스카이워크 2 안전하고 스릴 만점인 정선 짚와이어 3 삼탄아트마인 미술놀이터의 체험들 4 정선장의 달걀꾸러미

추천 일정

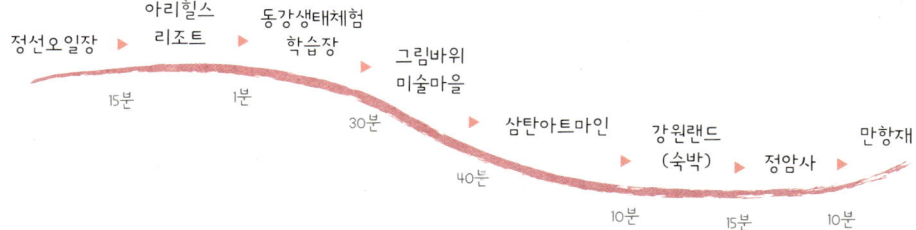

정선오일장 → (15분) → 아리힐스리조트 → (1분) → 동강생태체험학습장 → (30분) → 그림바위미술마을 → (40분) → 삼탄아트마인 → (10분) → 강원랜드(숙박) → (15분) → 정암사 → (10분) → 만항재

정선오일장 | 장날(2·7일)에 더 재밌고, 상설시장도 볼거리 많아요
아리힐스리조트 | 스카이워크에서 하늘을 걷는 기분을 느껴보세요
그림바위미술마을 | 산골마을 전체가 야외 미술관으로 변신
삼탄아트마인 | 수준 높은 작품도 많고, 건물 자체가 아트!

정선오일장

스카이워크

그림바위미술마을

여행 정보

웹 페이지와 전화
정선군 관광문화과 033-560-2363, 1544-9203, www.ariaritour.com 아리힐스리조트(스카이워크, 짚와이어) 033-563-4100, www.ariihills.co.kr 그림바위미술마을 033-560-2562, http://blog.naver.com/2013happyart 삼탄아트마인 033-591-3001, http://samtanartmine.com

대중교통
버스 동서울종합터미널-정선, 1일 13회 운행, 3시간 20분 소요 / 원주-정선, 1일 5회 운행, 2시간 소요
기차 청량리-민둥산(환승)-정선, 하루 1회 운행, 3시간 50분(환승 시간 포함) 소요 / 청량리-민둥산, 하루 8회 운행, 3시간~3시간 30분 소요, 민둥산역에서 시내버스(민둥산-정선버스터미널, 하루 7회 운행)로 정선 읍내 이동

자가운전
영동고속도로 진부IC→59번국도-나전 삼거리-42번국도→정선읍→정선공설운동장 주차장

숙박
문호텔 사북읍 사북2길, 033-591-0707 하이랜드호텔 고한읍 고한로, 033-591-3500, www.hi-landhotel.co.kr 삼탄아트마인(아트레지던시룸) 고한읍 함백산로, 033-591-3001, http://samtanartmine.com 도사곡휴양림 사북읍 지장천로, 033-592-9400, www.jsimc.or.kr 화암약수캠핑카라반 화암면 약수길, 033-562-1944, www.jsimc.or.kr

맛집
돌과 이야기(옥산장) 곤드레밥, 여량면 여량3길, 033-562-0739, www.oksanjang.pe.kr 싸리골식당 곤드레밥, 정선읍 정선로, 033-562-4554, www.ssarigol.com 대숲마을 곤드레밥·생선구이, 고한읍 함백산로, 033-591-9797 동박골식당 곤드레밥, 정선읍 정선로, 033-563-2211

축제 및 행사
정선토속음식축제 매년 4월, www.ariaritour.com 민둥산 억새꽃축제 매년 9월, www.ariaritour.com 정선아리랑제 매년 10월 초, www.ariaritour.com

017
지리산 바래봉
전북 남원시

분홍빛 능선을 걷다

여행 내비게이션

여행 콘셉트 산상에 펼쳐진 철쭉 보며 봄날 만끽하기
추천 일정 1박 2일 **추천 교통** 자가운전 **추천 계절** 봄
Must Do
1.지리산 바래봉 철쭉능선 오르기 2.서어나무 숲 신록 만끽하기 3.구불구불 정령치 드라이브 하기 4.뱀사골 와운마을의 천년송 안아보기 5.광한루의 봄 풍경 즐기기

PART 1. **봄** : 봄나들이

1, 2 바래봉 철쭉
3 바래봉 입구의 소나무 숲길

　5월이면 지리산 바래봉에 꽃물결이 인다. 운봉뜰을 내려다보는 산정의 능선을 따라 불길이 치솟듯이 분홍빛 철쭉이 만발한다. 나무 한 그루 없는 초원에 펼쳐진 철쭉은 첫눈에도 황홀하다. 철쭉 군락 너머로 펼쳐지는 지리산의 장관은 또 어떤가.
　바래봉 철쭉 군락에는 특별한 사연이 있다. 1960년대 정부는 이곳을 뉴질랜드처럼 목장으로 개발하려고 수천 마리의 면양을 방목했다. 식성이 좋은 면양은 나뭇잎과 풀을 모조리 먹어치웠다. 하지만 독성이 있는 철쭉은 먹지 않고 그대로 뒀다. 그 후 경제성이 떨어진다는 이유로 면양 방목을 중단하자 바래봉은 철쭉 천지가 됐다.
　바래봉 철쭉을 보러 가는 길목은 운봉읍 용산리 지리산허브밸리다. 철쭉 군락은 가축유전자원시험장을 지나 만나는 산 하단부와 바래봉으로 오르는 구릉지, 바래봉 능선을 따라 이어지는 정상부 등 크게 세 지역으로 나뉜다. 이 가운데 가축유전자원시험장 인근의 철쭉 군락은 바래봉 철쭉의 개화 지표로 가장 먼저 핀다. 4월 하순부터 피기 시작한 철쭉은 5월 초순에 700~900m 8부 능선, 5월 중·하순이면 정상 부근 능선에 단개한다. 특히 바래봉삼거리에서 팔랑치로 이어지는 2km 구간에 가장 화려하고 아름다운 철쭉의 향연이 펼쳐진다. 바래봉 철쭉은 사람 가슴 높이 정도로 빽빽하게 군락을 이뤄 잘 가꾼 정원 같다.
　바래봉삼거리에서 바래봉 정상까지는 0.5km 거리다. 숲길을 따라가다보면 밥그릇을 엎어놓은 듯 둥그스름한 정상이 보인다. 바래봉에서는 지리산 능선이 한눈에 들어온다. 바래봉삼거리에서 정령치를 거쳐 성삼재로 이르는 능선은 물론, 성삼재에서 노고단을 거쳐 반야봉, 천왕봉으로 이어지는 주릉의 장쾌한 모습도 병풍처럼 펼쳐진다.
　진분홍 철쭉을 제대로 감상하려면 바래봉삼거리에서 철쭉 군락이 이어지는 팔랑치를 거쳐 세걸산에 다녀오기를 권한다. 지리산허브밸리에서 바래봉 정상까지는 왕복 7.4km. 3~4시간 잡으면 여유 있게 돌아볼 수 있다.

추천 여행지

춘향테마파크
〈춘향전〉을 주제로 조성한 테마파크다. 맹약, 사랑과 이별, 시련, 축제의 장 등의 테마로 조성됐다. '사랑과 이별의 장'에는 임권택 감독의 영화 〈춘향뎐〉, 드라마 〈쾌걸춘향〉을 촬영한 세트장이 남아 있다. '축제의 장'에서는 4월부터 11월까지 타악공연(오전 11시)과 신춘향전(오후 2시)이 펼쳐진다. 테마파크 내 남원향토박물관, 심수관도예관, 남원항공우주천문대도 있어 함께 둘러보기 좋다.

광한루원
춘향과 몽룡의 사랑이 시작된 곳이자 남원을 대표하는 상징적인 공간이다. 광한루와 연못, 오작교가 어우러진 우리나라를 대표하는 전통정원이기도 하다. 광한루는 조선 시대에 황희 정승이 양녕대군 폐위를 반대하다 남원으로 유배 왔을 때 광통루를 지은 것이 그 시초다. 세종 때 집현전 학자로 잘 알려진 정인지가 전라관찰사로 부임했을 때 이곳에서 본 풍경이 마치 달나라에 있는 광한청허부의 모습 같다 하여 광한루라는 이름을 붙였다. 광한루원은 명승 제33호, 광한루는 보물 제281호로 지정되었다.

황산대첩비지
태조 이성계가 고려 말 왜구를 무찌른 황산대첩의 업적을 기리기 위해 세운 비석의 흔적이 남아 있다. 금강하구에서 최무선의 화포 공격으로 왜구는 지리산 일대로 쫓겨왔고, 이곳에서 이성계가 이끄는 고려군에 의해 섬멸되었다. 이 전투가 바로 황산대첩이다. 황산대첩비는 일제강점기 때 일본인에 의해 파괴되어 지금은 파비각 안에 그대로 보존되어 있다. 동편제 가왕 송흥록, 국창 박초월 생가가 황산대첩비 옆 비전마을에 남아 있다.

남원추어탕
남원하면 추어탕이다. '추어'로 불리는 미꾸라지는 이름처럼 가을 보양식으로 잘 알려져 있다. 남원 추어탕은 토종 미꾸라지와 시래기를 넣어 걸죽하면서도 매콤하게 끓여낸다. 바삭바삭한 추어튀김과 깻잎에 싸 먹는 추어숙회도 맛나다. 광한루원 주변으로 20여 개의 추어탕 식당이 몰려 있는 남원 추어탕거리가 조성되어 있다.

1 춘향테마파크의 월매집 2 신관사또 부임행차 3 광한루의 연못에 비친 반영

추천 일정

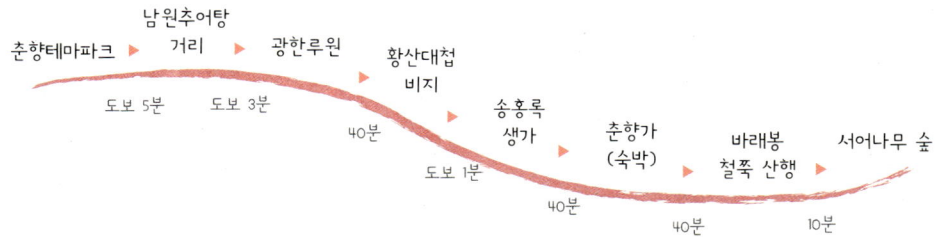

- 춘향테마파크 ▶ 남원추어탕거리 (도보 5분) ▶ 광한루원 (도보 3분) ▶ 황산대첩비지 (40분) ▶ 송홍록 생가 (도보 1분) ▶ 춘향가 (숙박) (40분) ▶ 바래봉 철쭉 산행 (40분) ▶ 서어나무 숲 (10분)

춘향테마파크 | 남원향토박물관에서 남원의 역사를 만나보세요
광한루원 | 이도령의 모델이 된 성이성의 아버지 남원부사 성안의의 선정비를 찾아보세요
황산대첩비지 | 일제강점기 때 파괴된 황산대첩비의 아픈 역사를 새겨보세요
바래봉 | 봄이 완연해지면 바래봉 입구 지리산허브밸리도 볼만해요
서어나무 숲 | 서어나무에 매달린 그네를 꼭 타보세요

광한루

춘향테마파크

여행 정보

웹 페이지와 전화
남원시 문화관광 063-620-6161, http://tour.namwon.go.kr 광한루원 063-625-4861, www.gwanghallu.or.kr 춘향테마파크 063-620-6836, www.namwontheme.or.kr

대중교통
버스 센트럴시티터미널-남원, 하루 15~17회 운행, 약 3시간 소요

자가운전
88올림픽고속도로 남원IC→남원교차로→요천삼거리→운봉읍사무소삼거리→지리산허브밸리 방면→바래봉 등산로 입구

숙박
스위트호텔 남원 주천면 원천로, 063-630-7100 춘향가 남원시 양림길, 063-636-4500 켄싱턴리조트 남원점 남원시 소리길, 063-636-7007 중앙하이츠콘도 남원시 장승안길, 063-626-8080

맛집
지리산나물밥 지리산나물밥, 인월면 달오름길, 070-7755-2747 현식당 추어탕, 남원시 의총로, 063-626-5163 지산지소자연밥상 한식 뷔페, 주천면 장안용궁길, 063-634-8849 허브마을 채마루 떡갈비정식, 남원시 원천로, 063-625-2323

축제 및 행사
바래봉철쭉제 매년 5월 초순, 063-634-0024, http://unbong.namwon.go.kr 춘향제 매년 5월 중, 063-620-5771, www.chunhyang.org

018 국립수목원
경기 포천시

5월, 아름다운 신록을 만나다

여행 내비게이션

여행 콘셉트 국립수목원으로 떠나는 봄나들이
추천 일정 1박 2일, 당일 **추천 교통** 자가운전 **추천 계절** 봄
Must Do
1. 해설 들으며 수목원 산책하기 2. 산림문화체험 즐기기 3. 허브아일랜드에서 허브힐링하기 4. 한가원에서 한과만들기 체험하기 5. 포천아트밸리 산책하기

PART 1. 봄 : 봄나들이

봄이 무르익는 5월. 국립수목원은 무르익은 봄기운을 느끼기 좋은 곳이다. 가족 나들이는 물론 다양한 체험과 함께 숲의 소중함을 배울 수 있는 곳이다. 국립수목원이 조성된 광릉 숲은 1468년 세조가 승하한 뒤 조성된 광릉의 부속림이다. 540년이 넘는 세월 동안 그대로 보전이 되었는데, 이는 광릉과 광릉 숲 출입을 엄격히 통제하고 관리했기 때문이다.

국립수목원은 15개 전문 식물원으로 구성되었다. 백합원, 무궁화원, 화목원, 관목원 등 테마가 있는 식물원뿐만 아니라 자생지에서 사라져가는 희귀·특산 식물 보존원, 열대·아열대 식물로 구성된 열대식물자원연구센터 등 특별한 공간도 마련되었다. 수목원을 제대로 즐기려면 수목원 해설을 들어보는 것이 좋다. 수목원 해설은 수목원 곳곳에 식재된 꽃과 나무에 대한 이야기를 들려준다. 오전 9시부터 오후 6시까지 매시 정각에 방문자센터에서 출발한다. 개인적으로 둘러보고 싶다면 방문자센터에서 '수목원 자동 해설기'를 대여하는 것도 좋다.

수목원 해설을 들었다면 산림문화체험도 즐겨보자. 자연과 산림자원을 이용한 만들기 체험으로, 자녀를 동반한 가족에게 제격이다. 화요일부터 토요일까지 한지 공예, 솟대 만들기, 클레이아트 등 여덟 가지 체험이 요일별로 진행된다(요일별 프로그램과 체험비는 홈페이지 참조). 토요일 오후 2시에는 임신부와 배우자가 참여할 수 있는 숲 태교 프로그램이 열리는데, 제법 인기가 많다.

산림동물원을 끼고 전나무 숲길로 이어지는 산책로 1.7km는 국립수목원의 보석 같은 공간이다. 울창한 숲길을 따라 다양한 야생동물도 보고 전나무 숲길도 산책할 수 있다. 산림동물원을 한 바퀴 돌아 내려오면 전나무 숲길이 이어진다. 1927년 오대산 월정사 전나무의 종자로 조림한 숲으로, 수령 80년이 넘는다. 200m 남짓한 길이지만, 걷는 동안 호흡이 제법 깊어진다.

1 수생식물원 2 국립수목원의 솟대 만들기 체험 3 우리나라 특산식물 중 하나인 동강할미꽃

추천 여행지

포천아트밸리
버려진 채석장을 친환경적으로 꾸민 문화, 예술의 복합 공간이다. 채석장과 물이 고여 호수를 이룬 천주호를 중심으로 전망 데크와 산책로, 조각공원 등을 차례로 둘러볼 수 있다. 포천아트밸리 입구에서 모노레일이 운행해 오르막길을 쉽게 오를 수 있다. 지난 8월 천문과학관이 새롭게 개관해 4D 천체투영실과 주·야간으로 태양과 별을 관측하는 프로그램을 이용할 수 있다.

허브아일랜드(허브힐링센터)
허브힐링센터는 차분하게 쉴 수 있는 힐링과 휴식의 공간이다. 허브티를 마시며 일대일 체질 상담을 한 후, 자신의 체질에 맞는 허브 추출물로 아로마 입욕 체험을 하거나 허브와 건초 세라믹 해독 체험을 해볼 수 있다.

한가원
한국의 전통과자인 한과에 대해 알아보고, 체험해보는 곳이다. 한과문화박물관에서는 한과의 유래와 역사, 한과제작도구 등이 전시되어 있고, 기름에 튀긴 유과 피에 조청을 묻혀 튀밥 옷을 입히는 유과 만들기, 틀을 이용해 여러 모양의 다식을 만드는 체험도 해볼 수 있다.

평강식물원
화려함보다 내면의 아름다움이 깃든 수목원이다. 백두산, 한라산, 로키산맥, 알프스, 히말라야 지역에서 자생하는 고산식물이 식재된 암석원, 푸른 이끼로 가득한 이끼원, 고층습지, 고산습원 등 특별한 생태 정원을 만나볼 수 있다. 드라마 〈내 마음이 들리니?〉, 〈장난스런 키스〉, 〈각시탈〉이 이곳에서 촬영되었다. 특히 드라마 속 사랑 고백 장소로 유명하다.

1 포천아트밸리의 천주호 2 허브아일랜드의 허브식물박물관 풍경
3 한가원에서 한과 만들기 체험을 하는 가족 4 평강식물원의 동의보감 약용식물원

추천 일정

국립수목원 | 매주 일·월요일과 1월 1일, 명절 연휴에는 문을 닫아요
포천아트밸리 | 조각공원에서 아찔한 나선형 계단을 거쳐 전망대로 돌아오는 코스를 추천해요
허브아일랜드 | 화장품, 비누, 초뿐만 아니라 허브 와인, 허브 식초 등을 직접 만들 수 있어요
한가원 | 가족 체험은 토·일요일 11시에 진행되며, 홈페이지나 전화로 예약해야 해요
평강식물원 | 드라마 촬영지로 잘 알려진 가든샵도 들러요

여행 정보

웹 페이지와 전화
포천시청 문화관광 031-538-2067, tour.pcs21.net **국립수목원** 031-540-2000, www.kna.go.kr **허브아일랜드** 031-535-6494, www.herbisland.co.kr **평강식물원** 031-531-7751, www.peacelandkorea.com **포천아트밸리** 031-538-3484, www.artvalley.or.kr **한가원** 031-533-8121, www.hangaone.com

대중교통
지하철 청량리-의정부, 4~5분 간격 운행, 약 35분 소요
버스 의정부역에서 21번 버스, 30분 간격 운행, 약 50분 소요

자가운전
서울외곽순환도로 퇴계원IC→퇴계원·구리 방면 47번국도→광릉 방면 98번지방도→국립수목원

숙박
허브아일랜드 신북면 청신로 947번길, 1644-1997 **한화리조트 산정호수** 영북면 산정호수로, 031-534-5500 **국립운악산자연휴양림** 화현면 화동로, 031-534-6330

맛집
허브갈비 허브돼지갈비, 신북면 청신로 947번길(허브아일랜드 내), 031-535-6489 **만버칼** 버섯전골, 신북면 아트밸리로(포천아트밸리 내), 031-535-0587 **청산별미** 버섯샤브샤브정식, 신북면 청신로, 031-536-5362

축제 및 행사
허브아일랜드 불빛동화축제 매년 12월부터, 031-535-6494, www.herbisland.co.kr **산정호수 명성산 억새꽃축제** 매년 10월 중, 031-538-2068 **백운계곡 동장군축제** 매년 12월 말, 031-535-7242, www.dongjangkun.co.kr

공연여행

019 하회별신굿탈놀이 | 800년을 이어온 신명 나는 탈판 경북 안동시
020 남사당풍물놀이 | 얼씨구 어깨가 들썩, 덩더꿍 흥이 절로 경기 안성시
021 난계국악여행 | 봄볕 선율, 봄바람 가락 충북 영동군
022 진도국악체험 | 아리랑 장단이 흥겨워 '아라리요' 전남 진도군

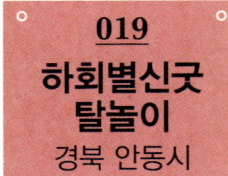
019 하회별신굿탈놀이
경북 안동시

800년을 이어온 신명 나는 탈판

여행 내비게이션

여행 콘셉트 흥겨운 탈춤 감상하며 하회마을에서 떠나는 시간 여행
추천 일정 1박 2일 **추천 교통** 자가운전 **추천 계절** 봄~가을
Must Do
1. 하회별신굿탈놀이 관람 2. 하회마을 골목길 걷기 3. 한지로 하회탈 만들기
4. 안동호반길&월영교 거닐기 5. 헛제삿밥 맛보기

PART 1. 봄 : 공연여행

1 양반
2 부네
3 이매의 순박한 웃음

하회별신굿탈놀이(중요무형문화재 69호)는 하회마을 사람들이 고려시대부터 해온 탈놀이다. 별신굿은 '별난 굿', '특별한 굿'을 뜻하는데, 마을의 안녕과 풍년을 기원하며 5~10년에 한 번씩 큰 굿판을 벌였기에 붙은 이름이다.

하회별신굿탈놀이는 조선시대 지배 계층과 사회를 비판하는 내용을 담고 있다. 중이 아름다운 여인네를 보고 파계하는가 하면, 양반과 선비가 말도 안 되는 싸움을 벌이고, 가난하고 힘없는 할미는 서민의 애환을 대변한다. 해학과 풍자가 가득한 탈춤을 하회마을 양반들이 노여워하기는커녕 경제적인 후원까지 해준 것은, 평민들이 굿판을 통해 쌓인 울분을 풀고 불만을 해소함으로써 마을 공동체가 더욱 단단해진다는 사실을 알았기 때문이다.

하회탈춤은 연중 상설 공연을 하는데, 무동 마당, 주지 마당, 백정 마당, 할미 마당, 파계승 마당, 양반·선비 마당 등 여섯 마당을 한 시간가량 선보인다. 소 한 마리를 잡아놓고 춤추는 백정 마당은 힘이 느껴지고, 신세 한탄하며 베 짜는 할미 마당에선 관객도 숨을 죽인다. 초랭이의 촐싹거리는 춤은 어눌한 이매 춤과 함께해 두드러진다. 양반은 "여기에 내보다 더한 양반이 어디 있노?" 하며 신분을 뽐내고, 선비는 학식을 자랑하며 사서삼경보다 나은 팔서육경을 읽었다고 허세를 부린다.

하회별신굿탈놀이가 특별한 또 다른 이유는 칼에 있다. 우리나라 지방마다 고유의 탈춤과 탈이 전해오지만, 국보로 지정된 것은 안동 하회탈 11점과 이웃마을 병산탈 2점이 유일하다. 하회탈은 눈, 코, 입이 선명하고 주름살과 얼굴 표정에 생동감이 넘친다. 턱을 분리해서 제작한 양반, 선비, 중, 백정 탈은 얼굴을 젖히거나 숙이는 등 움직임에 따라 표정 변화가 크다.

탈춤 공연이 끝나면 느긋한 걸음으로 하회마을을 둘러본다. 풍산 유씨 대종가 양진당(보물 306호), 서애 유성룡 선생의 종택 충효당(보물 414호), 전형적인 사대부가의 멋을 보여주는 화경당(북촌댁) 등 빼어난 고택이 즐비하다. 흙과 돌로 반듯하게 쌓아 올린 담장과 미로처럼 이어진 골목, 정겨운 초가, 수령 600년에 이르는 삼신목, 강변에 자리한 만송정 솔숲, 절벽 위에서 마을을 굽어볼 수 있는 부용대 등 볼거리로 가득하다.

추천 여행지

안동한지전시관
풍산읍내에서 하회마을 가는 길 중간에 있다. 닥나무에서 한지가 만들어지는 과정을 볼 수 있는 한지 공장, 한지 제품과 공예품을 전시·판매하는 전시관, 하회탈을 비롯해 다양한 한지 공예품을 직접 만들어볼 수 있는 체험관 등이 한군데 모여 있다. 하회탈 모형에 한지를 여러 장 겹쳐 바른 다음 색깔 한지로 장식하는 탈 만들기 체험이 인기다.

하회세계탈박물관
하회마을 주차장에 자리한다. 하회탈을 비롯한 우리나라 각 지역의 탈과 탈춤을 한자리에서 볼 수 있는 공간이다. 하회탈 전설과 제작 과정도 흥미롭다. 세계의 탈 코너에서는 태국, 인도네시아, 일본, 중국 등 아시아 각 나라의 탈들이 전시돼 있다. 베네치아 카니발로 유명한 이탈리아 가면과 아프리카의 가면, 인형도 만날 수 있다.

안동민속박물관
'지붕 없는 박물관 도시'라 불리는 안동의 문화유산을 모아 놓은 박물관으로 선조의 유교적인 삶을 한눈에 그려볼 수 있다. 출생부터 관혼상제까지 삶의 궤적에 따라 전시물이 구성되었다. 야외 박물관에는 석빙고, 선성현객사, 돌담집, 초가, 초가도토마리집, 까치구멍집 등 고가 20여 채가 마을을 이루듯 모여 있다.

월영교와 안동호반나들이길
월영교는 안동민속박물관 야외 박물관과 강 서쪽을 이어준다. 낮에는 분수를 뿜어 즐거움을 주고, 저녁에는 색색깔의 조명을 비춰 운치 있다. 안동호반나들이길은 월영교에서 법흥교까지 2km 남짓한 거리로, 강바람을 느끼며 가볍게 걷기에 그만이다.

1 하회세계탈박물관 2 안동한지전시관 3 안동민속박물관 4 월영교 5 안동 헛제사밥

추천 일정

안동한지전시관 ▶ 하회마을 ▶ 하회별신굿탈놀이 ▶ 하회세계탈박물관 ▶ 병산서원 ▶ 까치구멍집(헛제삿밥)

15분 / 5분 / 10분 / 50분

안동 법흥사지 칠층전탑 ◀ 임청각 ◀ 안동호반 나들이길, 월영교 ◀ 안동민속박물관 ◀ 안동호반자연휴양림(숙박) 1시간

도보 2분 / 10분 / 도보 5분 / 30분

하회별신굿탈놀이 | 흥겨운 탈춤 한마당 얼쑤~
안동한지전시관 | 한지로 하회탈을 만들어봐요
하회세계탈박물관 | 하회탈을 직접 써볼 수 있어요
병산서원 | 자연을 벗하며 공부하던 선비 문화를 느껴보세요

월영교

안동한지전시관

하회마을 충효당

여행 정보

웹 페이지와 전화
안동시청 체육관광과 054-840-6392, www.tourandong.com 하회별신굿탈놀이보존회 054-854-3664, www.hahoemask.co.kr 하회마을 관광안내소 054-852-3588, www.hahoe.or.kr 안동민속박물관 054-821-0649, www.adfm.or.kr 하회세계탈박물관 054-853-2288, www.mask.kr 안동한지전시관 054-858-7007, www.andonghanji.com

대중교통
기차 청량리-안동, 하루 8회 운행, 3시간 20분 소요
버스 동서울종합터미널-안동, 하루 35회 운행, 2시간 50분 소요 / 센트럴시티터미널-안동, 하루 18회 운행, 2시간 50분 소요 / 대구 북부터미널-안동, 30분 간격 운행, 1시간 20분 소요

자가운전
중앙고속도로 서안동 IC→경서로 6km→상리길 3.2km→안교사거리 하회마을 방면 좌회전→지풍로 4.6km→하회삼거리 하회마을 방면 좌회전→하회마을 주차장(주차 후 도보 15분 혹은 셔틀버스 이용)

숙박
다우모텔 풍산읍 장터중앙길, 054-858-9100 농암종택 도산면 가송길, 054-843-1202, www.nongam.com 북촌댁 풍천면 하회북촌길, 010-2228-1786, www.bukchondaek.com 안동군자마을 와룡면 군자리길, 054-852-5414, www.gunjari.net 안동호반자연휴양림 도산면 퇴계로, 054-840-8265, https://huyang.gb.go.kr

맛집
묵향 한우구이·불고기, 안동시 경동로, 054-840-7710 까치구멍집 헛제삿밥, 안동시 석주로, 054-821-1056 옥류정 간고등어정식, 풍천면 전서로, 054-854-8844, www.안동맛집옥류정.kr 추임새파크 안동찜닭, 풍천면 전서로, 054-853-4001

축제 및 행사
안동국제탈춤페스티벌 매년 9월 말~10월 초, 054-841-6397, www.maskdance.com

020 남사당풍물놀이
경기 안성시

얼씨구 어깨가 들썩, 덩더꿍 흥이 절로

    일제강점기와 한국전쟁을 거치며 수많은 놀이패가 뿔뿔이 흩어졌지만, 안성남사당놀이패는 오늘까지 그 맥이 이어져 주말마다 상설 공연을 펼친다. 안성남사당 바우덕이풍물단 공연이 그것이다. 공연마다 700여 객석이 꽉 찰 정도로 관객의 호응도 뜨겁다. 남사당놀이는 풍물, 버나(접시돌리기), 살판(땅재주), 덧보기(탈놀음), 어름(줄타기) 등 여섯 마당과 10여 가지 세부 기예로 구성된다. 안성남사당놀이패의 여자 꼭두쇠로 전국을 돌며 뛰어난 기예를 선보인 김암덕(바우덕이)의 실제 이야기를 신명 나는 놀이판에 절묘하게 맞물린 공연은 한 시간 반 정도 이어진다. 풍물 소리에 장단 맞추며 우리 민족의 흥과 신명을 즐기는 시간이다. 안성남사당 바우덕이풍물단이 남사당놀이의 맥을 잇는다면, 태평무전수관 무용단은 태평성대를 노래하는 왕비를 표현한 전통 춤 태평무(중요무형문화재 92호)를 전승한다. 우아한 손놀림과 절도 있고 흥이 깃든 발동작이 특징인 태평무는 전통 가락과 어우러져 그 멋이 돋보인다. 태평무전수관에서 열리는 토요 상설 공연은 태평무를 비롯해 6~7가지 춤의 향연을 만날 수 있어 특별하다.

여행 내비게이션

여행 콘셉트 신명나는 남사당 놀이패 공연과 아름다운 전통춤 관람
추천 일정 당일 **추천 교통** 자가운전 **추천 계절** 봄~가을
Must Do
1. 남사당 놀이패 공연 보기 2. 태평무 전수관 공연 관람 3. 안성 팜랜드 목장 체험

추천 여행지

안성팜랜드
넓은 초지에서 귀여운 가축들을 만날 수 있는 놀이 목장이다. 동화 마을 연못, 그림책관 등 아기자기하게 꾸며진 공간과 가축 모이주기 체험을 할 수 있는 방돈장, 승마 체험장은 아이들에게 인기다. 트랙터에 연결된 마차나 다인승 자전거를 빌려 드넓은 초원을 달리는 것도 즐겁다.

서일농원
된장과 간장, 고추장이 익어가는 항아리 수백 개가 장관을 이루는 곳이다. TV 드라마의 단골 촬영지인 장독대뿐만 아니라 드넓은 과수원을 내려다보며 산책할 수 있는 공간이 탐방객을 즐겁게 한다. 농원 안에 자리한 식당 '솔리'에 가면 항아리에서 익힌 각종 장류와 장아찌를 맛볼 수 있다.

추천 일정

여행 정보

웹 페이지와 전화
안성맞춤랜드(남사당 바우덕이 풍물단 공연) 031-678-2518, www.namsadangnori.or.kr **태평무전수관** 031-676-0141~2, www.taepyungmu.net **안성팜랜드** 031-8053-7979, www.nhasfarmland.com **서일농원** 031-673-3171, www.seoilfarm.com

대중교통
버스 동서울종합터미널-안성, 하루 22회 운행, 1시간 30분 소요. 안성종합버스터미널에서 15-1번 버스 승차, 남사당공연장 정류장 하차

자가운전
경부고속도로 안성IC→서동대로→가사교차로에서 원삼·남사당전수관 방면 좌회전→보개원삼로 따라 진행→안성맞춤랜드

숙박
호텔수 안성시 금광면, 031-671-0147 **레이크힐스 안성 리조트** 안성시 양성면, 031-671-2888 **안성허브마을** 안성시 삼죽면, 031-678-6700 **거먹골한옥펜션** 안성시 금광면, 031-671-1715

맛집
안성장터국밥 국밥·곰탕, 안성시 안성맞춤대로, 031-674-9494 **태평관** 해물탕·갈치조림, 안성시 태평무길, 031-676-3007 **약산골** 한정식, 안성시 인지1길, 031-674-1771 **솔리(서일농원 내)** 일죽면 금일로, 031-673-3171

축제 및 행사
안성남사당 바우덕이축제 매년 10월경, 031-678-5991, www.baudeogi.com **안성마춤 포도축제** 매년 8월 말경, 031-678-3751, www.asmc.asia

021
난계국악여행
충북 영동군

봄볕 선율, 봄바람 가락

여행 내비게이션

여행 콘셉트 국악도 보고 여행도 하고
추천 일정 당일 **추천 교통** 자가운전, 기차 **추천 계절** 봄, 가을
Must Do
1. 국악 공연 관람하기 2. 난계국악기체험전수관에서 직접 악기 다루어보기
3. 난계 관련 유적지 돌아보기 4. 와인코리아에서 와인 족욕과 시음하기

PART 1. **봄** : 공연여행

햇볕이라고 해야 어울린다. 봄의 한가운데서 천지에 꽃을 피운 것은 햇볕이다. 화사한 꽃으로, 싱그러운 연둣빛 신록으로 생명을 움트게 하는 것은 온화하고 명랑한 기운을 듬뿍 담은 햇볕이다. 이 봄에 꽃으로 신록으로 피어나고 나비의 날갯짓으로 너울거리는 국악의 선율에 마음을 얹으면 몸도 마음도 봄처럼 밝고 명랑해진다.

영동군 난계국악단은 매주 토요일 오후 3시 30분 난계국악기체험전수관에서 국악공연을 연다. 전통 국악 연주는 물론이고 신세대 감각에 닿게 편곡한 국악과 현대음악을 접목시킨 국악 등 다양한 국악을 만날 수 있다. 딱딱한 공연이 아니라 해설과 함께 웃음이 있는 공연을 무대에 올린다. 국악 공연을 보고 흥이 가라앉지 않는다면 직접 악기를 다뤄볼 수도 있다. 난계국악기체험전수관에서 1인당 1,000원의 비용을 지불하면 꽹과리, 장구, 북, 징 등 타악기와 가야금, 거문고, 해금, 단소, 대금 등 관현악기를 약 30분 정도 배우면서 직접 연주할 수 있다.

흥겹고 경쾌한 국악의 선율에서 봄을 흠뻑 느꼈다면, 봄바람 살랑거리고 봄볕 따사로운 거리로 나설 차례다. 국악공연이 펼쳐지는 난계국악기체험전수관 주변에 난계 박연 사당인 난계사가 있다. 박연은 고구려 왕산악, 신라 우륵과 더불어 3대 악성으로 알려졌다. 특히 피리를 잘 불었으며, 조선 초기에 국악의 기반을 닦은 인물이다.

난계국악박물관은 난계 박연의 일대기와 각종 악기, 국악 관련 자료 등을 한눈에 볼 수 있게 했다. 난계국악박물관 부근에 세계 최대의 북 '천고'가 있다. 지름 5.5m, 길이 6m, 북통 지름 6.4m, 무게 7t인 이 북은 2011년 영국 기네스 월드 레코드에 세계 최대 북으로 등재됐다.

1 난계국악단 토요상설공연
2 난계국악단 가야금 연주
3 세계 최대의 북, 천고

추천 여행지

와인코리아

영동에서 재배한 포도로 만든 와인을 체험하고 구입할 수 있는 곳이다. 와인을 오크통에 넣어 보관하는 와인 저장고와 와인 제조시설 등을 둘러볼 수 있다. 1인당 5,000원을 내면 간단한 와인 시음과 와인 족욕을 할 수 있다. 기차 안에서 와인을 마시며 와인코리아를 찾아가는 '와인트레인' 상품도 있다. 매주 화~토요일 오전 9시~오후 6시에 문을 연다.

강선대

양산팔경 중 하나다. 강가 바위 절벽 위에 지은 정자에서 강물이 유유히 흐르는 풍경을 내려다볼 수 있다. 정자에서 바라보면 강물과 어우러진 송호송림 소나무 숲도 멋지다. 강선대 멀리서 강물과 바위절벽, 절벽에 자라는 소나무, 절벽 위 정자를 한 프레임에 넣고 바라보는 풍경도 볼만하다.

영국사

천태산 자락에 있다. 양산팔경 가운데 하나로 절 입구에 수령 천년을 헤아리는 은행나무(천연기념물 제223호)가 있다. 은행나무가 노랗게 물드는 가을날에는 장관을 연출한다. 영국사는 신라 법흥왕 때 원각국사가 창건했다고 전해진다. 고려 공민왕이 난을 피해 이곳에 머물렀다고도 한다. 경내에는 삼층석탑(보물 533호)과 원각국사비(보물 534호) 등의 문화재가 있다. 특히 절에서 500m 거리에 있는 망탑봉 삼층석탑도 둘러볼만 하다.

1 와인코리아 와인 시음 2 강선대(가운데)와 비봉산(왼쪽) 3 영국사 망탑봉 삼층석탑

추천 일정

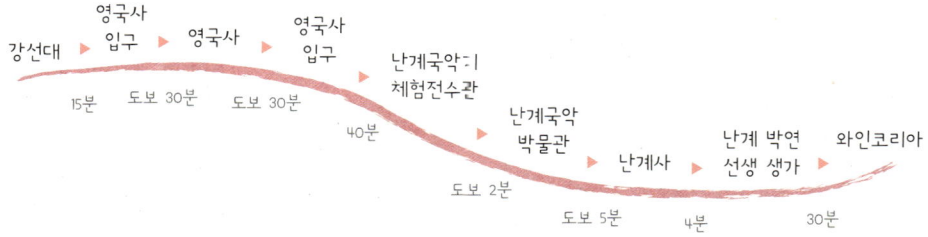

강선대 — 15분 — 영국사 입구 — 도보 30분 — 영국사 — 도보 30분 — 영국사 입구 — 40분 — 난계국악기 체험전수관 — 난계국악박물관 — 도보 2분 — 난계사 — 도보 5분 — 난계 박연 선생 생가 — 4분 — 와인코리아 — 30분

강선대 | 멀리서 강과 함께 보는 풍경도 좋고, 정자에서 내려다보는 것도 좋고
영국사 | 차 타고 가는 것보다 30분쯤 도보로 가는 게 좋아요
난계국악기체험전수관 | 1,000원 아끼지 말고 악기를 직접 연주해 보세요
난계국악박물관 | 세계 최대 규모의 북 '천고'를 놓치지 마셔요
와인코리아 | 와인 족욕하며 여행의 피로를 풀어요

난계국악단 토요상설공연

와인코리아

여행 정보

웹 페이지와 전화
난계국악기체험전수관 043-740-3891 영동군 문화관광 http://tour.yd21.go.kr 와인코리아 043-744-3211, www.winekr.co.kr

대중교통
버스 동서울종합터미널-영동, 하루 2회 운행, 2시간 40분 소요
기차 서울-영동, 하루 25회 운행, 2시간 20분~2시간 50분 소요

자가운전
경부고속도로 옥천IC→4번국도 영동 방향→난계국악기체험전수관

숙박
범영루 상촌면 물한4길, 043-745-2628 사랑이머무는집 용산면 송담길, 043-742-2672

맛집
폭포가든 우렁쌈밥, 심천면 옥계폭포길, 043-742-1777 선희식당 어죽, 양산면 금강로, 043-745-9350 뒷골집 올뱅이국밥, 영동읍 영산로, 043-744-0505

축제 및 행사
난계국악축제 매년 9월 말~10월 초, 043-742-2655, www.nanmf.org 영동곶감축제 매년 12월 중, 043-740-3206, http://gam.yd21.go.kr 영동포도축제 매년 8월 말, 043-740-3206, http://ydpodo.co.kr/2013

022 진도국악체험
전남 진도군

아리랑 장단이 흥겨워 '아라리요'

여행 내비게이션

여행 콘셉트 진도아리랑을 듣고 체험하며 여행하기
추천 일정 1박 2일
추천 교통 자가운전
추천 계절 봄~가을

Must Do
1. 국립남도국악원에서 국악 공연보기
2. 진도아리랑 한 소절 배우고 따라 부르기
3. 세방낙조 감상하기
4. 운림산방에서 미술품 경매에 참가하기

"놀다 가세 놀다나 가세 저 달이 떴다 지도록 놀다나 가세 아리 아리랑 스리 스리랑 아라리가 났네 아리랑 응 응 응 아라리가 났네."

진도를 여행하면 누구나 한번쯤 듣고 흥얼거리는 진도아리랑의 한 대목이다. 현재 전승되는 아리랑은 60여 종 3,600여 수에 이른다고 한다. 이중 진도아리랑, 정선아리랑, 밀양아리랑이 우리나라 3대 아리랑이다. 진도가 어디 있는지 몰라도, 진도아리랑이 무엇인지 정확히 몰라도 '아리 아리랑 스리 스리랑 아라리가 났네' 하는 가락은 누구나 알 만큼 유명하다. 정선아리랑이 애절함이 묻어난다면, 진도아리랑은 육자배기 가락에 구성진 목청이 어우러진 진도 지방 특유의 정조가 있다. 혼자 부르면 유장하고 슬프지만, 여럿이 빠르게 부르면 신명이 난다.

진도에서 아리랑을 들을 수 있는 곳은 국립남도국악원, 진도향토문화회관, 진도문화체험장 등이 대표적이다. 모두 여행자가 전통문화를 체험할 수 있는 생동감 넘치는 공간이다. 진도아리랑을 비롯해 강강술래, 남도들노래, 진도씻김굿, 진도 다시래기 등 중요무형문화재와 진도북놀이, 진도만가, 남도잡가, 진도소포걸군농악, 조도닻배노래 같은 전남무형문화재 등 우리 전통 국악을 공연한다. 국악 공연을 감상하면 왜 진도가 '민속의 보고'라고 불리는지 이해가 된다.

국립남도국악원에서는 매주 '금요 상설 공연'이 펼쳐진다. 대학에서 소리, 무용, 기악을 전공한 전문 단원들이 기악합주, 무용, 가야금병창, 민요, 사물놀이, 판소리 등 수준 높은 공연을 선물한다. 때로는 흥겹고, 때로는 진중하고, 때로는 애잔한 국악의 매력에 젖어드는 시간이다. 보는 데서 그치지 않고 체험도 가능하다. '주말 문화 체험'에 참여하면 국립남도국악원 내 숙박 시설을 이용하면서 1박 2일간 민요나 장구, 강강술래를 배울 수 있다.

진도향토문화회관에서는 매주 토요일 오후 2시와 7시 '진도토요민속여행'이 펼쳐진다. 국립남도국악원이 정악 위주 공연을 하는 데 비해, 진도군립민속예술단이 펼치는 공연은 진도의 색채가 강하게 묻어난다. 진도아리랑을 관객과 함께 부르고, 강강술래에 담긴 '남생이 놀이', '청어 엮기', '기와 밟기' 등 다양한 놀이도 선보인다. 양손에 북채를 쥐고 장구처럼 치는 진도북놀이는 소리와 움직임이 어우러져 흥을 돋운다. 진도씻김굿, 진도 다시래기, 진도만가 등은 망자를 주제로 한 진도 지방 특유의 장사 문화를 보여준다.

진도문화체험장에서는 매주 목·금·토요일 오후 4시와 7시에 공연이 열린다. (사)진도민속문화예술단 단원들이 진도아리랑, 북춤, 진도만가, 진도엿타령 등을 선보이는데, 관객과 어우러지는 쌍방향 커뮤니티 공연을 한다는 점이 특징이다. 관객에게 진도아리랑을 한 구절씩 알려준 다음 소리를 시키기도 하고, 함께 강강술래를 하며 신명 나는 시간을 공유할 수 있어 여행 중에 짬을 내 진도 문화를 체험하기에 적합하다.

1 진도문화체험장 공연 2 진도문화체험장 진도만가 3 진도토요민속여행 진도북놀이

추천 여행지

운림산방

남종화의 대가 소치 허련부터 5대에 걸쳐 화가 가문의 맥을 잇는 곳이다. 진도가 고향인 소치는 추사 김정희를 만나 본격적인 서화 수업을 받았는데, 김정희는 '압록강 이남에서 소치를 따를 자가 없다'고 칭송했다. 운림산방은 1856년 스승 추사가 세상을 떠나자 소치가 고향으로 돌아와 지은 집이다. ㄷ자 기와집인 본채와 초가로 된 사랑채, 새로 지은 기념관, 연못 등이 있다.

울돌목

이순신 장군이 명량해전의 승전보를 울린 곳이다. 해남군과 진도군을 잇는 진도대교 아래가 울돌목이다. 울돌목은 '소리 내어 우는 바다 길목'이라는 뜻의 순우리말이다. 폭 294m에 불과하지만 물살이 세고 소용돌이가 쳐서 그 소리가 해협을 뒤흔들 정도라고 한다. 이순신은 이곳에서 12척의 배로 왜선 133척 가운데 30여 척을 무찌르고 해상권을 회복했다.

세방낙조

진도 여행 중 하루의 대미를 장식하는 곳. 진도 어디에서나 일몰을 볼 수 있지만 세방낙조 전망대에서 보는 일몰이 가장 특별하다. 점점이 솟은 작은 섬 사이로 서서히 내려앉은 태양이 순식간에 바다로 빨려 들어가면서 빚어내는 풍경이 환상적이다.

1 남종화의 산실 운림산방 전경
2 진도대교와 이순신 동상
3 세방낙조

추천 일정

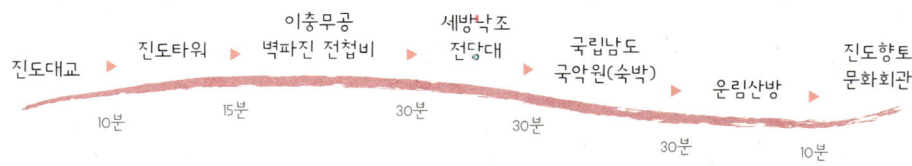

진도대교 — 10분 — 진도타워 — 15분 — 이충무공 벽파진 전첩비 — 30분 — 세방낙조 전망대 — 30분 — 국립남도국악원(숙박) — 30분 — 운림산방 — 10분 — 진도향토문화회관

울돌목 | 이순신 장군이 왜적을 대파한 '명량대첩'의 현장입니다
국립남도국악원 | 매주 금요일 상설 공연이 열려요
운림산방 | 소치 허련과 남종화를 만나 보세요
진도향토문화회관 | 토요민속여행을 통해 진도의 소리와 맛을 경험해요
세방낙조 | 진도가 자랑하는 해넘이를 감상해요

진도타워

국립남도국악원

국립남도국악원

여행 정보

웹 페이지와 전화
진도군 관광문화 061-544-0151, http://tour.jindo.go.kr
국립남도국악원 061-540-4034, www.namdo.go.kr 진도향토문화회관 061-544-8778 진도문화체험장 061-544-1196 운림산방 061-540-6286

대중교통
버스 센트럴시티터미널-진도, 하루 4회(07:35, 09:00, 15:30, 17:35) 운행, 약 5시간 소요

자가운전
서해안고속도로→목포IC→목포 시내→영산강 하구→다불산단→해남우수영→진도대교→진도읍→국립남도국악원

숙박
골든비치모텔 군내면 진도대로, 061-42-2255 태평모텔 진도읍 남동1길, 061-542-7000 프린스모텔 진도읍 남동1길, 061-542-2251 아리랑모텔 진도읍 남문길, 061-542-6812

맛집
나주곰탕 곰탕, 진도읍 남동1길, 061-542-7179 버섯마을 백반, 진도읍 동외1길, 061-544-6446 다도해관광회센타 생선회, 지산면 세방낙조로, 061-543-7227 옥천횟집 회정식, 진도읍 철마길, 061-543-5664

축제 및 행사
진도 신비의 바닷길 축제 매년 3월 말, http://miraclesea.jindo.go.kr 명량대첩축제 매년 9월 중, 061-286-5258

도시야경

023 월성지구 | 도보로 즐기는 신라의 여름밤 경북 경주시
024 남한산성 | 세계유산 성곽에서 야경에 취하다 경기 광주시
025 앞산 야경 | 마치 야간 비행에 나선 비행사가 된 기분 대구광역시 남구
026 으능정이 문화의 거리 | 밤의 열기 가득한 도시의 야경 대전광역시 중구
027 목포 야경 | 밤이 아름다운 산과 바다 전남 목포시
028 한양도성 낙산길 | 서울의 아름다운 밤을 바라보다 서울특별시 종로구
029 문신미술관 | 도시·섬·항구가 어우러진 바다의 야경 경남 창원시
030 수암골전망대 | 우암산 자락에서 바라보는 청주의 야경 충북 청주시

023
월성지구
경북 경주시

도보로 즐기는 신라의 여름밤

경주 야경의 백미는 유네스코가 경주역사유적지구로 지정한 곳 중 하나인 월성 지구다. 월성 지구는 신라 궁궐이 있던 월성, 경주 김씨의 시조 김알지가 태어난 계림, 내물왕릉, 첨성대, 신라 왕궁의 별궁 터인 동궁과 월지를 아우르는 지역이다. 모두 걸어서 둘러볼 수 있을 만큼 서로 가깝고, 복원 중인 월정교와 교촌마을도 지척에 있어 함께 둘러보기 좋다. 야경 여행은 첨성대, 월정교, 동궁과 월지에 경관 조명이 들어오는 8시 전후에 시작한다. 교촌마을 앞 남천을 가로지르는 월정교는 복원 공사가 진행 중이라 올라갈 수 없지만, 근처에서 바라보는 야경이 매우 황홀하다. 낮에도 잔잔한 물에 비친 누각이 대단히 아름답다. 월정교를 감상한 후 향교 옆 계림을 지나면 첨성대가 모습을 드러낸다. 신라 27대 선덕여왕 때 세운 첨성대(국보 31호)는 동양에서 가장 오래된 천문대로 알려졌다. 첨성대 다음은 동궁과 월지(사적 18호). 동궁은 태자가 살던 신라 왕궁의 별궁이고, 월지는 동궁 안에 있는 연못이다. 그동안 안압지 또는 임해전지로 불렸으나 2011년에 경주 동궁과 월지로 명칭이 바뀌었다.

여행 내비게이션

여행 콘셉트 천년 고도 경주로 떠나는 야경 여행
추천 일정 1박 2일 **추천 교통** 기차 **추천 계절** 봄~가을
Must Do 1.일몰 직후 파란 하늘이 보이는 야경 사진 찍기 2.교촌마을에서 교리김밥 사먹기
3.동대사거리 막창골목에서 막창 먹으며 야경 투어 마무르 하기

추천 여행지

동대사거리 막창골목

야경 감상 후 출출한 속을 달래고 싶다면 시내에서 가까운 동대사거리 근처 막창골목을 찾자. 시내 음식점들은 밤 10시 이후 대개 영업을 마치지만 이곳은 늦은 밤까지 야식을 즐길 수 있어 인기다. 기본 3인분부터 주문을 받지만 둘이서 충분히 먹을 수 있다. 1인분 6,000~7,000원 선.

보문관광단지 마사지

천년고도의 유적을 따라가는 야경 여행을 마친 뒤에는 마사지로 피로를 풀면 좋다. 보문관광단지에 늦은 시간까지 영업하는 태국식·중국식 마사지 업소가 많다. 코모도호텔 옆에 2013년 오픈한 '중국전통마사지'는 깔끔하고 쾌적한 시설로 가족이나 커플 여행객에게 인기다. 발 마사지, 두피 마사지, 전신 마사지 등을 받을 수 있다.

추천 일정

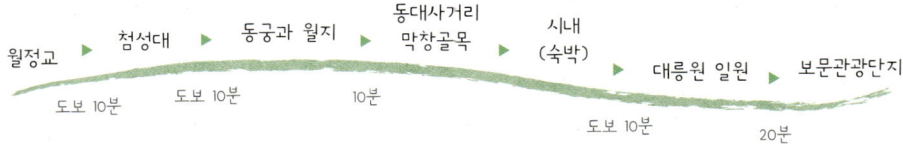

월정교 ▶ 첨성대 ▶ 동궁과 월지 ▶ 동대사거리 막창골목 ▶ 시내 (숙박) ▶ 대릉원 일원 ▶ 보문관광단지
도보 10분 / 도보 10분 / 10분 / 도보 10분 / 20분

여행 정보

웹 페이지와 전화
경주문화관광 054-779-6078, guide.gyeongju.go.kr 경주역 관광안내소 054-772-3843 **경주愛**(경주시 공식 블로그) gyeongju_e.blog.me **경주교촌마을** www.gyochon.or.kr

대중교통
기차 서울-신경주, KTX 하루 21회 운행, 약 2시간 10분 소요
버스 서울고속버스터미널-경주, 하루 17회 운행, 4시간 소요

자가운전
경부고속도로 경주IC→서라벌대로→오릉사거리에서 오릉·경주경찰서 방면 좌회전→포석로→황남초교 사거리에서 대릉원 방면 우회전→첨성로→첨성대

숙박
베니키아스위스로젠호텔 경주시 보문로, 054-748-4848, www.swissrosen.co.kr **경주디와이관광호텔** 경주시 태종로 699번길, 054-701-0090, www.hotelthedy.com 락희원 민박&게스트하우스 경주시 포석로 1050번길, 054-744-6295, www.luckywon.kr

맛집
전통맷돌순두부 맷돌순두부찌개·파전, 경주시 숲머리길, 054-743-0111 **경주원조콩국** 따뜻한콩국·콩국수, 경주시 첨성로, 054-743-9644 **서산돌** 게장백반·암게정식, 경주시 첨성로, 054-774-5269, **흥부막창** 돼지막창·생삼겹살, 경주시 공영주택길, 054-748-1415

축제 및 행사
봉황대 뮤직스퀘어(야간 상설 공연) 매년 4~9월, 054-748-7721, www.gifac.or.kr

024 남한산성
경기 광주시

세계유산 성곽에서 야경에 취하다

　국내에서 11번째로 세계유산에 등재된 남한산성은 야경 또한 탐스럽다. 산성 주변에 흩어진 유적 사이를 걸으며 숲과 성곽 둘레길이 선사하는 한낮의 여유를 만끽했다면, 해 질 무렵에는 산성에서 바라보는 야경에 취해본다. 남한산성 서문 위에서 바라보는 서울을 아우른 야경은 시대를 넘어서는 아득한 추억을 만들어낸다. 야경을 감상하는 최고의 포인트는 서문 성곽 위다. 서문에서 조우하는 야경의 묘미는 서울에 가로등이 하나씩 켜지고 옅은 어둠에서 벗어난 도시가 은은한 조명으로 뒤덮이는 시간을 보는 것이다. 서문에서는 서울 송파구를 중심으로 강남 일대와 멀리 하남시가 아득하게 내려다보인다. 서문 성곽 아래 전망대가 마련되었는데, 야경 감상은 성곽 위쪽이 한결 운치 있다. 다른 산에서 조망하는 야경과 달리 서문까지 큰길이 닦여 가족이 함께 산책하며 오붓하게 야경을 감상할 수 있다는 점도 매력이다. 야경 감상에 앞서 산성을 순례하는 것도 뜻깊다. 산성 탐방 코스 중 가장 수월하고 접근하기 쉬운 코스는 북문~서문~수어장대~남문을 둘러보는 코스다. 이곳에서는 성곽 안팎을 넘나들며 성곽 둘레길을 걸어보면 좋다.

여행 내비게이션

여행 콘셉트 세계유산 위를 걷고 서울 야경 구경
추천 일정 당일 **추천 교통** 자가운전 **추천 계절** 봄~가을
Must Do
1. 남한산성 순환코스 산책 2. 서문에서 야경 보기 3. 닭죽마을에서 닭죽 한 그릇

추천 여행지

행궁
복원 과정을 거쳐 문을 연 행궁(사적 제 480호)은 남한산성의 새로운 상징이다. 행궁은 임금이 도성 밖으로 거동할 때 임시로 머물던 곳이다. 조선 인조 때 만들어졌으며, 이후에도 숙종과 영조, 정조 등이 능행길에 머물렀다. 남한산성 행궁은 유일하게 종묘와 사직을 갖춘 행궁으로, 유사시에는 남한산성이 임시 수도 역할을 했음을 보여준다.

닭죽마을
산성 남문에 들어서기 전 위치한 닭죽마을은 원기를 보충하기 좋다. 마을에는 식당이 20여 곳 모여 있는데, 남한산성에 놀러 온 사람들이 계곡에 발 담그고 닭을 먹던 시절부터 30여 년간 운영해온 곳도 있다.

추천 일정

남한산성 행궁 ▶ 숭렬전 ▶ 수어장대 ▶ 북문 ▶ 연무관, 현절사 ▶ 서문(야경) ▶ 닭죽마을
도보 20분 / 도보 30분 / 도보 30분 / 도보 20분 / 도보 30분 / 15분

여행 정보

웹 페이지와 전화
남한산성 문화관광사업단 031-777-7500, http://nhss.ggcf.kr 남한산성도립공원 031-743-6610

대중교통
지하철, 버스 8호선 산성역에서 9번, 52번 버스 타고 산성로터리 하차

자가운전
경부고속도로 양재IC→헌인릉 앞→세곡동→복정사거리→약진로→남문→산성로터리

숙박
곤지암리조트 도척면 도척윗로, 1661-8787, www.konjiamresort.co.kr 남한강모텔 남종면 산수로, 031-768-7777 카프리모텔 남종면 산수로, 031-767-2087

맛집
산성오복식당 닭볶음탕, 중부면 남한산성로, 031-743-6566 남문관 산채비빔밥, 중부면 남한산성로, 031-743-6560 논골장마담집 닭죽도가니탕, 성남시 수정로, 031-745-5700

025 앞산 야경
대구광역시 남구

마치 야간 비행에 나선 비행사가 된 기분

앞산(660m)은 앞산공원을 비롯해 정상으로 오르는 등산로가 잘 정비되어 대구 시민들이 즐겨 찾는 휴식처다. 특히 시내 전체를 시원하게 조망할 수 있는 앞산전망대는 대구 여행에서 꼭 들러야 할 으뜸 명소다. 앞산케이블카를 타고 정상에 오른 뒤 오른쪽으로 난 숲길을 따라가면 그 끝에 앞산전망대가 있다. 마치 파노라마를 펼쳐놓은 듯 어느 때 찾아도 가슴 벅찬 도시의 전경을 선물한다. 서쪽 하늘로 붉은 노을이 지고 땅거미가 내려앉으면 도시는 숨겨둔 오색 보석을 천천히 꺼내 보인다. 아름다운 빛깔 옷을 입은 83타워를 중심으로 자동차 불빛에 감긴 도로가 사방으로 뻗어나가고, 멀리 금호강을 연결하는 다리와 낙동강 강정보의 불빛까지 선명하다. 별을 흩뿌린 듯 반짝이는 도시를 바라보노라면 뜨거운 도시 대구와 사랑에 빠질 수밖에 없다. 앞산케이블카는 약 15분 간격으로 운행되는데, 마지막 탑승 시각은 계절마다 다르다. 7~8월 주말은 오후 7시 30분에 하행선 운행을 마감하므로 전망대에서 야경까지 즐기면 걸어 내려와야 한다. 전망대 오른쪽 등산로를 따라 내려가면 앞산순환로와 만나는데, 등산로가 어두워 휴대용 랜턴은 필수!

여행 내비게이션

여행 콘셉트 대구시 전체를 한눈에 담는 야경
추천 일정 1박 2일 **추천 교통** 대중교통 **추천 계절** 사계절

Must Do
1.앞산 케이블카 타기 2.앞산 야경 보기 3.안지랑 곱창거리에서 곱창 맛보기 4.아양기찻길 걷기

추천 여행지

안지랑 곱창거리
앞산과 이어져서 야경을 감상한 뒤 출출함을 달래기 좋은 곳이다. 저렴한 가격에 곱창과 막창을 먹을 수 있어 대구 젊은이들이 즐겨 찾는 대표적인 먹거리촌이다. TV에도 자주 소개되어 나들이 삼아 찾는 가족 여행객도 많다.

아양기찻길
강변의 야경을 즐길 수 있는 데이트 명소다. 동대구~영천 간 철로가 옮겨지면서 버려진 철교가 새롭게 변신한 곳이다. 철로를 그대로 살려 사람들이 건널 수 있도록 인도교를 만들고, 다리 한가운데를 카페와 미니 갤러리로 꾸몄다. 은은한 불빛에 물든 강변과 다리의 풍광을 감상하며 호젓한 시간을 보낼 수 있다.

추천 일정

이월드 ▶ 수성유원지 ▶ 앞산전망대 야경 ▶ 안지랑 곱창거리 ▶ 시내 (숙박) ▶ 서문시장 ▶ 방천시장 (김광석길)
20분 / 10분 / 10분 / 10분

여행 정보

웹 페이지와 전화
대구 투어 053-803-6512, http://tour.daegu.go.kr/kor 앞산공원 관리사무소 053-625-0967, www.daegu.go.kr/Apsanpark 안지랑시장곱창상인회 053-652-6569, www.안지랑곱창.com

대중교통
기차 서울-동대구, KTX 하루 60여 회, 약 1시간 50분 소요
버스 서울고속버스터미널-대구, 15~40분 간격 운행, 약 3시간 40분 소요

자가운전
중앙고속도로 → 성서IC → 신천대로 → 앞산순환로 → 앞산공원 주차장

숙박
히로텔 중구 국채보상로, 053-421-8988 뉴그랜드호텔 북구 칠성남로 38길, 053-424-4114 앞산비즈니스호텔 남구 현충로, 053-625-8118 크리스탈관광호텔 달서구 달구벌대로, 053-655-7799

맛집
대덕식당 따로국밥, 남구 앞산순환로, 053-656-8111 곤지곤지식당 보리밥, 남구 앞산순환로, 053-656-2212 봉산찜갈비 찜갈비, 중구 동덕로 36길, 053-425-4203 만수통닭 치킨, 수성구 용학로, 070-8123-6277

축제 및 행사
대구치맥페스티벌 매년 7월경, 두류공원 일원, 053-631-0052, www.chimac.or.kr 대구국제뮤지컬페스티벌 매년 6월~7월경, 053-622-1945, www.dimf.or.kr

026 으능정이 문화의 거리
대전광역시 중구

밤의 열기 가득한 도시의 야경

쇼핑과 문화 예술 충전소인 으능정이 문화의 거리는 밤늦은 시간까지 북적거리는 사람들과 빛나는 네온사인으로 가득하다. 여기에 대전의 새로운 야간 명소로 떠오른 스카이로드까지 더해져 어디서도 볼 수 없는 도시의 야경을 선사한다. 2013년 개장한 스카이로드는 국내 최대 규모 아케이드형 LED 영상 시설로 매일 밤 환상적인 영상 쇼가 펼쳐진다. 길게 뻗은 거리 위로 길이 214m, 폭 3.3m에 달하는 대형 스크린이 이름 그대로 또 다른 하늘 길을 만든다. 사위가 어둑해지기 시작하면 으능정이 문화의 거리 하늘은 순식간에 신비로운 우주로 변했다가 어느새 산호초와 열대어들이 유영하는 바다 속 풍경으로 바뀐다. 때론 흥겨운 클럽 타임이 주어지기도 하고, 웅장한 오케스트라 연주가 온 거리로 퍼져나가기도 한다. 인기 애니메이션 〈라바〉 캐릭터가 스크린에 떠오르면 거리는 온통 아이들 차지가 된다. 스카이로드는 오후 7시부터 11시까지 30분 간격으로 운영된다(월요일 휴장). 그중 7시는 참여형 이벤트로 진행된다. 관리자 번호 (010-4893-4895)로 문자를 보내면 실시간으로 스크린에 문자 내용이 비춰진다.

여행 내비게이션

여행 콘셉트 스카이로드 영상 쇼 감상과 야경 명소 탐방
추천 일정 1박 2일 **추천 교통** 자가운전, 기차 **추천 계절** 사계절
Must Do
1. 스카이로드 문자 사연 보내기 2. 대흥동 거리공연 즐기기 3. 도시 야경 촬영하기

추천 여행지

대전의 야경 명소

언덕에 세워진 빨간 풍차가 이국적인 마을이다. 대동하늘공원에서 풍차 너머로 펼쳐진 도시 야경은 화려하면서도 정갈하다. 엑스포 다리도 가보자. 다리의 야간 경관 조명등이 켜지고 붉은빛과 푸른빛이 다리 위로 쏟아져 내릴 때, 갑천의 잔잔한 물결 위로 엑스포다리의 반영이 떠오른다. 프로야구 경기가 있는 날에는 보문산 전망대에 올라 운동장 불빛과 대전시가지를 내려다봐도 좋다. 정상까지 차로 접근 가능하다.

소제동 철도 관사촌

대전역 뒤편에 자리한 동구 소제동은 일제강점기에 조성된 옛 철도 관사가 밀집된 곳이다. 낡고 빛바랜 건물들 사이로 당시 생활상이 아련하게 떠오른다. 소제동 철도 관사촌은 호수를 메워 만든 곳으로, 지금은 관사 40여 채만 제 모습으로 남아 있다.

추천 일정

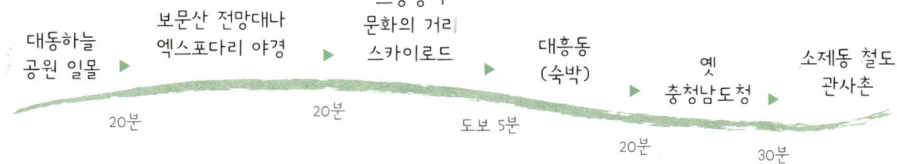

여행 정보

웹 페이지와 전화
대전관광 www.daejeon.go.kr/tou/index.do 대전종합관광안내센터 042-861-1330 스카이로드 042-252-7100, www.skyroad.or.kr 옛 충청남도청 042-226-8385

대중교통
기차 서울-대전, KTX 하루 70여 회 운행, 약 1시간 소요
버스 서울고속터미널-대전, 15~20분 간격 운행, 약 2시간 소요

자가운전
경부고속도로 대전IC→동서대로→용전사거리에서 대전역 방면 좌회전→계족로→대전역 방면 우회전→목척교 건너편

숙박
베니키아호텔대림 중구 대종로 5번길, 042-251-9500, www.daelimhotel.com 산호여인숙 중구 보문로 262번길, 070-8226-2870, blog.naver.com/sanho2011 ICC호텔 유성구 엑스포로 123번길, 042-866-5000, hotelicc.com 인터시티호텔 유성구 온천로, 042-600-6006~7, www.hotelinterciti.com

맛집
정식당 닭볶음탕, 중구 중앙로 130번길, 042-257-5055 **초록지붕** 돈가스·스파게티, 중구 보문로 262번길, 042-226-4415 **사리원면옥** 갈비탕·냉면, 중구 중교로, 042-256-6506, www.sariwonfood.com

027
목포 야경
전남 목포시

밤이 아름다운 산과 바다

목포의 야경을 보려면 유달산으로 올라가야 한다. 해 지기 전에 출발해 야경 조망지인 마당바위까지 올라가는 동안 몇몇 정자에서 목포의 전망을 즐긴 뒤 마당바위에서 일몰과 야경을 동시에 보면 된다. 노적봉에서 출발, 오포대와 대학루를 지나면 '목포의 눈물' 노래비가 나온다. 그 다음에 달선각 정자, 천자총통발포체험장을 차례로 지나면 해공 신익희 선생이 쓴 현판이 남아 있는 유선각이다. 유선각을 지나면 관운각 정자가 나오고 그 위에 마당바위가 있다. 마당바위에 서면 바다 쪽으로 고하도와 목포대교가 어우러진 풍경이 보이고, 반대쪽으로 목포 시내가 보인다. 바로 앞에 유달산 정상인 일등바위가 있다. 해가 지면 목포대교와 고하도에 조명이 들어와 검은 바다를 배경으로 불빛이 반짝인다. 하산길에는 계단이 가파르고 조명이 없는 곳도 있어 어둠이 완전히 내리기 전에 마당바위에서 내려와야 한다. 유달산의 야경을 즐겼다면 그 다음은 바다의 야경을 즐길 차례다. 상동 평화광장 앞바다에 가면 이른바 '춤추는 바다분수'를 볼 수 있다. 바다에 설치된 분수와 조명이 음악과 함께 춤을 춘다.

여행 내비게이션

여행 콘셉트 목포의 야경 감상하며 항구 도시의 낭만 느끼기 **추천 일정** 1박 2일
추천 교통 대중교통 **추천 계절** 봄~가을 **Must Do** 1. 유달산에서 목포 시내와 바다 야경 보기
2. 신안비치호텔 앞에서 고하도와 목포대교 야경 보기 3. 평화광장 앞 '춤추는 바다 분수쇼' 보기
4. 걸어서 목포근대문화유산 돌아보기 5. 갈치조림, 민어회, 병어찜, 연포탕 등 목포 별미 먹기

추천 여행지

목포근대문화유산

목포는 다른 도시와 달리 근대문화유산이 많다. 대부분의 근대문화유산은 구도심에 몰려 있어 도보로 돌아볼 수 있다. 구 목포동양척식주식회사 목포지점(전라남도 기념물 제 174호)과 구 목포일본영사관(사적 제 289호) 두 곳은 근대역사관으로 운영하고 있다. 1954년에 완공된 경동성당(목포시문화유산 제 22호)은 유달산에서 캔 석재로 지은 것으로 단아하면서 균형미가 있다. 구 청년회관(등록문화재 제 43호)은 목포 청년들의 항일운동 근거지이자 '조선청년'이라는 잡지를 발행한 곳이다. 양동교회(등록문화재 제 114호)는 선교사 유진벨(한국 이름 배유진)이 목포 지역에서 최초로 세운 교회다. 1897년 선교사와 신도들이 천막을 치고 예배를 드리기 시작했고, 교인들이 유달산에서 직접 날라 온 석재로 지었다. 청명여자중학교 구 선교사 사택(등록문화재 제 62호)은 1912년 건립한 건물로 목포의 석산에서 캐온 석재를 사용했다.

추천 일정

동양척식주식회사 → 목포일본영사관 → 노적봉 → 마당바위 야경 → 노적봉
도보 4분 · 도보 4분 · 도보 40분 · 도보 20분 · 10분

목포어린이바다체험과학관 ← 삼학도공원 카누체험 ← 김대중노벨평화상기념관 ← 갓바위 ← 평화광장 앞바다 '춤추는 바다분수'(숙박)
1분 · 도보 3분 · 5분 · 5분

여행 정보

웹 페이지와 전화
목포시 종합관광안내소 061-270-8598 목포시 문화관광
http://tour.mokpo.go.kr

대중교통
버스 센트럴시티터미널-목포, 하루 34회 운행, 4시간 소요
기차 용산-목포, KTX 하루 9회 운행, 3시간 30분 소요

자가운전
서해안고속도로 목포IC → 목포종합버스터미널 → 목포역 → 유달산

숙박
상그리아비치호텔 목포시 평화로, 061-285-0100 신안비치호텔 목포시 해안로, 061-243-3399 로얄모텔 목포시 통일대로, 061-282-6659

맛집
장터 꽃게살비빔밥, 목포시 영산로 40번길, 061-244-8880 독천식당 낙지연포탕, 목포시 호남로 64번길, 061-242-6528 선경회집 준치회덮밥·병어찜, 목포시 해안로 57번길, 061-242-7453

축제 및 행사
목포해양문화축제 매년 8월 초, 061-270-8441, www.mokpofestival.com

028 한양도성 낙산길
서울특별시 종로구

서울의 아름다운 밤을 바라보다

　한양도성은 조선의 건국과 함께 축성한 성곽으로 유네스코 세계유산 잠정 목록에 올라 있다. 총 길이는 18km에 이른다. 그 중 서울의 야경이 가장 아름다운 곳은 흥인지문부터 혜화문까지 2.1km에 이르는 낙산구간이다. 흥인지문에서 성곽으로 오르기 전에 서울디자인지원센터의 한양도성박물관에 들러 서울의 과거를 들여다보자. 해가 저물 때쯤엔 낙산공원에 자리 잡은 낙산정으로 가보자. 낙산정에서는 서울 한복판이 시원스레 내려다보인다. 혜화동과 동숭동 일대가 눈앞에 펼쳐지고, 북한산 능선과 북악산, 인왕산, 안산 자락이 도심을 포근히 감싼다. 조선의 역사를 이어간 창덕궁과 창경궁도 손에 잡힐 듯 가깝다. 낙산정에서 일몰을 보고 낙산공원 제1전망광장으로 발걸음을 옮긴다. 낙산정이 성곽이 없는 서울 야경을 볼 수 있는 곳이라면, 제1전망광장 주변은 조명이 어우러진 성곽과 함께 도심 야경이 펼쳐지는 곳으로 해가 넘어간 직후에는 성곽의 불빛과 북한산 능선이 조화를 이룬다. 낙산공원 제1전망광장에서 암문을 나서면 장수마을로 이어지는 성곽의 야경 또한 놓쳐서는 안 될 풍경이다.

여행 내비게이션

여행 콘셉트 서울의 야경과 한양도성의 오랜 역사를 만나는 여행
추천 일정 당일 **추천 교통** 도보 **추천 계절** 봄~가을
Must Do 1.새로 개관한 한양도성박물관 둘러보기 2.한양도성 낙산길 걸어보기 3.낙산공원에서 서울야경 감상하기 4.밤이 화려한 동대문디자인플라자 산책하기 5.동대문 주변에서 별미 즐기기

추천 여행지

동대문디자인플라자(DDP)
이라크 출신의 여성 건축가 자하 하디드가 설계한 건축물로 이른 새벽부터 늦은 밤까지 이어지는 동대문의 끊임없는 역동성을 상징한다. 밤에 보면 마치 거대한 UFO를 닮아 주변 패션몰과 어우러진 야경이 매우 아름답다. 동대문디자인플라자와 이웃한 동대문역사문화공원1398은 동대문역사문화공원이 조성되면서 발굴된 유물을 보존, 전시하는 곳이다. 눈여겨볼 곳은 대표 유물 8가지를 전시한 미라클 글래스. 화면을 통해 유물 발굴 체험을 해볼 수 있는 '나도 고고학자', 탐색비전을 통해 동대문운동장의 토층을 볼 수 있는 토층탐험 등의 체험도 해 볼 수 있다.

추천 일정

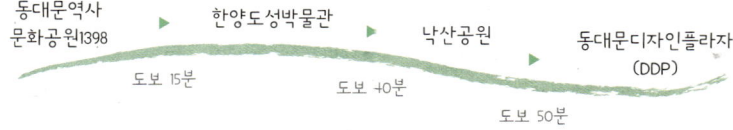

동대문역사문화공원1398 → 도보 15분 → 한양도성박물관 → 도보 40분 → 낙산공원 → 도보 50분 → 동대문디자인플라자(DDP)

여행 정보

웹 페이지와 전화
서울시 문화관광 02-6925-0777, www.visitseoul.net 종로구청 문화관광 02-2148-1864, www.jongno.go.kr/tourMain.do 중구청 문화관광 02-3396-4623, http://tour.junggu.seoul.kr/tour/index.jsp 서울 한양도성 http://seoulcitywall.seoul.go.kr 한양도성박물관 02-724-0286 동대문역사문화공원1398 02-2153-0408~9, www.seouldesign.or.kr/park2/summary.jsp 동대문디자인플라자 02-2153-0000, www.ddp.or.kr

대중교통
지하철 지하철 4호선 한성대입구역 4번 출구, 1·4호선 동대문역 10번 출구
버스 동대문역 5번 출구에서 종로 3번 마을버스 타고 종점에서 하차(낙산공원 입구)

자가운전
종로5가역 사거리→대학로→마로니에공원 입구에서 우회전→동숭길→첫번째 갈림길에서 좌회전→낙산길로 우회전→낙산공원 주차장

숙박
라임스테이 종로구 종로 66가길, 070-8945-8818 가인게스트하우스 종로구 북촌로 11길, 02-763-0365 센터마크호텔 종로구 인사동5길, 02-731-1000

맛집
삼삼뚝배기 김치찌개, 종로구 동숭길, 02-765-4683 원조장충동할머니집 족발, 중구 장충단로, 02-2279-9979 진옥화할매원조닭한마리 닭한마리, 종로구 종로 40가길, 02-2275-9666

029 문신미술관
경남 창원시

도시·섬·항구가 어우러진
바다의 야경

    산업도시 창원이 바다를 품은 도시로 변신한 것은 마산시, 진해시와 합쳐져 통합 창원시로 출범하면서다. 바다가 생기면서 창원은 아름다운 도시로 변모했다. 특히 도시의 네온과 항구의 여유로움이 어우러진 마산 풍경은 여름날 밤바다를 즐기기에 더없이 좋다. 마산의 야경을 감상하기 좋은 장소는 문신미술관이 위치한 추산근린공원이다. 추산동 언덕에 자리해 마산의 전경이 고스란히 내려다보인다. 여름철 마산의 야경은 오후 8시 무렵에야 제 모습을 드러낸다. 어둠이 드리운 하늘은 석양빛을 이고 있고, 도심에는 조명이 하나둘 켜진다. 들쭉날쭉 무질서하게 보이던 건물도 불빛에 가려 멋스럽게 다가온다. 멀리 고층 건물 뒤로는 바다가 수줍은 듯 모습을 내보이고, 성산구 귀산동과 마산합포구 가포동을 잇는 마창대교가 위용을 드러낸다. 도시지만 산과 바다, 항구, 섬을 모두 보여주는 멋진 광경이다. 마산의 밤 풍경을 보기 전에 문신미술관을 관람하는 것도 좋다. 일본에서 태어나 프랑스 파리에서 활동한 문신은 프랑스의 고성 라브넬 수복 작업에 참가하면서 국제무대에 이름을 알렸다.

여행 내비게이션

여행 콘셉트 항구도시의 황홀한 야경 감상하기 **추천 일정** 1박 2일
추천 교통 자가운전 **추천 계절** 사계절 **Must Do** 1.문신미술관에서 문신의 조각 작품과 만나기
2.도심 뒤로 펼쳐지는 바다의 해넘이 감상하기 3.창동예술촌에서 옛 마산의 문화 경험하기
4.돝섬유원지에서 해양레포츠에 도전하기 5.마산 아귀찜과 바닷장어 먹기

추천 여행지

돝섬해상유원지

마산연안여객터미널에서 배로 10분 거리에 있는 휴식공간이다. 각종 화초류와 꽃나무가 식재되어 있고, 해안과 수목 사이  를 거니는 산책로가 잘 조성되어 있다. 특히, 요트와 카약 등 다양한 해양레포츠 체험을 할 수 있다.

창동예술촌

마산의 문화와 예술의 중심지다. 상권이 쇠퇴하면서 황폐한 거리로 내몰리던 곳을 젊은 예술가들이 모여 창동예술촌으로 탈바꿈시켜 새로운 활기를 찾았다. 오래된 골목 안 낡은 건물은 벽화로 치장됐다. 예술가들은 각  자 특기를 살려 초크 아트, 유리공예, 염색 등 다양한 체험을 할 수 있도록 프로그램을 운영한다. 이런 아날로그적 풍경이 여행자를 불러모으고 있다.

추천 일정

창동예술촌 ▶ (5분) 창원시립마산문신미술관 ▶ (도보 5분) 추산근린공원(야경) ▶ (15분) 오동동 아구찜거리(숙박) ▶ (5분) 돝섬해상유원지 ▶ (5분) 마산어시장

여행 정보

웹 페이지와 전화
창원시 문화관광 055-225-2341, culture.changwon.go.kr
창원시립마산문신미술관 055-225-7181, moonshin.changwon.go.kr **창동예술촌** 070-4947-0852, www.changdongart.com **돝섬해상유원지** 055-245-4451, dotseom.kr

대중교통
기차 서울-마산, KTX 하루 9회(05:50~21:50) 운행, 약 3시간 5분 소요
버스 서울고속버스터미널-마산, 20~25분 간격 운행, 약 4시간 5분 소요 / 동서울종합터미널-마산, 하루 10회 운행, 약 4시간 30분 소요

자가운전
중부내륙고속도로→내서JC→남해고속도로 제1지선→서마산IC→석전교사거리→6호광장오거리→서성광장사거리→지산동주민센터→창원시립마산문신미술관

숙박
마산m호텔 마산합포구 해안대로, 055-223-0550, **리베라관광호텔** 마산합포구 해안대로, 055-248-5200, http://rivierahotelms.co.kr **마산아리랑관광호텔** 마산회원구 마산역광장로, 055-294-2211, www.hotelarirang.co.kr **타임모텔** 마산합포구 수산1길, 055-247-9912

맛집
고향아구찜 아귀찜, 마산합포구 오동남길, 055-242-0500 **진짜초가집원조아구찜** 아귀찜, 마산합포구 오동남3길, 055-246-0427 **나야횟집** 자연산 회, 마산합포구 어시장8길, 055-246-1514 **해안선횟집** 장어구이, 마산합포구 수산2길, 055-222-1771 **만날재손짜장** 해물짬뽕, 마산합포구 만날고개2길, 055-222-9122

030 수암골전망대
충북 청주시

우암산 자락에서 바라보는 청주의 야경

청주 여행의 시작점은 우암산 자락에 자리한 수암골이다. 한국전쟁 때 피란민이 정착한 이 마을에 변화가 시작된 것은 2007년. 충북 예술인들이 공공 미술 프로젝트로 마을 담장에 그림을 그리면서부터다. 마을의 골목과 절묘하게 어우러진 벽화를 보기 위해 여행자가 찾아들었고, 이후 드라마 〈카인과 아벨〉, 〈제빵왕 김탁구〉, 〈영광의 재인〉 등이 촬영되면서 관광지로 자리매김했다. 지금도 드라마 촬영 당시 사용된 건물이 남아 있다. 〈제빵왕 김탁구〉에서 주인공이 빵을 만들던 팔봉제빵점, 〈영광의 재인〉에서 국수를 판매하던 영광이네 집 등이다. 이곳에서 탁구가 만든 보리밥빵, 영광이네 우동 등 드라마의 추억이 더해진 음식을 맛볼 수 있다. 저녁 무렵 수암골 전망대에 서면 청주의 야경이 한눈에 든다. 우암산에서 부는 산바람을 맞으며 지는 해와 다시 환하게 불 밝히는 도시를 바라보는 느낌이 특별하다.

여행 내비게이션

여행 콘셉트 아름다운 불빛을 만나는 야경 감상 여행 **추천 일정** 1박 2일
추천 교통 자가운전 **추천 계절** 사계절 **Must Do** 1.수암골의 드라마 촬영지 만나보기 2.수암골전망대에서 일몰과 청주 야경 보기 3.명암약수터에서 상당산성으로 이어지는 상당산성 옛길 걸어보기 4.상당산성 성곽길 걸어보기 5.중앙공원에서 청주의 옛 흔적 감상하기

추천 여행지

국립청주박물관

충북지역의 다양한 문화유산을 전시해 놓은 박물관이다. 선사문화, 고대문화, 고려, 조선문화 등을 테마로 다양한 유물이 전시되어 있다. 비암사에서 온 계유가 새겨진 아미타불, 직지심경을 인쇄했던 흥덕사의 찢어진 쇠북, 청원과 단양의 구석기 유물인 주먹도끼 등 인상적인 유물들이 전시되어 있다. 박물관 내 어린이박물관은 영유아부터 초등학생까지 이용할 수 있는 차별화된 박물관이다.

상당산성

상당산의 형세를 따라 쌓은 4km 산성. 삼국시대 토성으로 쌓은 것을 조선시대 지금처럼 석성으로 축조했다. 남문, 동문, 서문을 비롯해 다양한 성곽시설이 남아 있다. 산성 안에는 마을이 있다. 산성을 한바퀴 도는데 2시간쯤 걸린다. 최근 상당터널이 개통되면서 고개를 넘던 도로가 상당산성 옛길로 재탄생해 상당산성의 또 다른 걷는 맛을 선사한다.

추천 일정

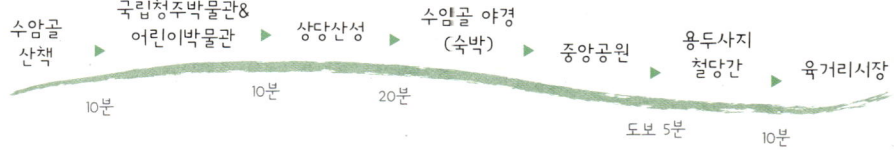

수암골 산책 → 10분 → 국립청주박물관&어린이박물관 → 10분 → 상당산성 → 20분 → 수암골 야경(숙박) → 중앙공원 → 도보 5분 → 용두사지 철당간 → 10분 → 육거리시장

여행 정보

웹 페이지와 전화
청주시 문화관광 043-200-2231, http://tour.cjcity.net
국립청주박물관 043-229-6300, http://cheongju.museum.go.kr

대중교통
기차 서울-오송, KTX 하루 24회 운행, 약 50분 소요(오송역에서 511번 버스 이용, 우암초교 앞 하차)
버스 서울고속버스터미널-청주, 10~15분 간격 운행, 1시간 40분 소요

자가운전
경부고속도로 청주IC→상당사거리→우암오거리→수암골

숙박
호텔이프 흥덕구 풍년로 193번길, 043-237-8466 **나무관광호텔** 상당구 명암로 293번길, 043-253-6666 **상당산성자연휴양림** 내수읍 덕암2길, 043-216-0052

맛집
공원당 메밀국수, 상당구 상당로 55번길, 043-255-3894 **서문우동** 우동·크로켓, 상당구 남사로 89번길, 043-256-3334 **황할머니갈비찌개** 갈비찌개, 상당구 남사로 140번길, 043-222-9292 **경주집** 표고버섯요리, 상당구 남사로 93번길, 043-221-6523

축제 및 행사
청원생명축제 매년 9~10월 중, 043-201-5092, http://bio.cheongju.go.kr/index.php

DMZ 생태여행

031 두타연 | 금강산 가는 길목 비밀의 계곡 강원 양구군
032 민통선 | 시간이 멈춘 듯한 풍경 경기 연천군
033 고석정 | 임꺽정이 호령하던 한탄강의 비경 강원 철원군
034 화천 DMZ | 숨겨진 청정 습지에 희귀 동식물이 살다 강원 화천군

031
두타연
강원 양구군

금강산 가는 길목 비밀의 계곡

여행 내비게이션

여행 콘셉트 원시림이 그대로 보존된 DMZ 두타연 트레킹
추천 일정 1박 2일 **추천 교통** 자가운전 **추천 계절** 봄~가을
Must Do
1. 두타연 생태탐방로의 다양한 야생화 관찰하며 걷기 2. 평화누리길에서 자전거 타기
3. 양구 별미인 막국수와 오골계 숯불구이 맛보기

PART 2. **여름** : DMZ 생태여행

민간인통제구역(민통선) 북쪽에 위치해 휴전 뒤 금단의 땅으로 남아 있던 두타연 일부 구간이 개방된 것은 2004년이다. 이곳은 50여 년 간 사람의 발길이 미치지 않아 원시의 자연이 그대로 보존되어 있어 생태 관광지로 각광받고 있다.

두타연은 금강산에서 발원한 물줄기가 강원도 양구의 깊은 골짜기를 흐르다가 굽은 한 부분이 절단되면서 만들어진 폭포 아래 너른 소를 일컫는다. 10m 높이의 아담하면서 우렁찬 폭포와 푸르다 못해 검은빛을 띠는 소, 그 주위를 병풍처럼 둘러싼 기암이 어우러져 그림처럼 아름답다.

두타연 폭포 위 바위에 설치된 관찰 데크에 오르면 발아래 절경이 펼쳐진다. 또 탐방로를 따라 출렁다리를 건너면 폭포와 소, 소를 에워싼 바위 안벽의 보덕굴까지 정면에서 볼 수 있다. 물이 맑고 깨끗한 두타연에는 깨끗한 물에만 산다는 열목어를 비롯해 다양한 물고기들이 서식하고 있다. 탐방로 주변에서는 금낭화, 큰꽃으아리 같은 들꽃은 물론 올괴불나무, 쪽동백, 회목나무 등 다양한 식물도 관찰할 수 있다.

두타연 탐방은 이목정안내소나 반대쪽 비득안내소에서 시작한다. 원래 두타연에 들어가려면 예약과 해설사 동행이 필수였으나, 2013년 11월부터 절차가 간소해져 당일 개별 관광이 가능하다. 출입 신청서와 서약서를 작성해 신분증과 함께 안내소에 제시하고, 위치 추적 태그가 부착된 출입증을 받아 착용하면 끝!

두타연 입구는 이목정안내소에서 3.7km 지점의 두타연 주차장 맞은편이다. 두타연 주차장까지 도보나 자전거, 차량 이동이 모두 가능하며, 자전거는 안내소에서 대여해준다. 두타연만 둘러보기 아쉽다면 평화누리길도 걸어보자. 이목정과 비득안내소 사이 계곡을 따라 조성된 평화누리길 12km 구간은 트레킹이나 자전거 여행을 즐기는 이들에게 인기다. 양구전투위령비, 조각공원, 쉼터 세 곳과 포토존 등이 마련되었고, 계곡을 가로지르는 두타 1·2교에서 멋진 전망도 즐길 수 있다.

1 두타연 징검다리 2 관찰 데크에서 내려다본 두타연 3 두타연 입구

추천 여행지

양구생태식물원
중부 이남에서 보기 힘든 희귀식물이 많이 분포하는 양구는 식물지리학적으로 매우 중요한 지역이다. 남한 최북단에 자리한 대암산 기슭의 양구생태식물원에서는 다양한 북방 식물과 고산성산지 습지식물, 멸종 위기 식물을 만날 수 있다. 입장은 무료, 놀이터와 피크닉 광장도 마련되어 아이들과 함께 찾으면 좋다.

양구산양증식복원센터
천연기념물 217호이자 멸종 위기 야생동물 1급으로 지정된 산양을 볼 수 있다. 방사장 울타리 주변의 관찰로를 따라 걸으며 바위에 우뚝 서 있거나 풀을 뜯는 산양을 어렵지 않게 마주칠 수 있다. 관람은 무료.

광치계곡
해발 800m에 자리한 광치계곡은 우거진 원시림 아래 차가운 계곡물이 흘러 한여름 물놀이를 즐기기에 제격이다. 광치자연휴양림에서 시작되는 대암산 생태 탐방로 중에서 원점으로 회귀하는 2시간 30분 코스나 양구생태식물원까지 이어지는 5시간 코스의 트레킹도 도전해 볼만하다.

박수근미술관
가장 한국적인 화가로 평가받는 박수근 화백의 생가 터에 2002년 건립되었다. 박 화백의 손때가 묻어 있는 유품과 유화, 수채화, 드로잉, 판화, 삽화 등 여러 작품을 소장 및 상설 전시하고 있으며, 기획전도 활발히 개최된다. 지역민들의 문화 사랑방 역할도 하고 있다.

을지전망대와 양구전쟁기념관
펀치볼이라는 별명으로 유명한 해안분지를 한눈에 조망할 수 있는 을지전망대도 빼놓으면 아쉽다. 비무장지대(DMZ) 철책 위에 세워진 을지전망대에서 금강산까지는 불과 38km 거리. 당일 오후 4시까지 해안면 양구통일관에서 출입 신청을 받는다. 양구통일관 앞에는 한국전쟁 당시 주요 전투 9개를 재조명한 양구전쟁기념관이 있다.

오골계숯불구이
오골계는 대개 백숙으로 먹지만, 양구에서는 백숙보다 숯불구이가 더 유명하다. 오골계 살을 포 뜨듯 발라내 참기름, 후추 등 10여 가지 양념으로 버무린 뒤 숯불에 올려 굽고, 남은 뼈로 탕을 끓여준다. 쫀득하고 차진 식감이 일품. 누린내가 전혀 없으며, 담백하고 고소하다.

1 양구생태식물원 2 산양증식복원센터 3 박수근미술관 전시실 4 펀치볼 5 오골계숯불구이

추천 일정

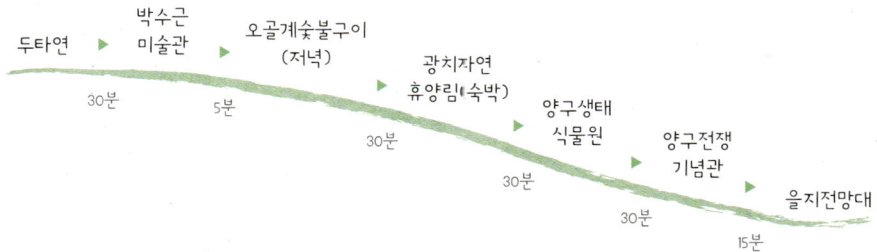

오골계숯불구이 | 양구 시내에 석장골오골계집, 장수오골계 등 맛집이 있어요
양구생태식물원 | 아이들이 뛰어놀 수 있는 우주 캐릭터 놀이터와 버섯 동산이 있어요
양구전쟁기념관 | 기념관 관람 후 바로 옆에 있는 양구통일관에 을지전망대 출입 신청을 하세요
을지전망대 | 펀치볼을 한눈에 조망할 수 있어요

평화누리길

촌두부전골

양구전쟁기념관

여행 정보

웹 페이지와 전화
양구군 문화관광 033-480-2351, www.ygtour.kr 평화누리길 이목정안내소 033-482-8349 평화누리길 비득안내소 033-481-9229 양구통일관 033-481-9021 박수근미술관 033-480-2655, www.parksookeun.or.kr 광치자연휴양림 033-482-3115, www.kwangchi.or.kr 양구생태식물원 033-480-2529, www.yg-eco.kr 양구산양증식복원센터 033-480-2665, www.goral.or.kr

대중교통
버스 동서울종합터미널-양구, 하루 22회 운행, 약 2시간 10분 소요

자가운전
서울춘천고속도로 춘천IC→46번국도→배후령터널→추곡터널→웅진터널→양구읍→31번국도→460번지방도→고방산리→두타연

숙박
베니키아 양구KCP호텔 양구읍 파로호로, 033-482-7700~3, www.yanggukcphotel.com 광치자연휴양림 남면 광치령로 1794번길, 033-482-3115, www.kwangchi.or.kr 현대모텔 양구읍 관공서로, 033-482-1234, cafe.naver.com/01038059380

맛집
석장골오골계집 오골계숯불구이, 양구읍 양록길 23번길, 033-482-0801 광치막국수 막국수, 남면 남동로, 033-481-4095 시래원 시래기정식, 남면 봉화산로, 033-481-4200 전주식당 촌두부전골·돼지고기김치찌개, 양구읍 비봉로, 033-481-7922

축제 및 행사
도솔산지구전투전승행사 매년 6월 중, ygfestival.kr

032
민통선
경기 연천군

시간이 멈춘 듯한 풍경

여행 내비게이션

여행 콘셉트 민통선 안의 자연 생태와 안보관광을 동시에 즐긴다
추천 일정 1박 2일
추천 교통 자가운전
추천 계절 봄~가을
Must Do 1.주상절리의 수직 절벽 살펴보기 2.나룻배마을에서 트랙터 타고 민통선 안 돌아보기 3.태풍전망대와 승전OP에서 북녘땅 바라보기 4.신탄리역에서 '철마는 달리고 싶다'는 푯말 찾기

경기도 최북단이자 최전방 접경 지역인 연천은 민간인통제구역(민통선) 안 자연생태와 안보 관광을 즐길 수 있는 최적지다. 연천에서 남북 군사분계선을 가로질러 흐르는 임진강을 따라가면 한탄강과 합류하는 동이리에서 중국의 적벽에 비견할 만한 절벽과 마주한다. 한반도 내륙에서 볼 수 있는 강안 주상절리다. 주상절리는 단면이 다각형 기둥 모양인 절리를 말한다. 용암대지에 임진강 물이 흘러들면서 절리 면을 따라 침식되어 수직 절벽이 형성된 것으로, 신생대의 지질 운동을 볼 수 있는 장소다.

임진강 주상절리는 높이 40m, 길이 1.5km에 달한다. 강을 따라 평화누리길이 펼쳐져 트레킹을 하며 병풍처럼 펼쳐진 수직 절벽을 감상할 수 있다. 비가 내린 뒤에는 절벽에 수십 개 폭포가 생겨 커다란 물줄기를 쏟아낸다. 일교차가 클 때면 물안개가 피어올라 몽환적인 아름다움을 선사한다. 가을에 단풍이 들면 바위 틈의 단풍잎이 붉게 물들어 적벽이라고도 부른다.

주상절리에서 임진강 상류로 계속 올라가면 징파나루가 나온다. 자갈이 훤하게 비칠 정도로 물이 맑다고 해서 맑을 징(澄), 물결 파(波)를 쓰는 징파강에 있던 나루다. 예전에는 한양과 함경도를 오가는 주요 길목이었다. 1970년대까지만 해도 경운기 엔진을 단 배가 강을 건너 다녔지만, 지금은 북삼교와 군남댐이 생기면서 너른 자갈밭으로 변해 흔적을 찾아볼 수 없다.

징파나루 뒤에는 여행객의 발걸음이 잦은 나룻배마을이 자리한다. 이곳에서는 계절에 맞는 농사 체험을 할 수 있으며, 트랙터를 타고 민통선을 둘러보는 프로그램이 인기다. 굉음을 내는 트랙터 소리에 흠칫 놀라지만, 체험객의 얼굴에는 미소가 떠나지 않는다. 나름대로 비장한 각오도 엿보인다. 민통선 초소에서 수속을 가치고 안으로 들어가면 트랙터는 몸을 주체할 수 없을 만큼 상하좌우로 흔들리며 달린다. 바닥에 연신 부딪혀 엉덩이가 얼얼해도 신이 난다.

민통선은 사람들의 발길을 불허한 금단의 땅과도 같다. 차량이라야 농부들의 트랙터 몇 대와 군인 차량이 간간이 오가는 게 전부다. 1953년 7월 27일 미국과 중국, 소련에 의해 155마일(약 250km) 휴전선이 그어지고, 이듬해 2월에는 미국 육군 사령관 직권으로 DMZ 바깥에 민통선이 정해졌다. 시간이 멈춘 듯한 풍경 속에서 천천히 달리며 적막한 분위기를 만끽한다. 민통선 안을 마음껏 누비는 데 한 시간 정도 걸린다.

민통선 출입은 신분증만 있으면 자유롭다. 나룻배마을 체험은 20인 이상 단체에 한해 가능하다. 가족 여행객은 7~8월(월 2~3회) 캠프가 진행될 때 참여할 수 있다. 캠프는 나룻배마을 홈페이지에서 확인·신청하면 된다.

1 길게 가로놓인 철책선 2 태풍전망대에 설치된 망원경 3 나룻배마을의 나룻배 체험 4 노란 원추리와 습지

추천 여행지

태풍전망대

육군 태풍부대에서 관리하는 전망대다. 북한과 가장 가까운 전망대로 휴전선까지는 800m, 북한 초소까지 1.6km에 불과하다. 맑은 날에는 개성이 보인다. 전망대 앞으로 남방 한계선의 철책이 길게 늘어섰고, 그보다 멀리 북방에 휴전선이라 부르는 군사분계선이 있다. 군사분계선을 중심으로 남북 2km 사이에 국군과 북한군의 관측소와 초소가 빼곡하다. 사소한 움직임도 금방 알아챌 수 있을 만큼 시야가 확 트였다. 전시관에는 임진강 필승교에서 수습한 북한 사람들의 생필품과 일용품, 무장간첩이 사용한 침투 장비 일부가 전시되었다.

임진강 평화습지원

태풍전망대에서 내려오면 임진강 평화습지원이 있다. 군남홍수조절지로 인해 두루미 서식지가 사라져 새로 조성한 인공 습지다. 민통선 안에 둥지를 틀어 겨울철에 두루미 무리를 볼 수 있다. 사람들의 인위적인 기교가 더해졌지만, 태초의 자연이 남아 있는 것이 가장 큰 매력이다. 노란 원추리가 무리를 이루고, 데이지와 창포가 곳곳에 피어 아름답다. 두루미의 먹이가 되는 율무를 재배하는 밭도 있다.

승전OP

휴전선을 사이에 두고 남과 북이 대치한 현실을 확인할 수 있는 곳이다. 상승OP와 승전OP 두 곳이 있는데, 현재 승전OP만 출입 가능하다. OP(Observation Post, 초소)는 전망대와 달리 육군 25사단이 북한군의 활동을 관측하기 위해 운용하는 최전방 관측소다. 망원경 시설이 갖춰지지 않았지만, 우리 군 관측소와 북한군 관측소의 거리가 가까워 북한 땅을 생생하게 살펴볼 수 있다.

신탄리역

경원선 열차의 연천군 끝 역이다. 경원선은 서울과 원산을 오가며 사람과 물자를 실어 나르던 철길로 현재 남쪽 종착지는 백마고지역이다. 백마고지역에서 옛 철원역까지는 철길이 놓였으나 기차가 오가지는 않는다. 또 철원역에서 휴전선 너머 평강 사이에는 철길이 없어진 상태다. 신탄리역에 '철마는 달리고 싶다'는 푯말이 있어 분단의 아픔을 느끼게 한다. 신탄리역에서 해발 832m 고대산에 오르면 철원평야와 북녘 땅이 바라보인다.

1 태풍전망대에 세워진 기념비들 2 승전OP에서 바라본 임진강 3 평화습지원의 연잎 4 경원선이 멈췄음을 알리는 푯말

추천 일정

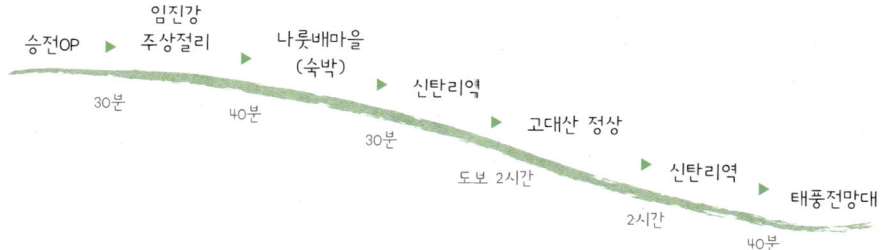

임진강 주상절리 | 주상절리 따라 평화누리길 트레킹 해 보세요
나룻배마을 | 트랙터 타고 민통선 안을 달려봐요
신탄리역 철도 중단점 | 경원선이 멈췄음을 알리는 푯말을 보며 통일을 염원해요
태풍전망대 | 길게 늘어선 철조망 너머 북한땅을 바라봐요
승전OP | 북한군 초소가 보여요

여행 정보

웹 페이지와 전화
연천군 문화관광 031-839-2061, www.jyc21.net/_yc/tour/a06_b01_c01.asp 나룻배마을 031-833-5005, www.narubea.kr 신탄리역 031-834-8887

자가운전
의정부→동두천→한탄강 건너기 전 한탄대교사거리 좌회전→고능사거리 좌회전→37번국도 문산·적성 방면→조성→어유지리→임진강 주상절리
자유로→성동IC→37번국도 연천 방면→적성→어유지례→임진강 주상절리

숙박
초성모텔 청산면 청신로, 031-835-2610 조선왕가 한옥호텔 연천읍 현문로, 031-834-8383, www.royalresidence.kr 허브빌리지 클럽 플로라 왕징면 북삼로 20번길, 031-833-3322, www.herbvillage.co.kr

맛집
언덕너머매운탕 쏘가리민물매운탕, 군남면 솔너머길, 031-833-0447 하남식당 매운탕, 전곡읍 선사로, 031-832-0625 경춘막국수 막국수, 신서면 연신로 20번길, 031-834-9595 약수식당 순두부, 신서면 연신로, 031-834-8331

033
고석정
강원 철원군

임꺽정이 호령하던 한탄강의 비경

여행 내비게이션

여행 콘셉트 한탄강의 독특한 지형 감상과 분단의 아픔이 서린 철원평야의 문화유산 순례
추천 일정 1박 2일 **추천 교통** 자가운전 **추천 계절** 봄~가을
Must Do
1. 고석정 앞에서 보트 타기 2. 송대소 주변 걷기 3. 문화해설사와 함께 DMZ 투어
4. 순담계곡에서 래프팅 하기 5. 한탄강 민물매운탕 맛보기

PART 2. **여름** : DMZ 생태여행

1 한탄강의 최고 절경 고석정 2 고석정 유람보트 3 한탄강의 특징을 잘 보여주는 송대소

한탄강은 은하수 한(漢)자에 여울 탄(灘)자를 써서 우리말로 '큰 여울'이라는 뜻이다. 큰여울이 있어 아름다운 한탄강은 용암활동으로 생겨난 강이다. 빠른 물살에 바위가 깎이고 파여 좁고 깊은 협곡과 주상절리, 수직 절벽 등이 형성됐다. 현무암 협곡이 만들어낸 한탄강 최고의 절경은 고석정이다. 한쪽은 현무암 절벽이고 반대편은 화강암 절벽인데, 두 암석이 깎이는 정도가 달라 지금 같은 절경이 탄생했다.

강 가운데 우뚝 선 높이 10여 미터 바위와 거기 붙어 자라는 소나무 군락, 주변의 현무암 계곡을 통틀어 고석정이라 부른다. 독특한 풍광은 예부터 이름이 나서 신라 진평왕 때 고석바위 맞은편에 2층 누각의 정자를 지었다고 하며, 이후에도 숱한 시인 묵객이 다녀갔다. 조선 시대에는 의적 임꺽정이 이곳을 근거지로 삼았다. 대로 변신술을 부렸는데, 관군이 몰려오면 꺽지로 변해 물속에 숨었다 하여 '꺽정'이라는 이름이 붙었다고 한다. 고석정 입구에 바위를 부러뜨리는 모습의 임꺽정 동상이 있다.

고석정은 물이 많을 때는 아래쪽 바위가 잠겨 바위섬이 되기도 한다. 바위 옆으로는 물살에 밀려온 모래가 쌓여 사구를 이뤘다. 이곳을 배경으로 〈선덕여왕〉을 비롯해 드라마와 영화가 촬영되기도 했다. 고석정을 좀 더 생동감 있게 즐기려면 유람 보트를 이용하는 게 좋다. 상류와 하류를 오가며 고석정 주변의 기암괴석을 샅샅이 훑어볼 수 있다. 강물에 떠밀려가는 돌 때문에 절벽이 둥그렇게 파인 포트홀, 돼지 코 모양 바위, 바위에 붙어 자라는 돌단풍 등이 손에 잡힐 듯하다. 둥글게 혹은 계단처럼 깎인 화강암과 공기가 빠져나간 흔적이 크고 작은 구멍으로 남은 현무암이 재미난 모양을 하고 있다. 제주도 현무암이 화산재인 것과 달리 철원은 용암이 바로 굳은 것이라 훨씬 무겁고, 철 성분이 포함되어 불그스름한 빛깔을 띤다. 한탄강이 일군 송대소, 마당바위, 직탕폭포, 순담계곡 등이 모두 절경이다.

추천 여행지

송대소와 순담계곡
송대소는 고석정과 함께 한탄강의 지질학적 특성을 잘 보여주는 명소다. 거친 강물이 주상절리 절벽을 치고 S자로 흐르면서 한쪽은 수직 절벽, 맞은편엔 모래가 쌓여 독특한 풍광을 자랑한다. 한여울길 엄애웅 광장에 송대소 전망대가 있다. 마당바위는 현무암이 모두 깎여 그 아래 있던 넓은 화강암이 드러나 형성된 것이다. 고석정에서 하류로 조금 내려간 지점에 기암절벽이 아름다운 순담계곡은 래프팅의 명소다. 주말이면 협곡 사이를 빠르게 래프팅하며 지나는 모습을 심심찮게 볼 수 있다.

직탕폭포
다리 상판에 번지점프대가 설치된 태봉대교에서 굽어보이는 지점에 직탕폭포가 있다. 폭포가 어른 키 정도로 높지는 않지만 폭 80m 강 전체가 폭포로 떨어지는 모습이 규모가 작은 나이아가라폭포를 보는 듯하다. 여름철 수량이 많을 때면 강폭과 같은 폭포를 볼 수 있다. 갈수기에는 강바닥의 주상절리가 선명하다. 주변에 한탄강 최고의 민물매운탕 식당이 여럿 있다.

한탄강 생태순환탐방로
한탄강을 따라 승일교~송대소~직탕폭포~칠만암에 이르는 코스를 철원 한여울길이라 하고, 강 동편으로 승일교~태봉대교 구간을 한탄강 생태순환탐방로라 한다. 한여울길은 자동차, 자전거로 갈 수 있는 평탄한 길이고, 곳곳에 펜션과 식당이 자리해 접근이 쉽다. 반면 생태순환탐방로는 도보로만 접근할 수 있다. 산자락을 타고 오르락내리락하는 구간이 많아 완주하려면 족히 두 시간은 걸린다.

철원평화전망대와 모노레일
모노레일을 타고 올라가는 철원평화전망대는 DMZ는 물론, 북한 선전마을과 평강고원을 조망할 수 있는 곳이다. 궁예가 송악에서 철원으로 천도해 만든 궁예도성 터 역시 DMZ에 위치한다. 겨울에도 얼지 않아 두루미 같은 철새들이 날아드는 철원 철새 도래지(천연기념물 245호), 철원의 동물을 박제해서 보여주는 철원두루미관, 경원선의 최북단 지점인 월정리역, DMZ 평화문화광장, 일제강점기에 번성한 근대 건축물도 민통선 안에 있다. 전쟁으로 일부만 남은 철원 얼음창고(등록문화재 24호), 철원 농산물검사소(등록문화재 25호), 구 철원 제2금융조합 건물 터(등록문화재 137호) 등은 근대문화유산으로 지정됐다. 민통선을 나오기 직전에 보이는 왜가리 서식지는 철원군청 옛터다.

소이산 생태숲 녹색길
해발 362m 소이산은 노동당사 맞은편에 있는 아담한 산이다. 지뢰밭과 민통선으로 60년 가까이 방치됐다가 최근 소이산 생태숲 녹색길이 마련되었다. 지뢰꽃길(1.3km), 생태숲길(2.7km), 봉수대오름길(0.8km)이 있으며, 고려 시대 봉수대가 있던 전망대에 오르면 철원평야가 시원스레 펼쳐진다. 한국전쟁으로 건물 내부가 소실되고 뼈대만 앙상하게 남은 노동당사는 한 민족이 서로 총부리를 겨뒀던 우리나라의 슬픈 역사를 온몸으로 보여준다.

1 순담계곡 2 한탄강 생태탐방로 3 현무암과 화강암이 뒤섞인 한탄강의 지질

추천 일정

고석정 → 송대소 → 철원평화전망대 → 철원두루미관 → 월정리역 → 근대문화유산 → 왜가리 서식지 → 노동당사
5분 / 25분 / 5분 / 도보 2분 / 10분 / 10분 / 5분

삼부연폭포 ← 순담계곡 ← 태봉대교 ← 한탄강생태순환탐방로(승일교) ← 한탄리버스파호텔(숙박) ← 직탕폭포 ← 소이산 생태숲 녹색길 ← 도보 5분
20분 / 15분 / 도보 2시간 / 2분 / 10분 / 20분

고석정 | 강과 바위절벽이 일궈낸 한탄강 최고의 걸작
송대소 | 풍광이 좋아 주변에 펜션이 많아요
철원평화전망대 | DMZ 안에 있는 궁예의 옛 도성터가 보여요
노동당사 | 한국전쟁의 상흔을 온몸으로 보여주는 건축물!
순담계곡 | 래프팅. 낚시. 캠핑하기 좋아요
삼부연폭포 | 시원스럽게 쏟아지는 폭포가 일품

승일교

승일교 래프팅

철원극장 옛터

여행 정보

웹 페이지와 전화
철원군 관광문화과 033-450-5255, http://tour.cwg.go.kr
철의삼각전적지관광사업소 033-450-5558~9, http://han-tan.cwg.go.kr

자가운전
서울외곽순환도로 퇴계원IC→퇴계원·일동 방면→금강로→일동사거리에서 포천 방면 좌회전→신영일로→일동터널→호국로→군탄사거리에서 고석정 방면 좌회전→갈말로→태봉로→한탄대교→고석정 주차장

숙박
썬레저텔 동송읍 태봉로, 033-456-2120, www.썬러저텔.com 한탄리버스파호텔 동송읍 태봉로, 033-455-1234, www.hantanhotel.co.kr 승일펜션 갈말읍 태봉로, 033-452-1949, www.si-pension.co.kr 새바라기펜션 동송읍 태봉대교길, 033-455-8365, www.saebaragi.co.kr

맛집
폭포가든 민물매운탕, 동송읍 직탕길, 033-455-3546 대득봉 오대두릅밥, 갈말읍 텃골1길, 033-452-2915(예약제) 한가원 도봉산갈비, 동송읍 창동로, 033-455-1944 운정가든 한우생갈비, 동송읍 이평로, 033-455-8533

축제 및 행사
태봉제 매년 10월 초, http://tour.cwg.go.kr 철원DMZ국제평화마라톤 매년 9월 말, http://www.dmzrun.kr 화강다슬기축제 매년 7월 말~8월 초, 033-450-5724

034
화천 DMZ
강원 화천군

숨겨진 청정 습지에 희귀 동식물이 살다

여행 내비게이션

여행 콘셉트 생태계의 숨은 보고인 화천의 DMZ를 가다
추천 일정 1박 2일
추천 교통 자가운전
추천 계절 봄~가을

Must Do
1. 양의대습지 탐방
2. 평화의 종 타종
3. '숲으로 다리' 길 걷기
4. 칠성 전망대서 북녘 땅 조망

PART 2. 여름 : DMZ 생태여행

화천 양의대습지는 일반인에게는 잘 알려지지 않은 DMZ 생태계의 숨은 보고다. 평화의 댐에서 북한강을 따라 민통선 지역을 거슬러 오르면 상류에는 드넓은 습지가 모습을 드러낸다. 양의대습지는 군사용 철교인 안동철교에서 오작교까지 이르는 12km의 습지대를 일컫는 말이다.

반세기 넘게 사람들의 손길이 닿지 않은 습지의 풍경은 몽환적인 장면들을 연출한다. 이른 아침이면 아득한 물안개로, 한가로운 오후에는 물을 마시러 강변에 나서는 노루, 고라니의 발걸음으로 낯선 세계에 들어선 듯한 감동을 전한다. 이 길을 왕래하는 군인이나, 안내원들이 전하는, 수달, 사향노루, 삵, 담비, 노루 같은 동물과 맞닥뜨린 생생한 목격담은 이제는 흔한 이야기가 됐다.

양의대습지 주변으로는 금강초롱, 각시붓꽃, 노루귀 등의 희귀식물들도 자생한다. 습지식물인 연복초가 5월에 화려한 꽃을 피우고 나면, 중부 이북의 고산 습지에서 자라는 금마타리가 6월에 만발해 습지를 진녹색으로 단장한다. 그 숲과 강을 잇는 모래톱에는 오랜 기간 이곳 생태계의 터줏대감이었던 동물들의 발자국들이 촘촘히 찍혀 있다. 양의대습지 일대는 DMZ 습지보전지역 중 가장 우수한 핵심 야생생물 서식지로 평가받고 있다.

양의대습지를 언덕 위에서 내려다보면 가슴 한편이 먹먹해 진다. 북쪽으로 향한 물줄기는 금성천과 만나 북녘땅으로 연결되고, 아스라이 보이는 안동철교 너머로는 메마른 물줄기를 평화의 댐이 받아낸다. 한 많은 역사의 현장 사이에서 신비로운 생태계는 이곳에 서식한다는 커다란 황금 구렁이처럼 똬리를 틀고 있다.

안동철교가 놓이기 전 이곳 주민들은 나룻배로 강을 건너 소달구지를 타고 화천장터를 오갔다고 한다. 해발 1,194m인 해산 기슭을 에돌아 넘는데 반나절은 걸렸다고 한다. 사람들의 발길이 닿지 않은 비련의 생태계지만 한때는 촌부들의 평화로운 삶이 함께 녹아 있었음을 되새기게 만든다.

안동철교와 평화의 댐을 잇는 민통선 구간은 최근에는 신분증이 있으면 누구나 출입이 가능해졌다. 단 양의대습지 전망 포인트까지 차량으로 오르려면 사전에 승인을 받아야 한다.

1 양의대습지 식생 2 양의대습지 전망포인트 3 안동철교 4 파로호 선착장

추천 여행지

평화의 댐

양의대습지로 향한 발길은 자연스럽게 평화의 댐으로 연결된다. 세계평화의 종, 비목공원 등이 들어선 평화의 댐은 해산터널을 경유하면 민통선 구간을 거치지 않고도 들어설 수 있는 개방된 공간으로 변신했다. 평화의 댐 언덕 위로는 거대한 규모의 세계평화의 종이 눈길을 끈다. 29개국의 분쟁지역과 한국전쟁 당시 사용했던 탄피 등을 모아 만든 이 종은 높이 4.7m, 무게 37.5t의 외관을 뽐낸다.

비목공원

세계평화의 종 너머에 있는 공원이다. 화천의 비무장지대에 배속된 한 청년장교가 잡초가 우거진 곳에서 무명용사의 돌무덤을 발견하고 노래로 만든 것이 '비목'이다. 비목공원에서는 매년 6월 6일을 전후로 비목의 탄생과 무명용사의 넋을 기리는 비목문화제가 열린다.

칠성전망대

화천 DMZ 투어의 또 다른 묘미를 즐기려면 평화의 댐 권역에서 벗어나 칠성전망대로 향한다. 칠성전망대에 오르면 DMZ의 숲과 초소, 철책, 북녘땅이 어우러진 풍경을 한눈에 조망할 수 있다. 양의대습지를 이뤘던 물줄기 상류인 금성천과 조우하게 되는 곳이 이곳 칠성전망대다. 북한 주민들이 밭을 경작하는 모습도 이곳 전망대에서 보인다. 칠성전망대는 가는 길 초입에서 투어신청을 하면 바로 입장할 수 있는 편리한 공간으로 변신했다. 전망대 내부에 갤러리 카페가 마련돼 있어 차 한잔 음미하며 북녘땅을 조망할 수 있는 것도 새롭다.

'숲으로 다리' 길

화천투어에서 놓치지 말아야 할 것이 화천 산소길과 이어지는 '숲으로 다리' 위를 거니는 것이다. 숲으로 다리는 소설가 김훈이 명명한 나무 데크 길로 북한강과 나란히 이어지는 숲지대를 코앞에서 감상하는 행운을 선사한다. 해 뜰 무렵에는 발 밑에서 피어오르는 물안개로, 해 질 무렵이면 고요한 물과 숲의 정취로 묘한 감동을 전해준다. 나무 데크 길은 원시숲을 가로지르는 흙길과 연결되며 기분 좋은 생태 산책을 만들어낸다.

1 평화의 댐 2 비목공원 3 칠성전망대 4 '숲으로 다리' 길

추천 일정

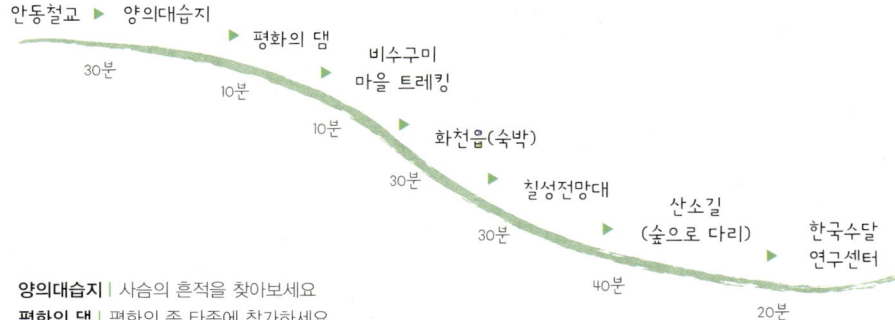

안동철교 ▶ 양의대습지 ▶ 평화의 댐 ▶ 비수구미 마을 트레킹 ▶ 화천읍(숙박) ▶ 칠성전망대 ▶ 산소길 (숲으로 다리) ▶ 한국수달연구센터

30분 / 10분 / 10분 / 30분 / 30분 / 40분 / 20분

양의대습지 | 사슴의 흔적을 찾아보세요
평화의 댐 | 평화의 종 타종에 참가하세요
비수구미 트레킹 | 생태 숲길을 걸어 보아요
칠성전망대 | 초소들을 촬영하면 곤란해요
숲으로 다리 | 새벽녘에 걸으면 운치 있어요

양의대습지

올챙이국수

열차펜션

여행 정보

웹 페이지와 전화
화천군 관광정보 033-440-2575, tour.ihc.go.kr, 한국수달연구센터 033-441-9798, www.ottercenter.org

대중교통
버스 동서울종합터미널-화천, 하루 24회 운행, 약 2시간 40분 소요
기차 서울-춘천, ITX 청춘열차 이용, 춘천역 경유 화천행 버스 30분 간격 운행

자가운전
서울춘천고속도로→춘천JC→중앙고속도로→고속도로 빠져나와 직진→소양2교→화천

숙박
열차펜션 하남면 춘화로 033-441-8877, www.hctrain-pension.com 파로호한옥펜션 화천읍 평화로, 033-441-1488, http://paroho.kr 덕성파크 화천읍 상승로, 033-442-2204

맛집
콩사랑 두부요리, 화천읍 대이리길, 033-442-2114 화천어죽탕 어죽탕, 간동면 파로호로, 033-442-5544 평양막국수 초계탕·막국수, 화천읍 평화로, 033-442-1112

행사 및 축제
비목문화제 평화의 댐, 6월 6일 전후 3일간 쪽배축제 붕어섬 일원, 7월 중순~8월 중순

섬여행

035 덕적도&굴업도 | 해수욕장과 절경 산책로를 품은 '보물섬' 인천광역시 옹진군
036 나로도 | 뭍은 신록으로 물들고 섬들은 훈풍에 취하고 전남 고흥군
037 문항어촌체험마을 | 조개 캐고, 쏙 잡고, 맨손 고기잡이까지! 경남 남해군
038 사도 | 섬과 섬으로 이어진 신비의 섬 전남 여수시

035
덕적도&굴업도
인천광역시 옹진군

해수욕장과 절경 산책로를 품은
'보물섬'

여행 내비게이션

여행 콘셉트 서해의 보석같은 섬과 해변길 산책
추천 일정 2박 3일 **추천 교통** 여객선 **추천 계절** 봄~가을
Must Do
1. 덕적도 서포리 삼림욕장 걷기 2. 덕적도 밧지름해변 산책 3. 비로봉에서 일출 보기
4. 굴업도 코끼리바위 탐방 5. 바지락칼국수와 자연산 회 먹기

PART 2. **여름** : 섬여행

덕적도는 섬까지 가는 배편도, 섬 안에서의 교통편도 편리하다. 인천 연안부두에서 쾌속선이 닿고, 섬 내에는 버스도 운행된다. 널찍한 해수욕장뿐 아니라 산책로들도 깔끔하게 조성돼 있다. 예전 서해 뱃길의 요충지였던 덕적도는 파시로 유명했다. 황해도, 충청도, 전라도 사람 등 외지인들이 정착해 살던 풍족한 섬이었다. 최근에는 어업 못지않게 관광업이 주를 이루고 있다. 덕적도는 물이 빠지면 2km 가량 갯벌이 드러내는 서포리 해변이 인기 높다. 민박집들도 서포리 일대에 밀집돼 있다. 서포리 해변 뒤편의 소나무 삼림욕장에는 200년 된 노송이 옹골지고 높게 솟아 있다.

섬 주변의 비경은 비조봉(294m)에서 만날 수 있다. 서포리에서 소나무 길을 따라 새벽 일찍 정상에 오르면 호흡을 멈추게 하는 신비스런 정경과 맞닥뜨린다. 해는 덕적도 앞의 소야도를 시작으로 크고 작은 섬들 너머로 솟구친다. 오롯하게 솟는 해를 보지 못하더라도 미명의 서해바다는 장관이다. 새벽 일찍 고기잡이 배라도 지나칠 즈음이면 한폭의 수묵화가 잔잔한 바다에 새겨진다. 일출 뒤에는 능선 따라 멀리 울도, 굴업도 등을 바라보며 트레킹을 즐길 수 있다.

덕적도에서 좀 더 호젓한 해변을 만나려면 밧지름해변이나 북리 능동자갈해변으로 향한다. 덕적도선착장에서 가까운 밧지름해변은 해송, 해당화와 모래사장이 한적하게 조화를 이루고 있다. 진리선착장에서는 여객선 출발을 앞두고 해변을 따라 30분~1시간 가량 소요되는 해변 산책길을 걸어도 좋다. 길이 평이하고 곳곳에 해변 전망대가 마련돼 있어 가족들이 걷기에도 편리하다.

옹진군 덕적도에서 배를 갈아타고 1시간여 달리면 굴업도가 단아한 자태를 드러낸다. 섬은 호젓한 해수욕장, 사구, 해식 지형, 능선을 잇는 산책로 등을 두루 갖추고 있다. 선착장과 마을을 잇는 옛 오솔길 등 숲길은 '아름다운 숲'으로 선정되기도 했다. 그 숲에서 사슴들이 떼 지어 몰려다니는 모습을 우연히 발견하기도 한다. 덕적도와 견주면 굴업도는 잘 알려지지 않은 외딴 섬이다. 덕적도나 굴업도 뱃길은 날씨가 맑더라도 해무 때문에 배가 결항되는 경우가 종종 있다. 출발 전에 출항 여부를 확인해야 한다.

1 비조봉에서 바라본 정경 2 굴업도 선착장과 섬 순회선 3 굴업도 전경

추천 여행지

굴업도 코끼리바위

굴업도 내의 가장 특이한 지형인 코끼리바위는 파도와 소금, 바람의 침식작용으로 만들어졌다. 예전에는 '홍예문'으로 불렸는데, 가운데 구멍이 점점 커지며 코끼리의 형상을 꼭 빼닮아 코끼리바위로 정착됐다. 코끼리바위 옆으로는 채 50m가 안 되는 아담한 해변이 늘어서 있다.

토끼섬

굴업도 큰마을해수욕장 끝자락에 위치한 토끼섬은 바닷물이 빠지면 육지와 연결되는 섬이다. 섬의 절벽이 파도에 깎여나간 해식지형이 경이롭다. 토끼섬까지 향하는 해변 절벽의 구멍 뚫린 바위들도 기괴하게 다가선다. 토끼섬은 물때가 맞아야 드나들 수 있어 사전에 출입 여부를 확인해야 한다.

1 코끼리바위 2 덕적도 도우 선착장 3 서포리 삼림욕장 4 토끼섬 해식지형 5 개머리 능선 트레킹

추천 일정

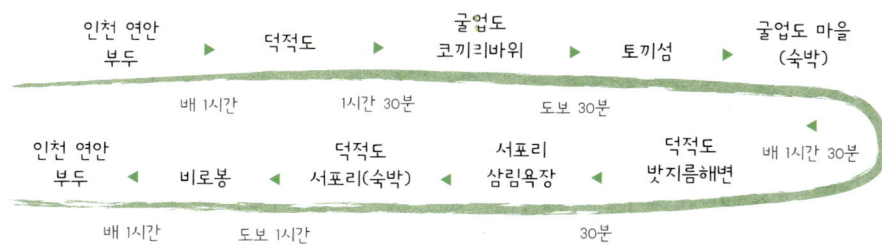

- **코끼리바위** | 소금바람의 침식작용을 살펴봐요
- **토끼섬** | 물때를 미리 알아야 해요
- **밧지름해변** | 해변에서 해당화를 찾아보세요
- **서포리 삼림욕장** | 나무 데크 따라 솔숲을 걸어요
- **비로봉** | 일출 산행로를 미리 체크해 두세요

굴업도 목기미해변

굴업도 민박집 백반

덕적도 앞바다

여행 정보

웹 페이지와 전화
옹진군청 032-899-2211, www.ongjin.go.kr 고려고속훼리 1577-2891, www.kefship.com 대부해운 032-887-0602, www.daebuhw.com 굴업도 cafe.daum.net/gulupdo 덕적면사무소 032-831-7701

대중교통
선박 인천항연안여객터미널-덕적도, 평일 2~3회, 주말 3~4회 운행. 1시간 소요 / 덕적도-굴업도, 선착장에서 평일 1회, 주말 2회 울도선 운행. 1~2시간 소요 / 대부도 방아머리선착장-덕적도, 1일 1~2회 운행
버스 덕적도 섬내 순회버스 1~2시간 단위로 운행(섬내 택시도 운행)

숙박
하늘채 민박 덕적도 진리, 032-832-4064 소나무향기 덕적면 덕적남로, 032-831-7878 굴업도 민박 굴업도, 032-832-7100

맛집
회나라 활어회 · 바지락칼국수, 덕적면 덕적북로, 032-831-5324 올레식당 매운탕, 덕적면 덕적남로, 032-764-8888

036
나로도
전남 고흥군

뭍은 신록으로 물들고
섬들은 훈풍에 취하고

여행 내비게이션

여행 콘셉트 자동차로 내나로도와 외나로도 일주하며 해안풍광 감상
추천 일정 1박 2일 **추천 교통** 자가운전 **추천 계절** 봄~가을
Must Do 1.덕흥해변, 나로우주해변 산책 2.우주과학관에서 우주인 체험 3.유람선 타고 다도해 해상국립공원 절경 감상 4.나로도항에서 활어회나 생선구이 등 별미 즐기기 5.능가사 답사나 소록도 탐방하기

PART 2. **여름** : 섬여행

고흥군은 전라남도의 동남단에 돌출한 고흥반도와 169개의 도서들로 구성된 고장이다. 내나로도, 외나로도, 거금도, 소록도 등 고흥의 대표적인 섬들은 모두 교량으로 이어져 배를 타지 않아도 여행이 가능하다. 특히 내나로도와 외나로도는 고흥군의 땅끝마을로 불린다.

포두면 남성리에서 나로1대교를 건너면 내나로도. 이 섬의 최고 명소는 덕흥해수욕장이다. 백사장 길이 450m, 폭 70m의 덕흥해수욕장은 아늑한 해안절경이 아름답고 경사도가 완만하다. 간조 시에도 해수욕이 가능하며 350년 이상 된 노송 숲이 해변의 운치를 더한다.

내나로도 남쪽의 외나로도에서는 나로우주해수욕장, 나로우주센터와 우주과학관, 나로도항 등이 명소로 손꼽힌다. 나로2대교를 건넌 다음 나로도항으로 가기 전 만나는 여행지가 나로우주해수욕장이다. 이곳 역시 350년 이상 된 300여 주의 노송들이 시원한 그늘을 만들어 여행객들의 땀을 식혀준다.

한편 2009년 외나로도 동쪽에 나로우주센터가 들어섬으로써 우리나라는 세계에서 13번째로 우주센터를 보유한 국가가 되었다. 나로우주센터는 아무나 들어갈 수 없는 곳이지만 입구의 우주과학관은 누구나 입장이 가능하다. 상설전시관의 제1전시관은 우주과학의 기본 원리와 로켓, 제2전시관은 인공위성과 우주공간에 대해 알려준다.

외나로도의 나로도항은 나로도 일대 수산물의 집결지이면서 외나로도 일주 유람선이 출항하는 곳이다. 오전 8시 무렵에는 수산물 경매 장면을 구경해 볼 수 있다. 삼치 파시로 유명했던 나로도항은 일제 강점기에 이미 전기와 수돗물이 들어갈 정도로 부자 마을이었다. 이곳에서 나로도 유람선 여행도 즐겨보자. 나로도 유람선은 섬을 왼쪽에 끼고 한 바퀴 돌아서 염포해변 앞과 하촌마을 앞 해변, 우주센터 앞 해변을 거쳐 다시 나로도항으로 돌아오며 약 2시간 정도 소요된다. 바다에서 바라보는 외나로도의 해안은 기암절벽의 연속이다. 서답바위, 부채바위, 꼭두여, 카멜레온바위, 사자바위, 쌍굴, 코굴, 여자바위, 부처바위, 흔들바위 등등이 반겨준다.

1 금산해안도로 2 우주인 가족 3 녹동항에서 바라본 소록대교

추천 여행지

거금도
조선시대에는 도양목장에 속한 방목지의 하나로 '절이도'라 했으며 일설에는 큰 금맥이 있어서 '거금도'라고 불렀다고 한다. 거금도에는 남쪽 해안에 익금, 금장, 서쪽 해안에 연소, 고라금해수욕장이 있어 여름철 피서객들이 즐겨 찾는다. 이 가운데 가장 인기가 높은 해수욕장은 익금해수욕장이다. 어전리의 금장마을에서 내동마을 잇는 도로의 동편 산등성이에는 목장성이 아직 일부 남아 있는데, 이는 조선시대 국가에 올려 보낼 말을 방목해서 기르던 흔적이다. 이 섬의 주요 특산물로는 농축산물로 마늘, 양파, 고구마, 벼, 흑염소 등이, 수산물로는 톳, 다시마, 미역, 매생이, 김, 멸치, 광어, 전복 등이 있다.

능가사
신령스런 팔영산의 아늑한 품에 다소곳이 안겨있는 능가사는 신라 눌지왕 원년(417)에 아도화상이 창건했으며 당시의 명칭은 보현사였다고 한다. 조선 인조 22년(1644)에 정현대사가 이 절터에 새로 불사를 일으키고 이름을 능가사라 지었다. 정현대사가 입적한 후 제자들이 중창불사를 이어나갔으며 숙종 16년(1690)에 사적비를 세웠다. 현재 능가사에는 천왕문, 대웅전, 응진당, 요사채, 범종각 등이 들어서 있고 응진당 옆에는 능가사 사적비가 서있다.

소록도
고흥군 남쪽의 녹동항에서 소록대교를 건너면 만나는 섬이다. 섬 둘레가 14km 정도인 소록도는 우리말로 풀이하면 '작은 사슴의 섬'이다. 과거 한센병 환자들의 애환이 깃들어 있는 섬이지만 현재는 6백여 명의 환자들이 애환을 딛고 사랑과 희망을 가꾸며 살아간다. 여행객들은 국립소록도병원을 중심으로 소록도 생활자료관, 검시실과 감금실, 중앙공원 등을 방문할 수 있다. 소록도 중앙공원에는 종려나무, 편백, 차나무, 능수버들, 등나무, 매화나무 등 500여 종의 식물이 자라고 있어 조경이 매우 아름답다.

삼치
삼치는 고흥의 청정해역 거문도와 나로도 근해가 주어장이다. 삼치는 맛이 부드럽고 영양 성분을 많이 함유하고 있어 건강식으로도 좋으며 특히 지방함량이 높은 편이나 불포화지방산이기 때문에 동맥경화, 뇌졸증, 심장병 예방에 도움이 된다. 나로도는 채낚기어업에 의한 재래 방식으로 삼치를 잡고 있는데, 가을철 나로도 수협 위판장에 가보면 갓 잡아 올린 삼치를 사기 위해 많은 사람들로 북적인다. 삼치회는 참치회처럼 김에 싸서 먹기도 한다.

1 소록대교 2 능가사 3 녹동항 생선경매장 4 거금도 남부해안도로

추천 일정

나로1대교 ▶ 덕흥해수욕장 ▶ 나로2다교 ▶ 나로우주해수욕장 ▶ 나로도항 삼치(점심)
10분 — 10분 — 5분 — 5분 — 20분

고흥호 꽃길 방조제 드라이브 ◀ 팔영산 능가사 ◀ 고흥읍내 (숙박) ◀ 외나로도 염포해변 ◀ 나로우주센터 우주과학관
35분 — 25분 — 50분 — 15분

덕흥해수욕장 | 해변 뒤 해송 숲이 아늑해요
나로우주센터 | 우주과학관에 가서 잠시 우주인이 되어보세요
나로도항 | 이른 아침에 열리는 경매 장면이 활기찹니다
능가사 | 팔영산과 어울린 고찰의 향기에 취해보세요
삼치 | 참장어, 낙지, 삼치, 전어, 서대, 굴, 매생이, 유자향주, 붕장어예요

고흥청소년우주체험센터

나로도 유람선

참장어회

여행 정보

웹 페이지와 전화
고흥군청 문화관광 061-830-5224, http://tour.goheung.go.kr 나로우주센터 우주과학관 061-830-8400, www.narospacecenter.kr 외나로도 일주 유람선 061-834-8877(나라호), 061-835-1141(금어호), 061-832-8090(능가사)

대중교통
버스 센트럴시티터미널-고흥, 하루 5회 운행, 4시간 45분 소요 / 광주-고흥, 직행버스 하루 36회 운행, 2시간 소요

자가운전
호남고속도로 송광사IC→27번국도→벌교읍→고흥읍→녹동항→소록도→거금도
순천시내→2번국도→고흥읍→15번국도→포두면→내나로도→외나로도

숙박
나로비치호텔 봉래면 나로도항길, 061-835-9001 빅토리아호텔 도화면 천마로, 061-832-0100 썬비치호텔 도양읍, 061-844-7661 하얀노을 동일면 와다리길, 061-833-8311

맛집
순천식당 삼치회, 봉래면 나로도항길, 061-833-6441 종로회관 오리불고기, 고흥읍, 061-833-3883 감미횟집 붕장어구이, 두원면 두원로, 061-833-4317 백상회관 한정식, 고흥읍, 061-835-8788

축제 및 행사
고흥유자축제 매년 11월 초순, 061-830-5347 전어한마당축제 매년 10월 초순, 061-830-5347

037 문항어촌 체험마을
경남 남해군

조개 캐고, 쏙 잡고, 맨손 고기잡이까지!

여행 내비게이션

여행 콘셉트 갯벌 체험과 함께 하는 남해 섬 여행
추천 일정 1박 2일 **추천 교통** 자가운전 **추천 계절** 여름
Must Do
1. 맨손으로 물고기 잡기 2. 쏙 잡기 체험 3. 구운몽 감상하기 4. 상주은모래비치 해수욕
5. 물건리 방조어부림 산책

PART 2. 여름 : 섬여행

1 맨손으로 광어 잡이 2 소쿠리 가득한 우럭조개 3 쏙 잡이 체험에 푹 빠진 사람들

보물섬 남해의 여름은 뜨겁고 풍요롭다. 문항어촌체험마을은 물고기를 맨손으로 잡는 개막이 체험, 조개 캐기, 쏙 잡이 등 바다를 배경으로 한 다양한 활동이 있어 여름방학이면 전국에서 체험객이 몰려든다. 갯벌 생물을 관찰하거나 바닷물이 빠진 자리에 길이 열리는 자연현상을 보는 것만으로도 유익한 현장학습이 된다.

개막이 체험의 시작을 알리는 방송과 함께 사람들이 함성을 지르며 갯벌로 내달린다. 개막이란 어촌에서 별다른 도구 없이 물고기를 잡는 일이다. 갯벌에 기둥을 박아 그물을 설치하고, 밀물이 가장 많이 들어왔을 때 그물을 올려 물고기를 가둔다. 물이 빠지면 갯벌에 남은 물고기를 주워 담으면 된다. 체험은 물 높이가 어른들 무릎 정도일 때 시작한다. 사람들이 뛰어다니고 갯벌에서 진흙이 올라와 물속이 보이지 않지만, 손으로 더듬다 보면 뭔가 잡힌다. 물고기 비늘이 미끄러우니 면장갑을 끼는 게 좋다. 엉금엉금 네 다리로 기는 사람, 몸을 최대한 낮추고 바닥을 더듬는 사람, 그물을 등지고 주저앉아 주변을 훑는 사람 등 물고기를 잡는 모양도 가지각색이다. 미끌미끌한 촉감에 놀라 소리 지르는 아이, 물고기를 잡고 환호성을 지르는 어른 등 반응도 제각각이다. 물이 점점 빠지면 초등학생도 혼자서 너끈히 잡을 수 있다. 잡은 물고기를 동네 아낙들이 그 자리에서 손질해 소금까지 뿌려준다.

개막이 체험이 끝나면 조개 캐기와 쏙 잡이를 할 수 있다. 바닷물이 다 빠지면 마을 앞바다에 있는 상장도, 하장도까지 걸어갈 수 있는 길이 온전히 드러난다. 그 너른 갯벌이 온통 조개 캐기 체험장이다. 얕은 데서는 바지락이 나오고 검은 갯벌을 30cm 정도 파면 아이 주먹만 한 우럭조개가 나온다. 속살이 두툼해 씹는 맛이 그만인 우럭조개는 깨끗이 손질해 조개탕을 끓이거나 미역국에 넣으면 좋다.

갯가재를 닮은 쏙 잡이 체험에는 부녀회 할머니들이 도우미로 나선다. 갯벌을 삽으로 살짝 걷어내면 동그란 구멍이 뽕뽕 뚫린 게 보인다. 이 구멍에 된장 푼 물을 살살 끼얹은 다음 털이 달린 막대기를 넣고 아래위로 움직이면 쏙이 털을 꽉 잡는다. 쏙이 문 것 같은 느낌이 들 때 천천히 들어 올린다. 쏙이 막대기를 집게로 잡을 때까지 기다리는 것이 비결.

바다 체험은 물때를 맞추는 것이 중요하다. 물이 빠지는 시간에 따라 체험이 불가능한 날도 있으니, 반드시 전화로 상담해야 한다.

추천 여행지

독일마을

1960~1970년대 독일에서 광부로, 간호사로 일하며 조국의 경제 발전에 한몫을 담당한 이들이 모국에 정착해 노후를 보낼 수 있게 조성한 곳이 독일마을이다. 물건항이 내려다보이는 경사지에 짙은 주황색 지붕과 하얀 벽면으로 단순하면서도 강렬한 인상을 주는 독일식 주택들이 옹기종기 모여 있다. 독일마을에 민박을 운영하는 집도 여러 군데다.

원예예술촌

원예 전문가들이 살면서 꾸민 원예예술촌은 16만 5,300㎡(5만 평) 대지에 정원을 낀 건물 21채가 들어섰다. 집에 딸린 정원을 제외한 나머지는 숲과 공공 정원으로 꾸몄는데, 레인보우 가든, 레이디스 가든, 글래스 가든 등 테마별로 각기 다른 모습이다. 예상보다 훨씬 넓고 예쁜 곳이 많아 두 시간 정도 잡아야 한다.

물건리 방조어부림

독일마을에서 내려다보이는 물건항에는 수령 300년 가까운 고목들로 가득한 물건리 방조어부림이 있다. 해안을 따라 1.5km 가까이 이어진 숲에는 느티나무, 상수리나무, 이팝나무, 푸조나무 등 활엽수가 주를 이룬다. 숲을 관통하는 나무 데크를 따라 시원한 그늘 속을 걸으며 물빛 파란 물건항을 감상해볼 것.

남해유배문학관

남해유배문학관은 고려부터 조선시대까지 이곳에 유배되었던 선비들이 남긴 문학작품과 유배 생활을 되짚어볼 수 있는 공간이다. 서포 김만중을 대표로 남구만, 이이명, 유의양, 김용에 관한 전시품이 보인다. 특히 유의양은 남해의 자연경관과 관습을 자세히 기록했다.

상주은모래비치

활처럼 휜 해안선, 하얗게 빛나는 백사장, 키 큰 소나무가 멋스러운 상주은모래비치는 남해안 최대의 해수욕장이다. 해수욕장 앞에 떠 있는 돌섬과 나무섬이 큰 파도를 막아줘 물결이 잔잔하고, 바닥이 완만하게 깊어져 가족 피서객이 즐기기에도 안성맞춤이다. 수온이 높아서 해 질 녘까지 물놀이를 즐길 수 있다. 백사장 서쪽에는 캠핑을 할 수 있는 야영장도 마련되었다.

1 독일마을을 찾은 방문객 2 원예예술촌의 레이디스 가든 3 김만중 동상이 반겨주는 남해유배문학관 4 물건방조어부림에서 바라본 물건항

추천 일정

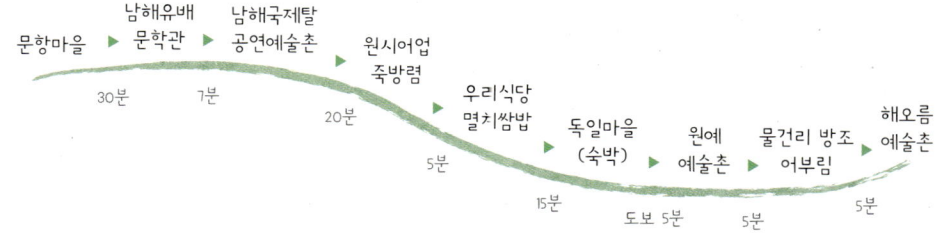

문항마을 ▶ (30분) 남해유배문학관 ▶ (7분) 남해국제탈공연예술촌 ▶ (20분) 원시어업 죽방렴 ▶ (5분) 우리식당 멸치쌈밥 ▶ (15분) 독일마을 (숙박) ▶ (도보 5분) 원예예술촌 ▶ (5분) 물건리 방조어부림 ▶ (5분) 해오름예술촌

문항마을 | 모자, 선글라스, 선크림, 장화, 면장갑 챙겨가세요
남해유배문학관 | 유배가 탄생시킨 작품 구운몽을 만나는 곳
남해국제탈공연예술촌 | 여름 한 달 간 다양한 공연을 볼 수 있는 축제가 열려요
물건리 방조어부림 | 바다를 끼고 있는 숲길을 걸어보세요
독일마을 | 이국적인 마을에서 하룻밤!

물건항과 카약

상주은모래비치

개막이 체험

여행 정보

웹 페이지와 전화
남해군 문화관광과 055-860-8605, http://tour.namhae.go.kr 문항어촌체험마을 055-863-4787, http://munhang.seantour.com 원예예술촌 055-867-4702, www.housengarden.net 남해국제탈공연예술촌 055-864-7625, www.namhaemask.com 남해유배문학관 055-860-8888, yubae.namhae.go.kr

대중교통
버스 서울남부터미널-남해, 하루 11회 운행, 4시간 30분 소요 / 부산서부터미널-남해, 하루 19회 운행, 2시간 30분 소요

자가운전
남해고속도로 하동IC→섬진강대로→남해대교→노량삼거리 좌회전→문항어촌체험마을

숙박
남해비치호텔 남면 남서대로, 055-862-8880 www.리조트.com 힐튼남해골프&스파리조트 남면 남서대로 1179번길, 055-860-0100, www.hiltonnamhae.com 남해유스호스텔 삼동면 동부대로, 055-867-4848, www.nhustel.co.kr 남해편백자연휴양림 삼동면 금암로, 055-867-7881 문항어촌체험마을 설천면 강진로 206번길, 055-863-4787

맛집
우리식당 멸치쌈밥, 삼동면 동부대로 1876번길, 055-867-0074 농가맛집 어부림 한정식, 삼동면 동부대로 1030안길, 055-867-5558 남해자연맛집 멍게비빔밥, 남면 남면로, 055-863-0863 상주바다횟집 생선회, 상주면 남해대로675번길, 055-863-5226 보물섬남해한우축협프라자 등심·불고기전골, 남해읍 스포츠로, 055-863-9292

축제 및 행사
남해섬공연예술제 매년 7월 중순~8월 중순, www.namhaemask.com 상주은모래비치 여름축제 매년 8월 초, http://tour.namhae.go.kr

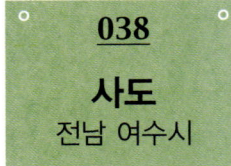

038
사도
전남 여수시

섬과 섬으로 이어진 신비의 섬

여행 내비게이션

여행 콘셉트 남해의 조용한 섬에서 유유자적한 여름나기
추천 일정 당일 **추천 교통** KTX, 자가운전, 백야도에서 카페리 이용 **추천 계절** 여름
Must Do
1. 사도의 신비한 바닷길 걷기 2. 바위에 찍힌 선명한 공룡발자국 찾기
3. 좁은 골목의 낮은 돌담길 사이로 걷기 4. 기기묘묘한 형상의 바위 찾기

사도는 '바다 한 가운데 모래로 쌓은 섬 같
다'고 해서 붙여진 이름이다. 여수 앞바다에 점
점이 떠 있는 보석 같은 섬 중에서 현대판 모세
의 기적으로 유명하다. 해마다 바닷물이 가장
많이 빠지는 영등날(음력 2월 초하룻날)과 백중
사리(음력 7월 보름에 조수가 가장 높이 들어오
는 때)에 본도, 추도, 긴도, 시루섬, 나끝, 연목,
진대섬 등 사도를 이루는 7개의 섬이 'ㄷ'자로
이루어지는 바닷물의 갈라짐 현상이 장관이다. 이 날 마을 사람들과 여행객들은 바다가 갈라져
드러난 뻘에서 낙지, 해삼, 개불, 고둥 등을 줍는다.

1 중도와 시루섬 사이에 형성된 양면해변
2 사도 입구를 지키는 공룡 조형물

신비의 바닷길이 아니라도 7월의 사도는 이 세상 어느 바다, 어느 섬보다도 아름답고 정결
하다. 선착장에 도착해서 바라보는 처음 풍경은 그리 특별하지 않다. 긴 방파제가 섬을 연결하
고 해안가에는 작은 해변이 나타난다. 사도해변이다. 해변이 약 100m 남짓한 사도해변의 모
래 위에 자갈이 가득하다.

방파제를 지나면 커다란 공룡 조형물이 제일 먼저 여행객을 반긴다. 날카로운 이빨에 잔인한
포악성이 느껴지는 티라노사우루스의 모형이다. 단순한 관광 조형물이라 하기에는 너무나 생
뚱맞다. 궁금증은 공룡 뒤로 이어진 마을길을 따라 도착한 공룡체험교육장에서 절로 해소된다.
나무숲 우거진 곳에 커다란 바위 본이 있고, 그 위에 공룡 발자국이 선명하게 찍혀 있다. 공룡
체험교육장은 사도는 물론 인근 낭도, 추도, 목도, 적금도 일대에서 발견된 공룡발자국 화석의
모형을 전시하고 있는 것. 바위 속에 숨겨진 수억 년 전 공룡들의 흔적을 보게 된다.

사도 일원은 아시아에서 제일 젊은 공룡발자국 화석산지다. 총 3,800여 점의 공룡발자국이
발견됐고, 이것들은 중생대 백악기 후기인 약 7,000만 년 전에 형성된 것이라고 한다. 두 발 혹
은 네 발로 걷는 초식공룡, 네 발로 걷는 목 긴 초식공룡, 육식공룡 등 다양한 종류의 공룡발자
국이 발견된다. 추도에서는 84m의 보행렬 구간에서 43개 공룡발자국 화석이 발견돼 세계 최장
길이의 화석지로 주목을 받기도 했다. 사도 일대의 공룡발자국 화석은 천연기념물 제 434호로
지정받았으며, 유네스코 세계자연유산 잠정목록에도 등재돼 있다.

공룡체험교육장 앞으로 난 해안산책길을 걸어가면 20여 가구가 옹기종기 모여 있는 마을이
나타난다. 마을에서 인상적인 것은 나지막한 돌담골목이다. 돌로만 쌓은 강담이다. 크기와 형
태가 일정하지 않은 돌들을 서로 맞물려 쌓았다. 섬 풍광과 어우러져 정감 있는 모습을 연출한
다. 집 담은 물론 남새밭에도 돌담을 쌓았다. 바람으로부터 농작물을 보호하기 위해서다. 육지
의 한옥촌에서 보는 돌담과는 또 다른 정취가 느껴진다.

돌담골목을 지나면 중도로 가는 다리가 있는 해안에 닿는다. 여기에서도 바위에 선명하게 찍힌 진짜 공룡발자국 화석을 발견하게 된다. 주로 두 발이나 네 발로 걷는 초식공룡의 발자국이 많다. 섬 해안에서 공룡 발자국이 발견되는 것은 이 지역이 지금과는 달리 당시에는 육지였음을 말해준다. 공룡 발자국 외에도 파도에 의해 퇴적물이 쌓이면서 표면에 만들어지는 물결자국 화석, 물속에 쌓인 퇴적물이 수면 위로 드러나게 됨에 따라 퇴적물 내에 들어 있던 수분이 증발·수축되면서 나타나는 균열현상인 건열 등을 볼 수 있다.

다리를 건너 중도로 들어가면 길이 끝나는 지점에 파도가 밀려와 모래가 퇴적된 양면해변이 있다. 양면이란 말 그대로 백사장을 중심으로 양쪽이 모두 해변이다. 섬(중도)과 섬(시루섬)을 초승달처럼 패인 백사장이 연결하고 그 사이에는 천연의 바다 수영장이 형성된다. 너무 작은 섬이라 사람도 많지 않으니 호젓하게 해수욕을 즐기기에 이만한 곳도 없다. 썰물 때만 제 모습을 드러내는 그야말로 최고의 자연 친화적인 해변인 셈이다.

추천 여행지

시루섬

사도에서 모래사장을 가로질러 시루섬으로 건너가면 모래는 온데간데 없고 커다란 바위들이 섬을 이룬다. 오랜 세월 파도와 바람이 깎아 만든 조각품이다. 섬 입구에는 높이 10m, 길이 15m의 커다란 거북모양의 바위가 있다. 전설에는 이순신 장군이 이 바위를 보고 거북선의 영감을 얻었다고 한다. 믿기 어려운 이야기지만 바위 생김새가 진짜 거북이를 닮았다. 거북바위가 잘 보이는 곳에 멍석바위가 있다. 이 바위는 멍석을 깔아 놓은 것처럼 평평하고 넓다. 멍석바위에서 뒤를 돌아보면 얼굴바위가 보인다. 얼굴바위를 돌아 섬 반대편으로 가면 바다 속을 향해 길게 뻗어내려간 웅장한 암맥과 만난다. 용미암이다. 용미암은 바닷가를 따라 노출된 지층을 수직으로 자르고 있어 이채롭다. 이곳 사람들은 용미암의 머리가 제주도의 용두암이라고 우스갯소리를 한다. 이 외에도 시루섬에는 미인바위, 장군바위 등 자연이 만들고 사람이 이름 붙인 다양한 돌 조각품이 많다.

1 물이 빠지면서 나타나는 양면해변 2 공룡발자국 화석지 전경

추천 일정

백야도선착장 ▶ 사도선착장 ▶ 공룡체험 교육장 ▶ 마을 돌담골목 ▶
1시간 10분 / 도보 3분 / 도보 5분 / 도보 5분

백야도선착장 ◀ 사도선착장 ◀ 시루섬 ◀ 중도 양면해변 ◀ 공룡발자국 화석지
1시간 10분 / 도보 15분 / 도보 5분 / 도보 10분

백야도선착장 | 여수에서도 사도로 가는 배편이 하루에 두 번 있어요
사도 | 바닷길이 열리는 신비한 광경을 목격하세요
양면해변 | 한적한 해변에서 해수욕을 즐겨보세요
시루섬 | 자연이 빚어낸 신비한 조각을 감상하세요

양면해변

사도해변

얼굴바위

여행 정보

웹 페이지와 전화
여수시청 문화관광 061-690-2036, www.ystour.kr 태평양해운 061-662-5454(여수), 061-686-6655(백야도) www.sa-do.co.kr

대중교통
기차 서울-여수EXPO, KTX 하루 3회 운행(05:10, 08:55, 18:05) / 용산-여수EXPO, 하루 16회 운행(05:40~22:45)
버스 센트럴시티터미널-여수, 하루 21회 운행(05:30~21:00), 약 4시간 10분 소요 / 동서울종합터미널-여수, 하루 6회 운행(08:10~17:40), 약 4시간 50분 소요
배편 여수-사도, 여수여객선터미널에서 하루 2회(08:00, 14:20) 운항 / 백야도-사도, 백야도선착장에서 하루 3회(08:00, 11:30, 14:50) 운항

자가운전
순천완주고속도로→동순천IC→17번 국도(여수시내 방면)→여수종합버스터미널→여수연안여객터미널(백야도)→사도

숙박
안나네민박 화정면 사도길, 061-666-9196 **포도나무집** 화정면 사도길, 061-665-0019 **남도민박** 화정면 사도길, 061-666-0012 **사도식당민박** 화정면 사도길, 061-666-9199

맛집
사도식당 매운탕, 화정면 사도길, 061-666-9199 **진복식당** 보리밥백반, 여수시 중앙1길, 061-664-7555 **황소식당** 돌게장정식, 여수시 봉산남3길, 061-642-8007 **삼학집** 서대회, 여수시 이순신광장로, 061-662-0261 **여정식당** 서대회, 여수시 시청동2길, 061-664-3638

여름체험

- **039 차유마을** | 바다와 바람, 자연체험여행의 보물창고 경북 영덕군
- **040 365세이프타운** | 안전을 체험하다 강원 태백시
- **041 내린천 레포츠** | 짜릿한 모험레포츠를 즐기자 강원 인제군
- **042 탄금호** | 한반도의 중심에서 즐기는 알뜰한 여름방학 충북 충주시
- **043 비봉내마을** | 뗏목 타고 피라미 잡으며 더위사냥 경남 사천시
- **044 파주출판도시** | 책과 함께하는 특별한 체험여행 경기 파주시
- **045 화천쪽배축제** | 숲과 호수에서 즐기는 산소욕, 더위야 물렀거라 강원 화천군
- **046 산내들체험마을** | 오감만족, 신나는 레저체험 경기 가평군
- **047 하전갯벌마을** | 뙤약볕이 두렵지 않은 조개 캐기 삼매경 전북 고창군
- **048 삼원레저타운** | 캠핑과 승마, 골프까지 한 번에 충남 서산시
- **049 안덕마을** | 건강 챙기고, 힐링도 하는 일석이조 체험이 가득! 전북 완주군

039
차유마을
경북 영덕군

바다와 바람,
자연체험여행의 보물창고

여행 내비게이션

여행 콘셉트 대게 원조마을서 어촌 체험
추천 일정 1박 2일
추천 교통 자가운전
추천 계절 사계절

Must Do
1. 차유마을서 고등, 따개비 따기
2. 통발로 고기 잡기
3. 나라골보리말 고택 둘러보기
4. 고래불해수욕장 산책
5. 포구에서 시원한 물회 먹기

PART 2. 여름 : 여름체험

축산면 차유마을은 영덕군의 푸른 해변을 간직한 어촌 체험마을이다. 이 마을은 영덕 걷기 여행의 대명사가 된 블루로드와 맞닿아 있다. 이 그간 블루로드 길에 붙은 별칭은 '푸른 대게의 길'이다. 차유마을은 대게의 원조마을로 알려진 곳으로 마을 초입에는 대게마을을 상징하는 표지석이 큼지막하게 세워져 있다.

차유마을은 대게 이름이 유래된 곳이다. 멀리 죽도산이 보이는 이곳 포구에서 잡은 게의 다리가 대나무를 닮아 대게라 부르게 됐다고 한다. 고려 말에는 영해 부사 정방필이 대게 산지인 이곳을 순시하기 위해 마차를 타고 넘어와 차유(수레 車, 넘을 踰)라는 명칭으로 불리기 시작했다고 한다.

마을의 규모는 소담스럽다. 80여 가구가 옹기종기 모여 살고 있으며 포구 귀퉁이에는 정자가 들어서 운치를 더한다. 어촌 체험은 마을 포구를 중심으로 진행된다. 가족들이 방학을 맞아 손쉽게 즐길 수 있는 대표적인 체험은 고둥 따개비 체험이다. 작은 칼과 소쿠리를 지니고 갯바위에 붙은 고둥과 따개비를 따내는 체험은 서해안 갯벌에서 조개를 캐는 체험과는 사뭇 다르다. 갯바위 아래 발목까지 동해의 푸른 바닷물이 찰랑찰랑 차오르는 느낌은 쾌적함을 더해준다. 잡은 고둥이나 따개비는 즉석에서 삶아 먹거나 죽으로 맛볼 수 있다.

통발 체험은 저녁시간에 정어리 미끼를 넣은 통발을 갯바위 근처에 던져 넣은 뒤 다음날 아침에 걷어 올리는 체험이다. 운이 좋으면 배를 타고 나서지 않더라도 문어, 놀래미 등의 고기를 잡을 수 있다. 통발 체험 때는 마을 민박집에서 하룻밤 묵으며 다음날 아침을 설렘으로 기다려보는 흥미로운 시간이 주어진다. 이밖에도 마을에서는 풍등 체험이 연중 진행된다. 가족

들이 옹기종이 모여 종이로 등을 만들고 소원을 적은 뒤 바다 위 창공으로 날리는 체험으로 여름 추억을 소중하게 새겨볼 수 있다.

대게, 오징어잡이 배 승선 체험은 동계 기간에 한정돼 운영된다. 하지만 배를 타고 낚시를 하는 고깃배 체험은 연중 가능하다. 여름에는 이곳 바다에서 도다리 등이 잡힌다. 차유마을 앞바다는 푸른 해변이 아름다운 곳이다. 궁동어장 바닷속 체험 등을 통해서도 영덕 바다의 진수를 만끽할 수 있다. 마을 체험 프로그램을 통해 고둥, 따개비 체험, 통발 체험 등을 진행할 때는 10인 이상의 인원이 사전에 예약을 해야 한다.

1 고둥·따개비 따기 체험 2 나라골보리말마을 당나귀 먹이주기 체험
3 고래불해수욕장 4 차유마을 통발 체험

추천 여행지

나라골보리말 체험마을

창수면에 위치한 나라골보리말 체험마을은 옛 가옥들이 고스란히 남은 영덕의 전통마을 중 한 곳이다. 이곳 주민들에게는 인량리 전통마을이라는 이름으로 더욱 친숙하다. 나라골보리말 마을에는 수백 년 세월의 기와집들이 옹기종기 들어서 있는데, 한옥과 농촌체험을 한꺼번에 즐길 수 있다. 풍수지리학상으로 명당으로 알려진 인량리에는 옛 종갓집들 10여 채가 고스란히 남아 문화재로 보존되어 있다.

고래불해수욕장

인량리에서 영덕의 여름 명물인 고래불해수욕장까지는 차량으로 불과 10여 분 거리다. 고래불해수욕장은 영덕 블루로드의 출발점이 되는 곳으로 송림, 청정 해변, 모래사장이 어우러져 '명사 20리'로 불리는 곳이다. 고래불이라는 이름은 영덕 출신인 고려 말 학자 목은 이색이 이곳 앞바다에서 고래가 뛰노는 모습을 보고 명명했다는 사연이 전해 내려온다.

신재생에너지체험전시관

고래불에서 블루로드를 따라 남쪽으로 향하면 또 다른 체험 공간들이 기다린다. 풍력발전기가 도는 창포리 해맞이공원 인근은 바람과 해와 달을 체험하는 공간이다. 풍력발전기 24기가 돌아가는 풍력발전단지 아래에는 신재생에너지체험전시관이 위치해 있다. 이곳에서는 풍력, 태양열 등 새로운 에너지의 원리를 살펴보고 경험할 수 있다.

1 나라골보리말마을 옥수수 따기 체험
2 고래불해변 고래 모형
3 차유마을 포구
4 차유마을 어촌 체험

PART 2. **여름** : 여름체험

추천 일정

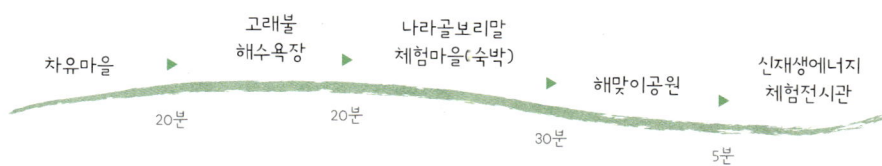

차유마을 → (20분) → 고래불 해수욕장 → (20분) → 나라골보리말 체험마을(숙박) → (30분) → 해맞이공원 → (5분) → 신재생에너지 체험전시관

차유마을 | 대게 원조마을 비석을 찾아보세요
고래불해수욕장 | 고래 동상이 흥미로워요
나라골보리말 체험마을 | 트랙터를 타고 고택을 둘러봐요
해맞이공원 | 주변에 나무 데크 산책로가 좋아요
신재생에너지체험전시관 | 바람과 힘의 원리를 배워요

고동 따개비 체험

해맞이공원 등대

여행 정보

웹 페이지와 전화
영덕군 관광과 054-730-6533, http://tour.yd.go.kr 차유마을 054-732-4460, 010-9231-9881, http://gyungjeong.seantour.com 신재생 에너지 체험전시관 054-730-7021, energy.yd.go.kr 나라골보리말 체험마을 054-734-0301

대중교통
버스 동서울종합터미널-영덕, 하루 9회(07:00~18:30) 운행, 4시간 20분 소요

자가운전
중앙고속도로 서안동IC→34번국도 영덕 방면→영덕→7번국도 울진 방면

숙박
글로리모텔 강구면 삼사길, 054-733-6450 삼사오션뷰 가족호텔 강구면 해상공원길, 054-732-0700 동해해상관광호텔 강구면 삼사길, 054-733-4466

맛집
경정횟집 물회, 축산면 영덕대게로, 054-734-1768 청송식당 물곰탕, 강구면 강구대게4길, 054-733-4155 별미회영덕대게 대게·물회, 병곡면 흰돌로, 054-732-1140

040
365세이프타운
강원 태백시

안전을 체험하다

여행 내비게이션

여행 콘셉트 안전을 테마로 교육과 재미를 함께 느끼는 체험 여행
추천 일정 1박 2일 **추천 교통** 자가운전 **추천 계절** 사계절
Must Do
1. 태백의 탄광역사 흔적 찾아보기 2. 태백한우와 태백닭갈비 먹어보기
3. 낙동강과 한강의 발원지 찾아가기 4. 매봉산 풍력발전소 날개 소리 들어보기

PART 2. **여름** : 여름체험

1 365세이프타운의 트리트랙 2 365세이프타운 키즈랜드 소방관 체험 3 강원소방학교 암벽 시범

태백 장성지구에 있는 365세이프타운(한국청소년안전체험관)은 '안전은 학습이 아닌 체험이다'를 모토로 세운 안전 체험 테마파크다. 산불체험관, 설해체험관, 풍수해체험관, 지진체험관, 대테러체험관 등 다섯 가지 안전을 주제로 다양한 상황을 가정해 교육과 체험이 진행된다. 설해체험관을 제외한 네 곳의 체험관은 프리쇼, 메인쇼, 포스트쇼로 구성된다. 프리쇼와 포스트쇼는 각종 위험 전후의 위급 상황을 정해놓고 대처 요령을 교육받는 시간이고, 메인쇼는 주제별로 위험 상황을 가정한 3D 입체 체험이 펼쳐진다.

산불체험관은 헬기 시뮬레이터를 타고 산불을 진화하는 체험으로, 상공에 떠 있는 듯 제법 실감이 난다. 풍수해체험관은 홍수로 물에 잠긴 도시에서 보트를 타고 탈출하는 체험이다. 지진체험관은 진도 7 이상의 지진 체험으로 영화 〈2012〉처럼 건물과 고가도로가 무너지고, 그 사이를 지나 탈출한다. 대테러체험관은 영화 속에 등장하는 특수부대원이 되어 다크라이더를 타고 테러를 진압하는 체험으로, 3D 영상과 함께 360도 회전해 스릴 있다. 설해체험관은 주인공 동찬과 강아지 동이가 폭설과 눈사태 속에서 감동의 메시지를 전한다. 동찬을 구하고 목숨을 잃은 동이와 하얀 눈이 영상을 수놓는다.

체험관에서 곤돌라를 타고 이동하면 '히어로 어드벤처'다. 울창한 숲 한가운데 트리트랙과 짚라인으로 구성되었다. 트리트랙은 사람이 가장 무서워하는 11m 높이 나무 구조물을 차례로 건너는 체험 공간이다. 외줄, 외나무다리, 출렁다리 등을 지나 나무 구조물을 한 바퀴 돌아 올라가면 11m 높이에서 수직 낙하하는 파워팬까지 25가지 체험 시설이 있다. 연못 위를 지나 60m 이동하는 짚라인은 히어로 어드벤처의 대미를 장식한다.

안전에 대한 관심이 크게 대두되면서 히어로 아카데미의 이색안전체험, 소방안전교육이 인기다. 이색안전체험은 노래방 화재를 가정해 암흑 속에서 화재현장을 탈출하는 농연체험장, 지상 4m 높이의 암벽체험장, 15가지 구난구조체험을 할 수 있는 종합훈련장으로 구성되어 있다. 소방안전교육은 대형 화면의 화재 장면을 소화기로 진압하는 소화기체험과 심폐소생술을 자세히 배워보는 실전체험이다. 히어로 아카데미는 365세이프타운을 이용한 20명 이상의 단체에 한해 무료로 체험할 수 있다.

추천 여행지

태백고생대자연사박물관

고생대를 주제로 고생대 지층 위에 세워진 박물관이다. 박물관 1층에는 선캄브리아시대, 전기와 중기 고생대 등 지구가 생성되면서 생명이 탄생하고 진화하는 과정을 다양한 화석과 표본, 영상 등을 통해 전시한다. 전기 고생대까지는 대부분 태백에서 발견된 동식물의 화석과 표본이다. 박물관에서 진행하는 태백 지형·지질 체험은 삼엽충과 스트로마톨라이트 등 실제 화석을 직접 찾아본다. 박물관 지하 1층에서는 화석 만들기, 목공예 등을 체험할 수 있다.

산내음체험장

태백하면 떠오르는 상징물을 캐릭터를 활용해서 만드는 체험을 할 수 있는 곳이다. 석탄하면 떠오르는 연탄 모양의 비누 만들기 체험이 대표적인 체험이다. 또 낙동강의 발원지 황지연못 전설에 등장하는 황부자와 고승, 지씨 부인, 태백 탄광 경기가 좋을 때 1만 원짜리 지폐를 물고 다녔다는 전설의 개 만복이 등의 캐릭터를 이용한 액세서리 만들기 체험을 해볼 수 있다.

철암탄광역사촌

철암천에 기대서 있던 '까치발 건물' 내부를 리모델링해 개관했다. 까치발 건물은 철암천 쪽으로 발코니 형태 공간을 증축하면서 하천으로 기둥을 떠받치게 됐는데, 이 모양이 까치발 같다고 붙은 이름이다. 석탄 산업의 호황으로 1950~1980년대 잘나가던 시절의 흔적이다. 옛 영화를 간직한 까치발 건물의 페리카나, 호남슈퍼, 진주성, 봉화식당, 한양다방 등에 철암의 과거와 현재가 덧씌워졌다.

태백 한우구이와 물닭갈비

태백 한우구이는 태백만의 독특한 방식인 연탄불을 이용해 구워먹는다. '실제 비용만 받고 판다'는 실비집 40여 곳이 성업 중이다. 태백 닭갈비는 철판에 볶아 먹는 춘천닭갈비와 요리 방법이 다르다. 이곳에서는 닭갈비 국물을 자작하게 해서 전골처럼 끓여먹는데, 광부들이 칼칼한 국물을 즐겨먹던 것에서 유래한다. 맵고 진하게 우러난 육수에 싱싱한 야채와 사리를 넣어 먹는다.

1 태백고생대자연사박물관의 목공예 체험 2 상장동 벽화마을에 그려진 만복이 3 철암탄광역사촌 4 산내음에서 만들어보는 연탄비누

추천 일정

- **산내음체험장** | 태백을 상징하는 기념품을 만들어보세요
- **상장동벽화마을** | 탄광마을의 흔적을 둘러볼 수 있어요
- **황지연못** | 낙동강 발원지에서 황부자 전설을 들어보세요
- **태백고생대자연사박물관** | 황지천에서 삼엽충을 찾아보세요
- **철암탄광역사촌** | 탄광역사촌 건너편 철암마을도 걸어보세요

철암탄광역사촌 전망대

구문소

여행 정보

웹 페이지와 전화
태백시 문화관광 033-550-2379, http://tour.taebaek.go.kr **365세이프타운** 033-550-3101, www.365safetown.com **태백고생대자연사박물관** 033-581-8181, www.paleozoic.go.kr **산내음체험장** 033-553-0988 **철암탄광역사촌** 033-582-8070

대중교통
기차 청량리-태백, 하루 7~8회 운행, 약 3시간 40분 소요
버스 동서울종합터미널-태백, 하루 34회 운행, 약 3시간 10분 소요

자가운전
중앙고속도로 제천IC→신동교차로에서 38번국도→상갈래교차로→두문동재터널→태백 시내 경유→365세이프타운

숙박
오투리조트 태백시 서학로, 033-580-7000 **메르디앙호텔** 태백시 황지연못길, 033-553-1266 **태백고원자연휴양림** 태백시 머리골길, 033-582-7440 **태백산민박촌** 태백시 천제단길, 033-553-7440

맛집
웰빙옹심이 감자옹심이, 태백시 황지연못길, 033-552-2818 **대명닭갈비** 닭갈비, 태백시 황지로, 033-552-6515 **시장실비식당** 한우구이, 태백시 시장북길, 033-552-2085 **구와우순두부** 순두부, 태백시 구와우길, 033-552-7220

축제 및 행사
태백눈축제 매년 1월 중순, 033-550-2828, festival.taebaek.go.kr **태백쿨시네마페스티벌** 매년 7월 말, 033-550-2085, festival.taebaek.go.kr **태백해바라기축제** 매년 7월 말, 033-553-9707, www.sunflowerfestival.co.kr

041
내린천 레포츠
강원 인제군

짜릿한 모험레포츠를 즐기자

여행 내비게이션

여행 콘셉트 내린천에서 즐기는 모험레포츠 여행
추천 일정 1박 2일 **추천 교통** 자가운전 **추천 계절** 여름~가을

Must Do
1. 극한의 공포가 느껴지는 스캐드다이빙 즐기기 2. 친구들과 함께 서든 어택 얼라이브 체험
3. 우리나라 최고 높이에서 번지점프 해보기 4. 짚트랙과 래프팅으로 내린천 느껴보기

PART 2. 여름 : 여름체험

1 내린천에서 즐기는 래프팅 **2** 스캐드다이빙하는 순간 **3** 스캐드타워

강원도 인제는 모험레포츠의 천국이다. 내린천 래프팅은 고전에 속한다. 국내 최초로 조성된 스캐드다이빙을 비롯해 짚트랙, 번지점프 등 도전을 부르는 레포츠가 기다리고 있다. 인제 읍내에 들어서면 거대한 타워가 시선을 사로잡는다. 바로 높이 50.2m에 이르는 스캐드 타워가 있는 인제나르샤파크다. 이곳에서는 스캐드다이빙과 스카이워크, 서든 어택 얼라이브 같은 모험레포츠를 즐길 수 있다.

스캐드다이빙은 독일에서 개발된 신종 레포츠다. 50m 상공에서 자유낙하 하는 극한공포를 체험할 수 있다. 우리나라에서는 유일하게 이곳에만 있다. 스캐드다이빙은 '하니스'라는 안전장비를 착용하고 진행한다. 줄 하나에 의지한 채 50m 상공의 뻥 뚫린 점프대 사이로 옮겨지면 극한의 공포가 시작된다. 카운트다운을 외친 후 한 순간 고리를 풀면 25m를 자유낙하 한다. 이때 걸리는 시간은 고작 2~3초. 하지만 체험자가 느끼는 시간은 하루해보다 길다.

스카이워크는 리프트를 타고 오른다. 전망대에 오르면 바닥을 강화유리로 설치해 허공에 떠 있는 듯한 느낌이다. 스카이워크는 안전장치를 착용한 뒤 전망대 가장자리에 걸터앉기도 하고, 안전장치에 의지해 두 팔을 벌리고 허공에 매달리기도 한다. 전투 게임을 즐겨본 이라면 '서든 어택 얼라이브'를 그냥 지나칠 수 없다. 레이저 센서가 달린 안전모와 레이저 총을 이용해 두 팀이 전투를 펼친다. 레이저 총으로 센서가 달린 헬멧을 가장 많이 맞히는 팀이 이긴다.

내린천에 자리한 엑스게임리조트는 인제 모험레포츠의 원조다. 이곳에서는 번지점프, 슬링샷, ATV 등을 즐길 수 있다. 번지점프대는 63m로 우리나라에서 가장 높다. 엑스게임리조트에서 15분 거리의 내린천수변공원은 내린천의 명물 래프팅의 출발점이자 짚트랙을 즐길 수 있는 곳이다. 짚트랙은 도르래를 이용해 허공을 걷고, 새처럼 하늘을 날아다니는 모험레포츠다. 출렁다리를 건너기도 하고, 높이 30m에 이르는 타워 전망대와 수변공원 사이의 내린천 물길을 가로지르기도 한다. 내린천 사이를 왕복하는 구간은 570m. 내린천 위를 지나는 느낌이 제법 좋다.

추천 여행지

북설악황토마을
내설악의 들머리 북면 용대리에 있다. 황토와 돌, 나무를 이용해 퓨전 한옥을 지어놓은 마을이다. 방마다 군불을 땔 수 있는 아궁이가 있다. 기둥은 다듬지 않은 나무를 사용해 자연미가 물씬 풍긴다. 아궁이에 불을 지펴 고구마와 감자, 가래떡을 구워 먹을 수 있다. 또 건강 통나무 굴리기와 명상 산길 걷기 등 웰빙 체험, 전통 고추장 만들기와 전통 메주 만들기(10~1월), 메주 항아리에 넣기(2~4월), 된장·간장 가르기(3~4월) 등 음식 체험도 진행한다. 음식 체험은 다섯 가족(3~4인 가족 기준) 이상 참여 시 가능하다.

소풍
북설악황토마을 내에 있는 음식점. 일체 화학조미료를 쓰지 않고, 직접 재배한 콩으로 만든 된장과 간장을 이용해 음식을 낸다. 된장우거지수제비는 추천할 만한 별미다.

여초김응현서예관
여초 선생의 생애와 작품을 만나볼 수 있는 곳이다. 김응현은 전서와 예서, 행서, 해서, 초서 등 한자 서체에 두루 능한 근현대 서예의 대가로 꼽힌다. 서예관은 김응현의 생애과 여초 선생의 작품을 시대별로 만나볼 수 있는 상설전시실로 구성되어 있다. 상설전시실에는 디지털 붓글씨와 서체 체험 공간이 있어 서예에 좀 더 친숙하게 다가갈 수 있다.

백담사
내설악을 대표하는 절집이다. 주차장에서 백담사까지 20분 정도 버스를 타고 오른다. 7km에 이르는 구불구불한 길을 따라 수려한 계곡의 풍경이 눈을 즐겁게 한다. 백담사는 만해 한용운이 머무르며 〈조선불교유신론〉, 〈님의 침묵〉을 저술한 곳으로 알려졌다. 경내는 고풍스런 느낌은 없지만, 산과 계곡, 하늘이 어우러진 자연 풍광이 오감을 만족시킨다. 만해 한용운의 일대기를 담은 영상과 유물이 전시된 만해기념관도 들러보자.

1 북설악황토마을의 독특한 내부 공간 2 5년 이상 숙성시킨 북설악황토마을의 된장 3 여초김응현서예관 4 계곡에서 본 백담사

추천 일정

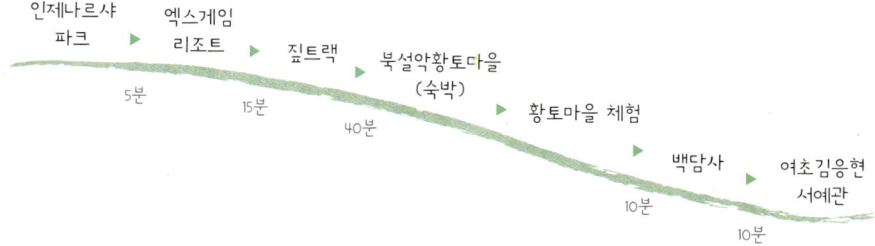

인제나르샤파크 → 5분 → 엑스게임리조트 → 15분 → 짚트랙 → 40분 → 북설악황토마을(숙박) → 황토마을 체험 → 백담사 → 10분 → 여초김응현서예관

인제나르샤파크 | 전망대에 올라 인제 읍내와 소양강 풍경도 만끽해 보세요
엑스게임리조트 | 내린천 강변을 따라 달리는 ATV도 즐겨보세요
짚트랙 | 내린천을 왕복하는 코스가 짜릿해요
북설악황토마을 | 소풍에서 몸이 건강해지는 음식 꼭 드세요
백담사 | 백담사에서 계곡을 건너면 자연탐방로가 있어 숲을 즐기기에 좋아요
여초김응현서예관 | 전서와 예서, 행서, 해서, 초서 등 서체에 대해 배워 보세요

엑스게임리조트 ATV

내린천 짚트랙과 래프팅

스캐드다이빙

여행 정보

웹 페이지와 전화
인제 문화관광 033-460-2082, http://tour.inje.go.kr 인제나르샤파크 033-461-0141, http://inje-themepark.com 엑스게임리조트 033-461-5216, www.injejump.co.kr 짚트랙 033-462-0701, www.ziptrack.co.kr 백담사 033-462-6969, www.baekdamsa.org 여초김응현서예관 033-461-4081

대중교통
버스 동서울종합터미널-인제, 하루 25회 운행, 약 2시간 소요

자가운전
서울춘천고속도로 동홍천IC→44번국도→인제교차로→인제나르샤파크

숙박
북설악황토마을 북면 황태길, 033-462-5535 하늘내린호텔 인제읍 비봉로, 033-463-5700 파인밸리 북면 백담로, 033-462-8955

맛집
소풍 된장우거지수제비, 북면 황태길, 033-462-5535 손가네순두부 순두부, 인제읍 비봉로 40번길, 033-461-1185 남북면옥 막국수, 인제읍 인제로 178번길, 033-461-2219 황태사랑 황태구이정식, 북면 미시령로, 033-463-6030

축제 및 행사
용대리황태축제 매년 5월 하순, 6월 초순, 033-462-4805, www.yongdaeri.com 인제 고로쇠축제 매년 3월 중순, 033-460-2081, www.misan1.org

042 탄금호
충북 충주시

한반도의 중심에서 즐기는
알뜰한 여름방학

여행 내비게이션

여행 콘셉트 수상레포츠 즐기며 여름 더위 날리기
추천 일정 1박 2일 **추천 교통** 자가운전 **추천 계절** 봄~가을
Must Do
1.카누와 수상바이크 등 수상레포츠 즐기기 2.조정 체험하기 3.햇살아래 체험농장에서 다양한 체험 즐기기 4.문성자연휴양림 숲 속 모노레일 타기 5.오리백숙 먹기

PART 2. **여름** : 여름체험

탄금호는 남한강 물줄기가 만든 호수다. 탑평리칠층석탑(국보 6호)과 탄금대를 양안에 거느리며 푸른 물빛을 자랑한다. 2013충주세계조정선수권대회가 열렸던 곳으로 다양한 수상레포츠를 즐길 수 있다. 한국해양소년단충북연맹이 운영하는 탄금호 수상레포츠 레저체험 아카데미에 참가하면 카누, 조정 등 다양한 수상 레포츠를 즐길 수 있다.

푸른 호수에서 가장 먼저 시선을 사로잡는 것은 둥둥바이크다. 자전거처럼 페달을 밟아 움직이는 둥둥바이크는 커다란 공 세 개로 연결되어 물 위에 둥둥 뜨는 재미난 기구다. 힘들이지 않고 물살을 가르며 나가는 맛이 상쾌하다. 페달이 발에 닿는 초등학생이면 조정 요령을 익힌 다음 탈 수 있다.

용의 머리를 단 드래곤 보트는 멋진 조정 선수가 되어보는 경험을 선물한다. 선수에서 지휘하는 북소리에 맞춰 탑승자들이 힘껏 패들을 저으면 물살을 가르며 나가는 보트를 따라 잔잔하던 탄금호 물결이 너울너울 춤춘다. 시원한 바람이 한여름 더위를 식혀주니 동해안 해수욕장이 부럽지 않다.

가족과 함께 유유자적 즐기는 카약도 빼놓을 수 없다. 조정에 익숙지 않아 뱃머리가 엉뚱한 곳으로 돌아가기 일쑤지만, 그 또한 카약 초심자가 누릴 수 있는 재미다. 잠시 패들을 내려놓고 호수 물빛에 눈을 씻으며 가족과 두런두런 이야기를 나누는 것도 추억이 된다. 카약을 타기 전에 안전 수칙을 듣고, 패들 조종 요령을 배우는 것이 필수 코스다.

'작은 요트'라는 뜻의 딩기요트는 가장 쉽게 체험할 수 있는 무동력 요트다. 바람의 흐름을 잘 파악해야 하고, 체중을 이용해서 조종하는 것이 쉽지 않지만, 강사들에게 교육을 받고 요트 체험을 하는 좋은 기회다.

충주조정체험학교에서도 무료 조정 프로그램을 운영한다. 개인이나 단체가 인터넷으로 접수하면(단체는 전화 접수) 조정 선수가 되어보는 멋진 경험을 할 수 있다.

1 카약 둥둥바이크를 즐기는 사람들
2 아빠와 함께 타는 카약

추천 여행지

충주행복숲체험원

문성자연휴양림 안에 있는 숲 체험 공간이다. 휴양림 아래 승강장에서 출발해 2km를 왕복하는 모노레일은 편안히 앉아 울창한 숲의 기운을 느끼는 특별한 경험을 선물한다. 목재문화체험장에서는 나무로 동물 인형이나 목걸이 등을 만드는 아기자기한 목공예 체험도 하고, 생활 가구와 소품까지 만들어볼 수 있다. 예약한 후 재료비만 내면 된다.

햇살아래체험농장

농장 체험과 캠핑 등 다양한 체험을 할 수 있는 곳이다. 당나귀와 사슴, 타조와 염소 등 20마리가 넘는 동물이 사는 동물농장은 아이들이 직접 먹이를 주도록 꾸며진 공간이다. 작은 승마장에서 말을 타보는 승마체험, 다육식물을 직접 심어보는 식물 체험까지 도심에서 자라는 아이들에게 색다른 경험이 기다린다. 공예가 선생님들과 마주 앉아 만들어보는 공예 체험은 엄마들에게도 인기다. 숙박은 펜션과 오토캠핑장, 캠핑 장비를 대여하는 글램핑장과 카라반 등이 있어 취향에 따라 고르면 된다.

충주하니마을

꿀벌을 테마로 꾸민 산골마을이다. 침을 쏘지 않는 수벌을 만져보는 공간, 여왕벌을 중심으로 벌집을 만드는 모습을 담은 유리관 등으로 꾸며진 테마관에서는 호기심 많은 아이들 눈빛이 초롱초롱 빛난다. 벌집을 녹여 동물 모형 밀초를 만드는 시간이 재밌고, 마을에서 대접하는 시원한 꿀차 한 잔도 고맙다.

탄금호 오리백숙

탄금호 국제조정경기장 인근에는 오리백숙을 내는 식당이 모여 있다. 신나게 땀 흘린 뒤 먹는 오리백숙은 원기 회복에 그만이다. 장수네집은 고소한 누룽지백숙을 내는 식당으로 유명하다.

1 충주행복숲체험원의 목재 체험장 2 햇살아래체험농장의 승마 체험
3 장수네집 오리흑미누룽지백숙 4 충주하니마을

추천 일정

충주행복숲체험원 (문성자연휴양림) → 충주하니마을 → 햇살아래체험농장(숙박) → 농장 체험 → 탄금호 수상 레포츠 체험 → 장수네집 오리백숙(점심)

1시간 / 1시간 / 30분 / 3분

- **충주행복숲체험원** | 재료비만 내면 멋진 목공예 작품을 만들 수 있어요
- **충주하니마을** | 벌을 손으로 만져볼 수 있어요
- **햇살아래체험농장** | 농장 안에 오토캠핑장과 글램핑장이 있어요
- **탄금호 수상레포츠체험** | 전화 예약은 필수예요
- **장수네집 오리백숙** | 흑미 누룽지 백숙을 추천해요

탄금호 카누 강습

딩키요트 체험

충주하니마을

여행 정보

웹 페이지와 전화
충주시청 관광과 043-850-6723 한국해양소년단충북연맹 043-293-1911, www.sekcb.co.kr 햇살아래체험농장 043-857-6181, www.sunshine-farm.co.kr 충주하니마을 010-9599-6600, http://honeybee.go2vil.org 충주행복숲체험원(문성자연휴양림) 043-850-7345, http://hf.cj100.net

대중교통
버스 동서울종합터미널-충주, 하루 8회 운행, 약 1시간 40분 소요 / 충주공용버스터미널 앞에서 411번 버스 타고 중앙탑 정류장 하차, 도보 약 100m

자가운전
중부내륙고속도로 북충주IC→감노로→갈동사거리 지나 좌회전→탄금호 국제조정경기장

숙박
수안보로얄호텔 수안보면 장터1길, 043-846-0190~2 켄싱턴리조트 앙성면 산전장수길, 043-840-2700 계명산자연휴양림 충주시 충주호수로, 043-850-7313

맛집
장수네집 오리누룽지백숙, 중앙탑면 중앙탑길, 043-855-3456 중앙탑오리집 오리백숙, 중앙탑면 중앙탑길, 043-857-5292 영화식당 산채정식, 수안보면 물탕1길, 043-846-4500 원조중앙탑막국수 막국수, 충주시 중원대로, 043-848-5508

축제 및 행사
충주호수축제 매년 7월 말~8월 초, 043-850-6724, www.cjlake.com 대한민국 레저스포츠 페스티벌 매년 8월 초, 043-850-6724

043
비봉내마을
경남 사천시

뗏목 타고 피라미 잡으며 더위사냥

여행 내비게이션

여행 콘셉트 체험마을에서 즐기는 신나는 여름방학
추천 일정 1박 2일 **추천 교통** 자가운전 **추천 계절** 봄~가을
Must Do
1. 뗏목 타기와 물놀이 2. 대숲 산책하기 3. 피라미, 다슬기 잡기
4. 다솔사에서 차 마시기 5. 삼천포대교 야경 감상

경남 사천시에는 농어촌 체험마을이 많다. 이 가운데 비봉내마을과 바리안마을, 초량다슬기마을의 농촌 체험 프로그램이 알차다. 체험 마을에서 민박도 겸하고, 체험을 끝낸 뒤 가까운 바다로 이동해 해수욕까지 즐길 수 있으니 일석이조다.

비봉내마을의 대표 체험거리는 뗏목 타기다. 구명조끼를 입고 냇가로 이동해 마을 어르신의 주의 사항을 듣고 체조를 한 다음 뗏목 위로 올라간다. 통나무를 엮어 만든 뗏목에 긴 대나무 노로 바닥을 밀면서 앞으로 나간다. 폭이 넓지만 물이 깊지 않아 뗏목에서 떨어져도 위험하지 않다. 초등 고학년이라면 직접 노를 저을 수도 있다. 논에서 미꾸라지 잡기, 트랙터 타기, 비석치기도 단순하지만 재미있다. 계절에 따라 다양한 체험 프로그램이 준비돼 있다. 대숲 체험장은 마을에서 차로 5분 거리에 있다. 울창한 대숲 삼림욕장에서 즐기는 산책이 싱그럽고, 대나무를 이용한 전통 놀이와 공예 체험도 할 수 있다.

바리안마을은 차고 깨끗한 냇물이 좋아 여름이면 물놀이하러 오는 피서객이 많다. 마을 어르신들이 주축이 되어 진행하는 체험 프로그램을 이용하면 하루가 더 알차다. 삼베체험관에서는 여름을 시원하게 보내는 대표 옷감인 삼베 만드는 과정을 알아볼 수 있다. 전문 강사와 함께하는 피라미교실에서는 어망 설치하는 요령을 듣고, 피라미가 다닐 만한 길목에 설치한다. 잡히기를 기다리는 동안 전통 놀이를 하거나 밀 이삭을 불에 구워 먹는 밀사리 체험을 하다 보면 피라미 잡는 걸 까맣게 잊어버리기도 한다. 피라미는 2급수 이상 물살이 빠른 곳에 서식하는데, 뒷지느러미가 큰 것이 특징이다.

해마다 다슬기축제를 여는 초량다슬기마을에서는 봄, 여름, 가을 세 계절 동안 다슬기를 잡을 수 있다. 다슬기는 냇물 속 바위에 붙어 살기 때문에 물속에 손을 넣고 바위를 헤집으며 잡아야 한다. 뗏목 타기와 농사 수확 체험, 삼림욕 등이 가능하고, 예약하면 다슬기로 요리한 시골 밥상을 맛볼 수 있다.

1 신나는 뗏목 타기
2 비봉내마을 미꾸라지 잡기
3 비봉내마을 대숲 산책

추천 여행지

다솔사
초량다슬기마을에서 멀지 않은 곳에 신라 지증왕 때 창건한 고찰 다솔사가 있다. 일제강점기에 만해 한용운을 비롯한 독립운동가들이 은신했던 의미 있는 곳이기도 하다. 봉명산 자락에 포근하게 안긴 가람 뒤편으로 차밭이 넓게 펼쳐져 향기롭다. 스님들이 직접 차를 만들고 다도를 전한다. 우리나라 차 문화를 이끈 도량으로도 이름이 높다.

삼천포대교와 대방진굴항
삼천포대교는 사천과 남해를 잇는 다리로 사계절 멋진 풍광을 감상할 수 있다. 특히 해질 무렵 노을과 야경이 아름답다. 다리 아래 마련된 삼천포대교공원이 야경을 감상할 수 있는 최고의 포인트다. 근처에 있는 대방진굴항은 사천의 숨은 명소다. 조선 시대 군사 목적으로 둑을 쌓아 항구를 축조한 뒤 병선 정박지로 사용했다고 한다. 임진왜란 때는 이순신 장군이 이곳에 거북선을 숨겨두고 굴이 배 표면에 달라붙지 못하게 민물을 채웠다는 이야기가 전해진다.

비토섬
비토섬은 옛 이야기 〈별주부전〉의 배경이다. 비토섬 외에 거북섬, 토끼섬, 목섬, 월등도 등이 모두 이야기와 관련 있다. 섬은 연륙교로 연결되어 있어 〈별주부전〉의 무대를 편하게 찾아갈 수 있다. 토끼와 거북 조형물이 곳곳에 있고, 갯벌이 발달해 물이 빠지면 갯벌 체험하기도 좋다.

사천첨단항공우주과학관과 항공우주박물관
미래 첨단 산업의 현장인 사천첨단항공우주과학관과 항공우주박물관에서는 흥미로운 볼거리와 체험거리가 기다린다. 과학관 입구에서 말하는 로봇이 인사를 하고 퀴즈도 내는가 하면, 대한민국 공군의 블랙이글을 직접 타보고 월면차를 조종할 수 있다. 항공우주박물관에서는 세계의 항공 발달사를 한눈에 볼 수 있다. 야외 전시장을 가득 채운 다양한 항공기 또한 인상적이다.

1 다솔사 차밭을 안내해주는 총무스님 2 별주부전 이야기의 무대 비토섬 3 대방진굴항 4 사천첨단항공우주과학관

추천 일정

비봉내마을(초량다슬기마을) → (15분) 다솔사 → (40분) 비토섬 → (40분) 대방진굴항 → (3분) 삼천포대교 야경 → (20분) 남일대 리조트호텔 엘리너스(숙박) → (도보 1분) 남일대해수욕장 → (30분) 바리안마을 → (20분) 사천첨단항공우주과학관 → (도보 3분) 항공우주박물관

비봉내마을 | 전형적인 농촌 체험마을로 뗏목 타기, 대숲 체험, 미꾸라지 잡기가 재미있어요
다솔사 | 고풍스러운 절집과 뒷산의 차밭이 멋있어요
비토섬 | 〈별주부전〉의 무대가 바로 이곳!
대방진굴항 | 이색적인 옛 항구의 모습이 남아있어요
삼천포대교 | 바닷바람이 시원한 야경 명소
사천첨단항공우주과학관 | 체험형 전시를 통해 우주를 꿈꿔요

바리안마을의 삼베체험관

비봉내마을 꽃마차 체험

비봉내마을

여행 정보

웹 페이지와 전화
사천시 관광교통과 055-831-2727, www.toursacheon.net
비봉내마을 055-854-5111, www.beebong.co.kr 바리안마을 055-852-4508, http://barian.go2vil.org 초량다슬기마을 055-854-2336, www.crvill.com 다솔사 055-853-0283, www.dasolsa.co.kr 사천첨단항공우주과학관 055-831-3344, www.sasm.co.kr 항공우주박물관 055-851-6565, www.aerospacemuseum.co.kr

대중교통
버스 서울남부터미널-사천, 하루 29회 운행, 3시간 40분 소요
비행기 김포-사천(진주), 하루 2회 운행, 55분 소요

자가운전
남해고속도로 곤양IC→곤양IC 사거리에서 우회전→다솔사 방면 1km 직진→우회전→비봉내마을(상정마을회관)

숙박
남일대 리조트호텔 엘리너스 사천시 남일대길, 055-832-9800, www.namiltte.com 삼천포해상관광호텔 사천시 사천대로, 055-832-3004, www.3004hotel.com 비토섬신우리조트 서포면 토끼로, 055-855-4242, http://bitoresort.co.kr

맛집
실안장어촌 장어구이, 사천시 해안관광로, 055-835-3735 물회집 생선회·물회, 사천시 목섬길, 055-833-8231, www.055-833-8231.kti114.net 양지해물전골 해물전골, 사천시 수남3길, 055-832-1149 해원장횟집 생선회·백합죽, 용현면 선진공원길, 055-854-4433

축제 및 행사
삼천포대교 해맞이축제 매년 1월 1일, www.toursacheon.net 경남사천항공우주엑스포 매년 9~10월 중, 055-831-2061, festival.aerospace.go.kr 삼천포항자연산전어축제 매년 7월 말~8월 초, 055-832-8568, www.3004palpo.co.kr 사천세계타악축제 매년 7월 말~8월 초, 055-835-6493, www.sccf.or.kr

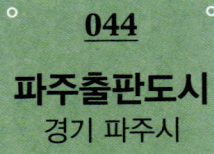

044 파주출판도시
경기 파주시

책과 함께하는 특별한 체험여행

여행 내비게이션

여행 콘셉트 책과 함께 즐기는 휴식 여행
추천 일정 1박 2일 **추천 교통** 도보 **추천 계절** 봄, 가을

Must Do
1. 만들어보고 싶은 책 기획해 보기 2. 우리나라 전통 방식의 활판인쇄 체험해 보기
3. 북카페에서 책에 푹 빠져보기 4. 독특한 외형을 가진 건축물 찾아보기

1 아시아문화정보센터 내 지혜의 숲 안내센터

PART 2. 여름 : 여름체험

자유로를 따라 임진각 방향으로 가다 보면 수많은 이야기를 담은 책들의 고향, 파주출판도시를 만난다. 한강과 임진강, 예성강이 만나 서해르 흘러드는 곳에 자리한 국가문화산업단지로 250여 개 출판 관련 업체가 모여 책을 만드는, 말 그대로 '책의 도시'다.

아이와 함께 파주출판도시를 찾는다면 아시아출판문화정보센터에 들러 책의 바다에 풍덩 빠져보자. 아시아출판문화정보센터는 거대한 책 놀이터다. 기증자들이 기증한 책으로 바닥부터 천장까지 채워진 지혜의 숲, 시원한 음료와 간단한 음식을 먹으며 책을 볼 수 있는 카페 인포떼끄, 책을 즐기며 편안히 쉴 수 있는 게스트하우스 지지향, 세미나실 등으로 나뉜 공간에서 책과 함께 하루를 보내기 좋다.

사계절출판사의 북카페 '사계절 책 향기가 나는 집'에서 진행하는 '책 한 권이 세상에 나오기까지'는 제목처럼 책이 만들어지는 전 과정을 다룬다. 어떤 책을 만들지(기획), 누가 글을 쓰고 다듬을지(편집), 책을 어떤 모양으로 만들지(디자인, 출력, 인쇄, 제본), 어떻게 홍보하고 판매할지(마케팅) 등을 실제 작업 과정이 담긴 영상과 체험 워크북 활동으로 배울 수 있다. 내가 만들고 싶은 책을 직접 기획해보는 특별한 경험이다.

'출판도시 활판공방' 체험 교실에서는 '〈천자문〉 활판인쇄로 전통 오침 제본' 과정을 운영한다. 활판공방 체험은 활자 찾기부터 시작된다. 〈천자문〉 뒷면에 들어갈 판권을 인쇄하기 위해 자기 이름을 찾아 식자하는 것이다. 자리를 찾아 고정된 활자에 잉크를 바르고, 종이를 얹어 손으로 인쇄기를 돌리면 글자가 종이에 고스란히 옮겨 앉는다. 이렇게 인쇄된 종이를 〈천자문〉 뒷면에 잘라 붙인 뒤 빨간 실을 바늘에 꿰어 오침 제본을 한다. 실을 엮기 위해 뚫은 구멍이 다섯 개인 오침 제본은 우리나라 전통 제본 방식이다.

디자인 문구 회사 7321스토어는 문화·예술 체험 학교 '몽솔레'를 운영한다. 이곳에서 현대의 책이 만들어지는 전 과정을 체험할 수 있다. '책 만들기 인쇄' 체험은 편집된 글과 그림을 옮긴 필름을 순서에 맞게 붙이기, 인쇄될 수 있게 금속판에 글자를 옮기기, 인쇄기에 종이를 넣어 찍기, 책의 형태로 종이 접어 자르기, 잘라진 책 내지를 책 표지와 붙이기 등을 거쳐 32페이지 작은 책이 완성된다. 아이들은 직접 만든 책을 보며 즐거움을 만끽한다.

파주출판도시 중심 도로 양쪽 회동길과 광인사길을 따라 자리한 출판사들은 책방과 북카페, 박물관, 미술관 등을 운영한다. 출판사의 다양한 책들을 한곳에서 볼 수 있는 효형출판의 책방, 동서양의 고서를 만날 수 있는 열화당 책박물관, 마치 거대한 책을 펼친 듯한 이색적인 풍경을 선사하는 미메시스 아트 뮤지엄 등을 함께 둘러보자.

추천 여행지

심학산
주차장에서 20~30분이면 정상까지 오를 수 있어 가볍게 산책삼아 다녀올 수 있는 산이다. 해돋이와 해맞이가 모두 가능해 경기도의 일출 명소로 손꼽힌다. 심학산 정상에 서면 사방이 확 트여 전망이 뛰어나다. 서울을 관통해 이어지는 한강이 임진강을 만나 서해로 빠져나가고, 북한산과 서울, 김포와 강화도, 멀리 북한의 개성 땅까지 보인다. 파주출판단지와 이웃해 있어 연계 여행이 가능하며, 7km 정도 되는 심학산 둘레길도 2~3시간 정도면 둘러볼 수 있다.

오두산통일전망대
한강과 임진강이 합수되는 지점에 세워진 통일교육의 산 체험장이다. 해발 118m의 오두산 정상에 세워져 있으며, 오두산에 남아 있는 산성은 삼국시대 때 군사적 요충지로 쓰이기도 해 사적 제 351호로 지정되어 있다. 통일전망대는 남북한 관련 다양한 전시공간과 극장, 전망대시설을 갖췄다. 3, 4층의 전망대에서는 임진강 건너 북한 땅이 훤히 바라다 보인다. 저녁이 되면 일몰의 장관이, 겨울철이면 철새의 군무가 아름답다.

헤이리예술마을
미술가, 음악가, 건축가 등 예술인들이 참여해 집과 작업실, 미술관, 박물관, 공연장 등 다채롭게 조성한 문화예술공간이다. 헤이리는 파주 지역의 전통 농요인 헤이리 소리에서 따온 이름이다. 아름다운 건축물도 많아 드라마나 CF 촬영 장소로도 많이 이용된다. 레스토랑이나 카페, 게스트하우스 등도 있어 휴식이나 숙박도 가능하다.

1 심학산 정상의 조망 2 심학산 약천사 통일대불 3 오두산 통일전망대 전경 4 헤이리의 키즈 카페 딸기가좋아 내부

추천 일정

아시아출판문화정보센터 ▶ 사계절 책 향기가 나는 집 ▶ 활판공방 ▶ 7321스토어 ▶ 미메시스 아트 뮤지엄
도보 5분 / 도보 12분 / 도보 5분 / 도보 20분

▼ 게스트하우스 지지향(숙박) 도보 15분

헤이리 예술마을 ◀ 열화당 책박물관 ◀ 효형출판 책방 ◀
15분 / 도보 5분 / 도보 2분

아시아출판문화정보센터 | 파주출판도시의 다양한 정보를 만날 수 있어요
활판공방 | 활판 및 목판 인쇄, 책 제본 등 체험을 꼭 즐겨보세요
게스트하우스 지지향 | 숙박을 하며 파주출판도시의 밤을 느껴볼 수 있어요
미메시스 아트 뮤지엄 | 책과 함께 미술의 세계에 빠져보세요

파주출판도시

7321스토어

열화당

여행 정보

웹 페이지와 전화
(사)출판도시입주기업협의회 031-955-5959, www.tourbookcity.com 아시아출판정보문화센터 031-955-0050, www.pajubookcity.org 사계절 책 향기가 나는 집 031-955-8588, www.sakyejul.co.kr/bookcafe/main.asp 활판공방 031-955-0085, http://blog.naver.com/movetype 열화당 책박물관 031-955-7020, http://youlhwadang.co.kr/library-bookshop 효형출판 031-955-7622, www.hyohyung.co.kr 미메시스 아트 뮤지엄 031-955-4100, www.openbooks.co.kr/html/art/about.html

대중교통
버스 합정역 1번 출구에서 2200번, 10~15분 간격(05:20~22:10) 운행, 약 30분 소요

자가운전
서울→일산·문산 방면 자유로 이용→장월IC→북센삼거리→세종삼거리→은석교사거리→아시아출판문화정보센터

숙박
소풍호텔 탄현면 요풍길, 031-944-7942, www.hotelsopoong.com 힐즈호텔 탄현면 성동로, 031-945-9800, www.hillshotel.co.kr 게스트하우스 지지향 파주시 회동길(아시아출판문화정보센터 내), 031-955-0090, www.pajubookcity.org/jijihyang

맛집
노을 파스타, 파주시 회동길(아시아출판문화정보센터 내), 031-955-0070 카페 인포떼끄 샐러드·파니니, 파주시 회동길(아시아출판문화정보센터 내), 031-955-0099 갈대의집 곤드레밥, 파주시 광인사길, 031-955-7101 완이네 작은밥상 분식, 파주시 문발로, 031-955-6162

축제 및 행사
파주북소리 매년 10월 중, 031-955-0079, www.pajubooksori.org

045
화천쪽배축제
강원 화천군

숲과 호수에서 즐기는 산소욕, 더위야 물렀거라

여행 내비게이션

여행 콘셉트 쪽배축제를 체험하면서 한여름 무더위 날리기
추천 일정 1박 2일 **추천 교통** 자가운전 **추천 계절** 여름~가을
Must Do
1.화천연꽃단지에서 연꽃 관찰하기 2.붕어섬에서 물놀이 즐기기
3.쪽배축제 프로그램 참가하기 4.강상길 거닐어보기 5.어죽탕과 감자전 먹기

PART 2. 여름 : 여름체험

1 산소백리길 2 화천쪽배축제 3 화천쪽배축제의 캠핑촌

매년 7월 하순부터 8월 초순까지 화천군 붕어섬과 생활체육공원 일원에서는 쪽배축제가 열린다. '물의 나라 화천'에서 매년 여름 벌어지는 축제라 피서 여행을 겸한 가족들이 많이 찾는다. 축제에서는 참가자들의 기발한 상상력을 엿볼 수 있는 쪽배 콘테스트를 비롯해서 북한강을 미끄러지듯 부드럽게 돌아다닐 수 있는 수상자전거(월엽편주), 친구들과 팀을 이뤄 경주까지 해볼 수 있는 카약, 용처럼 길쭉하게 생긴 배인 용선(드래곤 보트) 경주 등 다양한 수상 레포츠가 즐거움을 선사한다. 생활체육공원 피니쉬 타워와 붕어섬 중앙 타워를 오가는 하늘가르기(짚라인, 편도 400m)도 짜릿하다.

이 축제의 가장 유쾌한 볼거리는 창작쪽배 콘테스트이다. 참가 조건과 규칙이 흥미롭다. 우선 '사람의 힘으로 움직이는 1인 이상 탑승 인간동력 창작선'이라야 한다. 전기나 화석연료 등을 동력으로 이용해서는 안 된다. 공장에서 제작해 판매하는 배나 동력도 사용할 수 없고 스티로폼 및 페트병을 사용해서 선체를 제작해도 안 된다. 30m 직선거리를 경주하는 방식으로 치러지며, 쪽배의 디자인과 과학성 50%, 그리고 참가자 복장 상태를 평가한 점수 50%를 더해 최종 순위를 결정한다.

축제장의 하나인 생활체육공원 안에는 캠핑촌도 조성돼 한여름 밤의 별을 보며 낭만에 푹 빠져볼 수 있다. 4~5인용 텐트 150동을 설치할 수 있는 규모이다. 텐트만 대여 가능하고 침구류나 캠핑물품은 개별 준비해야 한다. 겨울이면 산천어축제가 열리던 화천천과 캠핑촌 주변에서는 어항놓기, 견지낚시, 족대 등의 방법으로 천렵을 해보는 체험장이 운영되기도 한다.

쪽배축제 기간 중 화천군의 농·산촌마을에서는 시원한 물놀이를 즐기면서 농촌 체험까지 접할 수 있는 '여름마을 계곡소풍'이란 프로그램이 운영된다. 마을 인근 계곡에서 천렵과 물놀이를 하고, 마을 내 밭에서 옥수수와 고구마를 캐어 먹는 '여름마을 계곡소풍'은 피서를 겸한 추억 만들기다. 화천읍의 풍산마을, 산속호수마을, 딴산마을, 간동면의 파로호느릅마을, 하남면의 하늘빛호수마을, 상서면의 산천어마을 등이 참여한다.

추천 여행지

화천연꽃단지
춘천호 상류와 지촌천이 합수하는 하남면 서오지리에 조성됐다. 2005년부터 연꽃을 심기 시작했는데, 6월부터 수련을 시작으로 7월 중순~8월 초순에는 백련, 홍련, 가시연, 노랑어리연 등을 볼 수 있다. 연 외에도 순채, 줄풀 등의 멸종 위기 수생식물이 자라는가 하면 새우, 가물치, 참게, 쇠물닭 등이 이 수변에서 살아간다. 파랑새, 물총새, 뜸부기도 가끔 관찰된다. 이곳 연꽃단지는 연못 사이사이로 산책길이 만들어져 있어 이른 새벽이나 해질 무렵에는 느린 호흡으로 산책을 즐기기에도 좋다.

파로호
1938년 화천수력발전소 건설로 만들어진 인공호수다. 한국전쟁 당시 중국군과 우리나라 해병의 격전 끝에 해병이 중국군을 수장시킨 이후 고 이승만 대통령이 휘호를 내려 '파로호'로 불리게 되었다. 화천지역 협곡 곳곳에서 계곡물이 흘러들어 대형 잉어를 비롯해서 붕어, 쏘가리, 끄리, 누치, 마자, 모래무지, 메기, 동자개, 피라미, 향어 등이 서식한다. 바다처럼 넓은 호수 파로호는 화천이 '물의 나라'임을 확인시켜준다. 초입의 파로호안보전시관은 안보학습장이다.

산소백리길
화천군 간동면에서 하남면까지 이어지는 산소백리길은 그 길이만 해도 마라톤 구간과 맞먹는 42.2㎞에 달한다. 강을 따라, 숲을 따라 자전거로 달릴 수 있다. '100리 길을 달려 100세까지 장수하자'는 의미를 담았다. 특히 강 위에 둥둥 뜬 부교, 그 위에 나무를 깔아 만든 일명 강상(江上)길은 물 위를 걷고 달리는 이색체험 때문에 누구나 한번쯤 가고 싶어진다. 강상길은 김훈 작가가 '숲으로 다리'라는 애칭을 붙여줬다.

어죽탕
화천 여행 중 꼭 맛볼 별미가 어죽탕이다. 파로호나 화천천 등에서 잡힌 민물고기를 갈아서 만든 음식으로 추어탕처럼 끓여낸다. 민물고기 특유의 비린내는 마늘, 후추, 산초 등으로 제거했다. 시래기를 풍부하게 넣어서 영양소의 균형을 잡았다. 영양가가 높아 보양식으로 훌륭하고 다이어트 음식으로도 사랑받는다. 감자부침을 곁들이면 포만감에 젖는다.

1 연꽃단지수련 2 토속어류생태체험관
3 '숲으로 다리' 길 4 어죽탕

추천 일정

화천연꽃단지 ▶ 쪽배축제 ▶ 화천읍(숙박) ▶ 화천민속박물관 ▶ 강상길(부교) 걷기
15분   5분   5분   5분   ▼ 10분
토속어류생태체험관 ◀ 꺼먹다리 ◀ 화천어죽탕(점심) ◀ 파로호안보전시관
5분   5분   5분

연꽃단지 | 여러 가지 연꽃을 사진에 담아봐요
붕어섬 | 수영장, 야생화동산 등은 아이들이 아주 좋아합니다
강상길 | 강물 위 부교를 걷거나 자전거 타는 기분이 아주 좋아요
토속어류생태체험관 | 황쏘가리, 어름치, 미호종개, 꼬치동자개 등을 관찰할 수 있어요
어죽탕 | 메밀냉면, 두부구이, 파전 등도 함께 맛보면 좋아요

화천쪽배축제

딴산유원지

꺼먹다리

여행 정보

웹 페이지와 전화
화천군청 관광정책과 033-440-2731, www.ihc.go.kr 토속어류생태체험관 033-442-7464, http://fish.ihc.go.kr 파로호안보전시관 033-440-2544

대중교통
버스 동서울종합터미널-화천, 하루 26회 운행, 2시간 40분 소요 / 춘천-화천, 하루 30회 운행, 50분 소요

자가운전
서울춘천고속도로→춘천JC(분기점)→소양2교→화천

숙박
화천한옥학교 간동면 모현동로, 033-442-3366 파로호 한옥펜션 화천읍 평화로, 033-441-1488 광덕그린농원 사내면 검단길, 033-441-2617 아쿠아틱 리조트 하남면 원천리, 033-441-3880

맛집
화천어죽탕 어죽, 간동면 파로호로, 033-442-5544 **청기와집** 민물매운탕, 화천읍 화천새싹길, 033-442-4440 **대청마루 돌솥밥**, 화천읍 중앙로5길, 033-442-81290 **명가쏘가리회**, 화천읍 상승로, 033-442-2957

축제 및 행사
화천산천어축제 매년 1월 초순~1월 하순, 033-440-2558, www.narafestival.com **화천쪽배축제** 매년 7월 하순~8월 초순, 033-440-2558, www.narafestival.com **화천토마토축제** 매년 8월 초순, 033-440-2911, www.tomatofestival.co.kr

046 산내들체험마을
경기 가평군

오감만족, 신나는 레저 체험

산내들체험마을은 북면의 폐교된 목동초등학교를 리모델링한 청소년 수련원이다. 짚라인, 승마, 사륜 오토바이, 물놀이 등 레저 체험을 하며 짜릿하고 신나는 여름을 보낼 수 있다. 승마 체험은 낯설지만 가슴 설레는 시간이다. 말을 타는 경험을 하기 쉽지 않은데, 조랑말처럼 작은 말이 아닌 경주마라면 더욱 그렇다. 산내들체험마을에는 말이 여섯 필 있다. 나이가 들어 은퇴한 경주마인데, 초보자들이 탈 수 있도록 훈련을 거쳤다. 승마는 안전 교육을 받은 뒤 숙련된 교관의 도움을 받아 별도로 마련된 체험장에서 진행한다. 처음에는 교관이 고삐를 잡고 천천히 걷도록 속도를 조절한다. 그러다 체험장을 두세 바퀴 돌면 혼자서도 거뜬히 탈 정도가 된다. 짚라인은 학교 운동장을 대각선으로 가로질러 설치했다. 번지점프가 수직 하강한다면, 짚라인은 수평 하강하는 공중 레포츠다. 트롤리라는 도구를 이용해 건물 3층 높이에서 건너편으로 빠르게 이동한다. 점프하는 순간부터 착륙하기까지 걸리는 시간은 약 15초. 무동력으로 하늘을 나는 듯 활강하는 전율이 짜릿하다.

여행 내비게이션

여행 콘셉트 레저활동 하며 신명나는 여름 즐기기
추천 일정 1박 2일 **추천 교통** 자가운전 **추천 계절** 봄~가을
Must Do 1.짚라인 타고 하늘 날기 2.우아한 모습으로 승마하기
3.명지계곡에서 물놀이 하기 4.쁘띠프랑스에서 프랑스 문화 체험

추천 여행지

명지계곡

명지산 입구에서 정상에 이르는 물줄기다. 차가운 물에 발 담그고 쉬기 좋다. 숲이 우거져 더위를 식히기에 안성맞춤이다. 명지계곡 초입에 승천사라는 절이 있다. 절보다 뒤로 펼쳐지는 풍경이 멋스러워 누구나 한번쯤 들른다. 승천사를 지나면 시원하게 열린 계곡 사이로 바위와 크고 작은 폭포가 이어진다. 이 가운데 최고의 피서지는 높이 8m의 명지폭포다. 폭포 아래 군데군데 소가 있어 돗자리를 펴고 쉬기 좋다.

추천 일정

산내들체험마을 ▶ 명지계곡 ▶ 산내들체험마을(숙박) ▶ 쁘띠프랑스
  10분   10분   30분

여행 정보

웹 페이지와 전화
가평군청 문화관광 031-580-2066, www.gptour.go.kr
산내들체험마을 031-582-5041, www.theworldline.co.kr

자가운전
서울춘천고속도로 화서IC→46번국도→대성리→청평→가평읍→북면→산내들체험마을

숙박
남이섬강변펜션 가평읍 북한강변로, 031-582-3199, www.namisumpension.com **시나브로모텔** 가평읍 보납로, 031-581-5711

맛집
평화식당 막국수, 북면 화악산로, 031-582-0031 **명지쉼터가든** 잣국수, 북면 가화로, 031-582-9462 **가평잣두부집** 가평잣두부정식, 상면 수목원로, 031-584-5368, www.gpfriends.net

047
하전갯벌마을
전북 고창군

뙤약볕이 두렵지 않은 조개 캐기 삼매경

국내 최대의 바지락 생산지로 유명한 고창 하전갯벌마을은 바지락 양식장 면적이 1,200여 헥타르에 이른다. 변산반도의 남쪽 해안을 마주 보는 긴 해안선과 마을 앞으로 펼쳐진 광활한 갯벌에 가슴이 뻥 뚫린다. 이곳에 있는 갯벌체험장은 바지락 캐는 갈퀴와 갯벌에서 신을 수 있는 장화도 넉넉하게 구비하고 탈의실과 샤워장까지 갖췄다. 트랙터에 연결된 갯벌버스는 갯벌 체험의 일등 공신이다. 바지락 양식장으로 가는 경운기가 하나 둘 움직이기 시작하면 갯벌버스도 신나게 갯벌 한가운데를 달린다. 몸이 흔들리고 연신 엉덩이가 들썩거리지만, 그것이 갯벌버스의 매력이다. 하전 갯벌은 단단하지만 부드러워 아이들도 쉽게 조개 캐기 체험을 할 수 있다. 버스 기사님이 갈퀴를 잡고 조개 캐는 요령도 알려주시는데, 요령을 익히면 작은 바구니가 순식간에 채워진다. 아이들에게는 갯벌에 만들어진 웅덩이도 놀이터가 된다. 개흙이 옷에 묻을까 조심하던 아이들도 어느새 맨손으로 갯벌을 만지고, 웅덩이에서 첨벙첨벙 뛰어다닌다. 개구쟁이들은 갯벌에 드러누워 머드팩을 즐기기도 한다.

PART 2. 여름 : 여름체험

여행 내비게이션

여행 콘셉트 갯벌에서 바지락 캐며 신나는 체험 활동
추천 일정 1박 2일 **추천 교통** 자가운전 **추천 계절** 여름
Must Do 1.갯벌버스 타기 2.바지락 캐기 3.미당시문학관 탐방하기
4.선운사 탐방하기 5.고창 고인돌박물관 탐방하기 5.바지락 요리 맛보기

추천 여행지

선운사
선운산 아래 도솔계곡에 자리한 고찰이다. 동백꽃 군락으로 유명하며, 사시사철 많은 이들이 찾는 관광명소다. 꽃무릇이 군락을 이루는 도솔계곡, 진흥왕이 왕위를 버리고 수도한 곳으로 알려진 진흥굴, 도솔암으로 이어지는 길도 아름답다.

미당시문학관
하전갯벌마을과 가까운 선운리는 한국인이 사랑하는 시인 서정주가 태어난 마을이다. 이곳에 미당 서정주의 삶과 문학 세계를 정리한 시문학관과 복원된 생가가 있다. 폐교된 초등학교에 지어진 미당시문학관에는 미당의 대표 시집과 친필 작품, 생활 유품 등이 전시되었다.

추천 일정

하전갯벌마을 ▶ 미당시문학관 ▶ 선운사(숙박) ▶ 고창고인돌박물관 ▶ 고창판소리박물관 ▶ 고창읍성
10분 　 10분 　 25분 　 15분 　 도보 5분

여행 정보

웹 페이지와 전화
하전갯벌마을 063-564-8831, http://hajeon.invil.org 미당시문학관 063-560-8058, www.seojungju.com 선운사 063-560-8687, www.seonunsa.org 고창군청 문화관광과 063-560-2456

대중교통
버스 센트럴시티터미널-고창, 하루 16회 운행, 3시간 10분 소요 / 고창공용버스터미널-심원, 동진정류장 하차. 약 1시간 20분 소요

자가운전
서해안고속도로 선운산IC→선운대로→하전갯벌마을

숙박
동백호텔 아산면 중촌길, 063-562-1560 선운산관광호텔 아산면 중촌길, 063-561-3377 선운산유스호스텔 아산면 선운사로, 063-561-3333 고창힐링카운티펜션 고창읍 석정2로, 063-561-1116 고창오토캠핑리조트 부안면 복분자로, 063-562-3318

맛집
알뜰진미음식점 바지락죽·바지락칼국수, 심원면 선운대로, 063-561-6925 초원풍천장어 장어구이, 아산면 선운사로, 063-564-8015 참좋은집 장어구이, 아산면 선운사로, 063-562-3322 미향 바지락정식, 고창읍 모양성로, 063-564-8762

축제 및 행사
해바라기꽃잔치 매년 여름, www.borinara.co.kr

048
삼원레저타운
충남 서산시

캠핑과 승마, 골프까지 한 번에

　삼원레저타운은 본래 9홀 규모의 파3 골프장이었다. 하지만 요즘은 캠퍼들에게 더 인기다. 골프장 잔디에서 캠핑을 즐기는 이색 체험을 할 수 있어서다. 잘 가꾼 조경수와 산책로에 둘러싸인 잔디 위의 캠핑은 나무 데크나 파쇄석에 텐트를 치는 일반 캠핑에 비해 탁 트인 개방감이 특징이다. 푹신한 잔디에서 안전사고 걱정 없이 마음껏 뛰어놀 수 있어 자녀를 동반한 캠퍼들이 선호한다. 캠핑 장비 없이 몸만 가도 4인용 거실형 텐트와 테이블, 의자, 침낭, 버너, 취사도구 등 기본 장비를 모두 대여할 수 있다. 캠핑장 외의 시설도 충실하다. 골프장을 운영하는 곳이라 라커룸에 헤어드라이어까지 갖춘 샤워실이 있다. 화장실과 매점, 식당 등 부대시설 관리가 잘 되는 편이다. 본관 3층에 2인실부터 25인실까지 다양한 객실도 있다. 골프장과 승마장은 캠핑장과 별도로 운영되는데, 캠핑장 이용객은 할인 혜택을 받을 수 있다. 승마는 체험장에서 숙련된 조교와 함께 진행한다.

PART 2. 여름 : 여름체험

여행 내비게이션

여행 콘셉트 골프장 잔디에서 이색 캠핑 체험
추천 일정 1박 2일 **추천 교통** 자가운전 **추천 계절** 봄~가을
Must Do 1.말에게 각설탕 주기&승마 체험하기 2.서산동부시장에서 싱싱한 해산물 구입해 캠핑장에서 요리해 먹기 3.아침 일찍 캠핑장 메타세쿼이어 길 산책하기

추천 여행지

해미읍성
국내에 남은 읍성 중 원형이 가장 잘 보존된 곳이다. 왜적의 침입을 막기 위해 조선 초기에 쌓았다. 해미읍성은 또 1790년대부터 100년 가까이 계속된 천주교 박해의 역사가 남아 있는 곳으로 회화나무 등의 박해현장이 남아 있다. 2014년 프란치스코 교황이 방문했다.

서산동부시장
캠핑 요리 재료를 구입하고 지역 특산물도 구경할 수 있는 시장이다. 서해에서 잡은 우럭을 비롯해 조개, 갑오징어, 전복, 낙지 등 수산물을 파는 시장, 채소 시장, 포목과 의류 시장, 먹거리와 잡화 시장 등으로 구성된 서산 최대의 재래시장이다. 캠핑장에서 20~30분 소요.

서산버드랜드
세계적 철새 도래지인 천수만을 보전·관리하기 위해 조성했다. 가창오리, 노랑부리저어새, 큰고니 등 천수만에 서식하는 철새 200여 종의 표본과 전시·영상 자료를 관람할 수 있다.

추천 일정

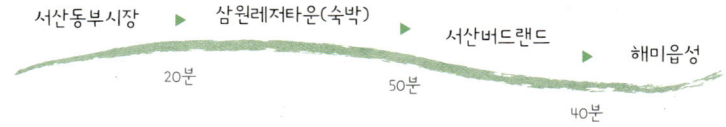

서산동부시장 ▶ 삼원레저타운(숙박) ▶ 서산버드랜드 ▶ 해미읍성
20분　　　　　　50분　　　　　　40분

여행 정보

웹 페이지와 전화
서산시청 문화관광 041-660-2499, www.seosantour.net 삼원레저타운 041-663-1111, samwonleisure.com 서산동부시장 www.seosanmarket.co.kr 서산버드랜드 041-664-7455, www.seosanbirdland.kr 해미읍성 041-688-0999, www.hoyatree.kr

자가운전
서해안고속도로 서산IC→서산·태안 방면 좌회전→운암로→운산교차로에서 서산 방면 좌회전→갈산무로치길→예천사거리에서 안면도·태안·법원·검찰청 방면 좌회전→서해로→진장리 방면 우회전→진장2길→진장서낭골길→삼원레저타운

숙박
스카이모텔 서산시 동헌로, 041-668-7822 삼원레저타운 팔봉면 진장서낭골길, 041-663-1111, samwonleisure.com 용현자연휴양림 운산면 마애삼존불길, 041-664-1971, www.huyang.go.kr

맛집
서해안해물맛집 해물탕·해물칼국수, 서산시 시장3길(동부시장 내), 041-665-5466 도비마루 도비정식·녹두빈대떡·동동주, 부석면 부석길, 041-669-6565 향토 꽃게장·우럭젓국·갈치조림, 서산시 율지로, 041-668-0940

축제 및 행사
서산해미읍성역사체험축제 매년 9~10월 중

049 안덕마을
전북 완주군

건강 챙기고, 힐링도 하는 일석이조 체험이 가득!

　모악산 남쪽 자락에 자리한 안덕마을은 자연에 머무르며 몸과 마음을 다스리는 건강·힐링체험마을로 유명하다. 시골 정취 가득한 마을길을 따라 깊숙이 들어간 곳에 황토방(펜션)과 토속 한증막, 힐링 어드벤처 체험장 등이 아기자기하게 들어섰다. 안덕마을의 대표적인 체험거리는 토속 한증막이다. 천궁, 당귀, 솔뿌리 등 갖가지 한약재를 달인 물로 반죽한 황토에 솔잎과 쑥을 섞어 바른 전통 한증막 시설이다. 후끈한 열기와 은은한 약재 향에 땀 한번 흘렸을 뿐인데 몸이 한결 가볍고 개운해진다. 한증막과 이어진 바깥 공간에는 금광굴을 활용한 휴식 공간이 있다. 금광굴 안은 시원하다 못해 서늘한 기운마저 감돈다. 인진쑥을 이용한 건강 쑥뜸도 추천 체험거리다. 노폐물과 독소가 빠져나간 자리는 몸에 좋은 유기농 식단으로 채운다. 한증막 옆 웰빙식당에서 주민들이 재배한 유기농 농산물로 만든 건강식 뷔페를 내놓는다. 아이들에게는 무엇보다 힐링 어드벤처 체험이 인기다. 미니 짚라인과 레일바이크, 계곡 위를 건너가는 그물 다리 등 규모는 작지만 자연의 맑은 기운을 받으며 마음껏 뛰어놀 수 있도록 알차게 꾸며놓았다.

여행 내비게이션

여행 콘셉트 아이들과 함께 떠나는 체험 여행
추천 일정 1박 2일 **추천 교통** 자가운전 **추천 계절** 여름
Must Do
1. 쑥뜸 뜨기 2. 맨발로 금광굴 들어가기 3. 한지 체험하기 4. 농가 레스토랑 비비정에서 식사하기

추천 여행지

대승한지마을
대승한지마을은 우리 고유의 종이인 한지를 배우고 체험하는 곳이다. 전시관에는 한지로 만든 공예품이 전시되어 있으며 한지 제작 과정을 아이들도 쉽게 이해할 수 있도록 꾸며놓았다.

삼례문화예술촌
옛 양곡창고를 그대로 살려 만든 독특한 문화 공간으로 개성 있는 박물관과 갤러리, 공방들이 모여 있다. 전시 관람 외에도 색다른 체험 프로그램도 마련되어 있다.

비비정마을
만경강이 내려다보이는 마을에 카페와 농가 레스토랑 비비정이 있다. 비비정은 마을 할머니들이 손수 차려 내놓는 시골정식이 주 메뉴로, 조미료를 쓰지 않은 건강한 맛이 일품이다.

추천 일정

안덕마을 체험(숙박) ▶ 대승한지마을 ▶ 삼례문화예술촌 ▶ 비비정마을
45분   50분   도보 10분

여행 정보

웹 페이지와 전화
완주문화관광 063-290-2613, http://tour.wanju.go.kr 안덕마을 063-227-1000, www.poweranduk.com 대승한지마을 063-242-1001, www.hanjivil.com 고산자연휴양림 063-263-8680, http://rest.wanju.go.kr 삼례문화예술촌 070-8915-8121, www.srartvil.kr 비비정마을 063-291-8609, www.bibijeongin.com

대중교통
기차 용산-삼례, 무궁화호 하루 8회 운행, 3시간 20분 소요 / 용산-전주, KTX 하루 9회 운행, 2시간 15분 소요
버스 센트럴시티터미널-전주, 10~20분 간격 운행, 2시간 40분 소요

자가운전
호남고속도로 서전주IC에서 전주 방면→21번국도→원당교차로→27번국도→대덕교차로→안덕마을

숙박
모악산모텔 구이면 모악산길, 063-222-2023 고산자연휴양림 고산면 휴양림로, 063-263-8680, http://rest.wanju.go.kr 대둔산온천관광호텔 운주면 대둔산공원길, 063-263-1260, www.dhotel.co.kr 삼삼오오 게스트하우스 삼례읍 삼례역로, 070-7789-3355, http://blog.naver.com/cart3355

맛집
원조화심두부 순두부 요리, 소양면 전진로, 063-243-8952 소야 한우갈비, 구이면 모악산길, 063-222-3235 백제명가 송사리매운탕, 봉동읍 둔산3로, 063-261-1954 연자방아 해물칼국수, 삼례읍 삼봉로, 063-261-8900 운암식당 장어구이, 고산면 대아저수로, 063-263-5522

힐링여행

050 군산근대문화유산 | 1930년대로 떠나는 군산 시간 여행 전북 군산시
051 논골담길 | 잊힌 묵호항의 이야기를 듣다 강원 동해시
052 영화 촬영지 투어 | 영화보다 더 영화 같은 여행, 부산 부산광역시
053 전주한옥마을 | 역사의 향기 그윽한 전통마을 전북 전주시
054 우포늪 | 사계절 변신하는 생태 천국 경남 창녕군
055 고마나루와 공산성 | 곰 여인의 전설이 강물 되어 흐르네 충남 공주시
056 수종사 | 한강에 기대 선현을 추억하다 경기 남양주시
057 윗대티골 | 고향처럼 넉넉한 산골을 걷다 경북 영양군

050 군산근대문화유산
전북 군산시

1930년대로 떠나는 군산 시간 여행

여행 내비게이션

여행 콘셉트 군산 근대문화유산 찾아가는 도시 여행
추천 일정 1박 2일 **추천 교통** 자가운전 **추천 계절** 사계절

Must Do
1. 1930년대의 군산 걷기 2. 진포해양테마공원 뜬다리 보기 3. 새만금방조제 드라이브 즐기기
4. 아리울 예술창고 공연 관람하기 5. 군산의 근대 건축물 둘러보기

PART 3. 가을 : 힐링여행

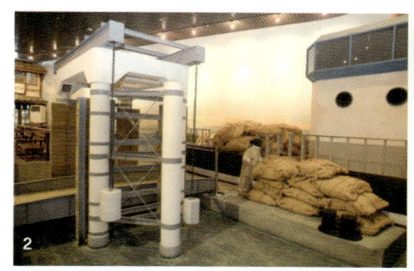

1 쌀을 거래하던 미곡취인소 2 부잔교가 있는 군산 내항의 모습 3 방문지를 추억으로 남기는 스탬프 투어

 1930년대 군산으로 시간 여행을 떠나보자. 군산 내항에 자리한 군산근대역사박물관이 출발점이다. 물류 유통의 중심 기지였던 군산의 역사를 담은 해양물류역사관과 근대생활관을 중심으로 꾸며진 군산근대역사박물관은 1930년대 생활 모습을 엿볼 수 있는 공간이다.
 전시실 입구로 들어서면 1930년대 군산의 영동상가를 재현한 거리가 펼쳐진다. 개성상인이 많아 송방골목으로 불린 거리에 잡화점, 인력거차점, 형제고무신방, 조선주조주식회사 등이 이어진다. 특히 인력거차점 앞에서는 당시 남학생 교복과 여학생의 치마저고리를 입고 인력거에 앉아 기념사진을 촬영할 수 있어 인기다.
 쌀을 거래하던 군산미곡취인소는 오늘의 증권거래소처럼 하루에도 몇 번씩 달라지는 미곡 가격으로 일종의 투기를 하던 곳이다. 미두장이라 불리던 이곳은 군산을 배경으로 쓴 채만식의 소설 〈탁류〉에서 여러 인물이 드나들며 투기하고 돈을 잃는 공간이다. 군산미곡취인소 맞은편에는 가난한 조선인이 살던 토막집이 재현되었다. 당시 월명동, 개복동, 창명동 등 산비탈을 따라 토막집이 있었는데, 〈탁류〉에서 여주인공이 살던 곳도 콩나물고개 위의 토막집이다. 군산 내항을 재현한 공간에는 수탈한 쌀을 일본으로 실어가기 위해 배를 정박한 모습, 수위에 따라 오르내려서 '뜬다리'라 불린 부잔교의 모형을 전시한다. 군산 최초의 극장 군산좌를 재현한 작은 다다미방에서는 흑백영화 〈심청전〉을 상영한다.
 박물관에서 나오면 오른편으로 구 군산세관이 그대로 남아 있고 왼편으로는 군산근대미술관과 군산근대건축관이 이어진다. 각각 구 일본 제18은행 군산지점(등록문화재 372호)과 구 조선은행 군산지점(등록문화재 374호)으로 사용된 근대건축물이다. 군산근대미술관과 함께 운영되는 장미갤러리에서는 손수건, 향초 등 여행의 추억을 담은 기념품을 만들어보자. 군산의 근대건축물을 한자리에서 둘러보는 군산근대건축관도 의미 있다. 뒤편의 내항 부둣가에는 진포해양테마공원이 자리한다. 실제 사용된 작은 전투기와 군함으로 꾸며진 공원으로, 부잔교의 실제 모습을 볼 수 있다.

추천 여행지

동국사
우리나라에 있는 유일한 일본식 사찰이다. 급경사를 이루는 지붕에 단청을 입히지 않은 대웅전(등록문화재 64호)이 독특하다. 일제강점기인 1913년 금강사라는 이름으로 창건되어 광복 후 동국사로 이름을 바꾸었다. 에도시대의 건축양식을 보여주는데 대웅전과 요사채를 연결하는 긴 복도가 우리나라의 전통사찰과는 확연히 다르다.

신흥동 일본식 가옥
'히로쓰가옥'이라 불리는 일본식 가옥(등록문화재 183호)이다. 군산지역의 유명한 포목상이었던 히로쓰가 지은 2층 목조주택으로 일본식 정원도 함께 둘러 볼 수 있다. 1층의 넓은 온돌방과 식당, 2층의 다다미방들도 관람객에게 공개되고 있다. 영화〈장군의 아들〉,〈타짜〉등이 촬영된 명소다.

이영춘가옥
군산간호대학교 안에 있는 근대 건축물로 전북유형문화재 200호로 지정되었다. 일본인 농장주인 구마모토가 1920년대에 지은 것으로 유럽 양식과 일본식 구조가 결합된 독특한 가옥이다. 건축사적 의미뿐 아니라 농촌 의료 위생의 선구자였던 이영춘 박사의 일생과 업적을 만나는 곳으로 더욱 뜻 깊은 탐방지다.

새만금방조제
바다를 가로지르는 시원한 드라이브를 즐기고, 새만금상설공연장 아리울예술창고에서 펼쳐지는 '아리울스토리'를 관람해보자. 바다 한가운데서 펼쳐지는 역동적인 공연으로 다채로운 영상과 음악, 사랑 이야기가 어우러져 70여 분이 지루할 틈 없이 지난다. 비응항으로 가면 군산 앞바다를 수놓은 고군산군도를 돌아보는 유람선을 탈 수 있다. 드넓은 바다 위의 섬들을 돌아보고, 선유도에 잠시 내려 한가로운 바다 산책을 즐겨도 좋다.

채만식문학관
1930년대의 군산을 배경으로 한 소설〈탁류〉의 작가 채만식을 만나는 문학관이다. 작가의 일대기와 작품, 생전의 육성을 담은 글들이 전시되어 있다. 문학관 앞으로는 야외휴식공간이 잘 조성되어 있다. 특히 금강하구의 풍광을 감상하기에도 좋다.

1 군산근대건축관의 내부 전시실 2 채만식문학관에서 바라본 금강하굿둑
3 이영춘가옥 4 역동적인 아리울스토리 공연

추천 일정

군산근대역사박물관 ▶ 구 군산세관 ▶ 군산근대미술관 ▶ 군산근대건축관 ▶ 진포해양테마공원 ▶ 새만금방조제
　　도보 1분　　도보 1분　　도보 1분　　도보 3분　　40분

채만식문학관 ◀ 이영춘가옥 ◀ 신흥동 일본식 가옥 ◀ 동국사 ◀ 군산시내(숙박)
　20분　　　20분　　　　2분

군산근대역사박물관 | 장미갤러리에서 손수건, 비누 만들기 등 공예 체험을 할 수 있어요
진포해양테마공원 | 박물관에서 모형으로 봤던 뜬다리를 직접 볼 수 있어요
새만금방조제 | 아리울예술창고의 공연을 관람해요
동국사 | 우리나라의 사찰과 어떤 점이 다를까요?
신흥동 일본식 가옥 | 인근에 영화 〈8월의 크리스마스〉의 촬영지인 초원사진관도 있어요
채만식문학관 | 금강하굿둑의 풍광을 덤으로 즐겨요

군산근대역사박물관

군산근대역사박물관

여행 정보

웹 페이지와 전화
군산근대역사박물관 063-454-7870, museum.gunsan.go.kr 군산시청 관광진흥과 063-454-3334 새만금상설공연장 063-282-8398, www.jbopenrun.com 비응항유람선(월명유람선) 063-445-2240, www.wmmarine.com 채만식문학관 063-454-7885, chae.gunsan.go.kr

대중교통
기차 용산-군산, 1일 15회 운행, 3시간 10분~3시간 30분 소요. 군산역 앞에서 71번 버스 타고 내항사거리 정류장 하차, 도보 약 260m
버스 센트럴시티터미널-군산, 20~30분 간격 운행, 약 2시간 30분 소요. 팔마광장터미널 정류장에서 1, 2, 8번 버스 타고 군산근대역사박물관 정류장 하차

자가운전
서해안고속도로 군산IC→구암로→해망로→군산근대역사박물관

숙박
고우당 군산시 구영6길, 063-443-1042 베니키아 군산리버힐호텔 성산면 철새로, 063-453-0005 그랜드빌딩 군산시 장미1길, 063-445-6789 프로방스 군산시 가도2길, 063-466-3201 나드리게스트하우스 군산시 월명로, 063-445-1514

맛집
아리랑 보리돈가스, 군산시 해망로, 063-442-1207 빈해원 짬뽕·물짜장, 군산시 동령길, 063-445-2429 유정초밥 초밥, 군산시 대학로, 063-445-9844 만나리식당 백반, 군산시 구영4길, 063-446-7016 이성당 단팥빵·야채빵, 군산시 중앙로, 063-445-2772

축제 및 행사
군산시간여행축제 매년 10월, 063-454-3337, http://festival.gunsan.go.kr 군산세계철새축제 매년 11월 하순, 063-454-5680, www.gmbo.kr

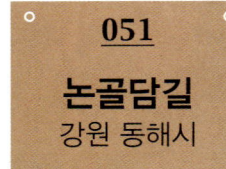

051
논골담길
강원 동해시

잊힌 묵호항의 이야기를 듣다

여행 내비게이션

여행 콘셉트 마을의 옛 이야기를 들으며 즐기는 걷기 여행
추천 일정 1박 2일 **추천 교통** 자가운전 **추천 계절** 사계절
Must Do
1.논골담길의 벽화이야기 들어보기 2.묵호등대 정상에 올라보기 3.드라마 촬영지인 출렁다리 걸어보기 4.추암해변 일출 보기 5.무릉계곡 트레킹 즐기기

PART 3. 가을 : 힐링여행

묵호항은 한때 잘나가던 항구다. "거리의 개들도 만 원짜리 지폐를 물고 다닌다"고 할 정도로 돈이 몰리고, 밤새 불빛이 꺼지지 않는 시절이 있었다. 그러나 1980년대 이후 석탄과 시멘트 산업이 몰락하고 사람들이 떠나면서 허름한 도시가 됐다. 그 후 30년. 옛 시절 이야기와 희망 없는 미래만 남았던 이곳에 요즘 사람들이 모여든다. 최근 논골담길이 조성되면서 여행자들이 찾기 시작했다.

논골1길과 3길, 등대오름길로 구성된 논골담길은 어느 곳으로 올라가도 묵호등대에 닿는다. 거미줄처럼 얽혀 있는 이 마을길을 빠짐없이 둘러봐야 묵호등대마을을 제대로 이해할 수 있다. 길마다 그려진 그림 하나하나에 이야기가 담겨 있기 때문이다.

묵호등대마을은 1941년 묵호항이 열리면서 시작됐다. 뱃일을 찾아 나선 사람들이 묵호항과 가까운 언덕배기에 보금자리를 마련하면서다. 그 후 묵호항은 삼척과 태백의 석탄, 동해에서 생산된 시멘트를 운반하는 항구가 되면서 전성기를 맞이했다. 사람들이 몰렸고, 언덕에는 벽돌과 슬레이트로 지은 집이 들어찼다. 그 번성하던 묵호항의 옛일들이 벽화로 그려졌다.

묵호등대마을의 벽화 가운데는 유난히 오징어와 명태, 장화가 많다. 이것들은 마을 사람들에게서 떼려야 뗄 수 없는 존재였다는 것을 뜻한다. 언덕의 가장 높은 곳에는 오징어와 명태를 말리는 덕장이 있었다. 덕장으로 오르는 길은 늘 질퍽해서 이곳 사람들은 '마누라, 남편 없이는 살아도 장화 없이는 못 산다'고 했을 정도다. 지금은 시멘트로 포장된 길이지만 당시에는 흙길이어서 논처럼 질퍽거리기 일쑤였다고 한다. 논골이란 이름도 거기에서 유래했다.

논골담길 정상에는 묵호등대가 있는 묵호등대해양문화공간이 조성됐다. 최남선의 〈해에게서 소년에게〉 시비 너머로 1963년 처음 불을 밝힌 높이 21.9m의 묵호등대의 모습이 보인다. 묵호등대의 나선형 계단을 숨 가쁘게 오르면 사방이 탁 트인 일망무제의 바다와 청옥산, 두타산으로 이어지는 백두대간 능선이 거침없이 펼쳐진다.

묵호등대에서 길을 따라 내려가면 이승기·한효주가 주연한 드라마 〈찬란한 유산〉에 나온 출렁다리를 만난다. 출렁다리에서 해안도로로 내려가거나 다리를 건너 직진하면 서울 남대문의 정동쪽으로 알려진 까막바위에 이른다.

1 묵호등대 해양문화공간의 조형물과 전망대 2 논골 사람들의 희망 에스컬레이터 3 논골담길 가운데 등대오름길의 입구

추천 여행지

망상오토캠핑리조트
우리나라 오토캠핑의 효시와 같은 곳이다. 리조트에 오토캠핑장을 비롯해 훼밀리롯지, 아메리칸코티지, 카라반, 캐빈하우스 등 다양한 숙박시설을 갖추고 있어 원하는 스타일로 즐길 수 있다. 주말은 예약이 힘들 정도로 인기가 높다. 리조트 곁에는 백사장의 수심이 얕고 너비가 2km에 이르는 망상해변이 있다.

북평장
강원도 최대이자 국내에서도 손꼽는 전통시장으로 200년이 넘는 역사를 자랑한다. 매월 끝자리 3, 8일에 열리는 오일장으로 동해에서 나는 해산물은 기본이고, 태백이나 정선 같은 강원도 내륙에서 나는 산채도 이곳까지 온다. 또 동해안을 따라 난 7번국도를 타고 경상도에서 나는 산물도 몰린다. 그래도 최고는 바다를 끼고 있는 장터답게 생선과 건어물이다.

추암해변
동해시 가장 남쪽에 있는 해변으로, 삼척시 증산해변과 이웃해 있다. 장엄한 일출 광경이 애국가의 첫 장면을 장식하면서 일출 명소로 알려진 곳이다. 이곳의 추암 촛대바위는 1788년 단원 김홍도가 정조의 명을 받아 그린 화첩 〈금강사군첩〉에도 등장한다. 김홍도는 이곳 전망대에 올라 촛대바위와 주변 기암절벽을 상세히 묘사했다. 촛대바위는 전망대에서 보는 것도 좋지만, 추암해변 끝자락에서 보는 것이 더 운치 있다. 한적한 해변 남쪽에는 해안 절벽을 따라 삼척 증산해변까지 데크가 조성되어 산책 코스로 그만이다.

무릉계곡
동해는 백두대간의 두타산(1,353m)과 청옥산(1,404m)을 품고 있다. 이 두 산 사이에 있는 깊은 계곡은 신선이 산다는 무릉도원에 빗대어 무릉계곡이라 부른다. 무릉계곡의 대표적인 명소는 무릉반석과 쌍폭포, 용추폭포다. 무릉반석은 천 명이 앉아도 넉넉할 만큼 너른 바위다. 쌍폭포는 두 갈래의 물줄기가 마주보고 떨어지는 모습이 아름답다. 용추폭포는 용이 승천하는 모양의 웅장한 폭포다. 용추폭포까지는 삼학사와 학소대를 지나 약 3km 거리의 트레킹 코스를 이용해 찾을 수 있다. 숲이 깊고 가파르지 않아 쉬엄쉬엄 다녀오기 좋다. 용추폭포에서 하늘문, 관음사를 거쳐 내려오는 코스도 권할 만하다. 가파른 철 계단에 서면 두타산과 청옥산의 굵직한 산줄기와 기암절벽이 쉼 없이 이어진다.

1 무릉계곡의 무릉반석 2 촛대바위 주변 풍경 3 논골1길을 오르는 사람들

추천 일정

천곡동굴 ▶ (20분) 논골담길 ▶ (5분) 묵호항 ▶ (15분) 망상오토캠핑리조트(숙박) ▶ (25분) 북평장 ▶ (5분) 추암해변 ▶ (30분) 무릉계곡

천곡동굴 | 동굴 생성물을 하나씩 배워 보아요
논골담길 | 벽화에 있는 QR코드를 찍으면 그림에 대한 이야기를 볼 수 있어요
북평장 | 북평장의 별미인 메밀전과 메밀전병, 잔치국수를 맛보세요
추암해변 | 증산해변으로 이어지는 해안산책로를 걸어보세요
무릉계곡 | 하늘문의 가파른 계단을 올라 무릉계곡의 장관을 내려다 보세요

묵호등대

무릉계곡

여행 정보

웹 페이지와 전화
동해관광 033-539-8172, www.dhtour.go.kr 논골담길 033-531-3298, http://mukho.org 묵호등대 033-531-3258 천곡동굴 033-539-3630 무릉계곡 033-530-2802

대중교통
버스 서울고속버스터미널-동해, 하루 20회 운행, 3시간 소요 / 동서울종합터미널-동해, 하루 33회, 2시간 50분 소요

자가운전
동해고속도로 망상IC→묵호항 방면 7번국도→사문재교차로→발한삼거리→논골담길

숙박
망상오토캠핑리조트 동해시 동해대로, 033-539-3600, www.campingkorea.or.kr DQ모텔 동해시 부곡복개로, 033-535-2903 리사호텔 동해시 천곡로, 033-532-1666, http://lisahotel.com

맛집
홍대포 해천탕, 동해시 감추로, 033-535-7646 오부자횟집 냄비물회, 동해시 일출로, 033-533-2676 대우칼국수 손칼국수, 동해시 일출로, 033-531-3417 부흥횟집 물회·회덮밥, 동해시 일출로, 033-531-5209

축제와 행사
망상해변축제 매년 7월 말, 033-530-2441, www.dhtour.go.kr

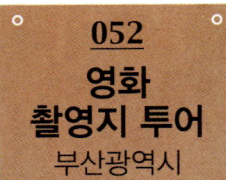
052 영화 촬영지 투어
부산광역시

영화보다 더 영화 같은 여행, 부산

여행 내비게이션

여행 콘셉트 부산 영화 촬영지를 탐방하고 영화촬영스튜디오 견학하기
추천 일정 당일 **추천 교통** 자가운전, 기차 **추천 계절** 사계절
Must Do
1.관련 영화 미리 관람하기 2.영화 속 장면과 실제 현장 비교해보기 3.영화촬영스튜디오 견학하기 4.오륙도 스카이워크 도전하기 5.〈변호인〉에 등장한 돼지국밥 먹기

"이런게 어딨어요? 이라면 안되는 거잖아
할게요! 변호인 하겠습니다!"

PART 3. 가을 : 힐링여행

1 흰여울문화마을의 담장 2 국제영화제 개막식이 열리는 영화의 전당 3 〈도둑들〉의 촬영지인 부산데파트

    부산은 영화의 도시다. 1,000만 관객을 돌파한 〈해운대〉, 〈도둑들〉, 〈변호인〉을 비롯해 〈친구〉, 〈박수건달〉, 〈깡철이〉 등이 부산을 주요 무대로 촬영됐다. 영화 속 그곳을 찾아 떠나는 여행, 부산을 즐기는 또 다른 방법이다.
    영도구 흰여울문화마을은 〈변호인〉 촬영지로 알려졌다. 극중 송우석(송강호)이 골목 계단에 앉아 국밥집 주인 순애(김영애)를 기다리는 장면이 이곳에서 촬영되었다. 골목 담장에 적힌 송우석과 순애의 대사를 찬찬히 읽다 보면 마치 영화 속에 들어와 있는 듯하다. 최근 입소문을 타고 알음알음 찾아드는 관광객이 늘고 있다. 해안 절벽에 형성된 작은 마을은 한적하다. 골목을 따라 거닐다가 보면 담장 너머로 파노라마 같은 바다 풍경이 펼쳐진다.
    흰여울문화마을은 절영해안산책로와 이어진다. 마을 끝에 있는 이송도 전망대에서 해안 아래쪽 길로 내려가면 산책로와 만난다. 해안을 따라 조성된 산책로 3.2km는 철썩이는 파도 소리를 들으며 천천히 걷기 좋다. 마을을 둘러보고 점심은 돼지국밥이 어떨까. 영화에서 우석이 늘 먹던 음식이 부산 대표 메뉴 돼지국밥이다. 뜨끈한 국밥 한 그릇에 영화의 감동이 더해진다. 시원한 맛을 찾는다면 부산이 원조인 밀면이 제 격이다.
    롯데백화점 광복점 맞은편에 자리한 부산데파트는 영화 〈도둑들〉 촬영지다. 극중 인물들이 다이아몬드를 찾기 위해 혈투를 벌이던 장소로, 영화를 본 이들에게는 주변 도로와 건물 안 모습이 익숙하게 다가올 법하다. 오래된 주상복합건물이 풍기는 분위기가 묘하다. 부산데파트는 부산 최초의 현대식 쇼핑센터로, 40년이 넘는 역사를 자랑한다.
    남구 용호동에 있는 이기대도시자연공원도 단골 촬영지다. 도시와 바다가 어우러진 전망을 품은 곳으로, 영화 〈해운대〉, 〈박수건달〉, 〈깡철이〉에 등장해 부산의 숨겨진 아름다움을 알렸다. 도로변 아래 해안 절벽을 따라 이기대 해안산책로가 조성되었다.

추천 여행지

오륙도 스카이워크

이기대 해안산책로 끝자락에 위치해 있다. 35m 해안 절벽 위에 철제 빔을 놓고 방탄유리 24개를 이어 만든 스카이워크는 영화보다 짜릿한 즐거움을 선사한다. 유리 바닥 아래로 파도가 부서지는 광경이 생생히 보인다. 부산의 상징인 오륙도를 배경으로 온 가족이 기념사진을 찍어도 좋다.

부산영화촬영스튜디오

수영만 요트경기장에 자리했다. 영화 제작에 필요한 각종 장비와 시설을 갖춘 실내 스튜디오가 있다. 특수촬영을 위한 그린 매트와 와이어 설비를 비롯해 최신식 촬영 장비도 갖춰졌다. 스튜디오 내부는 일반에 개방되지 않지만, 부산영상위원회에서 운영하는 견학 프로그램을 이용하면 일부 시설 관람이 가능하다. 매주 금요일 오후 2~5시 스튜디오를 소개하고 세트장을 관람하는 견학 프로그램이 운영된다. 견학 신청은 홈페이지를 통해 최소 일주일 전에 예약해야 한다.

비프(BIFF)광장

해마다 부산국제영화제 전야제 행사가 열리는 곳으로, 매일이 흥겨운 축제마냥 북적거린다. 극장과 영화 관련한 조형물이 곳곳에 있으며, 거리에 줄지어 선 먹거리 포장마차는 이곳의 또 다른 명물로 꼽힌다.

영화의 전당

부산국제영화제 개막식 장소. 아시아 대표 영화제로 자리매김한 부산국제영화제의 위상만큼이나 건축물이 웅장하고 독특하다. 4,000석 규모 야외극장과 모든 장르 영화 상영이 가능한 중·소규모 극장을 갖췄으며, 평소에도 다양한 공연과 행사가 열린다. 특히 야외극장은 밤이면 화려한 빛의 물결로 넘쳐난다. 밤 8~11시 세계 최대의 지붕으로 불리는 빅루프를 무대 삼아 황홀한 빛의 쇼가 펼쳐진다. 길이 163m, 축구장 1.5배 규모에 달하는 빅루프는 2012년 기네스북에 등재되었다.

1 오륙도 스카이워크 2 영화의 전당에 전시된 다양한 영사기들 3 부산 대표 음식 돼지국밥

추천 일정

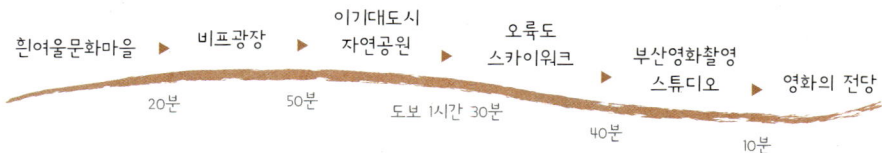

흰여울문화마을 → 20분 → 비프광장 → 50분 → 이기대도시자연공원 → 도보 1시간 30분 → 오륙도 스카이워크 → 40분 → 부산영화촬영스튜디오 → 10분 → 영화의 전당

흰여울문화마을 | 구석구석 재미난 공간을 찾아보세요
비프광장 | 씨앗호떡, 매운 떡볶이 등 소문난 주전부리를 맛보세요
이기대도시자연공원 | 부산 시내를 조망하며 어딘지 맞혀보기
오륙도 스카이워크 | 두려움을 떨치고 과감히 앞으로 전진!
부산영화촬영스튜디오 | 세트장 촬영은 금지되어 있어요
영화의 전당 | 미리 공연 스케줄을 알아보세요

흰여울문화마을

부산영화촬영스튜디오

여행 정보

웹 페이지와 전화
부산 문화관광 051-888-4302, http://tour.busan.go.kr
부산데파트 051-246-0131, http://busandepart.alltheway.kr **부산영상위원회** 051-7200-323, www.bfc.or.kr **영화의 전당** 051-780-6000, www.dureraum.org **이기대도시자연공원** 051-607-6361

대중교통
기차 서울-부산, KTX 하루 50여 회 운행, 약 2시간 40분 소요
버스 서울고속버스터미널-부산, 하루 20~40분 간격 운행, 약 4시간 20분 소요

자가운전
중앙고속도로 대동IC→남해고속도로→만덕대로→충렬대로→원동IC에서 광안대교 방면 오른쪽→수영강변대로→요트장삼거리에서 요트경기장 방면 우회전→부산영화촬영스튜디오

숙박
스토리게스트하우스 해운대구 해운대해변로, 051-744-9500, www.storyguesthouse.com **비치모텔** 영도구 하리해안길, 051-405-3331 **파크하얏트부산** 해운대구 마린시티1로, 051-990-1234, http://busan.park.hyatt.com **한화리조트** 해운대구 마린시티3로, 051-749-5500, www.hanwharesort.co.kr **토요코인 부산역2** 중구 중앙대로, 051-442-1045, www.toyoko-inn.kr **타워힐호텔** 중구 백산길, 051-243-1001, www.towerhill.co.kr

맛집
초원복국 영도동점 복매운탕·수육, 영도구 태종로 89번길, 051-413-0495 **소담가마솥돼지국밥** 돼지국밥, 영도구 태종로, 051-403-1545 **초량밀면** 밀면, 동구 중앙대로, 051-462-1575 **합천돼지국밥** 돼지국밥, 남구 조각공원로, 051-627-2199 **민락회타운** 생선회, 수영구 민락수변로, 051-757-3000

053
전주한옥마을
전북 전주시

역사의 향기 그윽한 전통마을,
나홀로 여행지로도 적격

여행 내비게이션

여행 콘셉트 인정 넘치는 골목길 누비며 문화의 향기 발견
추천 일정 1박 2일 **추천 교통** 버스, 기차, 자가운전 **추천 계절** 봄, 가을
Must Do
1.한옥마을 골목 누비기 2.경기전 답사와 어진박물관 관람 3.최명희문학관 관람
4.전주한지박물관 관람 5.막걸리, 콩나물국밥 맛보기

PART 3. 가을 : 힐링여행

전주는 조선을 건국한 태조 이성계의 본관이다. 오늘날에는 한옥, 한식, 한지, 한국 소리 등 '한 스타일'이 집대성된 고도(古都)임을 자랑한다. 이처럼 가장 한국적인 도시로 손꼽히는 전주에 한옥마을이 당당하게 남아 있다.

한옥마을 여행의 출발지는 경기전으로 삼는 것이 일반적이다. 경기전의 전주사고를 지나 뒤편으로 돌아가면 어진박물관이 반겨준다. 국내 유일의 어진(왕의 초상) 전문 박물관이다. 태조, 세종, 영조, 정조, 철종, 고종, 순종의 어진과 일월오봉도(왕권을 상징하고 왕실의 번영을 기원하는 병풍) 등이 전시되었다.

전주한옥마을 여행의 진정한 매력은 골목길 걷기에 있다. 한옥마을은 일제강점기 일본인의 시내 진출에 반발한 전주 시민들이 교동과 풍남동 일대에 한옥을 짓고 모여 살기 시작하면서 지금과 같은 모습이 되었다. 어느 골목에 들어서건 직선미와 곡선미가 절묘하게 교차하는 한옥의 풍경을 대할 수 있어서 발걸음과 눈길이 쉽게 떨어지지 않는다. 수령 600년을 헤아리는 은행나무, 나지막한 담장 너머로 보이는 장독대, 돌담 밑에 핀 들꽃, 전통찻집에서 흘러나오는 차향, 예쁜 커피 전문점의 커피 향기 등이 저마다 매력을 발산한다. 한옥마을 안의 전주공예명인관, 공예공방촌 지담, 목판서화체험관, 예다원, 동락원 등에서는 다양한 체험 프로그램이 진행된다.

전주명품관에서 오목대로 오르는 나무 데크 중턱, 한옥마을 전체를 바라보기 좋은 지점에 조망대가 있다. 한옥 700여 채가 들어선 마을의 전경이 시야에 가득 찬다. 과거와 현재가 공존하는 한옥마을의 시간 여행자들이 태조로와 은행로, 한지길 등을 걷는 모습이 정겹다. 한옥마을 답사 마무리 장소로는 오목대가 적당하다. 으목대는 고려 말 이성계 장군이 삼도순찰사로 재직할 당시 머무른 장소다. 남원에서 황산대첩을 거둔 이성계는 개경으로 돌아갈 때 이곳 오목대에 들러 대풍가를 부르며 부하들에게 연회를 베풀기도 했다.

1 전주한옥마을 전경 2 전동성당 3 오목대

추천 여행지

최명희문학관

한옥마을 안에 있다. 대하소설 〈혼불〉을 남긴 최명희 소설가의 삶과 문학 세계를 엿볼 수 있는 곳이다. 정 갈하게 단장된 앞마당, 아담한 전시관 건물이 마음을 사로잡는다. 작가가 생전에 사용한 문방사우와 재현된 서재는 물론 여러 가지 어록도 가슴을 뭉클하게 만든다. '1년 뒤에 받는 나에게 쓰는 편지', 서체 따라쓰기, 원고 필사해보기 등 체험 프로그램을 운영한다. 최명희문학관 인근의 교동아트미술관은 백양섬유 공장 터에 들어선 다목적 문화 공간이다. 1980년대까지만 해도 내의류 생산 공장이었으나, 현재는 여러 장르의 전시회가 활발하게 이어진다.

전주한옥생활체험관

한옥마을에는 한옥 숙박을 체험할 수 있는 집이 많다. 전주한옥생활체험관(세화관)도 그 중의 하나다. 조선시대 양반집을 떠올리는 곳으로 안채, 사랑채, 대청, 행랑채, 안마당, 사랑 마당 등이 갖춰졌다. 선비방, 규수방, 사랑채, 일반실이 숙소로 활용된다. 연 만들기, 한지 탈 만들기, 한지 전등갓 꾸미기, 전통 제기 만들기 등 요일별로 다양한 체험이 진행된다. 단체 숙박객은 비빔밥 만들어 먹기, 한지 공예, 예절 교육, 판소리와 민요 감상 체험 등도 가능하다.

남부시장

전주천변에 자리한 전통시장으로 500년 넘는 역사를 자랑한다. 전주한옥마을의 경기전, 전동성당과도 가까워서 외지여행객들의 발길이 잦다. 지금은 10동의 상가와 천변 가설점포로 구성되어 있다. 현재 남부시장의 점포수는 790여 개이며, 주단, 가구, 건어물, 채소, 과일, 약재 등이 주요 취급 품목이다. 남부시장을 대표하는 먹거리로는 시원한 콩나물국밥, 피순대, 순대국밥, 팥죽, 팥칼국수, 보리밥 등이 손꼽힌다.

콩나물국밥

전주에서 반드시 맛봐야 할 음식은 콩나물국밥이다. 한옥마을과 가까운 동문예술거리에 콩나물국밥을 파는 집들이 모여 있다. 이 서민적인 음식이 등장한 시기는 한국전쟁 직후로 보인다. 묵직한 뚝배기에 밥, 콩나물, 여러 가지 양념을 넣고 펄펄 끓여 내는데, 새우젓으로 간하고 취향에 따라 김을 얹어서 먹는다. 막걸리에 여러 가지 한약재를 넣고 끓여서 알코올 도수를 낮춘 모주는 콩나물국밥에 잘 어울린다.

1 자전거로 돌아보는 전주한옥마을 2 최명희문학관 3 콩나물국밥

추천 일정

경기전과 어진박물관 ▶ 최명희문학관과 교동아트미술관 ▶ 한옥마을 (점심) ▶ 동락원에서 체험 참여 ▶ 전통술 박물관 ▶ 오목대 ▶ 강암서예관

도보 5분 / 도보 10분 / 도보 15분

전주한지박물관 ◀ 덕진공원 ◀ 풍남문 ◀ 전동성당 ◀ 한옥마을(숙박) ◀ 남부시장(저녁)

10분 / 20분 / 도보 5분 / 도보 15분

경기전 | 전주사고와 예종대왕 태실 및 비도 놓치지 말고 보세요
최명희문학관 | '1년 뒤에 받는 나에게 쓰는 편지'를 체험해 보세요
동락원 | 한복 입기 체험, 한지공예 등을 즐겨요
콩나물국밥 | 콩나물국밥 대신 비빔밥도 좋고 막걸리 집을 찾아가도 좋아요
전주한지박물관 | 아이들의 체험학습 장소로 적극 추천해요

경기전

최명희문학관

한지박물관

여행 정보

웹 페이지와 전화
전주시청 관광산업과 063-281-5044, http://tour.jeonju.go.kr **최명희문학관** 063-284-0570, www.jjhee.com **교동아트미술관** 063-287-1245, www.gdart.co.kr **전주한지박물관** 063-210-8103, www.hanjimuseum.co.kr

대중교통
버스 센트럴시티터미널-전주, 15분 간격 운행, 2시간 40분 소요 / 부산종합버스터미널-전주, 70분 간격 운행, 3시간 20분 소요 / 대전-전주, 30분 간격 운행, 1시간 20분 소요

자가운전
호남고속도로 전주IC→전주종합경기장 앞→호텔르윈 앞→전주한옥마을→경기전

숙박
전주한옥생활체험관 완산구 어진길, 063-287-6300 **호텔르윈** 완산구 기린대로, 063-230-4200 **동락원** 완산구 은행로, 063-285-3490 **전주호텔** 덕진구 전주천동로, 063-247-3333

맛집
왱이콩나물국밥 콩나물국밥, 완산구 동문길, 063-287-6980 **삼백집** 콩나물국밥, 완산구 전주객사2길, 063-284-2227 **교동한식** 한정식, 완산구 태조로, 063-288-4004 **가족회관** 비빔밥, 완산구 전라감영5길, 063-284-0982

축제 및 행사
전주국제영화제 매년 5월 초순, 063-288-5433, www.jiff.or.kr **전주대사습놀이** 매년 6월 초순, 063-252-6792, www.jjdss.or.kr

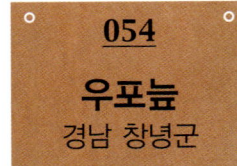

054 우포늪 경남 창녕군

사계절 변신하는 생태 천국

여행 내비게이션

여행 콘셉트 람사르 협약에 등록된 우포늪 생태 체험
추천 일정 1박 2일 **추천 교통** 자가운전 **추천 계절** 사계절
Must Do
1. 우포늪 생명길 걷기 2. 소목마을서 장대거룻배 보기
3. 화왕산 억새 감상 4. 읍내 유적 둘러보기

PART 3. 가을 : 힐링여행

1 우포늪 소목마을
2 우포늪 수생식물
3 우포늪 왕버들

   창녕 우포늪은 낙동강 물줄기와 이어진 생태 천국이다. 늪이 만들어내는 풍광은 새벽과 저녁이 다르고, 또 사계절이 변화무쌍하다. 우포늪은 자연습지로는 국내 최대 규모다. 늪 전체는 천연기념물로 지정됐고, 국제적으로 중요한 습지에 관한 협약인 람사르 협약에 등록돼 보호받고 있다. 1,500여 종의 동식물이 공생하는 우리나라에서 가장 오래된 자연 내륙습지로 약 1억 4,000만 년 전에 생성된 것으로 추정되고 있다. 현지 주민들은 우포늪을 우포, 사지포, 목포, 쪽지벌 등으로 나눠 부른다.

   늪은 곳곳에 숨은 비경을 담고 있다. 북쪽 목포의 장재마을은 왕버들 군락으로 원시적인 멋을 전해준다. 실제로 우포늪의 8경중 1경에 속하는 곳이 왕버들 군락이다. 우포 북단의 소목마을은 장대거룻배의 풍경이 남아 있다. 장내거룻배는 자연과 사람이 하나 되는 연결고리이다. 우포늪에서는 이곳 주민인 몇몇 어부들에게만 고기잡이가 허용되는데, 새벽녘 한가롭게 배가 오가는 정경은 서정적인 분위기를 연출한다.

   우포늪의 전문가들이 추천하는 풍광은 새벽과 함께 우포의 별밤이다. 늪은 해가 지면 별천지로 변신한다. 우포늪 주변에는 다른 빛이 없기 때문에 이 일대의 별은 유난히도 또렷하게 빛난다. 최근 인기를 끌고 있는 우포늪 생명길은 느리게 걷기가 어울리는 곳이다. 차가운 시멘트 길이 아닌 흙을 다진 비포장 길이 8.4km 가량 이어진다.

   우포늪은 사계절 단아한 자태를 뽐낸다. 여름이면 우포늪은 짙푸르게 변장을 한다. 초록의 잎들이 수면을 덮으며 풍요로운 녹음 잔치를 펼친다. 마름, 자라풀, 개구리밥 등은 녹색의 융단을 깔아 놓은 듯 가지런하게 늪을 수놓는다. 이곳에 해오라기, 백로, 쇠물닭 등 여름 철새가 날아와 늪의 정적을 깬다. 가을로 넘어서면 녹음 대신 갈대와 물억새가 완연한 주인공이 된다. 큰기러기, 쇠오리 등 철새들의 군무가 아름답게 펼쳐진다. 우포늪 남쪽 초입에는 생태전시관이 마련돼 늪의 역사와 식생에 대해 살펴볼 수 있다. 우포늪은 '2014년 한국관광의 별' 생태관광부문 별로 선정되기도 했다.

추천 여행지

화왕산 억새
가을 창녕 여행에서는 화왕산 억새를 놓칠 수 없다. 가을이면 화왕산 정상 아래 화왕산성 일대가 온통 억새의 향연으로 채워진다. 우포에서 경험했던 물억새가 억새 감상의 전주곡이었다면 해를 마주보고 펼쳐지는 화왕산 참억새의 흰빛 물결은 강렬한 감동을 만들어낸다. 억새가 드넓게 펼쳐진 화왕산성은 임진왜란 때 의병장 곽재우의 분전지로도 알려져 있다. 화왕산 억새 산행은 창녕읍내 자하곡 매표소를 기점으로 제2코스를 이용하면 왕복 2~3시간이면 족하며, 관룡사를 경유해 오를 수도 있다.

석빙고와 술정리 삼층석탑
창녕시장을 중심으로 창녕 읍내에는 걸어서 둘러볼 수 있는 유적들이 흩어져 있다. 조선시대 얼음을 보관하던 창고였던 석빙고(보물 제130호)를 지나면, 가야시대 고분인 교동고분군길이 이어진다. 통일신라 때 석탑인 술정리 삼층석탑(국보 제34호) 역시 창녕시장 뒷길에 소담스럽게 서 있다.

수구레국밥
수구레국밥은 창녕 장날이면 맛볼 수 있던 이곳 주민들의 대표 음식이다. 수구레는 소의 껍질 안쪽 아교질 부위로 씹는 맛이 쫄깃쫄깃한 게 일품이다. 창녕에서는 수구레와 선지, 콩나물, 파 등을 푸짐하게 넣고 가마솥에 오랫동안 삶아 국물을 우려내는데, 장날이 아니더라도 창녕시장 인근의 국밥 전문점에서 수구레국밥을 맛볼 수 있다.

1 우포늪 전경 2 창녕 석빙고 3 술정리 삼층석탑

추천 일정

우포늪 ▶ (도보 10분) 우포늪생태관 ▶ (30분) 교동고분군 ▶ 창녕읍(숙박) ▶ (30분) 소목마을 ▶ (30분) 술정리 삼층석탑 ▶ (도보 10분) 창녕시장

우포늪 | 새벽에 들르면 좋아요
우포늪생태관 | 우포늪의 역사를 볼 수 있어요
교동고분군 | 고분 옆에 박물관도 들러요
소목마을 | 숨겨진 우포늪이 더 예뻐요
술정리 삼층석탑 | 시장 옆에 국보가 숨어 있어요

교동 고분군

우포늪 생명길

여행 정보

웹 페이지와 전화
창녕군청 문화관광 055-530-1534, http://tour.cng.go.kr
우포늪 사이버생태공원 055-530-2690, www.upo.or.kr

대중교통
버스 서울남부터미널-창녕, 4시간 소요, 하루 5회 운행,
대구서부터미널-창녕, 30분~1시간 간격 수시 운행

자가운전
창녕 중부내륙고속도로→대구창원 고속도로 창녕IC→합천 방향 우회전→회룡삼거리에서 우회전→우포늪

숙박
대천장호텔 부곡면 온천중앙로, 055-536-5656~9
부곡로얄관광호텔 부곡면 온천중앙로, 055-536-7300, http://bugokroyal.co.kr

맛집
왕순한우식육식당 수구레국밥, 창녕읍 창녕시장길, 055-532-1711 양반청국장 청국장·순두부, 창녕읍 화왕산로, 055-533-0066

055 고마나루와 공산성
충남 공주시

곰 여인의 전설이 강물 되어 흐르네

여행 내비게이션

여행 콘셉트 백제의 고도 공주의 문화유산 둘러보며 휴식하기
추천 일정 1박 2일 **추천 교통** 자가운전, 버스 **추천 계절** 봄~가을
Must Do
1. 곰 여인 이야기 들으며 고마나루 산책하기 2. 공산성 성곽 걷기
3. 무녕왕릉에서 화려한 백제 금관 찾아보기 4. 공주한옥마을에서 숙박하기

PART 3. 가을 : 힐링여행

고마나루는 공주의 관문으로 백제시절 서해에서 금강을 따라 올라온 배가 드나들던 나루터다. 고마나루는 또 인간 세상을 동경하는 곰 여인의 전설이 어린 곳이기도 하다. 지금도 고마나루에는 아담한 곰 사당이 남아있다. 돌로 깎은 작은 곰 상을 모신 사당 주변으로 키 큰 소나무들이 우거져 보기 좋다. 솔숲 사이사이 현대 작가들이 만든 곰 가족상도 있다.

시간이 넉넉하면 고마나루에서 시작해 공주의 주요 관광지를 둘러보는 고마나루명승길(총 23km, 6시간 30분 소요)을 걸어보는 것도 좋다. 코스는 '고마나루-공주한옥마을-국립공주박물관-송산리고분군-황새바위성지-산성시장-공산성-금강철교-정안천 생태공원-연미산-공주보-고마나루 수상공연장-고마나루'다.

공산성은 백제시대에 쌓은 왕성이다. 22대 문주왕이 475년 한성(서울)에서 웅진(공주)으로 천도한 뒤, 538년 성왕이 사비(부여)로 옮길 때까지 64년간 5대에 걸친 백제 왕들이 공산성 안 왕궁에서 거주했을 것으로 추정된다. 당시에는 웅진성이라 했고, 고려시대에는 공주산성, 조선시대에는 쌍수산성으로 불렸다. 성의 동서남북에 영동루, 금서루, 진남루, 공북루 등 성문이 있다. 주차장에서 올라가는 길에 보이는 주 출입문은 서문에 해당하는 금서루다. 백제 때는 고마나루를 이용했지만, 조선 시대에는 공북루 아래 큰 나루터가 있어 금강을 건넜다.

공북루 위쪽 전망대에 오르면 푸른 금강과 공주 시내 전망이 시원하다. 성벽은 2.6km로 한 바퀴 둘러보는 데 1시간 30분 정도 걸린다. 금서루에서 왕궁추정지와 쌍수정까지 보고 돌아오는 데는 30분이면 충분하다. 4~10월 매주 토·일요일(7~8월 제외) 금서루에서 웅진수문병교대식이 열린다. 백제 의상 체험, 활쏘기, 백제 왕관 만들기, 백제 탈 그리기 등 체험 코너도 마련된다.

해가 지고 조명이 들어오면 공산성의 밤 풍광을 보러 나선다. 화려하지 않지만 정겨움이 느껴지는 공주 야경과 금강 위에 걸린 철교, 성벽을 비추는 조명이 시원한 밤공기와 어울려 기분 좋다.

1 공산성의 주 출입문인 금서루와 성벽 2 곰 여인의 전설이 깃든 고마나루의 곰 사당 3 공산성 성벽을 걷는 여행객

추천 여행지

송산리 고분군
동글동글한 언덕처럼 보이는 송산리 고분군에는 삼국시대 왕릉 가운데 유일하게 무덤의 주인이 밝혀진 무령왕릉을 비롯해 고분 7기가 모여 있다. 1~6호 분은 백제시대 왕과 왕족의 무덤으로 추정된다. 7호 분은 백제 25대 무령왕과 왕비의 능으로, 1971년 여름 5~6호 분의 배수로 공사 중에 우연히 발견됐다. 모형전시관에서 고분 발굴 과정, 내부 모습, 백제 문화 등을 접할 수 있다. 모형전시관을 둘러보고 공원처럼 깔끔하게 조성된 고분군 주변을 산책하면 된다. 송산리 고분군 입구에 최근 개관한 웅진백제역사관도 들러볼 것.

공주박물관
백제시대 문화를 테마로 한 박물관이다. 무령왕릉의 주요 출토 유물이 전시되었다. 왕릉에서 출토된 유물 4,600여 점 가운데 무령왕 금제관식(국보 154호), 무령왕 금귀걸이(국보 156호) 등 12점이나 국보로 지정됐다.

공주한옥마을
무령왕릉에서 국립공주박물관으로 가는 길에 자리했다. 공주를 찾는 개별 여행객은 물론 수학여행으로도 인기 있는 숙소다. 한옥 고유의 멋을 간직하면서도 내부시설은 편리하게 갖춰놓았다. 사이버공주 홈페이지(http://cyber.gongju.go.kr)에서 회원가입 하면 공주 주요 관광지 입장료와 공주한옥마을 숙박료가 무료, 혹은 할인된다.

마곡사
동학사와 함께 공주를 대표하는 사찰이다. 백제시대에 창건된 고찰 마곡사는 〈정감록〉이나 〈택리지〉에서 기근이나 전란의 염려가 없는 곳으로 꼽혔다. 일제강점기에 김구 선생이 은거하기도 했다. 김구 선생이 다니던 길을 따라 만든 백범 명상길은 솔향기를 맡으며 가볍게 산책하기 좋다. 마음속 번뇌를 씻어내는 템플스테이도 가능하다.

1 무령왕릉 출토물을 전시해 놓은 국립공주박물관 2 공주 한옥마을
3 무령왕릉이 있는 송산리 고분군 4 마곡사 템플스테이 참가자들이 만든 연등

추천 일정

마곡사 ▶ 공산성 ▶ 무령왕릉 ▶ 국립공주박물관 ▶ 고마나루
30분 　 3분 　 도보 0분 　 도보 10분 　 도보 10분

돌담풍경마을 ◀ 계룡산도예촌 ◀ 계룡산자연사박물관 ◀ 동학사 ◀ 공주한옥마을(숙박)
2분 　 15분 　 5분 　 25분

공산성 | 성곽을 따라 한 바퀴 도는 기분이 좋아요
무령왕릉 | 후문에서 국립공주박물관으로 이어진 산책로가 운치 있어요
고마나루 | 곰 여인의 슬픈 전설을 찾아보세요
동학사 | 절로 가는 진입로에서 삼림욕을 즐기세요
계룡산도예촌 | 작품 구경도 하고 살 수도 있어요

공산성 진남루

계룡산자연사박물관의 매머드 화석

계룡산 도예촌

여행 정보

웹 페이지와 전화
공주문화관광 041-840-8081, http://tour.gongju.go.kr **국립공주박물관** http://gongju.museum.go.kr **공주한옥마을** http://hanok.gongju.go.kr **마곡사** 041-841-6221, www.magoksa.or.kr **계룡산자연사박물관** www.krnamu.or.kr **동학사** 042-825-2570, www.donghaksa.or.kr **공산성 안내소** 041-856-7700

대중교통
버스 서울남부터미널-공주, 20~40분 간격 운행, 1시간 30분 소요 / 동서울종합터미널-공주, 1시간 간격 운행, 2시간 소요 / 대전서부시외버스터미널-공주, 시외버스 수시 운행, 1시간 소요

자가운전
천안논산고속도로 공주IC→공주·공주보 방면 우회전→백제큰길 1.4km→생명과학고 교차로 대전 방면 좌회전→전막교차로 무령왕릉 방면 우회전→금강철교→공산성

숙박
호텔동학산장 반포면 동학사1로, 042-825-4301, http://dhsanjang.co.kr **공주한옥마을** 공주시 관광단지길, 041-840-8900, http://hanok.gongju.go.kr **금강관광호텔** 공주시 전막2길, 041-852-1071, www.hotel-kumkang.com **공주유스호스텔** 탄천면 삼기리1길, 041-852-1212, www.gongjuyh.com

맛집
고마나루돌쌈밥 돌쌈밥, 공주시 백미고을길, 041-857-9999, www.gomanaru.co.kr **새이학가든** 공주국밥, 공주시 금강공원길, 041-855-7080 **동학산장식당** 한정식, 반포면 동학사1로, 042-825-4301 **고향손칼국수** 칼국수·들깨수제비, 공주시 무령로, 041-853-9566

축제와 행사
백제문화제 매년 9월 말, www.baekje.org **공주알밤축제** 매년 가을, 041-840-8112

056 수종사
경기 남양주시

한강에 기대 선현을 추억하다

　수종사는 남한강과 북한강이 몸을 섞는 두물머리를 조망할 수 있는 곳으로, 발아래 펼쳐지는 장관으로만 따지면 여느 사찰에 뒤지지 않는다. 청평호에서 피어나는 새벽녘의 물안개는 운길산까지 자욱하게 뒤덮곤 한다. 이곳의 남다른 매력은 대웅전 앞에 자리 잡은 찻집인 '삼정헌'에서도 발견할 수 있다. 물맛이 좋아 초의선사, 다산 정약용, 추사 김정희가 차를 즐겨 마셨다는 곳에 자리한 삼정헌은 시(詩), 선(禪), 차(茶)가 하나 되는 곳이라는 의미다. 작설차의 맛은 은은하기로 소문이 났다. 통유리창 너머로 두물머리를 내려다보며 차를 마실 수 있는데, 고즈넉한 풍경에 취한 손님들이 나누는 담소와 다기 소리가 방안에 퍼진다. 조선 세조가 뱃길 따라 환궁을 하다 범종소리를 듣고 기이하게 여겨 가람을 짓게 했다는 수종사는 볼만한 유물이 여럿 있다. 세조 때 심었다는 두 그루의 은행나무는 수령이 500년이 넘었고 둘레가 7m나 된다. 왕명에 의해 만들었다는 팔각형 부도와 함께 사리와 불상이 다수 나왔던 오층석탑도 고스란히 남아 있다. 등산객들에게는 이곳 수종사를 거쳐 운길산에 오르는 트레킹 코스도 인기가 높다.

여행 내비게이션

여행 콘셉트 전망 좋은 산사에서 두물머리와 한강 조망
추천 일정 당일 **추천 교통** 자가운전 **추천 계절** 사계절
Must Do
1. 수종사에서 차 한잔 하기 2. 다산길 걷기 3. 실학박물관 체험

추천 여행지

다산유적지
수종사 초입에서 다산유적지까지는 승용차로 지척거리다. 최근 능내리 다산유적지 일대는 남양주 여행의 새로운 메카로 주목받고 있다. 국내 최초의 실학박물관이 오픈했고, 온 가족이 부담없이 걸을 수 있는 다산길 등 '남양주의 올레길'이 새롭게 조성되면서 인기를 끌고 있다.

추천 일정

수종사 ▶ 다산길 걷기 ▶ 실학박물관 ▶ 정약용 생가 ▶ 두물머리
30분   도보 10분   도보 5분   20분

여행 정보

웹 페이지와 전화
남양주시 문화관광 031-590-4243, www.nyj.go.kr 수종사 031-576-8411 실학박물관 031-579-6000, www.silhakmuseum.or.kr

대중교통
기차 용산-운길산역, 1시간 소요
버스 청량리역 167번, 강변역 88번, 2000-1번, 덕소 63번

자가운전
올림픽대로→하남→팔당대교→팔당터널→조안면, 청평 방향→운길산→조안보건소 옆

숙박
깊은산속 옹달샘 펜션 수동면 축령산로, 031-592-1040
청솔펜션 수동면 축령산로, 031-559-9988

맛집
양지가든 이동갈비, 별내면 청학로, 031-841-8238 머치골 원조매운탕 메기매운탕, 와부읍 고래산로, 031-576-3117 돌고래 장어구이, 와부읍 경강로, 031-576-0166

057 윗대티골
경북 영양군

고향처럼 넉넉한 산골을 걷다

여행 내비게이션

여행 콘셉트 아름다운 숲길 걸은 후 옛 마을에서 하룻밤 보내기
추천 일정 1박 2일 **추천 교통** 자가운전 **추천 계절** 봄~가을
Must Do
1. 황토구들방에서 자기 2. 외씨버선길 7코스 걷기 3. 가재 잡고 도시락 만들기 체험하기

영양군의 진산 일월산(1,219m) 아래 자리한 윗대티골은 고향같이 넉넉한 시골마을이다. 이 마을에는 2009년 '제10회 아름다운 숲 전국대회' 숲길 부문을 수상한 아름다운 길이 있는데, 바로 영양군이 조성한 외씨버선길 7코스다. 마을 이름의 '대티'는 '큰 고개'라는 뜻으로, 마을 옆에 옛 고갯길이 있다. 윗대티골은 진입로에서 마을까지 가는 길도 아름답지만, 마을을 지나면서 본격적으로 그윽하고 아름다운 숲길이 시작된다. 하늘을 가린 숲 아래로 계곡물이 콸콸 흐른다. 계곡 옆에 길이 있어 언제나 물소리를 들으며 걸을 수 있다. 오솔길에 낙엽이 쌓여 있어 폭

신하다. 상쾌한 숲 공기를 들이마시면서 주변 경치를 둘러보면 걸음이 자연스레 느려지게 된다. 길은 계곡을 건넌다. 이 계곡은 반변천의 최상류이다. 반변천은 일월면과 영양읍, 입암면을 지나 낙동강으로 합류하는 109.4km 물길이다. 반변천 발원지에서 옆 계단

으로 올라가면 짧은 오르막 구간이 나온다. 오르막길을 다 올라서면 길은 넓어지고 편안해 진다. 어른 서너 명이 어깨동무 하고 나란히 걸을 수 있을 정도다. 길을 따라가다 보면 '칠밭목'과 '숲길입구' 등으로 길이 갈라지는데 '숲길입구' 방향으로 걸으면 된다. 길이 차 한 대 지날 정도로 넓다. 사실 이 길은 예전에는 차가 다니던 31번 도로였다. 이 길은 일제강점기에 구리광산에서 캔 광물과 금강송을 실어 나르기 위해 신허리를 잘라 만든 고갯길이다. 1980년대 초반까지 이용되다가 옆에 새 길이 나면서 자연의 품으로 돌아왔다. 지금도 숲길을 걷다보면 '영양 23km'라고 적힌 옛 이정표를 만날 수 있다. 길은 계속 내리막이라서 걷기 편하다. 길 중간에 원두막과 의자 등을 만들어 쉬어갈 수 있게 했다. 그렇게 길을 걷다보면 조금 전에 마을로 올라갈 때 만났던 갈림길이 나온다. 길 옆에 버선 고양의 조형물이 보인다. 이렇게 걷는 데 3시간이면 충분하다. 마을을 둘러 싼 아름다운 숲길을 걷는 윗대티골의 낮이 소풍이라면 황토집 구들장 방에 누워 잠을 자는 밤은 엄마 품 같이 프근하다. 시냇가에서 돌탑을 쌓고 가재를 잡는 마을체험교실과 산야초 도시락 만들기, 힐링 도시락 만들기 등 요리교실은 아이들에게는 재미를, 엄마 아빠에겐 추억을 선물한다. 윗대티골다을 체험활동을 하려면 사전에 예약해야 한다.

추천 일정

윗대티마을 둘러보기 ▶ 체험활동&황토구들방 (숙박) ▶ 외씨버선길 7코스 트레킹(3시간 소요)

여행 정보

웹 페이지와 전화
대티골 사무국 054-682-7903, www.daetigol.com

대중교통
버스 동서울종합터미널-영양, 하루 5회 운행, 4시간 30분 소요

자가운전
중앙고속도로 풍기IC→영주→36번 도로→옥천삼거리 ㅈ

나 31번 도로 영양 방향→용화리→대티골

숙박
대티골 황토구들방 일월면 대티길, 054-682-7903

맛집
해수궁 생대구탕, 영양읍 여남길, 054-682-2005

가을캠핑

058 당항포오토캠핑장 | 자연을 품은 가을밤의 서정 경남 고성군
059 충주 캠핑장 | 여백과 낙엽 향 가득한 하룻밤 충북 충주시
060 아트인아일랜드캠핑장 | 계곡 속의 섬에서 누리는 캠핑의 즐거움 강원 평창군
061 고대산캠핑리조트 | 자연 속에서 즐기는 휴식 같은 캠핑 경기 연천군
062 유식물원캠핑장 | 식물원과 캠핑을 동시에 즐기는 곳 경기 포천시
063 매화미르마을캠핑장 | 민통선 안에서 즐기는 특별한 캠핑 경기 김포시
064 덕유대야영장 | 덕유산 너른 품에서 하룻밤 전북 무주군
065 방화동가족휴가촌 | 호젓해서, 너무 호젓해서 좋은 전북 장수군

058
**당항포
오토캠핑장**
경남 고성군

자연을 품은 가을밤의 서정

여행 내비게이션

여행 콘셉트 깊어가는 가을밤, 자연에서 보내는 하룻밤
추천 일정 2박 3일 **추천 교통** 자가운전 **추천 계절** 사계절
Must Do
1. 공룡엑스포장 견학하기 2. 체험 프로그램 참여하기 3. 밤하늘 별 보며 소원 빌기
4. 학동몽돌해변 등 거제 해금강 명소 돌아보기 5. 해산물 장 봐 바비큐 하기

PART 3. 가을 : 가을캠핑

고성 당항포오토캠핑장은 공룡세계엑스포로 유명한 당항포관광지에 위치해 있다. 캠핑장을 이용하면 관광지 입장이 무료여서 일석이조 여행을 즐길 수 있다.

당항포오토캠핑장은 공룡세계엑스포 이후 남아도는 주차장 공간을 활용해 만들었다. 주변이 산과 바다로 둘러싸여 있어 들이쉬는 숨결이 상쾌하고 신선하다. 부지도 넓어 일반 텐트부터 카라반까지 두루 이용 가능하다. 특히 매표소 입구에 위치한 S구역은 무선 인터넷 사용이 가능해 인기가 많다. 당항포오토캠핑장은 선착순 업실제로 원하는 자리가 있다면 일찍 도착해야 한다. 다만 공룡세계엑스포 기간에는 한시적으로 캠핑장 운영이 중단된다.

고성 신원리 해안도로 변에 조성된 남산공원오토캠핑장도 산과 바다를 두루 품어 인기다. 캠핑장 뒤쪽은 고성의 유일한 시민공원인 남산공원이 든든히 받치고, 앞쪽에는 푸른 바다가 그림처럼 펼쳐진다. 캠핑장과 바다 사이에 시야를 가리는 것이 없어 언제 어디서든 멋진 풍경을 감상할 수 있다. 피크닉 의자에 누워 바다를 바라보기만 해도 절로 힐링이 된다. 캠핑장 내 카라반 시설도 대여가 가능하다.

캠핑장 앞 바다는 즐거운 놀이공간이자, 저녁거리를 마련하는 장소가 된다. 어른들은 근처 방파제에서 낚시하느라 바쁘고, 아이들은 갯벌에 푹푹 빠지며 조개를 캐느라 정신이 없다. 직접 잡은 생선과 조개는 그날 저녁 반찬거리로 눈 깜짝할 사이에 없어진다. 갯벌 체험은 현장 예약 후 참여할 수 있으며, 당일 물때에 맞춰 진행된다.

남산공원오토캠핑장은 밤에 더욱 빛난다. 노을이 지고 바다 너머로 어둠이 찾아들면 해안 산책로에 하나둘 조명이 켜진다. 저녁 식사를 마치고 나무 데크를 따라 바다 위를 걸어보자. 때맞춰 캠핑장에서 흘러나오는 감미로운 음악이 산책을 더욱 운치 있게 만들어준다. 하루에도 몇 번씩 캠핑장에서 다양한 음악이 선곡된다.

1 당항포오토캠핑장 2 남산공원오토캠핑장의 카라반 3 남산공원오토캠핑장의 야경

추천 여행지

학동자동차야영장
한려해상국립공원에서 운영하는 캠핑장으로 거제도 학동몽돌해변 뒤편에 있다. 다목적 운동장을 비롯해 야외무대, 취사장, 샤워장, 화장실 등의 부대시설을 갖추고 있다. 주변에 음식점, 노래방, 편의점, 펜션 등 편의시설도 풍부하다. 좀 더 풍성한 캠핑을 원한다면 캠핑장에서 운영하는 탐방 프로그램을 이용해 보자. 에코 에너지 존 체험, 친환경 캠핑용품 만들기, 해설사가 동행하는 생태 체험 등 흥미로운 내용으로 꾸며진다. 관리소에서 프로그램을 확인하고 참가 신청하면 된다.

당항포관광지
공룡세계엑스포가 열리는 곳으로 주제관을 비롯해 레이저 영상관, 공룡 캐릭터관, 공룡나라 식물원 등 볼거리가 상당하다. 당항포관광지 끝자락은 바다와 맞닿아 있어 주제관 옥외 정원에 오르면 바다를 비롯해 캠핑장과 관광지 경관이 한눈에 담긴다. 공룡세계엑스포는 3년에 한 번씩 열리며 다음 엑스포는 2016년 4월부터 5월 말까지 약 50일간 개최될 예정이다.

바람의 언덕
학동몽돌해변과 수산마을 등 다도해 풍경을 감상하기 좋은 거제도의 명소다. 바람의 언덕은 도장포 유람선 선착장에서 북쪽으로 민둥산처럼 보이는 툭 튀어나온 언덕을 가리키며 위쪽에 커다란 풍차가 서 있다. 오르내리는 길을 목재 데크 탐방길로 조성해 누구나 편하고 쉽게 멋진 풍경을 감상할 수 있다. 길 반대편 쪽에 신선대가 위치해 있다. 신선대는 바닷가에 있는 커다란 바위다. 편편한 바위 위에 서면 멀리까지 퍼져 있는 다도해 풍경이 한눈에 잡힌다. 워낙 주변 경치가 뛰어나 신선이 놀던 자리라는 뜻에서 신선대라는 이름이 붙었다.

외도
한려해상국립공원 안에 자리한 개인 소유의 섬으로 1995년 외도자연농원이란 이름으로 개원해 일반에 개방되었다. 설립자인 이창호, 최호숙 부부가 수십 년 동안 정성껏 섬을 가꿔온 노력이 농원 안에 고스란히 배어들어 있다. 일 년 내내 활짝 핀 꽃을 볼 수 있으며 여러 가지 다양한 식생들이 조화를 이뤄 자라고 있는 풍경이 무척 아름답다.

1 학동자동차야영장의 야경 2 당항포관광지 3 바람의 언덕

추천 일정

당항포 오토캠핑장(숙박) ▶ 공룡엑스포장 ▶ 학동몽돌해변 ▶ 바람의 언덕 ▶ 신선대 ▶ 외도 ▶ 학동자동차야영장(숙박)
1시간 / 10분 / 2분 / 배 15분

공룡엑스포장 | 공룡 영화를 보고 가면 더 실감나요
바람의 언덕 | 바람에 모자가 날아가지 않게 주의하세요
신선대 | 바람의 언덕에서 걸어가도 좋아요
외도 | 미리 배 시간을 확인하고 가세요

당항포관광지

여차몽돌해안

여행 정보

웹 페이지와 전화
관광고성 055-670-2234, http://visit.goseong.go.kr 거제문화관광 055-639-4172, http://tour.geoje.go.kr 당항포관광지(오토캠핑장) 055-670-4501, http://dhp.goseong.go.kr 남산공원오토캠핑장 010-5490-5114, www.campmecca.com/gscamp 학동자동차야영장 055-640-2400, http://hallyeo.knps.or.kr

대중교통
버스 서울남부버스터미널-고성, 하루 27회 운행, 약 4시간 15분 소요 / 서울남부버스터미널-거제(고현), 하루 28회 운행, 약 4시간 20분 소요

자가운전
통영대전중부고속도로→고성IC→남해안대로 배둔 방면→배둔사거리에서 우회전→회진로→당항포오토캠핑장

숙박
당항포관광지 오토캠핑장 고성군 회화면 당항만로, 055-670-4501, http://dhp.goseong.go.kr 남산공원 오토캠핑장 고성군 공룡로, 010-5490-5114, www.campmecca.com/gscamp 학동자동차야영장 거제시 동부면 거제대로, 055-640-2400, http://hallyeo.knps.or.kr 허브드라마인펜션 고성군 회화면 회진로, 055-673-8580, http://drama-in.com 바다마루펜션 거제시 남부면 남부해안로, 055-634-2224, www.badamaroo.com

맛집
허브드라마인레스토랑 퓨전한정식, 고성군 회화면 회진로, 055-673-8580, http://drama-in.com 은하수횟집 생선회, 거제시 남부면 근포1길, 055-633-1438 지중해 멍게·성게·해초비빔밥, 거제시 사등면 거제대로, 055-633-5543

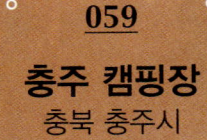

충주 캠핑장
충북 충주시

여백과 낙엽 향 가득한 하룻밤

여행 내비게이션

여행 콘셉트 여백의 미 가득한 캠핑장에서 하룻밤
추천 일정 1박 2일 **추천 교통** 자가운전 **추천 계절** 봄, 가을
Must Do
1. 캠핑장 바비큐 요리 2. 시골길 산책하기 3. 모닥불 피우고 별 보기
4. 중앙탑공원 산책 5. 수안보 온천욕 하고 별미 꿩샤브샤브 먹기

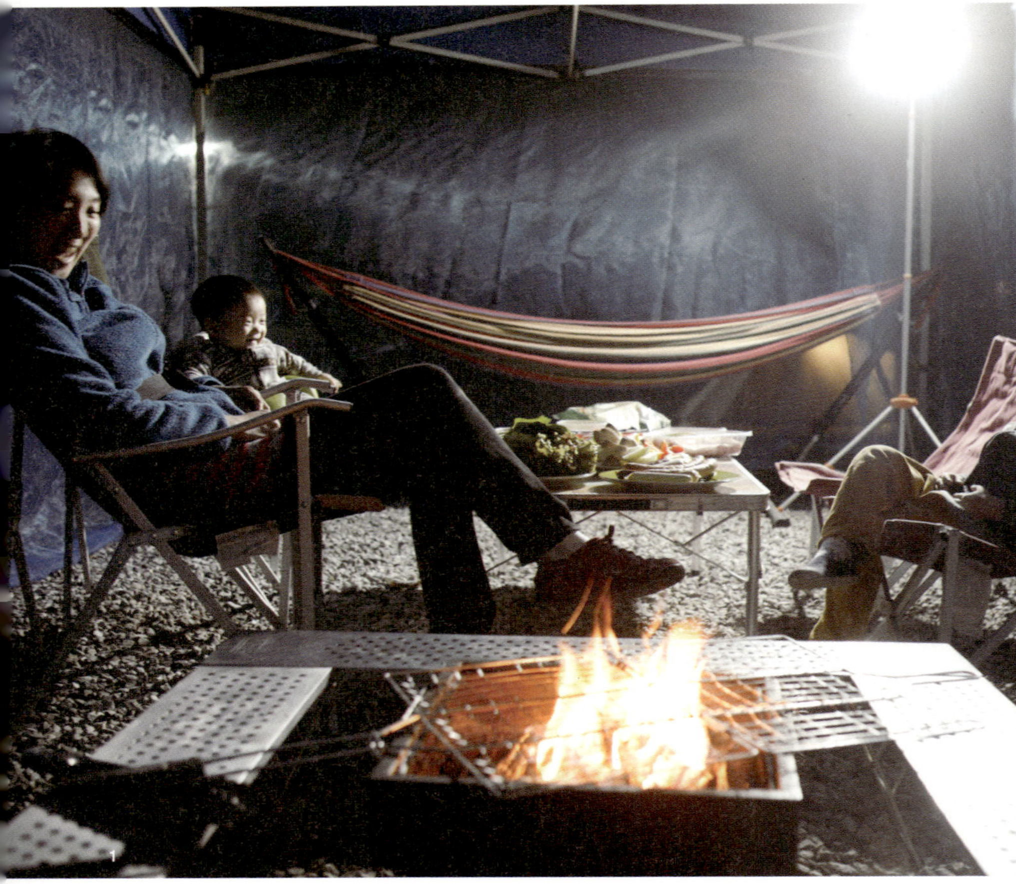

충주의 캠핑장들은 가을 캠핑의 묘미인 '여백의 미'가 도드라진다. 서울에서 1시간 30분이면 닿는 거리지만 수도권 캠핑장처럼 주말에 북적이지 않는다. 충주에는 10여 개의 캠핑장들이 자연을 벗 삼아 들어서 있다.

엄정면의 반딧불오토캠핑장은 옛 초등학교터에 캠핑장을 조성한 곳이다. 캠핑장 입구 초입에는 수십 미터 높이로 솟은 아름드리 플라타너스가 캠핑족을 반긴다. 사이트 곳곳에 심어진 나무들은 노랗고 붉은색으로 모습으로 바꿨다. 캠핑장은 60여 개의 사이트를 갖췄다. 일반 텐트 외에도 글램핑, 카라반 등이 어우러져 캠핑 장비 없는 초보 캠퍼들도 캠핑을 즐길 수 있다. 넓은 초등학교 터에 조성됐기에 캠핑 사이트는 여유 공간이 돋보인다. 텐트 사이에서 뛰어노는 아이들의 웃음소리 역시 한결 드높다. 캠핑장 뒤편으로는 사과 과수원도 들어서 있고, 군대 체험을 즐길 수 있는 대형 헬리콥터 모형도 한편에 위치했다.

앙성면의 밤별캠핑장은 밤나무 과수원 터에 조성된 캠핑장으로 충북권을 대표하는 캠핑장 중 한 곳이다. 100여 동의 텐트를 칠 수 있는 사이트를 갖추고 있으며 잔디 구역, 나무 데크 구역 등이 다양하게 구분돼 있다. 인근 앙암저수지는 캠핑장의 가을 운치를 더한다. 캠핑장에는 황토와 통나무로 된 황토방과 민박집이 있다.

금가면의 요카카캠핑장은 캠핑과 함께 카약, 카누 체험 등을 즐길 수 있는 캠핑장이다. 캠핑장 사이트는 다소 협소하지만 강변 언덕에 위치해 캠핑장에서 남한강을 조망할 수 있다는 게 장점이다. 캠핑장 가운데에는 고무보트를 이용해 카약 체험을 할 수 있는 물놀이장이 들어서 있다. 물놀이로 워밍업을 한 가족들은 인근 카약 체험장에서 직접 카약, 카누 체험이 가능하다. 요카카캠핑장의 '요카카'는 요트, 카누, 카약의 줄임말이기도 하다. 캠핑장은 충주 시내에서 가깝다. 탄금대와 신탄금대교가 남한강 너머로 내려다보인다.

1 모닥불 피운 반딧불오토캠핑장 2 반딧불오토캠핑장 전경 3 밤별캠핑장

추천 여행지

중앙탑공원

충주에서 캠핑을 할 때는 남한강변의 중앙탑공원을 들러보면 좋다. 국보 6호인 중원탑평리 칠층석탑은 신라의 석탑 중 가장 높은 칠층석탑으로 공원 한 가운데 우뚝 솟아 있다. 주변이 남한강과 어울린 공원으로 조성되어 있어 산책하기 좋다.

탄금대

우륵이 가야금을 연주한 곳으로 알려진 충주의 명소다. 또 임진왜란 때 신립 장군이 배수진을 치고 한양으로 진격하는 왜적과 맞서 싸운 곳이기도 하다. 지금은 소나무 숲 산책길이 나 있어 남한강의 경치를 즐기며 걷기 좋다. 탄금대에서는 소나무 숲 사이로 충주시가 내려다보인다.

1 탄금대에서 본 남한강 2 탑평리 칠층석탑 3 반딧불오토캠핑장의 가을 풍경
4 요카카캠핑장 물놀이 체험장 5 반딧불오토캠핑장 글램핑 사이트

추천 일정

충주댐 → 반딧불오토캠핑장(숙박) → 중앙탑공원 → 탄금대 → 수안보온천
30분 / 30분 / 10분 / 30분

충주댐 | 충주호 유람선도 타요
반딧불캠핑장 | 시골길 걷기를 꼭 해 봐요
중앙탑공원 | 신라탑의 역사를 살펴봐요
탄금대 | 솔숲 산책을 즐겨요
수안보온천 | 무료 족욕탕도 즐길 수 있어요

먹음직스런 바비큐

반딧불오토캠핑장 시골길

여행 정보

웹 페이지와 전화
충주문화관광 043-850-6321, www.cj100.net/tour 반딧불오토캠핑장 043-846-3456, www.충주반딧불캠핑.com 요카카캠핑장 010-4605-5312, http://cafe.naver.com/yokaca 밤별캠핑장 010-5462-1171, www.bambyul.co.kr

대중교통
버스 동서울종합터미널-충주, 하루 8회 운행, 약 1시간 30분 소요 / 센트럴시티터미널-충주, 하루 35회 운행, 약 1시간 30분 소요

자가운전
영동고속도로→중부내륙고속도로→감곡IC→제천 방면→반딧불오토캠핑장

숙박
반딧불오토캠핑장 엄정면 가춘리길, 043-846-3456, www.충주반딧불캠핑.com 요카카캠핑장 금가면 강변길, 010-4605-5312, http://cafe.naver.com/yokaca 밤별캠핑장 앙성면 모점1길, 010-5462-1171, www.bambyul.co.kr 산수모텔 수안보면 탑골1길, 043-848-0009 계명산 자연휴양림 충주시 충주호수로, 043-850-7313

맛집
솟대풍경 연잎밥, 신니면 신덕로, 043-856-5840 영화식당 산채정식, 수안보면 물탕1길, 043-846-4500 중앙탑 오리집 본점 오리백숙, 가금면 중앙탑길, 043-857-5292

060
아트인 아일랜드캠핑장
강원 평창군

계곡 속의 섬에서 누리는
캠핑의 즐거움

여행 내비게이션

여행 콘셉트 침엽수림과 계곡을 즐기는 캠핑
추천 일정 2박 3일 **추천 교통** 자가운전 **추천 계절** 봄, 가을
Must Do
1. 흥정계곡에서 낚시하기 2. 캠핑장 내 잣나무농장 방문하기 3. 이효석문학관 둘러보기
4. 메밀막국수와 메밀전병 먹어보기

PART 3. 가을 : 가을캠핑

1 아트인아일랜드캠핑장에 찾아온 밤
2 온 가족이 함께 하는 식사 준비

평창군 봉평면과 용평면의 마을들을 적시며 흐르는 흥정계곡에는 붓꽃이 많이 피어 붓꽃섬이라는 별칭으로 불리는 섬이 있다. 이 섬은 계곡이 갈라져 흐르면서 만들어졌는데, 규모가 3만 평에 달한다. 수령 50년 넘는 소나무와 잣나무가 자라는 이 섬이 캠퍼라면 누구나 한 번쯤 캠핑을 하고 싶어하는 아트인아일랜드캠핑장이다.

아트인아일랜드의 각 사이트는 텐트와 타프, 자동차가 여유롭게 들어갈 수 있는 공간으로 약 120여 동이 동시에 캠핑을 즐길 수 있다. 하지만 여름철 극성수기를 제외하면 100동으로 입장을 제한하고 있어 쾌적하고 여유로운 캠핑을 즐길 수 있다.

작은 다리를 건너 캠핑장 안으로 들어서면 잣나무와 낙엽송이 자라는 울창한 숲이 반긴다. 네모반듯하게 구획되지 않고 나무들 사이에 자연스럽게 조성된 사이트여서 숲과 조화를 이룬 캠핑장의 낭만이 물씬 전해온다.

너른 계곡을 따라 조성된 사이트, 숲 한가운데 자리한 사이트 등 다양한 선택이 가능하다. 신나게 뛰어놀기 좋아하는 아이들이 있다면 캠핑장 바깥 구역의 잔디 사이트도 좋다. 캠핑장을 감싸고 흐르는 흥정계곡은 맑고 깨끗한 물에 수량까지 풍부해 송어를 비롯해 열목어까지 서식한다. 낚시는 캠핑장에서 누릴 수 있는 즐거움 중 하나로 물이 얕은 곳에서는 아이들도 맨손으로 물고기를 잡을 수 있다. 밤낚시를 즐기거나 아예 어항을 가져와 매운탕으로 아침 식사를 즐기는 캠퍼들도 많다.

숲 체험과 농작물 수확 체험은 아트인아일랜드의 가장 큰 자랑이다. 아트인아일랜드에서 운영하는 잣나무농장을 방문해 피톤치드 향을 맡으며 숲길을 걷고 수년간 농약이나 화학비료를 사용하지 않고 자연농법으로 키운 특별한 감자를 캐는 체험이다.

추천 여행지

솔섬캠핑장
금당계곡 오지에 있는 한적한 캠핑장이다. 수령 100년이 넘는 적송들이 자라는 산속의 섬에서 계곡 물소리를 음악 삼아 머무는 매력적인 캠핑장으로 어린이를 동반한 가족에게 추천한다. 특히 계곡에서 나룻배 타기 체험이 인기다. 섬 안의 제1캠핑장과 산자락의 제2캠핑장까지 합해 150여 동의 캠핑 사이트가 조성되어 있다. 크고 작은 솟대로 아기자기하게 꾸며진 캠핑장 곳곳은 해가 진 후 야간 조명이 들어오면 낭만적인 풍경을 보여준다.

무이예술관
폐교된 무이초등학교를 개조해 2001년 문을 연 전시관이자 작가들의 창작 공간이다. 화가, 조각가, 서예가, 도예가 등 각기 다른 분야의 예술가들이 만들어낸 공간으로 실내 전시 공간의 회화 작품과 서예 작품뿐 아니라 야외의 조각 작품도 함께 감상할 수 있다. 태기산 자락의 청정한 공기를 호흡하며 한적한 시간을 갖기에 그만이다. 미리 예약하면 메밀꽃 압화 공예, 판화 체험, 서예 배우기 체험 등을 할 수 있다.

효석문화마을
평창은 소설 〈메밀꽃 필 무렵〉의 작가 가산 이효석이 태어나고 자란 곳이다. 이효석의 문학세계와 생애를 담은 이효석문학관과 복원된 생가, 〈메밀 꽃 필 무렵〉에 등장한 물레방아, 가산공원 등이 함께 있는 공간이다. 매년 8월 말에서 9월 사이 메밀꽃이 피어나는 시기에는 주변이 온통 하얀 메밀꽃밭으로 변신한다. 이효석의 단편작과 육필 원고 등이 전시된 이효석문학관은 작가의 아름다운 문장과 생전의 모습을 만날 수 있는 의미 있는 공간이다.

봉평허브나라
허브를 테마로 한 관광농원으로 아기자기하게 꾸며진 산책로를 걸으며 다양한 허브식물과 꽃들을 만날 수 있다. 코티지 가든, 셰익스피어 가든, 나비 가든, 어린이 가든 등이 예쁜 동화책 속의 한 페이지처럼 펼쳐진다. 허브식물에 대해 친절하게 설명한 허브박물관을 비롯해 다양한 체험을 할 수 있는 공예관도 함께 자리하고 있다. 레스토랑과 파머스마켓에서 허브를 이용한 차와 요리를 맛보는 즐거움도 빼놓을 수 없다.

1 솔섬오토캠핑장의 중심이 되는 얕은 계곡 2 무이예술관
3 효석문화마을 4 봉평허브나라

추천 일정

아트인아일랜드 캠핑장(숙박) → 아트인아일랜드 잣나무 숲 체험 (5분) → 무이예술관 (15분) → 봉평허브나라 (10분) → 효석문화마을 (10분) → 캠핑장(숙박)

아트인아일랜드캠핑장 | 잣나무 숲 체험은 놓치면 후회해요!
무이예술관 | 야외 조각품이 전시된 정원을 즐겨요
봉평허브나라 | 예쁜 가족사진을 남겨보아요
효석문화마을 | 이효석문학관도 볼 수 있어요

숲에서 주운 잣송이

솔섬캠핑장

여행 정보

웹 페이지와 전화
아트인아일랜드 캠핑장 070-4639-6315, www.irispension.co.kr 솔섬캠핑장 033-333-1001, http://solsum.com 무이예술관 033-335-6700, http://mooee.kr 효석문화마을 033-335-9669, www.hyoseok.org 봉평허브나라 033-335-2902, www.herbnara.com

자가운전
영동고속도로 면온IC→장평·봉평 방면→경강로 따라 이동→아트인아일랜드 이정표 보고 좌회전→아트인아일랜드

숙박
베리온리조트 봉평면 평온길, 033-335-8001 평창현대빌리지 봉평면 진조1길, 033-334-7775~6 보광휘닉스파크 봉평면 태기로, 033-330-3000 금당아트펜션 봉평면 버들개1길, 033-332-7048

맛집
미가연 메밀싹막국수, 봉평면 기풍로, 033-335-8805 가벼슬 곤드레밥, 봉평면 이효석길, 033-336-0609 현대막국수 메밀막국수, 봉평면 동이장터길, 033-335-0314 평창한우마을 한우구이, 대화면 대화3길, 033-334-8100

축제 및 행사
대관령눈꽃축제 매년 1월, 033-336-6110, www.snowfestival.net 평창송어축제 매년 1월, 033-336-4000, www.festival700.or.kr 효석문화제 매년 9월, 033-335-2323, www.hyoseok.com

061 고대산 캠핑리조트
경기 연천군

자연 속에서 즐기는 휴식 같은 캠핑

　고대산캠핑리조트는 철원과 연천의 경계가 되는 고대산 자락에 위치해 오토캠핑, 글램핑, 캐러밴, 콘도 등 다양한 시설을 갖춘 것이 특징이다. 전체 부지가 28만8000㎡로 드넓은 반면 캠핑 사이트는 56개만 운영해 쾌적하게 캠핑을 할 수 있다. 캠핑장 가로등에 설치한 스피커에서 클래식이 은은하게 울려 퍼져 편안하고 기분 좋은 휴식을 취할 수 있다. 바비큐에 사용한 식기나 화로대를 닦는 별도의 세척 공간도 있고, 세탁기도 있다. 글램핑장은 고대산캠핑리조트에서 가장 정성을 들인 곳이다. 외부는 파쇄석과 잔디를 깔았고, 텐트는 넓은 나무 데크 위에 설치했다. 텐트 안에는 편백나무로 만든 침대와 탁자 같은 가구를 들였다. 추위에 대비해 바닥에는 전기 패널을 설치했고, 벽난로로 들여놨다. 이너 텐트도 있어 한겨울 캠핑도 문제 없다. 특히 텐트 안에 LP판과 턴테이블이 있어 올드 팝을 들을 수 있게 한 것도 눈길을 끈다. 가장 안쪽에 있는 6인용 카라반은 실내가 꽤 넓고 고급스럽다. 내부공간을 밖으로 확장할 수 있는 슬라이딩 형태이며 두 개의 침실과 거실, 주방, 화장실과 욕실까지 있어 한 가족이 쓰기에 불편함이 없다.

여행 내비게이션

여행 콘셉트 쾌적하고 럭셔리한 캠핑 즐기기
추천 일정 1박 2일 **추천 교통** 자가운전 **추천 계절** 사계절
Must Do 1. 고대산 산행하기 2. 신탄리역에서 철도 중단점 찾아보기
3. 임진강에서 두루미 관찰하기(겨울) 4. 전곡선사박물관에서 구석기 체험하기

추천 여행지

전곡선사박물관
동북아시아에서 최초로 발견된 아슐리안형 주먹도끼가 전시된 구석기 전문 박물관이다. 아슐리안형 주먹도끼는 1978년 지질학을 공부했던 미군 병사 그렉보웬이 이곳에서 처음 발견해 알려졌다. 박물관 야외체험장에서는 막집짓기, 사냥, 발굴 등 다양한 구석기시대의 체험을 해볼 수 있다.

두루미생태관찰대
태풍전망대 가는 길에 있다. 겨울이면 찾아드는 두루미를 관찰하기 위해 설치해 놓은 탐조용 전망대다. 임진강변과 망제여울, 놓다 만 다리 등이 어울려 풍경도 제법 아름답다.

연천역 급수탑
증기기관차에 물을 공급하기 위해 서울—원산을 잇는 경원선의 중간지점에 설치한 급수탑이다. 첨성대를 닮은 원통형과 사각형 등 2기의 급수탑이 남아 있고, 한국전쟁 당시 전투를 벌였던 흔적을 곳곳에서 만날 수 있다. 가을이면 붉게 물든 담쟁이덩굴이 휘감은 독특한 모습을 볼 수 있다.

추천 일정

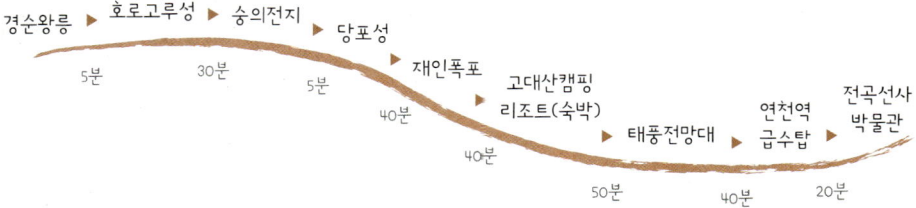

여행 정보

웹 페이지와 전화
연천군 문화관광 031-839-2061, www.iyc21.net/_yc/tour/a06_b01_c01.asp 연천고대산캠핑리조트 031-834-6300, www.godaesanresort.co.kr 전곡선사박물관 031-830-5600, http://jgpm.ggcf.kr

자가운전
동부간선도로 이용→도봉역 방면 좌회전→도봉역사거리에서 의정부 방면 3번국도로 우회전→신탄리역에서 건널목 건너면 고대산캠핑리조트

숙박
고대산캠핑리조트 신서면 고대산길, 031-834-6300
조선왕가 연천읍 현문로, 031-834-8383

맛집
약수식당 순두부보리밥, 신서면 연신로, 031-834-8331 고대산 양평순두부 순두부, 신서면 고대산길, 031-834-8297

축제 및 행사
연천전곡리구석기축제 매년 10월 말, 031-839-2561, http://festival.goosukgi.org

| 062
| **유식물원캠핑장**
| 경기 포천시

식물원과 캠핑을 동시에 즐기는 곳

　유식물원캠핑장은 식물원에 조성한 캠핑장이다. 허브 가든과 잣나무 숲이 매력적인 이곳에 식물원과 캠핑장이 만나 그야말로 자연 속 놀이 공간을 이룬다. 오토캠핑장 외에 글램핑, 펜션 단지는 물론 편의시설도 잘 갖추고 있어 캠퍼들의 호응이 뜨겁다. 유식물원캠핑장은 입구부터 산 정상 전망대까지 걸어서 한 시간이 넘게 걸릴 정도로 규모가 크다. 다른 텐트에 방해받지 않고 호젓한 캠핑을 즐길 수 있도록 단독형 사이트로 조성한 것도 인상적이다. 특히 잣나무 숲에 조성된 캠핑 사이트는 추천할 만하다. 울창한 잣나무 숲에 나무 데크를 설치해 사이트를 꾸몄다. 햇빛에 노출될 염려도 없고, 피톤치드 가득한 숲에서 힐링 캠핑을 즐길 수 있다. 캠핑 초보라면 캠핑하우스를 이용하는 것도 괜찮다. 텐트, 타프, 테이블, 의자, 취사용품 등 캠핑 장비 일체가 세팅되어 있어 편하게 캠핑을 즐길 수 있다. 캠핑장이 식물원에 있으니 즐길 것도 많다. 아이들과 함께 식물원을 둘러보며 산책을 즐길 수 있고, 전망대에 올라 포천 일대의 장관을 감상할 수 있다.

PART 3. 가을 : 가을캠핑

여행 내비게이션

여행 콘셉트 식물원에서 즐기는 캠핑 여행
추천 일정 1박 2일 **추천 교통** 자가운전 **추천 계절** 봄~가을
Must Do 1.유식물원 산책하기 2.유식물원 전망대에서 전경 바라보기
3.허브아일랜드에서 허브 즐기기 4.산정호수 둘레길 걸어보기

추천 여행지

허브아일랜드
이탈리아, 프랑스, 그리스, 독일 등 유럽의 마을을 테마로 조성한 허브마을이다. 허브박물관, 허브식물박물관, 허브꽃가게, 엉쁘띠빌라쥬 등 허브를 보고 체험하는 공간과 함께 허브카페, 허브베이커리, 허브레스토랑 등 허브를 맛보고 즐길 수 있는 다양한 테마공간이 있다.

산정호수
억새가 아름다운 명성산에 안긴 호수다. 호수를 따라 한 바퀴 도는 호반 둘레길은 남여노소 쉽게 걸을 수 있다. 수변데크길, 소나무숲길, 적송군락, 조각공원, 드라마세트장 등 총 3.5km에 이른다. 특히, 수변데크길은 마치 물 위를 걷는 것 같다.

추천 일정

허브아일랜드 ▶ 청산별미 버섯샤브샤브 ▶ 유식물원캠핑장 (숙박) ▶ 산정호수
5분 10분 60분

여행 정보

웹 페이지와 전화
포천시 문화관광 031-538-2069, http://tour.pcs21.net
유식물원캠핑장 031-536-9922, www.yoogarden.com
허브아일랜드 031-535-6494, www.herbisland.co.kr

자가운전
동부간선도로 →금신교차로 43번 국도→포천 읍내 한내사거리→하심곡사거리→유식물원캠핑장

숙박
유식물원캠핑장 신북면 간자동길, 031-536-9922 허브아일랜드 체험펜션 신북면 신친로 947번길, 1644-1997

맛집
청산별미 버섯샤브샤브정식, 신북면 청신로, 031-536-5362 만버칼 버섯매운탕, 신북면 아트밸리로 234, 031-535-0587

축제 및 행사
허브아일랜드 불빛동화축제 매년 12월부터, 031-535-031-535-6494, www.herbisland.co.kr 명성산 억새꽃축제 매년 10월 중, 031-538-2068 백운계곡 동장군축제 매년 12월 말, 031-535-7242, www.dongjangkun.co.kr

063 매화미르마을 캠핑장
경기 김포시

민통선 안에서 즐기는 특별한 캠핑

김포 매화미르마을캠핑장을 가려면 반드시 검문소를 통과해야 한다. 캠핑장이 민통선 안에 있기 때문에 신분증이 없으면 출입도 어렵다. 매화미르마을캠핑장을 운영하는 농촌전통테마마을에는 멸종위기 식물인 매화마름의 최대 군락지가 있어 5월 중순 꽃이 만개하면 장관을 이룬다. 또 용이 승천했다는 전설이 있는 용못이 캠핑장 옆에 있다. 캠핑장 이름에 용의 순우리말인 '미르'를 붙인 것도 이 연못에서 비롯됐다. 자세히 보면 신기하게도 끊임없이 물이 솟아나는데, 가뭄이 들어도 물이 마르지 않는다고 한다. 이 연못에서 나는 물로 66만1,000㎡가 넘는 토지에서 농사를 짓는다니 놀랍다. 용못 주변의 잔디 위로 아담하게 자리 잡은 캠핑사이트는 모두 29개다. 캠핑장에는 화장실과 샤워장, 개수대까지 깔끔하게 갖춰져 있다. 마을 창고를 리모델링한 체험장 2층에는 숙박시설(4실)도 있다. 매화미르마을캠핑장은 토요일 오후 캠핑객을 대상으로 체험 프로그램을 진행한다. 트랙터에 연결된 미르열차를 타고 너른 들판을 달려 매화마름 군락지와 북한 땅을 마주 보는 철책 인근까지 다녀온다.

여행 내비게이션

여행 콘셉트 호젓한 마을에서 즐기는 캠핑 여행
추천 일정 1박 2일 **추천 교통** 자가운전 **추천 계절** 봄~가을
Must Do 1.캠핑장 내 주말 체험 프로그램 즐기기 2.철책선 너머로 북한 땅 바라보기 3.덕포진 포대를 따라 산책하기

추천 여행지

덕포진
강화도와 김포 사이로 흐르는 좁고 험한 해협을 지키기 위해 만든 요새다. 세 곳에 걸쳐 15포대가 남아 있고, 각 포대에 포탄에 붙일 불씨를 보관하던 장소인 파수청, 손돌묘 등이 남아 있다.

김포함상공원
52년간 바다를 지키다 퇴역한 운봉함을 중심으로 조성된 공원이다. 1944년 건조된 운봉함은 제 2차 세계대전 당시 프랑스 남부 상륙작전에 참전했으며, 1955년 대한민국 해군에 인계되어 월남전에 참전하기도 했다. 상갑판에는 함실과 갑판에서의 생활을 재현해 놓았고, 하갑판은 운봉함의 역사와 상륙함 소개 등의 전시관과 상륙전을 주제로 한 영상을 볼 수 있는 영상관, 체험관 등으로 구성되어 있다.

대명포구
강화도를 마주보고 있는 김포시에서 유일한 포구다. 선주와 어부가 직접 운영하는 수산물직판장은 싱싱한 활어를 비롯해 계절별로 꽃게, 새우, 새우젓 등을 저렴하게 구입할 수 있다.

추천 일정

덕포진 — 10분 — 김포함상공원 — 도보 3분 — 대명항 — 50분 — 매화미르마을 캠핑장(숙박) — 35분 — 애기봉전망대 — 30분 — 문수산성

여행 정보

웹 페이지와 전화
김포시 문화관광 031-980-2743, http://tour.gimpo.go.kr
김포매화미르마을 010-9916-9007, http://mir.go2vil.org/index.html 김포함상공원 031-987-4097, http://gimpo-hamsang.co.kr

자가운전
올림픽대로 김포공항 방면→강화 방면 48번국도→갈산사거리에서 애기봉 방면 우회전→용강로→매화미르마을캠핑장

숙박
매화미르마을캠핑장 월곶면 용강로, 010-9916-9007
호텔5.0 대곶면 약암로, 031-984-1050

맛집
고가 한정식, 고촌읍 풍굴로, 031-986-5458 다하누촌(본점) 한우구이, 월곶면 군하로, 031-984-1170

064
덕유대야영장
전북 무주군

덕유산 너른 품에서 하룻밤

사계절 빼어난 풍광을 자랑하는 구천동계곡에 있는데다, 통영대전고속도로가 관통해 접근성도 좋은 덕유대야영장은 국립공원 캠핑장 가운데 최대 규모다. 과거에는 1,000동 이상을 수용했으나 최근 사이트 개수를 500개로 확정하고 전면 예약제로 전환했다. 야영장은 총 7개 구역으로 나뉘며 매표소에서 가장 가까운 7영지는 텐트 바로 옆에 주차를 할 수 있는 오토캠핑장이다. 7영지 위쪽 비탈에 조성된 1~6영지는 사이트와 주차장이 떨어진 일반 야영장이지만 영지마다 전용 주차장이 있고 사이트가 가까워 불편함이 없다. 오히려 지형을 살려 계단식으로 조성한 일반 야영장을 선호하는 캠퍼도 많다. 숲 속에 안겨 있어 자연미가 넘치고, 공간 활용도 쉽기 때문이다. 겨울철에는 1~6영지가 폐쇄되고 전기를 사용할 수 있는 7영지만 개방된다. 온수는 제공되지 않으나 5분 거리에 무주덕유산리조트 사우나가 있으므로 크게 아쉽지 않다. 장비가 없거나 야영이 부담스럽다면 풀 옵션 캠핑 존을 이용하자. 카라반, 산막 텐트, 폴딩 텐트 등 여러 형태가 있으며, 최근 캠핑 트렌드를 반영해 장비를 모두 대여하는 글램핑 스타일로 위탁 운영한다.

여행 내비게이션

여행 콘셉트 산 깊고 물 맑은 덕유산에서 가을을 느끼며 캠핑하기
추천 일정 1박 2일 **추천 교통** 자가운전 **추천 계절** 봄~가을
Must Do 1.구천동 자연관찰로 탐방 프로그램 참가하기
2.구천동 계곡 따라 산책 다녀오기 3.덕유산 곤돌라를 타고 향적봉 오르기

추천 여행지

덕유산

야영장에서 백련사를 거쳐 덕유산 최고봉인 향적봉까지 등산 코스가 있다. 백련사까지는 완만하지만, 백련사에서 향적봉까지는 가파르다. 산행이 부담스럽다면 사계절 운영되는 곤돌라를 이용하자. 무주덕유산리조트에서 곤돌라를 타면 설천봉까지 20여 분, 설천봉에서 향적봉 정상까지 걸어서 20~30분이면 올라간다.

무주머루와인동굴

무주는 전국 머루 생산량의 60%를 생산하는 지역으로, 5개 와인 공장에서 개성 있는 와인을 선보인다. 머루와인동굴은 무주양수발전소 건설 당시에 굴착 작업용 터널로 사용하던 곳을 리모델링한 곳. 입장권으로 머루주를 시식할 수 있고, 와인 족욕도 즐길 수 있다.

추천 일정

덕유대 야영장 ▶ 구천동자연관찰로 ▶ 야영장(숙박) ▶ 덕유산 곤돌라 ▶ 무주머루와인동굴 ▶ 적상산 안국사
도보 5~10분 / 도보 5~10분 / 5분 / 20분 / 10분

여행 정보

웹 페이지와 전화
무주군청 문화관광 tour.muju.go.kr **덕유대야영장** 063-322-3174, reservation.knps.or.kr **무주머루와인동굴** 063-322-4720, cave.mj1614.com **덕유산 관광곤돌라** 063-320-7381, www.mdysresort.com

대중교통
버스 서울남부터미널-구천동, 하루 1회 운행, 3시간 소요 / 서울남부터미널-무주, 하루 4회 운행, 2시간 30분 소요

자가운전
통영대전고속도로 무주IC→가림교차로에서 좌회전→사산삼거리에서 좌회전→치목터널→삼공삼거리에서 우회전→덕유대야영장

숙박
덕유야영장 설천면 백련사길, 063-322-3174, reservation.knps.or.kr **무주덕유산리조트** 설천면 만선로, 063-320-7000, www.mdysresort.com

맛집
큰손식당 어죽·민물매운탕, 무주읍 내도로, 063-322-3605 **하안섬금강민물** 어죽·민물매운탕, 무주읍 한풍루로, 063-324-1483 **별미가든** 산채정식, 설천면 구천동로, 063-322-3123

065 방화동 가족휴가촌
전북 장수군

호젓해서, 너무 호젓해서 좋은

방화동가족휴가촌은 장안산(1,237m) 방화동계곡에 조성된 캠핑장이다. 해발 500m 고지대에 맑고 깊은 계곡을 끼고 있어 여름철 휴가지로 인기가 높다. 야영장은 일반 야영장과 오토캠핑장으로 나뉜다. 일반 야영장은 넓은 체육광장의 가장자리를 따라 데크 30개와 평상 34개가 마련됐다. 예약 없이 입장 순서대로 사이트가 배정된다. 여름철을 제외하면 비교적 여유로운 편이다. 일반 야영장에서 안으로 더 들어가면 오토캠핑장이다. 오토캠핑장은 총 3개 구역, 65개 사이트로 인터넷 예약만 가능하다. 1구역과 2구역은 계곡을 따라 반원형으로 되어 있고, 3구역은 조금 더 위에 계곡을 바라보며 서 있다. 1~3구역 모두 거실형 텐트에 타프(그늘막)까지 설치할 수 있을 만큼 넓다. 넉넉한 주차 공간에 전기도 사용할 수 있지만, 온수는 제공되지 않는다. 2015년에는 캠핑카 전용 사이트도 오픈하며, 휴양림 숙소를 이용할 수 있다. 용이 살았다는 덕산 용소까지 산책을 즐기는 것도 잊지 말자. 오토캠핑장 3구역에서 출발해 나무 데크 길과 계곡, 낙엽이 무성한 산길을 따라 가을 풍경에 젖어 걷다보면 머리가 맑아진다.

여행 내비게이션

여행 콘셉트 가을 정취를 만끽하며 가족 캠핑
추천 일정 1박 2일 **추천 교통** 자가운전 **추천 계절** 봄~가을
Must Do 1.덕산 용소까지 산책 다녀오기
2.장수한우 또는 토종돼지 바비큐 먹어보기 3.장수온천에서 온천욕 하기

추천 여행지

논개사당(의암사)
임진왜란 때 진주성이 왜군에 함락되자 적장을 안고 진주 남강에 떨어져 순국한 논개를 기리는 사당이다. 논개의 고향이 바로 전북 장수의 주촌마을. 사당 주변에 호수와 산책로가 조성되어 있다. 곁에 장수향교가 있다.

장수온천
캠핑장에서 10~15분 거리에 있다. 수질은 알칼리성 유황 온천수로 피부염, 류머티즘, 당뇨, 고혈압에 효과가 있다고 알려져 있다.

추천 일정

방화동가족휴가촌 ▶ 덕산 용소 산책 ▶ 캠핑장(숙박) ▶ 논개사당 ▶ 장수향교
도보 1~10분 　 도보 1~10분 　 20분 　 2분

여행 정보

웹 페이지와 전화
장수군 문화관광 tour.jangsu.go.kr **방화동가족휴가촌** 063-353-0855, www.jangsuhuyang.kr/Banghwa2

자가운전
통영대전고속도로 장수IC→장수 방면 좌회전→싸리재터널→수분교차로에서 좌회전→당재터널 지나 방화교차로에서 방화동가족휴가촌 방면 우회전→방화동가족휴가촌

숙박
방화동가족휴가촌 번암면 방화동로, 063-353-0855, www.jangsuhuyang.kr/Banghwa2 **타코마 장수리조트** 계남면 장수로, 063-353-8300, www.tacomaresort.co.kr

맛집
장수한우명품관 꽃등심·생갈비·한우곰탕, 장수읍 군청길, 063-352-2088 **장수와행복한농부** 장수곰탕·꺼먹돼지김치찌개, 장수읍 장천로, 063-351-9991

축제 및 행사
장수한우랑사과랑축제 매년 8~9월 중, www.jangsufestval.com

단풍놀이

066 조무락골 | 계곡미가 빼어난 가평의 단풍 명소 경기 가평군
067 은행마을 | 옛집 담긴 은행나무 마을서 '황금빛 향연' 충남 보령시
068 석남사와 간월재 | 붉은 단풍에 홀리고, 은빛 억새에 취하고 울산광역시 울주군
069 주왕산 절골 | 기암절벽에 피어난 단풍 따라, 깊은 계곡 따라 경북 청송군
070 청남대 | 가을빛 담은 나무들이 주인이 되는 시간 충북 청주시
071 수타사계곡&산소길 | 청량하고 달콤한 공기를 맘껏 호흡하다 강원 홍천군
072 해산령과 비수구미 | 울긋불긋 단풍의 바다에 풍덩~ 강원 화천군

066 조무락골
경기 가평군

계곡미가 빼어난 가평의 단풍 명소

여행 내비게이션

여행 콘셉트 계곡을 따라 가볍게 걸으며 가을 단풍을 만끽하는 당일 여행
추천 일정 당일 **추천 교통** 자가운전 **추천 계절** 봄~가을
Must Do
1. 복호동폭포에서 기념 촬영하기 2. 가평 별미인 잣국수 맛보기
3. 75번국도 드라이브 즐기기

PART 3. 가을 : 단풍놀이

가을의 가평은 어디라 할 것 없이 단풍이 지천이다. 하지만 산이 많은 북면, 그중에서도 조무락골이 첫손에 꼽힌다. 조무락골은 석룡산(1,147m)과 화악산 중봉(1,423m) 사이를 흐르는 계곡이다. 산세가 빼어나 새들이 춤을 추며 즐겼다 해서 조무락(鳥舞樂)이라는 이름이 붙었다고도 하고, 새들이 재잘(조무라)거려 붙은 이름이라고도 한다. 청정 계곡으로 이름난 조무락골은 깊은 산중을 길게 흘러내리는 넓은 물줄기와 푸른 이끼에 덮인 바위, 붉게 타오르는 단풍이 한데 어울려 아름다운 자태를 뽐낸다.

조무락골 들머리는 삼팔교 용수목이다. 가평읍에서 삼팔교까지는 약 30km 거리이고, 가평 터미널에서 용수동 종점행 버스도 다닌다. 삼팔교 용수목에서 석룡천을 오른쪽에 끼고 차 한 대가 지날 만한 비포장길을 30분쯤 걸으면 마지막 산장인 조무락산장이 나온다. 이 구간에는 펜션과 음식점이 많아 여름이면 물놀이를 즐기는 피서객들로 붐비지만, 행락 인파가 줄어드는 가을엔 제법 호젓하게 걸을 수 있다.

산장을 지나면 오붓한 산길을 따라 본격적인 산행이 시작된다. 능선과 계곡으로 길이 갈라지는 지점에서 계곡을 택해 조무락골을 거쳐 석룡산 정상까지 오르는 데 1시간 30분~2시간이 걸린다. 산장에서 30분가량 오르면 우렁차게 쏟아져 내리는 3단 폭포를 만난다. 호랑이가 엎드린 것 같은 모양이라 하여 복호동폭포라 불린다. 20m 높이에서 쏟아지는 물줄기가 장관이다. 단풍놀이는 여기까지만 해도 족하다.

석룡산 정상까지 올라 출발점으로 되돌아오려면 5시간은 잡아야 한다. 하지만 계곡과 단풍을 즐기려는 목적이라면 굳이 정상까지 가지 않아도 된다. 산행을 즐기는 이들은 석룡산 정상에 올라 도마치재 쪽으로 넘어가기도 하고, 거꾸로 도마치재에서 시작해 석룡산, 조무락골을 거쳐 삼팔교로 하산하기도 한다.

1 조무락계곡의 가을
2 조무락계곡의 복호동폭포
3 명지산 승천사의 단풍

추천 여행지

명지산

해발 1,267m로 화악산에 이어 경기도에서 두 번째로 높은 산이다. 낙엽활엽수가 많고 수량이 풍부한 계곡과 수려한 폭포를 품고 있어 가을철 단풍 산행지로 인기가 높다. 산세는 웅장하지만 길이 험하지 않아 초보자도 무리 없이 오를 수 있다. 들머리에 명지산생태전시관이 있어 자녀를 동반했다면 함께 둘러보며 자연학습의 기회를 가져보는 것도 좋다.

75번국도 드라이브

산을 오르는 게 부담스럽다면 75번국도 드라이브를 하며 단풍을 만끽할 수도 있다. 청평댐 부근에서 가평읍을 거쳐 연인산, 명지산, 조무락골 들머리, 그리고 강원도 화천군과의 경계인 도마치재까지 이어지는 75번국도는 구간에 따라 서로 다른 매력을 지녔다. 청평길은 푸른 호수와 어우러진 단풍길이 낭만적이고, 프랑스풍 테마 공원인 쁘띠프랑스를 지나 복장리와 산유리, 이화리 마을을 통과하는 길은 정겹고 평화로운 시골길의 정취를 느낄 수 있다. 가평읍을 지나 북면으로 접어들면 불쑥 높은 산들이 모습을 드러내고 연인산과 명지산을 지나 왼쪽으로 가평천을 두고 달리는 길은 마치 강원도 깊은 산속을 통과하는 기분이다.

잣국수

가평의 특산물 잣을 이용해 만든 국수다. 잣을 갈아 만든 육수에 잣가루와 밀가루를 섞어 반죽한 면을 말아내는데, 고소한 맛이 별미다. 북면의 명지쉼터가든에서 잣국수와 잣곰탕, 잣죽 등을 맛볼 수 있다.

1 명지산 정상 2 명지산생태전시관 3 75번국도

추천 일정

가평읍 ▶ 명지쉼터가든(점심) ▶ 삼팔교 용수목 ▶ 조무락골
　　　20분　　　　　　　　　30분

명지쉼터가든 | 장작불에 끓인 잣곰탕도 맛있어요
삼팔교 용수목 | 가평읍에서 버스도 다니지만 오래 걸려요
조무락골 | 길이 험하지 않아 남녀노소 누구나 쉽게 걸을 수 있어요

조무락골로 가는 등산로

조무락골

여행 정보

웹 페이지와 전화
가평군 문화관광 031-580-2066, www.gptour.go.kr 명지산군립공원 031-582-0103

대중교통
전철 상봉-가평, 경춘선 평일 05:10~23:08 운행, 약 56분 소요
기차 용산-가평, ITX 청춘열차 하루 19회 운행, 약 55분 소요
버스 동서울종합터미널-가평, 하루 32회 운행, 1시간 10분~1시간 20분 소요

자가운전
서울춘천고속도로 화도IC→목동삼거리→명지산 익근리 주차장→조무락골 입구(용수목 삼팔교 앞)

숙박
연인산다목적캠핑장 북면 백둔로, 070-4060-0828, gpyeonin.co.kr 연인산온천리조트 북면 가화로, 031-581-8842, www.yeoninsanspring.kr 가둘기정원펜션 북면 꽃넘이길, 031-581-2961, www.gadulgi.kr

맛집
명지쉼터가든 잣국수, 북면 가화로, 031-582-9462 송원막국수 막국수·제육, 가평읍 가화로, 031-582-1408 백둔리인천집 보리밥·두부전골, 가평읍 석봉로, 031-581-5533

축제 및 행사
자라섬국제재즈페스티벌 매년 10월, www.jarasumjazz.com 연인산전국산악자전거대회 매년 10월, www.gpmtb.com

067
은행마을
충남 보령시

옛집 담긴 은행나무 마을서 '황금빛 향연'

여행 내비게이션

여행 콘셉트 옛집과 어우러진 은행나무 마을 산책
추천 일정 1박 2일 **추천 교통** 자가운전 **추천 계절** 가을
Must Do
1.은행마을 산책하기 2.신경섭가옥 둘러보기 3.오서산 억새 산행
4.무창포 신비의 바닷길 걷기 5.무창포에서 가을 진미 전어 먹기

PART 3. 가을 : 단풍놀이

보령 청라면의 은행마을은 가을이 탐스럽다. 10월이면 마을 전역이 노랗게 물들기 시작하며 '황금빛 향연'을 만들어낸다. 은행마을에서는 높은 산에 오르거나, 번잡한 산사에 머물지 않더라도 은행잎이 단장하는 노란 가을잔치에 빠져들 수 있다. 청라면 은행마을(구 장현리)은 국내 최대 은행나무 군락지 한 곳으로 알려진 마을이다. 마을 곳곳에 3,000여 그루의 은행나무가 식재돼 있는데, 가을에 수확되는 은행열매는 마을의 주 수입원이기도 하다.

은행마을을 거닐다 보면 시골 향취가 완연하게 전해진다. 마을 주변으로는 오솔길 따라 은행마을 둘레길이 조성돼 있다. 길목에는 닭과 오리들이 뛰놀고, 고추를 말리는 한가로운 풍경들이다. 은행마을이 운치를 더하는 것은 마을 한가운데 위치한 고택이다. 조선 후기 한식가옥의 모습을 고스란히 간직한 신경섭가옥 주변으로는 100년 이상 된 아름드리 은행나무들이 울창한 모습을 자랑한다. 가옥 앞의 수은행나무는 수령이 500년 된 것으로 알려져 있다. 사랑채 대청마루 앞마당에 가지를 늘어뜨린 은행나무들은 돌담 너머 은행나무와 손길을 맞추며 고요한 황금빛 터널을 만들어낸다.

마을의 상징인 신경섭가옥은 팔작지붕의 사랑채 중간에 대청마루를 두고 효자문을 세운 옛 부잣집의 형세다. 후에 양조장으로 이용되기도 했는데 목재의 결, 단청 등은 현재까지 잘 보존돼 있다. 이른 아침, 고택 마당에 노란 은행잎들이 수북이 쌓이는 시간은 은행마을이 가장 아름다운 추색으로 물드는 때다.

은행마을 주변으로는 황금빛 세상을 함께 연출할 드넓은 논이 펼쳐져 있고, 마을 가운데로는 시냇물이 흐른다. 냇가에는 갈대가 피며 한가로운 가을 농촌마을의 분위기를 돋운다. 은행마을에서는 가을 탐방객들을 위한 다양한 체험 프로그램도 마련하고 있다. 은행잎 모자이크, 고구마 캐기, 콩 수확하기 등의 체험에 참여할 수 있다.

1 은행마을 신경섭고택 전경
2 은행나무 열매
3 은행마을

추천 여행지

오서산

은행마을을 병풍처럼 에워싼 오서산은 만추의 계절이면 억새가 장관을 이뤄 가을 산행객들에게 인기 높은 산이다. 오서산의 은빛 억새와 은행마을의 노란 단풍은 가을 여행지로 찰떡궁합이다. 오서산 초입에는 오서산자연휴양림이 들어서 있어 하룻밤 묵으며 추색을 음미할 수 있다. 정상에 오르면 머리를 풀어헤친 억새 능선을 걸으며 서해바다를 조망할 수 있다.

성주사지

보령의 유적을 통해 가을 상념을 만끽하려면 성주사지로 향한다. 성주산 입구에 위치한 성주사지는 백제, 통일시라, 고려, 조선의 유물이 골고루 출토된 오랜 역사를 지닌 절터다. 국보, 보물들이 듬성듬성 들어선 황량한 절터에는 3기의 석탑들이 나란히 도열해 융성했던 과거와 건축미를 되새기게 만든다.

무창포 신비의 바닷길

무창포 해수욕장의 신비의 바닷길은 계절에 관계없이 가족 여행객들의 사랑을 받는 곳이다. 매달 음력 그믐과 보름 때 해수욕장 건너편 섬까지 1.3km 바닷길이 열린다. 갈라진 바닷길에서는 조개, 소라, 낙지 등 해산물을 잡을 수 있다. 무창포 해변에서 맞이하는 해넘이 역시 일품이다. 가을이면 이곳 전어가 제철이니 전어회 한점으로 가을 입맛을 돋울 수 있다.

1 오서산 억새 2 오서산 캠핑 3 성주사지 4 무창포 신비의 바닷길

추천 일정

- **은행마을** | 시골길 산책을 놓치지 말아요
- **신경섭가옥** | 은행나무 터널을 걸어봐요
- **오서산** | 휴양림에서 하룻밤 묵어요
- **성주사지** | 국보와 보물을 찾아보세요
- **무창포 신비의 바닷길** | 물이 갈라지는 시간을 미리 살펴요

오서산자연휴양림 휴양관

은행마을 둘레길

여행 정보

웹 사이트와 전화
보령 문화관광 041-930-4542, http://ubtour.go.kr 오서산자연휴양림 041-936-5465, www.huyang.go.kr/forest

대중교통
버스 센트럴시티터미널-보령(대천), 하루 19회 운행, 2시간 10분 소요
기차 용산-대천, 하루 16회 운행, 2시간 40분 소요

자가운전
서해안고속도로 대천IC→36번국도→청라면→오서산자연휴양림 방향

숙박
아리아호텔 보령시 한내로, 041-936-3220 **무창포 비체팰리스** 웅천읍 열린바다1길, 041-939-5501 **오서산자연휴양림** 청라면 오서산길, 041-936-5465

맛집
해변횟집 활어회, 웅천읍 열린바다로, 041-936-3764 **평강뜰애** 연잎밥, 청라면 가느실길, 041-934-7577 **황해원** 짬뽕, 성주면 심원계곡로, 041-933-5051

축제 및 행사
은행마을 단풍축제 11월 초

068
석남사와 간월재
울산광역시 울주군

붉은 단풍에 홀리고, 은빛 억새에 취하고

여행 내비게이션

여행 콘셉트 가을의 두 전령, 단풍과 억새를 한 번에 즐기기
추천 일정 1박 2일 **추천 교통** 자가운전 **추천 계절** 가을
Must Do
1. 석남사 단풍나무길 걸어보기 2. 간월재 데크를 따라가며 억새 군락 거닐기
3. 고래바다여행선 타고 돌고래 구경하기 4. 언양불고기 먹기

PART 3. 가을 : 단풍놀이

10월 말이면 단풍의 물결은 '영남 알프스'가 있는 가지산까지 이어진다. 가지산에 들어앉은 석남사는 붉은 융단을 두르고, 산정의 고개는 은빛 억새의 물결이 출렁인다.
　석남사는 국내 최대의 비구니 수도처로 유명하다. 신라 헌덕왕 때 창건된 사찰로 임진왜란과 한국전쟁 때 폐허가 되었다가 1957년 비구니 인홍(仁弘) 주지스님 부임 이후 중수중창을 거치며 지금과 같은 모습을 갖게 되었다. 맑은 계곡과 울창한 나무 숲 가운데 오롯이 자리한 사찰은 아담하면서 소박한 느낌이다. 청명한 가을 하늘 아래 울려 퍼지는 청아한 목탁 소리가 세속의 때에 물든 마음을 정갈하게 만들어준다.
　석남사 바로 아래까지 차를 타고 올라갈 수도 있지만 되도록 주차장에 세우고 걸어가기를 권한다. 계곡을 따라 단풍으로 곱게 물든 길이 가을의 정취를 물씬 느끼게 해준다. 길 끄트머리에서 산사를 잇는 아치형 작은 돌다리도 운치 있다.
　반구대 암각화도 단풍 명소로 소문난 곳이다. 가을의 끝자락에 피워낸 단풍들이 암각화로 가는 길목을 화려하게 수놓는다. 수목이 무성한 오솔길을 따라 가볍게 트레킹하기 좋다. 반구대 암각화는 선사시대 수렵과 어로 생활 등이 바위에 새겨진 유적(국보 제285호)으로 부근에 있는 울산암각화박물관을 함께 다녀오면 여행이 훨씬 더 풍부해진다.
　간월산과 신불산 사이를 넘어가는 간월재는 억새 군락지로 이름난 울산 지역의 이색 가을 명소다. 해발 900m 이상의 고지대에 펼쳐진 드넓은 억새 평원이 단풍과는 또 다른 가을의 멋을 느끼게 해준다. 등억온천단지 부근 임도를 따라 약 2시간 정도 오르면 간월재 억새 평원에 닿는다. 처음부터 끝까지 오르막이 계속되는 길이어서 한 번에 바짝 오르기보다 천천히 쉬면서 가도록 한다. 다소 힘든 여정을 지나 간월재에 닿으면 누구나 눈앞에 펼쳐진 멋진 풍경에 감탄사를 절로 연발하게 된다. 반짝이는 햇빛 아래 은빛으로 물결치는 억새들이 은하수 별빛처럼 빛난다. 활짝 핀 억새꽃은 솜털처럼 부드럽고 포근하다. 억새 군락지 사이로 나무 데크 탐방로가 조성되어 있어 한결 편안하게 가을 산책을 즐길 수 있다.

1 석남사의 추경 2 간월재 억새

추천 여행지

고래박물관
예전 고래잡이의 전진기지였던 장생포에는 갖가지 고래 관련 유물과 자료들이 전시되어 있는 고래박물관이 있다. 어마어마한 크기의 범고래와 브라이드고래의 실제 골격은 바다생물에 대한 궁금증과 신비로움을 불러일으킨다. 1986년 포경 금지 이후 사라진 옛 고래잡이 풍경과 도구들도 둘러볼 수 있다. 고래박물관 바로 옆에 자리한 고래생태체험관도 함께 둘러보면 좋다. 돌고래가 물 속을 유영하는 모습이 생생하게 펼쳐지는 해저터널과 돌고래수족관이 특히 인기다.

고래바다여행선
고래박물관 앞 선착장에서 출항한다. 여행선을 이용하면 바다에서 뛰노는 돌고래 떼를 직접 눈으로 보는 행운을 누릴 수 있다. 여행선은 장생포를 출발해 울기등대 또는 간절곶 등 3코스로 나뉘어 운항되며 사전에 인터넷으로 예약해야 한다.

신화마을
1960년대 석유화학단지가 건립될 당시 매암동 주민들이 집단 이주하면서 형성된 신화마을은 '2010 마을미술 프로젝트'에 선정되면서 울산을 대표하는 벽화마을로 자리매김했다. 영화 〈고래를 찾는 자전거〉, 〈친구2〉 촬영지로도 유명하다. 마을을 가로지르는 도로를 중심으로 갈래 골목마다 테마별 벽화가 그려져 있어 관람 동선도 편하다. 가족 단위 관람객이라면 미술 해설 프로그램을 이용하면 좋다.

대왕암공원
울산의 대표 명소. 울기등대를 비롯해 대왕암, 용굴, 탕건암 등 바다 위에 솟아난 크고 작은 기암괴석들이 볼거리를 이룬다. 대왕암까지 육지와 연결된 교량을 이용해 건너갈 수 있으며 그곳에서 바라본 주변 풍경이 무척이나 이채롭다. 대왕암 가는 길에 만나게 되는 수령 100년이 넘는 1만5,000여 그루의 아름드리 해송들도 장관을 이룬다.

1 고래박물관을 관람중인 어린이 2 신화마을 벽화 3 고래바다여행선 4 바위절벽의 탐방로

추천 일정

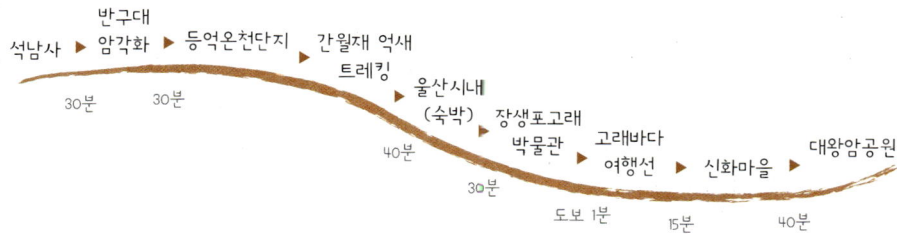

석남사 | 아래 매표소에 주차하고 걷는 산책길이 예뻐요
반구대 암각화 | 울산암각화박물관도 함께 관람하면 학습효과 만점!
간월재 | 물과 간단한 간식 정도 챙겨 가면 좋아요
장생포고래박물관 | 아이들과 체험 교실에도 참가하세요
고래바다여행선 | 인터넷으로 꼭 예약하고 가세요
신화마을 | 주민들이 살고 있으니 너무 크게 떠드는 건 실례랍니다
대왕암공원 | 철교를 건널 땐 바람에 모자 등이 날아가지 않도록 꼭 잡으세요

간월재 억새평원

신화마을

여행 정보

웹 페이지와 전화
울산 관광가이드 052-229-3893, guide.ulsan.go.kr 석남사 052-264-8900, www.seoknamsa.or.kr 울산암각화박물관 052-229-6678, http://bangudae.ulsan.go.kr 장생포고래박물관 052-256-6301, www.whalemuseum.go.kr 장생포 고래바다여행선 052-226-3406, www.whalecity.kr/whale 대왕암공원 052-209-3733

대중교통
기차 서울-울산, KTX 하루 34회 운행, 약 2시간 20분 소요
버스 서울고속버스터미널-울산, 하루 32회 운행, 약 4시간 20분 소요

자가운전
경부고속도로 동대구JC→대구부산고속도로→밀양교차로→밀양대로→24번국도→덕현교차로에서 석남사 방면→석남로→석남사

숙박
어련당(한옥체험) 중구 산전길, 052-290-3692, www.junggu.ulsan.kr/culture/culture02_08.php 진하마리나리조트 울주군 서생면 진하길, 052-900-8888, www.jinharesort.co.kr 울산시티호텔 남구 삼산로, 052-240-2000, www.ulsancityhotel.co.kr 알프스산장 울주군 상북면 작괘로, 052-263-0341 아젤란리조트 울주군 상북면 덕현남천길, 052-254-8040

맛집
언양일번가주먹떡갈비 떡갈비, 울주군 언양읍 언양로, 052-263-2031 함양집 비빔밥, 남구 중앙로 208번길, 052-275-6947 기와집 냉면, 중구 중앙길, 052-243-6290 장생포소라고래전문점 고래고기, 남구 장생포래로, 052-261-2661 감나무집 오리탕, 울주군 청량면 청량천변로, 052-265-5292 효정밥상 게장정식, 울주군 청량면 신덕하1길, 052-227-4995

축제 및 행사
처용문화제 매년 10월, www.cheoyong.or.kr 울산옹기축제 매년 10월, www.ulsanonggi.or.kr 영남알프스 억새대축제 매년 10월 초, www.yeongnamalps.kr

069 주왕산 절골
경북 청송군

기암절벽에 피어난 단풍 따라, 깊은 계곡 따라

여행 내비게이션

여행 콘셉트 단풍 물든 계곡 트레킹으로 가을 만끽
추천 일정 1박 2일 **추천 교통** 자가운전 **추천 계절** 봄~가을
Must Do
1. 절골계곡과 이웃한 주산지 둘러보기 2. 대전사에서 제3폭포까지 주왕계곡 둘러보기
3. 달기약수를 달여낸 백숙 먹기 4. 한옥마을에서 숙박하기

1 절골계곡의 단풍

PART 3. 가을 : 단풍놀이

주왕산은 오지 중의 오지 경북 청송군에 있다. 코래 뛰어난 산세 덕에 오지에 있으면서도 사람들의 입에 자주 오르내린 산이다. 이 산 깊은 곳에서 '가을의 전설'을 떠올리는 곳이 있다. 바로 절골계곡이다. 절골은 대전사에서 용연폭포로 이어지는 주왕계곡 코스나 물안개가 아름다운 주산지보다 상대적으로 덜 알려져 있다. 그래서 더욱 호젓한 트레킹을 즐길 수 있는 주왕산의 속살 같은 곳이다.

절골계곡은 오래전 계곡 안에 절이 있어 붙여진 이름이다. 신술골을 지나면 절터의 흔적이 나타나는데, 절이 폐쇠된 지 오래여서 그 흔적조차 찾기 어렵다. 다만 절골이라는 지명만이 남아 그 자취를 증거하고 있다. 절골계곡은 탐방지윅센터에서 대문다리까지 3.5km 이어지는 계곡 트레킹으로 유명하다. 왕복 7km에 이르는 긴 거리지만, 산을 오르내리는 험난한 길이 없고 완만하게 이어져 남녀노소 편하게 걸을 수 있다. 탐방지원센터에서 대문다리까지 왕복 4시간 가량이면 충분하다.

절골탐방지원센터 너머로 기암이 하늘을 찌를 듯이 우뚝하다. 박석이 깔린 숲길 탐방로는 금세 흙길로 바뀌고, 거대한 기암절벽 사이로 난 탐방로에 들어선다. 거대한 협곡을 이루는 계곡을 한 굽이 한 굽이 돌 때마다 색다른 비경이 펼쳐진다. 주왕산은 기암절벽이 병풍처럼 둘러쳐져 있다 해서 석병산이라고도 부르는데, 이곳이야말로 계곡을 따라 병풍을 펼쳐놓은 듯 수려하다. 암벽 사이로 뿌리를 내린 나무들이 계졷의 색감을 더해 더욱 화려해진다. 활엽수인 참나무와 단풍나무가 주를 이뤄 가을이 깊어지는 10월 말이면 절골계곡은 온통 노랗고 붉은 단풍 천지가 된다.

절골계곡의 특징은 인위적인 요소를 최대한 배제한 탐방로다. 폭포나 절벽 등 쉽게 지나칠 수 없는 곳에 나무 데크를 놓은 일부 탐방로를 제외하면 계곡의 암반을 따라 걷거나 물길을 건너기 위해 놓은 징검다리가 전부다. 산악회의 티본도 거의 찾아볼 수 없기 때문에 사람이 지나간 흔적을 찾으며 걷는 재미도 제법 쏠쏠하다.

절골계곡 최고의 단풍 절경은 탐방지원센터에서 나무 데크가 계곡을 가로지르는 1km 구간이다. 기암절벽이 계곡 좌우로 길게 이어지고, 울창한 숲이 풍경을 더한다. 특히 계곡을 가로지르는 나무 데크에서 바라보는 계곡의 풍경은 한없이 머물러 앉아 쉬고 싶어진다. 계곡 옆으로 이어지는 숲길은 단풍도 제법 곱다. 신술골에서 대문다리까지는 일본잎갈나무, 신갈나무, 단풍나무가 어우러진 단풍길인데, 단풍이 곱기로는 절골계곡 초입만큼이나 아름답다. 탐방지원센터부터 대문다리까지 3.5km의 긴 여정임에도 불구하고 계곡과 기암절벽, 단풍과 계곡에 비친 풍경에 매료되어 피곤한 줄 모른다.

추천 여행지

주산지

영화 〈봄, 여름, 가을, 겨울, 그리고 봄〉의 촬영지로 알려지면서 유명세를 탔다. 저수지에서 자라는 왕버드나무의 기품 있는 모습과 저수지 주변의 물안개, 단풍이 아름답다. 만추에는 이른 새벽부터 사람이 몰릴 정도로 인기가 많다. 주산지는 조선 경종 때인 1721년에 완성한 저수지로 입구 바위 위에 공덕비가 남아 있다. 주산지 입구에서 전망대까지 0.7km의 자연관찰로가 조성되어 있다.

주왕계곡 트레킹

대전사에서 용연폭포까지 이어지는 주왕계곡 코스는 주왕산 최고의 절경이다. 주방천과 대전사 앞에서 바라보는 기암, 자하교 입구에서 시루봉까지 이어진 계곡과 숲길, 용추폭포, 절구폭포, 용연폭포로 이어지는 폭포의 향연 등 볼거리가 넘친다. 자하교에서 주왕굴을 거쳐 학소대로 이어지는 자연탐방로도 추천한다. 연화봉, 병풍바위, 급수대의 장관이 한눈에 들어오고 망월대, 급수대의 주상절리를 가깝게 볼 수 있는 코스다.

주왕산관광지

청송을 대표하는 백자와 꽃돌을 만나볼 수 있는 청송백자전시관과 수석·꽃돌박물관, 청송 심수관도예전시관이 있는 곳이다. 심수관도예전시관은 임진왜란 때 남원성에서 일본으로 잡혀가 사쓰마 도기로 명성을 얻은 심수관 가의 역사와 도자기를 만나볼 수 있는 곳이다. 청송백자전시관은 조선 후기 경북 지역을 대표하는 생활 자기이자 도석이라는 돌을 빻아 만드는 청송백자의 역사와 변천 과정, 새롭게 태어난 청송백자의 기품 있는 작품들을 전시하고 있다. 청송백자전시관 외에도 백자를 구워내던 사기굴와 백자를 구워내기 전까지 모든 작업이 이뤄지던 사기움이 복원되어 있고, 청송백자를 체험해 볼 수 있는 공방들이 있다. 전시관에서는 다도 체험을, 공방에서는 백자 만들기 체험을 할 수 있다. 주왕산관광지 내에는 한옥체험을 할 수 있는 청송한옥민예촌도 있다.

1 주산지 2 주왕굴의 전경 3 청송백자의 도석을 빻는 디딜방아

추천 일정

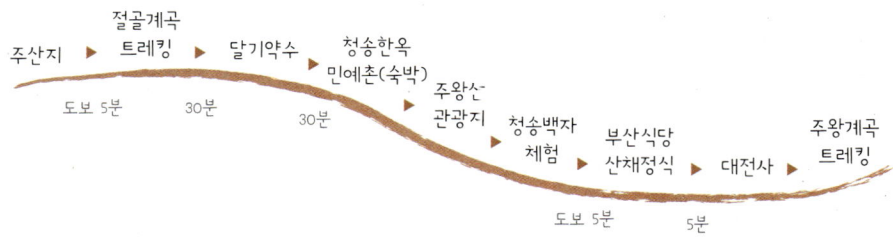

주산지 | 가을에는 새벽에 가야 아름다워요
절골계곡 | 10월 말부터 11월 초가 단풍 절정기예요
주왕산관광지 | 청송을 대표하는 꽃돌과 청송백자를 만날 수 있어요
주왕계곡 | 주왕암과 주왕굴에서 학소대로 이어지는 자연탐방로를 추천해요

여행 정보

웹 페이지와 전화
청송 문화관광 054-870-6240, http://tour.cs.go.kr 주왕산국립공원 054-873-0014, http://juwang.knps.or.kr 주왕산관광지(주왕산문화관광재단) 054-874-0101, www.cctf.or.kr

대중교통
버스 동서울종합터미널-청송, 하루 6회 운행, 4시간 10분 소요

자가운전
중앙고속도로→서안동IC→안동 방면 34번국도→청송 방면 914번지방도→청송교차로→청운삼거리→이전사거리→절골탐방지원센터

숙박
청송한옥민예촌 부동면 주왕산로, 054-874-9098 주왕산온천관광호텔 청송읍 중앙로, 054-874-7000 송소고택 파천면 송소고택길, 054-874-6556

맛집
달기약수닭백숙 닭백숙, 청송읍 약수길, 054-873-2351 송림정 한식, 파천면 중평병부길, 054-873-6300 도림레스토랑 볶음자장면, 청송읍 금월로, 054-873-2182

축제 및 행사
청송사과축제 매년 11월, 청송사과공원 일원, 054-873-3686, www.csapple.kr

070
청남대
충북 청주시

가을빛 담은 나무들이
주인이 되는 시간

여행 내비게이션

여행 콘셉트 대통령 별장으로 사용되던 특별한 공간에서 즐기는 단풍놀이
추천 일정 당일 **추천 교통** 자가운전 **추천 계절** 봄~가을
Must Do
1.전망대에서 대청호 조망하기 2.은행잎을 밟으며 노무현대통령길 걷기
3.낙엽송이 멋진 골프장길 걷기 4.상수허브랜드에서 허브꽃밥 먹기

PART 3. 가을 : 단풍놀이

'남쪽의 청와대'라는 의미로 대통령의 별장으로 쓰였던 청남대가 일반에게 공개된 지 7년이 지났다. 대통령만을 위한 별장이었던 청남대는 이제 모두를 위한 숲과 정원이 되었다.

청남대는 더 이상 대통령이 머무는 곳은 아니지간 정성스레 정원을 가꾸어 온 전통은 변하지 않았다. 한국이 원산진인 둥근 반송들이 호위하는 길을 지나 대통령이 머물렀던 거실과 침실, 손님방 등이 있는 본관을 둘러보고 나면 발길은 자연스럽게 숲길로 이어진다. '대통령의 길'이라는 이름이 붙은 여러 길들은 가벼운 운동화 차림으로 가볍게 누릴 수 있는 아름다운 숲길이다.

2006년 청남대를 국민의 공간으로 되돌려 준 노무현 대통령을 상징하는 '노무현대통령길'은 단풍나무와 참나무들이 이어져 가을이면 빨강, 노랑 물감을 풀어놓은 듯 화려하게 물든다. 약 1km로 길이는 짧지만 운치에 젖고 낭만을 느끼는 가을길이다. 전망대에서 호숫가로 이어지는 '김대중대통령길'은 소나무와 참나무가 울창한 약 2.5km의 산길로, 나뭇가지 사이로 비치는 대청호의 풍광과 맑은 가을하늘을 즐길 수 있는 길이다. 부드러운 흙을 밟으며 짧은 산행의 즐거움도 맛볼 수 있고 도토리를 모으는 다람쥐, 청설모도 만날 수 있다. 특히 '행복의 계단'이라 이름 붙은 645개의 계단 끝 전망대에 오르면 다도해의 풍광을 닮은 대청호와 청남대의 전경이 한 눈에 들어온다. 행복의 계단을 올라 전망대에서 시작되는 '김대중대통령길'을 걷고 호수 쪽에서 이어지는 '노무현대통령길'을 걸으면 청남대의 숲을 완벽하게 즐기게 된다.

'이명박대통령길', '노태우대통령길', '전두환대통령길', '김영삼대통령길'이라 이름 붙은 호반길은 호수의 짙은 물빛을 마음에 담으며 걸을 수 있는 한적한 길이다. 키 큰 낙엽송들이 길게 이어지는 골프장길은 감나무와 단풍나무들까지 더해져 총천연색 그늘을 만들어준다.

1 노무현 대통령길 2 전망대에서 본 대청호 3 청남대 초가정 가는 길

추천 여행지

문의문화재단지
대청댐을 만들 당시 수몰 위기에 있던 조선 중기 문의현의 객사와 전통가옥 등을 옮겨놓은 공간이다. 문산리 석교(충북유형문화재 제 222호), 문의 노현리 민가(충북무형문화재 제 220호), 부용 부강리 민가(충북유형문화재 제 221호) 등을 비롯해 가마터와 주막집, 대장간 등을 재현해 놓았다. 민화 배우기, 짚풀공예 만들기 등 온 가족이 함께 즐길 수 있는 체험거리도 마련되어 있다. 문의면의 청남대 매표소와 가까이 자리하고 있다.

미동산수목원
충북 산림환경연구소에서 운영하는 수목원이다. 가을빛으로 물든 다양한 나무들을 만날 수 있는 공간이다. 앙증맞은 고마리들이 지천으로 피어난 계곡을 따라 길게 이어지는 수목원은 나무와 꽃들이 이어지는 산책로를 따라 돌아볼 수 있게 꾸며져 있다. 메타세쿼이아길, 단풍나무길, 미선나무길 등 수목별로 나뉜 길들은 깊이를 더해가는 계절의 빛깔을 고스란히 전해준다. 목재문화체험관, 산림환경생태관 등 아이들과 함께 둘러볼만한 전시공간도 알차다.

상수허브랜드
짙은 가을 향기와 허브향을 동시에 느낄 수 있는 공간이다. 우리나라 허브 재배의 메카라 불러도 좋을 상수허브랜드에는 직접 육종에 성공한 상수로즈마리를 비롯해 1,000여 종의 허브들이 자라고 있다. 특히 가을을 맞아 꽃망울을 터뜨린 다양한 색깔의 세이지들을 비롯해 가지마다 열매를 단 산딸나무, 피라칸사 등이 자태를 뽐낸다. 직접 재배한 식용 꽃들을 먹어볼 수 있는 허브꽃비빔밥도 특별하다. 제라늄과 세이지, 산파첸스 등으로 꽃밭을 이룬 그릇은 기분까지 화사하게 만든다.

1 문의문화재단지에서 만나는 고려시대의 석교 2 미동산수목원의 산책로
3 화사한 꽃밭을 이룬 허브꽃비빔밥

추천 일정

청남대(도보 2시간) ▶ 문의문화재단지 ▶ 상수허브랜드
　　　　　　　　20분　　　　　　　　20분

청남대 | 인터넷으로 미리 예약하면 자동차로 청남대 정문까지 들어갈 수 있어요
문의문화재단지 | 작은 민속촌이에요
미동산수목원 | 단풍나무길이 멋져요
상수허브랜드 | 허브꽃비빔밥을 꼭 먹어요

청남대 본관

청남대 본관 거실

문의문화재단지

여행 정보

웹 페이지와 전화
청남대 043-220-6412~4, http://chnam.cb21.net 문의문화재단지 043-251-3288 미동산수목원 043-220-6101, www.cbforest.net 상수허브랜드 043-277-6633, www.sangsooherb.com

자가운전
당진·영덕고속도로 문의IC→문의사거리에서 좌회전→회남문의로→청남대 정문(미예약자는 청남대 매표소에서 입장권 구입 후 셔틀버스 이용)

숙박
호텔이프 흥덕구 풍년로, 043-237-8466 청주백제관광호텔 흥덕구 풍년로, 043-900-0137 GEE호텔 청원구 중심산업2로, 043-715-1700

맛집
대청마루 돌솥밥, 상당구 대청호반로, 043-298-2507 아리랑 버섯전골, 상당구 문의시내로, 043-287-3016 신선매운탕 민물매운탕, 상당구 대청호반로, 043-297-4320 청남한정식 한정식, 상당구 문의시내2길, 043-287-8884

축제 및 행사
청주직지축제 짝수년 9~10월경, 043-211-3952, www.jikjifestival.com 청주국제공예비엔날레 홀수년 10월경, 043-277-2501~2, www.cheongjubiennale.or.kr

071
수타사계곡 &산소길
강원 홍천군

청량하고 달콤한 공기를 맘껏 호흡하다

여행 내비게이션

여행 콘셉트 수타사계곡을 따라 이어진 청량한 산소길 트레킹
추천 일정 1박 2일 **추천 교통** 자가운전 **추천 계절** 봄~가을
Must Do
1. 산소길 트레킹 2. 숲 해설 듣기 3. 수타사 방문하기
4. 수타사 앞 연지 감상하기 5. 홍천 특산품 늘푸름 한우 맛보기

PART 3. 가을 : 단풍놀이

1 수타사의 가을 2 9월 중순 수타사계곡 입구 3 물이 맑고 수량이 풍부한 수타사계곡

　홍천의 가을은 어디든지 좋다. 전국 지자체 가운데 가장 면적이 넓다는 홍천은 땅의 84%가 산지다 보니 가을이면 붉디붉은 단풍으로 천지가 물든다. 그중에서 수타사계곡의 단풍은 단연 최고다. 붉은 단풍이 물과 어우러진 풍광이 감탄을 자아낸다. 거기에 잘 보존된 공작산 생태숲과 천년고찰 수타사까지 더해 볼거리가 풍성하다. 숲 해설을 신청하면 공작산 생태숲과 산소길의 나무와 꽃, 풀 등을 해설해 준다. 숲 해설사의 해설을 들으며 산책을 하면 이름 모를 풀과 꽃에 불과하던 것들이 저마다 이름을 갖고 오랜 시간 우리와 동거해 왔다는 것을 알 수 있어 허투루 보이지 않는다.

　수타사 앞 연지 가운데를 뚫고 이어진 산소길은 공작산 생태숲의 품 안으로 들어간다. 가을 숲은 소리가 아름답다. 숲을 쓰다듬는 바람 소리, 기분 좋은 새소리, 툭툭 밤과 도토리가 떨어지는 소리가 서로 장단을 맞춘다. 수타사를 한 측에 두고 초승달처럼 휘어진 형태의 공작산 생태숲은 자생화원, 수생식물원, 계류, 생태관찰로, 숲속교실 등의 이름으로 나뉘었지만 걷다보면 굳이 그렇게 구분하지 않아도 보기 좋고 즐기기 좋은 숲이다. 산소길은 수타사 일대와 약수봉, 수타사계곡 등지에 뻗은 등산로 중 걷기 좋은 길을 선정해 조성한 것이다. 숲길이라면 어디든 당연히 공기가 좋겠지만, 수타사 산소길은 공기가 맑다 못해 달콤하게 느껴진다.

　생태숲을 지나 출렁다리로 향하는 길에는 계곡 쪽으로 낭떠러지가 있으니 조심해야 한다. 산소길은 계속해서 계곡 상류로 이어지지만 출렁다리에서 계곡을 건너 다시 수타사 방면으로 내려갈 수 있다. 출렁다리 아래는 궝소라는 곳이다. 소나 말이 여물을 먹는 통을 이곳 말로 '궝'이라 하는데 바위가 움푹 파인 모양이 궝을 닮아 붙은 이름이다.

　수타사가 가까워질 무렵 계곡에는 또 하나의 명물이 나오는데 박쥐굴을 통해 용이 승천했다는 용담이다. 수타사계곡은 이렇듯 곳곳에 크고 작은 소가 있고 잠시 앉아 쉬기 좋은 넓은 바위가 많다. 계곡 상류 쪽으로 계속 가면 신봉마을과 노천리가 나온다. 산소길은 노천리까지 이어지는데, 무리하지 말고 체력에 따라 걸으면 된다. 주차장에서 생태숲-출렁다리-궝소-용담-수타사로 돌아오는 코스는 빠른 걸음으로는 1시간, 천천히 걸으면 2시간 정도 걸린다.

추천 여행지

수타사
신라 성덕왕 때 창건했다고 하니 역사가 1,300년을 훌쩍 넘었다. 오랜 역사에 걸맞게 월인석보(보물 745호), 동종(보물 11-3호) 등의 보물과 대적광전을 비롯한 문화재도 다수 있다. 가람이 평지에 자리해 누구나 쉽게 접근할 수 있는 것도 수타사의 특징이다. 절 입구의 부도밭에는 아름드리 노송들이 가득한 솔숲이 인상적이다. 절 앞의 연지와 절 뒤를 휘감아 도는 계곡도 일품이다.

무궁화마을
홍천은 무궁화의 고장이다. 독립 운동가이자 교육자였던 한서 남궁억 선생이 1918년 낙향한 곳이 홍천군 서면 모곡리, 지금의 무궁화마을이다. 마을에 학교와 교회를 지어 아이들을 가르치는 한편, 일제의 감시 속에서도 겨레의 꽃 무궁화를 온 나라에 퍼뜨리기 위해 애썼다. 선생은 해방을 보지 못하고 1939년에 사망했다. 그 후 선생이 말년을 지낸 마을에 한서기념관을 세우고, 또 선생의 뜻을 따라 무궁화를 심고 가꾸어 무궁화마을이 되었다. 무궁화마을은 계절에 따라 체험 프로그램이 다양하다. 사계절 가능한 무궁화 우산 만들기, 지끈공예, 짚풀공예 등이 인기다. 무궁화 티 파티, 무궁화 화전 만들기, 관람차 타고 마을 여행하기, 배바위 앞에서 카누 타기, 다듬이 소리 공연, 농사 체험 등 흥미로운 프로그램도 풍성하다.

밤벌유원지
무궁화마을 체험장에서 걸어서 3분 정도면 홍천강변으로 나갈 수 있다. 모래와 자갈이 섞인 백사장이 길게 뻗은 강변이 밤벌유원지다. 캠핑을 무료로 즐길 수 있고, 홍천강에서 카약, 카누, 래프팅, 낚시 등을 할 수 있다. 길게 이어진 강둑을 느린 걸음으로 산책하기에도 그만이다. 홍천강은 수심이 얕고 강변이 넓어 수도권에서도 손꼽는 물놀이터다. 밤벌 외에 반곡, 통곡, 개야, 수산, 모곡, 마곡 등 유원지를 여럿 거느리고 있다.

늘푸름한우
홍천은 별미가 많은 곳이다. 이 가운데 알코올 발효 사료를 먹여 키운 늘푸름한우는 홍천 특산물 중 으뜸이다. 10월에는 한우축제도 열린다. 또 쫀득한 찰옥수수는 주전부리로 최고이고, 양평에서 홍천으로 가는 6번 국도 변에 있는 양지말 화로구이 역시 홍천 여행에서 빼놓을 수 없는 먹거리다.

1 가을빛이 내려앉은 수타사 2 수타사 앞 연지 3 무궁화우산 만들기 4 홍천 특산품 늘푸름한우

추천 일정

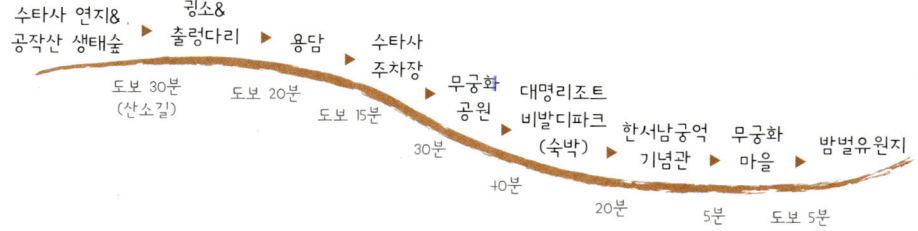

- **수타사 연지** | 푸른 연잎이 가득한 연못 사이로 산책로가 나 있어요
- **공작산 생태숲** | 깔끔하게 꾸며놓은 생태숲에서는 다양한 프로그램도 진행돼요
- **산소길** | 숲 해설사의 해설을 들으려면 시간을 넉넉하게 잡으세요
- **귕소** | 계곡에서 가축 여물통(귕)처럼 생긴 용소를 찾아봐요
- **무궁화마을** | 연중 무궁화 관련 체험이 가능해요
- **밤벌유원지** | 물놀이장이자 캠핑장으로 최고!

무궁화잎차

공작산 생태숲

여행 정보

웹 페이지와 전화
홍천군 관광레저과 033-430-2472, www.great.go.kr 수타사 033-436-6611, www.sutasa.org 공작산 생태숲(숲 해설 예약) 033-430-2790~2, www.ecogongjaksan.kr 무궁화마을 070-4156-1782, www.mgh.co.kr

대중교통
버스 동서울종합터미널-홍천, 10~30분 간격 운행, 1시간10분 소요 / 북대구-홍천, 하루 15회 운행, 3시간 소요

자가운전
서울춘천고속도로 춘천JC→중앙고속도로→홍천IC→설악로→연봉교차로→공작산로→동면대교→수타사로→수타사

숙박
가리산자연휴양림 두촌면 가리산길, 033-435-6034, www.garisan.kr 대명비발디파크 서면 한치골길, 1588-4888, www.daemyungresort.com/vp 모곡레저타운 서면 밤벌길, 033-435-8333, www.hongcheonkang.co.kr 모리의숲 북방면 노일로 238번길, 033-435-0202, www.pensionmori.co.kr

맛집
양지말화로구이 화로구이양념삼겹살, 홍천읍 양지말길, 033-435-7533 한림정 한정식, 홍천읍 송학로, 033-434-8300 늘푸름임꺽정 우구이, 홍천읍 무궁화로 4길, 033-432-9639 늘푸름홍천한우프라자 한우구이, 홍천읍 설악로, 033-434-9207 공작산송어횟집 송어회, 동면 노내골길, 033-433-3968

축제 및 행사
홍천인삼한우 명품축제 매년 10월 초, 033-435-4350, www.gnhfestival.kr 나라꽃무궁화축제 매년 10월 초, 033-435-4350, www.naraflower.kr

072 해산령과 비수구미
강원 화천군

울긋불긋 단풍의 바다에 풍덩~

여행 내비게이션

여행 콘셉트 파로호가 만든 육지 속의 섬, 비수구미 트레킹과 해산령 단풍 즐기기
추천 일정 1박 2일 **추천 교통** 자가운전 **추천 계절** 여름~가을
Must Do
1. 비수구미 마을 트레킹 2. 비수구미마을 이장님 댁에서 산채밥상 맛보기
3. 해산령 지나 평화의 댐까지 단풍 드라이브 4. 산소 100리길 '숲으로 다리' 구간 걸어보기

PART 3. 가을 : 단풍놀이

1 해산령 단풍 **2** 해산령 아흔아홉 굽이 **3** 비수구미계곡

    화천읍에서 평화의 댐으로 이어지는 460번 지방도를 타면 해산령 아흔아홉 굽이를 형형색색으로 물들인 단풍의 바다를 만날 수 있다. 인적도, 오가는 차량도 드문 구절양장의 고갯길을 오르내리는 동안 눈앞에 현란한 색채의 향연이 펼쳐진다.

    화천읍에서 해산령까지는 약 20km 거리다. 한적한 지방도를 따라 평지와 오르막을 30분쯤 달리면 터널이 하나 나타난다. 남한 최북단, 가장 높은 곳에 위치한 해산터널이다. 길이 1,986m인 해산터널은 직선으로 쭉 뻗어 있다. 그래서 터널 안에 들어서면 저만치 앞에 바늘구멍처럼 출구가 보인다. 터널이 끝나면 아흔아홉 굽이의 단풍 길이 펼쳐진다. 고운 단풍에 취해 구불구불 곡예를 하듯 5분가량 달리면 해산전망대. 화천에서 가장 먼저 아침 해가 떠오른다는 해산(해발 1,194m)이 한눈에 들어오고, 깊은 골짜기 사이로 새파란 파로호가 까마득히 내려다보인다. 가슴속까지 시원해지는 절경이다.

    해산전망대에서 10여 분을 더 달려 평화의 댐 갈림길에서 우회전하면 파로호가 만든 오지마을 '비수구미' 가는 길이 나온다. 해산령이 드라이브를 즐기며 여유 있게 단풍을 감상하는 코스라면, 비수구미계곡은 두 발로 걸어야만 만날 수 있다. 비수구미는 화천댐이 들어설 때 육로가 막히는 바람에 육지 속의 섬이 된 마을이다. 지금도 쉽게 접근할 수 없는 오지마을로 남아 있는 덕분에 깨끗하게 보존되어 있다.

    비수구미로 들어가는 방법은 세 가지다. 첫째, 해산령에서 계속 차를 몰아 평화의 댐 갈림길에서 비포장도로로 2km 들어간 후 선착장 앞에 차를 세워두고 산길을 따라 걷는 것이다. 20분쯤 걸으면 출렁다리가 나오고 다리를 건너면 비수구미마을이다. 둘째, 선착장에서 배를 타고 들어가는 방법이 있다. 마을 민박집에 미리 연락해두면 배로 데리러 나온다. 셋째, 해산터널을 통과하자마자 오른쪽에서 시작되는 트레킹 코스를 이용하는 것이다. 계곡의 물소리와 바람 소리가 걷는 내내 곁을 따라오고, 길은 처음부터 끝까지 내리막이라 수월하다. 그렇게 6km를 2시간가량 걸으면 비수구미마을에 도착한다.

추천 여행지

딴산
산은 산인데 마치 섬처럼 홀로 뚝 떨어져 있어서 딴산이라는 재미난 이름이 붙었다. 80m 높이의 절벽에서 떨어지는 인공폭포가 장관이다. 급수대와 샤워장 등 편의시설을 갖춘 캠핑장은 가족 단위 캠핑족이 이용하기 편리하다.

꺼먹다리
화천읍에서 해산령 가는 길에 있다. 화천댐과 발전소가 세워진 일제 말에 철골과 콘크리트로 만든 교량이다. 상판이 검은색 콜타르 목재라서 꺼먹다리라 불린다. 등록문화재 110호로 지정됐다.

산소 100리길
화천이 자랑하는 명품 자전거길이다. 북한강을 따라 40km가량 이어지며, 그중 물 위에 뜬 부교를 따라 걸을 수 있는 '숲으로 다리' 구간이 인기 있다. 물안개가 피어오르는 아침과 해질 무렵에 특히 아름답다.

산약초마을
산약초 재배 단지와 가공 시설, 약초 탐방로, 풍욕장, 테라피 센터, 전시판매장 등의 시설을 갖추고 2014년 가을에 개장했다. 테라피 센터에 반신욕기와 족욕기, 훈증기를 설치했으며, 휴식과 치유를 위한 힐링 센터로 활용된다. 화천군청 홈페이지에서 사전 예약 후 이용할 수 있다.

비수구미마을 산채밥상
비수구미마을에 도착하면 김상준 이장댁(해산민박)에서 내놓는 산채밥상을 맛보자. 고사리, 곰취, 참나물 등 집 주변에서 손수 뜯어 말린 10여 가지 나물 반찬과 된장찌개가 올라간 소박한 시골 밥상이 나온다. 가격은 1인당 1만원.

에코스쿨캠핑장
비수구미마을에서 파로호 물길을 따라 1시간 거리에 있는 캠핑장이다. 화천군에서 옛 수동분교 터에 조성해 운영하는 캠핑장으로 화장실과 샤워실, 개수대를 갖췄고 온수도 사용할 수 있다. 단, 차량이 접근할 수 없어 오토캠핑은 불가능하고 백패킹이 기본이다.

1 딴산폭포 2 꺼먹다리 3 산소 100리길 인기 구간인 '숲으로 다리'
4 비수구미 이장댁 산채밥상

PART 3. 가을 : 단풍놀이

추천 일정

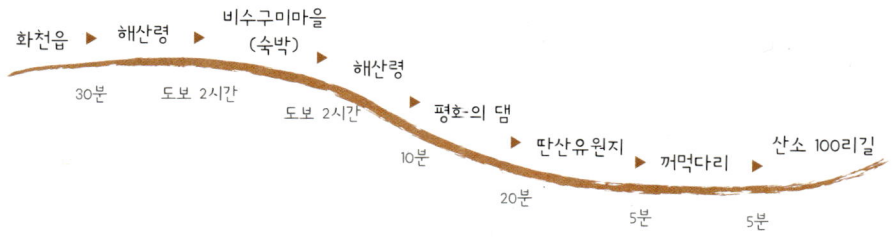

해산령 | 해산 터널 지나자마자 바로 오른쪽에 비수구미 트레킹 출발점이 보여요
비수구미마을 | 트레킹이 부담스러우면 선착장에서 배를 타세요
딴산유원지 | 폭포 보면서 캠핑할 수도 있어요
산소 100리길 | 자전거를 타고 달려도 좋아요

비수구미

콩사랑정식

산약초마을

여행 정보

웹 페이지와 전화
화천군 관광정보 033-440-2733, www.ihc.go.kr/tour 산약초마을(화천군청 산림경영과) 033-440-2426

대중교통
버스 동서울종합터미널-화천, 하루 24회 운행, 2시간 40분 소요

자가운전
서울춘천고속도로 춘천IC→46번국도→화천읍→460번 지방도로→해산령

숙박
에코스쿨캠핑장 화천읍 비수구미길, 033-440-2319, eco-school.ihc.go.kr 펜션나이테 화천읍 평화로, 033-442-8688, www.psnaite.com 화천열차펜션 하남면 춘화로, 033-441-8877, www.hctrainpension.com

맛집
비수구미 이장댁(해산민박) 산채밥상, 화천읍 비수구미길, 033-442-0962 콩사랑 콩사랑정식·두부전골, 화천읍 대이리길, 033-442-2114 평양막국수 초계탕·막국수, 화천읍 평화로, 033-442-1112

유네스코 세계문화유산

073 경주 역사유적지구 | 왕에게 가다 경북 경주시
074 고창 고인돌 유적 | 세계 최대 고인돌 왕국 전북 고창군
075 창덕궁과 종묘 | 선의 왕들이 지극히 아끼던 공간 서울특별시 종로구
076 해인사 장경판전&대장경판 | 불심으로 새기고 지혜로 보존하다 경남 합천군
077 거문오름 | 화산섬 제주의 속살을 만나다 제주특별자치도

073
경주 역사 유적지구
경북 경주시

왕에게 가다

여행 내비게이션

여행 콘셉트 경주의 유네스코세계문화유산 탐방
추천 일정 1박 2일 **추천 교통** 자가운전 **추천 계절** 봄, 가을
Must Do 1.대릉원 일출 보기 2.이른 아침 봉황대에 햇살 퍼질 때 사진 찍기
3.경주국립박물관~월성~계림~첨성대~대릉원 걸어서 돌아보기
4.동궁과 월지 야경 보기 5.선덕여왕릉~진평왕릉 달빛기행

PART 4. **겨울** : 유네스코 세계문화유산

국립경주박물관 정문으로 들어서면 커다란 종이 보인다. 신라 33대 성덕왕이 죽자, 경덕왕이 아버지를 기리기 위해 만들기 시작한 종이다. 구리 12만 근(72톤)으로 종을 만들려고 했는데, 경덕왕 당대에 완성하지 못하자 그의 아들 혜공왕이 아버지의 뜻을 따라 종을 완성했으니 성덕대왕신종(국보 29호)이다. 완성된 종은 19톤으로 원래는 성덕왕 원찰인 봉덕사에 있다가 영묘사, 경주읍성 남문 밖, 동부동 옛 국립박물관을 거쳐 1975년 지금의 자리로 옮겼다.

박물관 정문을 나와 길을 건너면 월성이다. 경주 월성(사적 16호)은 신라 5대 파사왕 때 축성한 왕궁인데, 지금은 소나무 숲과 잔디밭만 남았다. 월성은 초승달 모양 지형으로 남쪽에는 남천이 흐르고, 동·서·북쪽에는 해자를 만들어 적의 침략에 대비했다. 해자로 쓰인 연못은 다 메워지고 없지만, 남천은 아직도 월성 남쪽에 흐른다. 아름다운 솔숲을 산책하다가 조선시대에 만든 석빙고를 만난다. 월성 산책로는 계림으로 이어진다.

경주 계림(사적 19호)은 경주 김씨의 시조 김알지 탄생 설화와 관련 있는 곳이다. 신라 4대 탈해왕 때 호공이 숲에서 닭이 우는 소리를 듣고 가보니 금궤가 있어서 왕에게 아뢰었다. 왕이 직접 그곳에 가서 금궤를 내려 덮개를 여니 사나아이가 있었다. 그래서 성을 김(金), 이름을 알지라고 했다. 금궤가 있던 숲은 원래 시림이라그 했는데, 이후 계림으로 불렸다. 계림에 있는 비는 순조 3년(1803) 세운 것으로, 김알지 탄생에 관한 기록이 새겨졌다.

계림에서 선덕여왕 때 건립된 첨성대를 지나 대릉원으로 발길을 옮긴다. 대릉원(사적 512호)은 경주시 황남동 일대에 있는 고분군이다. 황남대총과 천마총이 유명하며, 천마총은 신라 22대 지증왕의 능이라고 추정된다. 〈삼국사기〉 지증왕편의 '덕업일신 망라사방'이라는 말에 따르면, 덕업이 날로 새로워진다는 뜻의 신(新)과 그 뜻이 사방을 망라한다는 뜻의 라(羅)가 합쳐져 국호 '신라'가 탄생한다. 대릉원은 일출지로도 유명하다. 일출은 주로 바다나 산꼭대기에서 보는데, 고분 사이로 떠오르는 해는 또 다른 분위기가 있다. 월성과 대릉원, 첨성대 등이 있는 경주 역사유적지구는 세계문화유산으로 지정됐다.

1 대릉원 2 월성의 소나무 고목 3 서악리 고분군

추천 여행지

선덕여왕릉과 진평왕릉

국립경주박물관에서 원화로를 따라 남쪽으로 1.4km 거리에 선덕여왕릉이 있다. 선덕여왕릉에서 약 1km 거리에 신라 26대 왕 진평왕의 능이 있다. 대를 이어 왕을 지낸 아버지와 딸이 죽어서도 남촌 들녘을 사이에 두고 마주 보고 있다. 신라 27대 선덕여왕은 신라 최초의 여왕으로, 첨성대를 만들고 분황사를 창건하고, 황룡사구층목탑을 건립했다. 황룡사구층목탑 공사의 총감독은 김춘추(훗날 태종무열왕)의 아버지 김용수가 맡았고, 탑은 백제인 아비지가 만들었다.

태종무열왕릉

신라의 능 가운데 주인이 정확하게 알려진 유일한 능이다. 능 앞에 태종무열왕릉비(국보 25호)가 있는데, 비석은 없어지고 거북 모양의 받침돌과 머릿돌만 남았다. 머릿돌 중앙에 태종무열왕의 둘째 아들 김인문이 쓴 '태종무열대왕지비'라는 글이 있다. 태종무열왕릉 뒤편 선도산 자락에는 진흥왕릉과 진지왕릉으로 추정되는 고분을 비롯해 여러 기의 고분이 있다.

감은사지

경주에서 대왕암 가는 길에 있다. 신문왕이 682년 아버지의 뜻을 이어 감은사를 짓고, 감은사 금당 밑에 특이한 공간을 만들었다. 나라를 지키는 용이 된 아버지가 감은사 금당까지 드나들게 하기 위해서 만든 공간이라는 이야기가 전해온다. 지금은 감은사지에 탑 두 개가 남아있다.

1 선덕여왕릉 2 태종무열왕릉 3 감은사지탑 4 경주쌈밥

추천 일정

태종무열왕릉과 서악동 고분군 → 국립경주박물관 → 월성 → 계림 → 첨성대 → 대릉원 → 봉황대 → 동궁과 월지 → 봉황대 (숙박)

8분 / 도보 1분 / 도보 3분 / 도보 4분 / 도보 10분 / 도보 5분 / 4분 / 4분

문무대왕릉 ← 감은사지 ← 진평왕릉 ← 선덕여왕릉 ← 봉황대 ← 대릉원 일출 ← 도보 7분

3분 / 50분 / 5분 / 8분 / 도보 5분

태종무열왕릉과 서악동 고분군 | 서악동 고분군까지 다 돌아보세요
국립경주박물관 | 녹음된 소리지만 성덕대왕신종의 종소리는 꼭 들어보세요
계림 | 숲이 아주 좋아요
첨성대와 대릉원 | 첨성대 야경과 대릉원 일출은 감동이에요
봉황대 | 해가 떠서 햇살이 막 퍼질 때 사진을 찍어보세요
감은사지 | 탑으로 올라가는 측면 계단에서 탑을 바라보며 한 컷!
문무대왕릉 | 이견대까지 함께 돌아보세요

문무대왕릉

이견대에서 바라본 대왕암

여행 정보

웹 페이지와 전화
경주역관광안내소 054-772-3843 터미널관광안내소 054-772-9289 경주문화관광 guide.gyeongju.go.kr/deploy

대중교통
버스 서울고속버스터미널-경주, 하루 17회 운행, 4시간 소요

자가운전
경부고속도로 경주TG→서라벌대로→원화로와 만나는 교차로에서 좌회전→원화로→국립경주박물관(월성, 계림, 첨성대, 대릉원 등은 걷기 코스)

숙박
경주여행길게스트하우스 경주시 원효로, 054-745-0114 드림힐모텔 경주시 태종로 791번길, 054-749-6622 아이라펜션 경주시 장골길, 054-777-7760

맛집
별채반 교동쌈밥점 쌈밥, 경주시 첨성로, 054-773-3322 별채반 불국점 육개장, 경주시 영불로, 054-749-1156 교리김밥 김밥, 경주시 교촌안길, 054-772-5130

074 고창 고인돌 유적
전북 고창군

세계 최대 고인돌 왕국

여행 내비게이션

여행 콘셉트 유네스코 세계유산에 등재된 고인돌 탐방
추천 일정 1박 2일 **추천 교통** 자가운전 **추천 계절** 봄~가을
Must Do 1.고인돌 코스 탐방하기 2.고인돌박물관에서 고인돌에 대해 배우기 3.고창읍성 성곽 따라 걷기 4.선운사 대웅보전에 남아 있는 고려와 조선시대의 건축양식 찾기 5.석정휴스파에서 휴식하기

PART 4. 겨울 : 유네스코 세계문화유산

고인돌은 전 세계적으로 발견되지만, 유네스코 세계문화유산에 등재된 고인돌은 한국의 고창, 화순, 강화도가 유일하다. 이중에서도 고창 지역에 가장 많은데, 무려 1,500기가 넘는다. 숫자만 따지면 단위 면적당 밀집도가 세계에서 가장 높다. 고창에서 세계문화유산에 등재된 고인돌은 447기다. 고창 고인돌 유적은 숫자 자체도 놀랍지만, 세계에서 유일하게 탁자식(잘 다듬은 판석 3~4개를 받침

1 6코스의 탁자식 고인돌 2 고인돌 탐방 1코스의 고인돌군

돌로 세우고 그 위에 평평한 덮개돌을 얹은 형태), 바둑판식(탁자식과 비슷하나, 받침돌이 더 작고 덮개돌이 더 크고 무거운 형태), 개석식(받침돌이 없으며, 땅속에 무덤방을 만들고 바로 덮개돌을 얹은 형태) 등 다양한 고인돌을 한 지역에서 볼 수 있다.

고창에는 6개 고인돌 탐방 코스가 조성되었다. 탐방을 위해 제일 먼저 들러야 할 곳은 고창고인돌박물관이다. 고인돌은 기원전 1000년 무렵 원시 농업 경제사회 단계인 청동기시대의 대표적인 무덤 형식이지만, 보는 것만으로 실체를 이해하기 어렵다. 고창고인돌박물관에서 고인돌에 대한 기본적인 이해는 물론, 청동기시대 고창 지역에 살던 사람들의 생활상을 쉽게 배울 수 있다. 2층 상설전시실에 올라가면 고창 고인돌의 특징, 분포 현황, 형식과 구조 등을 자세히 알 수 있다. 야외전시실에서는 고인돌을 만들 때 커다란 돌을 어떻게 옮겼는지 체험할 수 있다. 세계적인 여행안내서 〈기드 미슐랭(Guide Michelin)〉도 고창고인돌박물관에 최고점인 별점 3개를 주어 '매우 추천하는 곳'으로 소개했다.

고인돌 탐방 코스 중 백미는 1~3코스다. 주변에 채석장이 많아 다양한 고인돌을 만날 수 있다. 1코스에는 고인돌 53기가 있으며, 커다란 덮개돌에 비해 받침돌이 낮은 탁자식 고인돌과 전형적인 바둑판식 고인돌을 볼 수 있다. 이 가운데 '2509호 고인돌'은 탁자식이지만 2m 이상 되는 판석 2매를 나란히 세우고 그 위에 덮가돌을 올렸다. 2코스에는 동서로 약 276m에 걸쳐 고인돌 41기가 줄지어 있다. 이 가운데 '2428호 고인돌'은 탁자식과 바둑판식의 중간인 지상 석곽형으로, 고인돌 형태가 어떻게 달라졌는지 밝히는 데 중요한 역할을 한다. 덮개돌 무게가 120~150t으로 추정되는 '2406호 고인돌'도 있다. 3코스는 고인돌 128기가 모인 고창 고인돌 유적의 중심지다. 고인돌의 무덤 방 형태가 잘 남아 있고, 지상 석곽형 고인돌이 집중적으로 분포한다. 4코스는 고인돌의 재료를 캐내던 채석장이고, 고인돌 220기가 줄지어 있는 5코스에는 2m 내외 소형 고인돌이 많다. 지동마을에 자리한 6코스는 고인돌 5기로 수는 적지만, 남쪽 지방에서 발견된 것 중 가장 길쭉하고 형태가 완전한 고인돌이 있어 여행객이 즐겨 찾는다.

추천 여행지

고창읍성
고인돌 유적과 더불어 고창에서 꼭 둘러봐야 할 유적으로 '모양성'이라고도 불린다. 나주진관, 입암산성과 함께 호남 내륙을 방어하는 전초기지로 단종이 즉위한 다음해인 1453년에 축성되었다. 성의 둘레는 1,684m. 성 내에는 동헌과 객사 등 관아 건물 14동이 있다. 성벽을 따라 돌면 고창 읍내를 두루 살펴볼 수 있고, 소나무와 대나무 숲이 우거져 가볍게 산책하기에 좋다. 고창읍성에는 여자들이 머리에 돌을 이고 성을 밟으면 한 해의 재앙과 질병을 가시게 한다는 전설이 있다.

고창판소리박물관
고창읍성 입구에 있다. 박물관에는 〈춘향가〉, 〈심청가〉, 〈흥부가〉, 〈적벽가〉, 〈수궁가〉, 〈변강쇠가〉 등 구전으로 내려오던 판소리 여섯마당을 정리한 판소리의 대가 신재효가 생전에 기거하던 초가와 유품, 판소리 자료 1,000여 점이 전시돼 있다. 판소리의 발생에서 동편제와 서편제 등 판소리 계보, 판소리 명인들이 사용하던 도구, 판소리 음반 등과 판소리 명창들이 수련하는 과정을 살펴볼 수 있다.

선운사
호남에서 손꼽는 절이자 미당 서정주 시인이 사랑한 절이다. 봄의 동백꽃과 여름의 신록, 가을의 꽃무릇과 단풍으로 사계절 내내 아름답다. 경내에는 만세루와 대웅보전, 육층석탑 등 눈여겨볼만한 유물이 많다. 특히, 절 입구에 선운사에 머물던 스님들의 부도를 모셔 놓은 부도밭도 놓칠 수 없다. 선운사에서 갑오농민전쟁 설화가 스민 미륵불이 있는 도솔암까지의 트레킹(왕복 2~3시간 소요)도 뜻깊다.

석정휴스파
고창의 문화유산을 둘러봤다면 석정휴스파에서 온천을 즐기며 여행의 대미를 장식한다. 고창웰파크시티에 있는 석정휴스파는 바데풀, 노천탕, 유수풀, 키즈풀 등 실내 물놀이 시설과 실외 시설이 두루 갖춰진 워터파크다. 100% 게르마늄 온천수를 공급하는데, 이 물은 '기적의 샘물'이라 불리는 프랑스의 루르드 샘물보다 게르마늄 함량이 많다. 세포의 노화 방지와 각종 성인병 예방에 효과가 좋은 것으로 알려졌다.

1 고창읍성 성벽을 따라 산책을 하는 사람 2 선운사 전경 3 판소리박물관 내에 전시된 판소리 자료집 4 석정휴스파 노천온천

추천일정

고창읍성 ▶ 고창판소리박물관 ▶ 고창 고인돌 유적 ▶ 석정휴스파(숙박) ▶ 선운사
도보 5분   20분   30분   50분

고창 고인돌 유적 | 세계 최대 고인돌 유적의 위용을 경험해 보세요
고창읍성 | 성벽에 올라 고창읍내를 바라보아요
선운사 | 대웅보전, 만세루에 숨겨진 비밀을 찾아보세요
석정휴스파 | 온천수로 물놀이를 하면 피로는 가시고, 여행의 즐거움은 배가 돼요

석정휴스파

고창읍성

여행 정보

웹 페이지와 전화
고창군 문화관광 063-560-2442, http://culture.gochang.go.kr 고창읍성 063-560-8055 고창고인돌박물관 063-560-8666, www.gcdolmen.go.kr 고창판소리박물관 063-560-8061, www.pansorimuseum.com 선운사 063-561-1422, www.seonunsa.org 고창웰시티파크(석정휴스파) 063-560-7500, www.wellparkcity.com

대중교통
버스 센트럴시티터미널-고창, 하루 16회(07:00~19:00) 운행, 3시간 10분 소요

자가운전
서해안고속도로→고창 IC(우회전)→도산교차로→고인돌교차로→고창고인돌박물관→고인돌 유적

숙박
힐링카운티 고창읍 석정2로, 063-560-7300, www.huespapension.com 히든모텔 고창읍 동리로, 063-562-1006 선운산유스호스텔 아산면 선운사로, 063-561-3333, www.seonunsan.co.kr 아리랑모텔 고창읍 월곡6길, 063-561-5595 모양성모텔 고창읍 중앙로, 063-561-5009

맛집
우진갯벌장어 장어구이, 고창읍 상월1길, 063-564-0101 인천장가든 민물새우매운탕, 아산면 원평길, 063-564-8643 전주회관 산채정식, 부안면 복분자로, 063-563-1203 청보릿골 버섯전골, 신림면 왕림로, 063-564-5200

075
창덕궁과 종묘
서울특별시 종로구

조선의 왕들이 지극히 아끼던 공간

여행 내비게이션

여행 콘셉트 유네스코 세계문화유산으로 지정된 궁궐 탐방
추천 일정 당일 **추천 교통** 도보, 지하철 **추천 계절** 봄~겨울
Must Do
1.인정전 마당 거닐기 2.창덕궁 후원 탐방 3.종묘에서 정전 관찰하기
4.광장시장 맛집 순례

PART 4. **겨울** : 유네스코 세계문화유산

우리나라를 대표하는 궁궐로 경복궁을 꼽는다. 하지만, 유네스코 세계문화유산에 등재된 궁궐은 창덕궁이다. 태종 5년(1405) 경복궁 동쪽에 세워, 창경궁과 함께 동궐이라 불렸다. 왕이 거주하며 정사를 이끌던 법궁이 경복궁이라면, 화재나 변고가 있을 때 머물며 정사를 보던 이궁은 창덕궁, 창경궁, 덕수궁, 경희궁이다. 그런데 태종부터 이후의 왕들은 법궁인 경복궁보다 창덕궁에 더 자주, 오래 머물렀다. 조선의 왕들은 왜 창덕궁을 아꼈을까?

경복궁은 주요 건물들이 좌우대칭으로 반듯하다. 하지만 창덕궁은 산자락과 주변 지형에 따라 공간을 자연스럽게 배치해 편안하면서도 아름답다. 창덕궁의 중심은 인정전(국보 225호)이다. 인정문(보물 813호)은 연산군, 효종, 현종, 숙종, 영조 등이 즉위식을 올린 곳이다. 문을 통과하면 넓은 마당이 펼쳐지고, 그 위에 우뚝 선 인정전이 보인다. 왕의 혼례나 외국 사신을 맞이할 때, 신하들의 하례를 받을 때 등 나라의 공식적인 행사를 치르던 공간이다.

왕이 업무를 보던 곳은 선정전(보물 814호)이다. 왕실 도서관 규장각, 용마루를 얹지 않은 대조전(보물 816호), 희정당(보물 815호)에서 일을 마친 왕이 곧장 침전으로 건너갈 수 있게 만든 복도각, 왕세자가 공부하던 곳이자 1910년대부터 내의원으로 쓰인 성정각, 마지막 황실 가족이 머무르던 낙선재(보물 1764호) 등도 눈여겨봐야 할 곳이다. 창덕궁 전체 면적의 3분의 2가 후원인데, 개별적으로는 입장할 수 없고 해설사와 동행해야 하며 약 1시간 30분이 걸린다. 후원에서도 가장 아름다운 공간은 부용정(보물 1763호) 일원이다.

한편 종묘는 조선왕조의 역대 왕과 왕비의 위패를 모신 왕가의 사당이다. 태조 이성계는 경복궁과 함께 종묘를 세워 조상신을 섬겼다. 역대 왕과 왕비는 정전에, 사후 왕으로 추존된 왕이나 재위 기간이 짧은 왕은 영녕전에 모셨다. 정전(국보 227호)은 세계에서 가장 긴 단일 건축물이다. 이는 신위가 늘어날 때마다 증축했기 때문이다. 정전은 가운데 놓인 신로를 중심축으로 완벽한 대칭을 이룬다. 서쪽을 기준으로 몇 차례 증축하면서 신로와 정전 남문도 동쪽으로 조금씩 옮겼다는 점이 독특하다.

역대 왕들에게 제사를 올리는 것을 종묘제례라 하는데, 지금은 해마다 5월 첫째 일요일에 시현한다. 종묘는 유네스코 세계문화유산으로 종묘제례 및 제례악은 '인류 구전 및 무형 유산 걸작'으로 유네스코 세계무형유산에 등재돼 있다. 한 공간이 그 공간에서 행해지던 의례와 음악과 함께 세계유산으로 선정된 유일한 예다.

1 창덕궁의 정문 돈화문 설경 2 인정문에서 바라본 인정전

추천 여행지

국립서울과학관

창경궁 옆에 자리한 국립서울과학관은 1945년에 개관해서 지금까지 어린이들에게 과학의 꿈을 안겨준 소중한 공간이다. 1층 전시장에 들어서면 백악기 공룡 타르보사우르스와 하늘을 나는 해남이크누스가 맞아준다. 공룡 화석 옆으로는 아이들에게 가장 인기 있는 휴머노이드 댄스 로봇들이 일사불란한 춤으로 눈길을 사로잡는다. 우주와 별자리 이야기를 듣는 천체투영관, 움직이는 트리케라톱스 모형, 과학 원리를 이용해서 장난감을 만들어보는 과학놀이마당, 재미있는 수학이야기, 4D영상관 등 흥미로운 코너로 가득하다.

국립민속박물관

국립민속박물관은 한국인의 생활·민속 문화를 전시하고 체험·교육하는 문화 공간이다. 한민족 생활사, 한국인의 일상, 한국인의 일생 등을 상설 전시하고, 흥미로운 기획 전시가 자주 열린다. 보고 듣고 만지고 느끼는 오감 체험으로 우리 전통문화를 자연스레 익힐 수 있는 어린이박물관도 인상적이다. 야외전시장에도 흥미로운 것들이 많고, 바로 옆에 붙어 있는 경복궁도 함께 돌아보면 좋다.

국립현대미술관 서울관

옛 기무사 터에 2013년에 문을 연 국립현대미술관 서울관은 담장이 없는 열린 미술관이다. 여러 건물이 자유롭게 들어섰고, 건물 사이에 골목길이 생기고 광장이 형성되어 흥미롭다. 굳이 전시실에 들어가지 않아도 광장과 마당에서 작품을 만날 수 있다. 상설전시보다 기획전이 많으므로 전시 내용은 수시로 변한다. 전시실 사이에 쉬기 좋은 푸드코트, 카페, 디지털북카페, 뮤지엄숍 등도 있다.

광장시장

여행의 마지막은 역시 맛있는 먹거리가 최고다. 종묘 앞에 자리한 광장시장은 이런 욕구에 맞아떨어진다. 고소한 맛이 혀에 감기는 빈대떡, 쫄깃한 순대, 허기를 달래주는 마약김밥, 술술 넘어가는 육회를 맛보면 피곤함이 스르르 녹아내린다. 특히 빈대떡 인기가 많은데, 빈대떡집이 많아도 탑처럼 쌓인 빈대떡이 순식간에 팔린다.

1 국립서울과학관 전경 2 국립민속박물관 마당
3 종친부를 배경으로 놓인 따뜻한 의자 4 광장시장의 명물 빈대떡

추천 일정

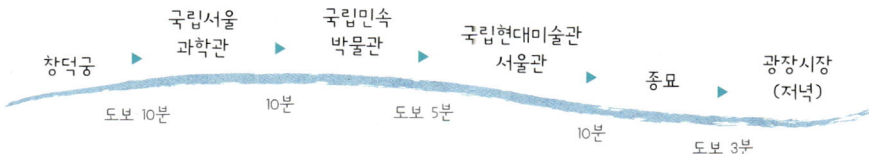

- **국립서울과학관** | 공룡, 로봇을 좋아하는 아이들에게 딱!
- **국립민속박물관** | 어린이박물관은 유아~초등 3학년에게 적당해요
- **국립현대미술관 서울관** | 야외전시장과 건축물만으로도 감성 충전 완료
- **광장시장** | 빈대떡과 마약김밥 꼭 맛보세요
- **종묘** | 왕의 영혼이 다니는 신로는 밟지 마세요

종묘 정전

창덕궁 부용정과 부용지

여행 정보

웹 페이지와 전화
창덕궁 02-762-8261, www.cdg.go.kr **종묘** 02-765-0195, http://jm.cha.go.kr **국립민속박물관** 02-3704-3114, www.nfm.go.kr **국립서울과학관** 02-3668-2200, www.ssm.go.kr **국립현대미술관 서울관** 02-3701-9500, www.mmca.go.kr

대중교통
창덕궁 지하철 3호선 안국역 3번 출구에서 도보 5분, 1·3·5호선 종로3가역 6번 출구에서 도보 10분. 버스 109번, 151번, 162번, 171번, 172번, 272번, 601번, 7025번 이용
종묘 지하철 종로3가역에서 도보 5분, 1호선 11번 출구나 3·5호선 8번 출구 이용. 버스 201번, 260번, 262번, 270번, 271번, 370번, 720번, 721번, N10번, N26번, N62번, 111(의정부), 9301(광주) 이용

자가운전
창덕궁 한남대교→한남대로→남산1호터널→삼일대로→안국역에서 창덕궁 방면 우회전→창덕궁

종묘 한남대교→한남대로→장충단로→동호로→종로5가에서 종로4가 방면으로 좌회전→종로→종묘

숙박
고궁호텔 종로구 율곡로, 02-741-3831 **호텔썬비** 종로구 인사동7길, 02-730-3451 www.hotelsunbee.com **호텔앳홈** 종로구 종로31길, 02-762-4343, www.athome-hotel.co.kr **가회한옥체험관** 종로구 계동길, 02-535-6900, www.gahoehanok.com

맛집
종로할머니손칼국수 칼국수, 종로구 돈화문로 11다길, 02-744-9548, http://jongnofnc.co.kr **발우공양** 사찰 요리, 종로구 우정국로, 02-2031-2081 **용수산(비원점)** 한정식, 종로구 창덕궁1길, 02-743-5799 **지화자(인사동점)** 궁중음식, 종로구 삼일대로, 02-2269-5834, www.jihwajafood.co.kr

축제 및 행사
종묘대제 매년 5월 초, www.jongmyo.net

076
해인사 장경판전 &대장경판
경남 합천군

불심으로 새기고 지혜로 보존하다

여행 내비게이션

여행 콘셉트 팔만대장경을 보관한 판전과 해인사 둘러보기
추천 일정 1박 2일 **추천 교통** 자가운전 **추천 계절** 봄~가을
Must Do
1. 장경판전에 숨은 과학의 원리 찾아보기 2. 해인사 둘러보기 3. 해인사 소리길 걷기
4. 대장경테마파크 관람하기 5. 합천영상테마파크 관람하기

PART 4. 겨울 : 유네스코 세계문화유산

팔만대장경(국보 32호)은 고려시대 몽골의 침입으로 전란에 휩싸이자 민심을 하나로 모으기 위해 제작했다. 부처의 일생과 가르침을 새긴 대장경은 8만4,000 번뇌를 의미하는 8만 4,000 법문을 실은 목판 8만1,000여 장으로, 새겨진 글자가 약 5,200만 자에 이른다. 고려 고종 24~35년(1237~1248)에 제작됐으며, 현존하는 대장경 중 가장 방대하고 오래된 것으로, 마치 한 사람이 새긴 듯 동일하고 아름다운 글자체, 오탈자가 적은 정교함, 완벽한 내용으로 그 가치를 인정받아 유네스코 세계기록유산으로 등재되었다.

대장경을 봉안한 장경판전(국보 52호) 역시 유네스코 세계문화유산이다. 조선 성종 때(1488년) 완공되어 530년 가까운 세월 동안 대장경판을 보관하면서 건축적으로 그 원형이 잘 보존된 가치를 인정받았다. 장경판전은 사찰 전체를 굽어보듯 경내 가장 높은 곳에 긴 담장을 두르고 있다. 길이 61m, 폭 9m인 남쪽의 수다라장고 북쪽의 법보전, 양옆 동사간판전과 서사간판전으로 구성되어 있다.

관람이 허용된 수다라장 바깥의 왼편을 돌아보면 나무로 제작된 대장경판이 어떻게 800년 가까운 세월 동안 온전히 보존되었는지 알 수 있다. 벽면 위아래 창살문 크기를 달리 하고, 다시 앞쪽과 뒤쪽의 창살문 크기를 엇갈리게 만들어 장경판전 안으로 들어온 공기가 내부를 순환해서 빠져나가도록 한 것이다. 경판을 보존하는 데 알맞은 습도를 유지하기 위해 바닥을 깊게 파고 그 위에 소금과 숯, 횟가루, 마사토를 차례로 깔았다. 오늘날의 첨단 건축 기술로도 흉내 낼 수 없는 지혜를 엿볼 수 있다.

대장경과 대장경을 봉안한 장경판전이 세계적 보물인 만큼 해인사 역시 불교적 의의와 역사적 가치를 되새겨야 할 천년 고찰이다. 신라 애장왕 때(802년) 창건되어 맨 위쪽의 장경판전 아래로 대적광전, 구광루를 비롯해 크고 작은 전각 20여 채가 차례로 자리 잡고 있다. 일주문에서 봉황문, 해탈문에 이르는 길과 〈법성게〉를 압축한 '해인도' 등 어느 것 하나 그냥 지나칠 수 없는 공간들이 곳곳에 자리한다.

1 해인사 장경판전
2 가지런히 보관된 장경판

추천 여행지

대장경기록문화테마파크
팔만대장경 제작 과정과 의미에 대해 자세히 알 수 있어 해인사와 함께 꼭 둘러봐야 할 공간이다. 2013대장경세계문화축전이 끝나고 주제관인 대장경천년관을 정비한 탐방 명소다. 실물과 똑같이 만든 대장경판은 물론 대장경 제작 과정 디오라마, 대장경을 제작한 뒤 강화도에서 해인사까지 옮기는 과정을 담은 이운길 영상을 볼 수 있다. 대장경빛소리관에서는 대장경을 테마로 제작된 5D 애니메이션 〈천년의 마음〉을 관람할 수 있는데, 일반 4D 상영관과 차별화된 파노라마형 실버스크린이라 더욱 실감 난다.

합천영상테마파크
국내 최고의 촬영 세트장이라는 칭찬이 아깝지 않을 정도로 실감 나게 재현된 건물과 거리 풍경이 인상적인 공간이다. 영화 〈태극기 휘날리며〉, 〈포화 속으로〉, 〈전우치〉, 드라마 〈에덴의 동쪽〉, 〈빛과 그림자〉, 〈각시탈〉 등이 이곳에서 촬영되었고, 현재도 드라마 촬영이 진행되고 있다. 1920년대부터 1980년대까지 거리 풍경이 재현되었으니 과거의 골목을 걸으며 시간여행을 떠나보자. 뉴스 앵커가 되어보고 성우 더빙을 해볼 수 있는 방송 체험 공간도 특별하다.

해인사 소리길
아름다운 가을 단풍에 '흐르는 물조차 붉다' 하여 홍류동이라 이름 붙은 계곡을 따라 이어지는 6.3km 길이다. 해인사에서 대장경테마파크까지 즐거운 마음으로 걸어보자. 흐르는 물소리, 바람 소리와 함께 내면의 소리까지 들리는 듯 고즈넉한 길이다. 나무 데크로 연결되어 유모차나 휠체어도 쉽게 이동할 수 있다.

황매산
정상 바로 아래까지 자동차 도로가 나 있어 '영남의 소금강'이라 불리는 산 정상부의 아름다움을 쉽게 만날 수 있다. 일출 명소이자 봄이면 철쭉으로 장관을 이루는 곳이다. 정상부에는 오토캠핑장이 조성되어 있어 장엄한 산세를 함께 누리며 하룻밤 묵을 수 있다.

함벽루
합천8경 중 하나로 꼽히는 명소로 황강의 물길을 한눈에 굽어볼 수 있는 누각이다. 강가에 세워져 있어 흐르는 물소리가 누각 안에까지 퍼진다. 고려시대(충숙왕 8년)에 처음 지어진 이후로 수차례 중건과 보수를 했다. 이황, 조식, 송시열 등이 남긴 현판 글씨를 볼 수 있다. 누각 뒤쪽 암벽에 새긴 '함벽루'라는 글씨는 송시열이 쓴 것이라 전한다.

1 대장경기록문화테마파크 입구 전경 2 소리길에서 만나는 폭포 3 합천영상테마파크 4 황강변에 자리한 함벽루

추천 일정

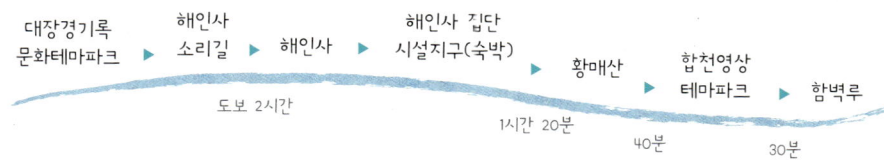

대장경기록문화테마파크 ▶ 해인사 소리길 ▶ 해인사 ▶ 해인사 집단시설지구(숙박) ▶ 황매산 ▶ 합천영상테마파크 ▶ 함벽루

도보 2시간 / 1시간 20분 / 40분 / 30분

대장경기록문화테마파크 | 대장경 판전을 보기 전에 들르면 좋아요
해인사 소리길 | 휠체어, 유모차도 갈 수 있어요
해인사 | 장경각 왼편에 있는 팔만대장경 모형을 살펴보세요
황매산 | 자동차로 정상 아래까지 갈 수 있어요
합천영상테마파크 | 전차를 타고 시간 여행을 떠나요
함벽루 | 누각 뒤편 암벽에 새겨진 글씨를 찾아보아요

대장경기록문화테마파크의 전시물

해인사 홍하문

여행 정보

웹 페이지와 전화
해인사 055-934-3000, www.haeinsa.or.kr 합천군 문화관광 055-930-3755, culture.hc.go.kr 대장경기록문화테마파크 055-930-4801 합천영상테마파크 055-930-3744

대중교통
기차 서울-동대구, KTX 하루 70여 회 운행, 약 2시간 소요. 대구서부정류장에서 해인사시외버스터미널 하루 21회 운행, 약 1시간 30분 소요
버스 서울남부터미널-합천, 하루 6회 운행, 약 4시간 소요. 합천시외버스정류장에서 해인사 행 버스 하루 3회(06:40, 10:25, 15:30) 운행, 약 1시간 20분 내외 소요

자가운전
중부내륙고속도로 고령IC→88고속국도→해인사IC→가야산로 따라 약 6km→해인사

숙박
해인사관광호텔 가야면 치인1길, 055-933-2000 합천호전망좋은펜션 대병면 석장1길, 055-933-2331 산장별장여관 가야면 해인사길, 055-932-7245 오도산자연휴양림 봉산면 오도산휴양로, 055-930-3733

맛집
어신민물매운탕 어탕국수, 합천읍 충효로1길, 055-931-1266 합천황토한우프라자 한우구이, 합천읍 동서로, 055-931-1692 고바우식당 산채정식, 합천읍 남암2길, 055-931-7311 향원식당 한정식, 가야면 치인1길, 055-932-7575

축제 및 행사
합천벚꽃마라톤대회 매년 4월 말, www.hcmrt.or.kr 황매산철쭉제 매년 5월경, 055-934-1411, http://hmfestival.hc.go.kr

077
거문오름
제주특별자치도

화산섬 제주의 속살을 만나다

　세계자연유산에 빛나는 거문오름 탐방은 전망대 코스(1시간), 분화구 코스(2시간 30분), 능선 코스(2시간), 전체 태극 코스(3시간) 등 4개 코스가 있다. 이중 전망대 코스와 분화구 코스는 해설사와 동행 탐방한다. 전망대 코스를 따라 걸으며 말굽처럼 생긴 거문오름 분화구 전체를 볼 수 있다. 전망대에 서면 분화구 안이 환히 보인다. 용암이 흘러간 방향과 명당으로 불리는 분화구 안의 알오름 등의 설명을 들으며 관람할 수 있다. 전망대 코스를 돌아 내려오면 분화구 코스가 이어진다. 분화구 안에서는 화산활동의 속살을 볼 수 있다. 여름에는 시원하고 겨울에는 따뜻한 바람이 부는 풍혈, 용암이 흘러가면서 만든 협곡, 저마다 이름표를 달고 선 식물들을 볼 수 있다. 알오름을 지나면 일본군 갱도 진지와 보급로, 화전민이 숯을 굽던 숯가마 등 가슴 아픈 역사의 현장도 볼 수 있다. 선흘수직동굴의 입구를 지나면 능선 코스가 이어지는데, 해설사의 안내 없이 개인의 선택에 따라 다녀올 수 있다. 거문오름 탐방은 1일 400명으로 제한하며, 방문 2일 전까지 예약해야 한다.

여행 내비게이션

여행 콘셉트 제주에만 있는 특별한 오름 여행
추천 일정 1박 2일 **추천 교통** 자가운전 **추천 계절** 사계절
Must Do 1.거문오름 전망대 코스에서 분화구 바라보기 2.제주의 화산지형 알아보기
3.제주의 다양한 오름 올라보기 4.정석항공관 유채꽃길 드라이브

추천 여행지

정석항공관

대한항공에서 운영하는 항공박물관. 항공의 역사와 비행 원리, 다양한 여객기의 종류 등 항공에 대한 내용이 전시되어 있다. 대한항공의 역사와 승무원복, 항공기 조정석의 실제 모형이 있다. 정석항공관이 있는 도로는 매년 3~4월이면 유채꽃이 만발해 한국의 아름다운 길 100선에 선정됐다.

조랑말 체험공원

조선시대 최고의 말을 길러내던 '갑마장'에 조성한 공원이다. 조랑말의 특성과 제주 목장의 역사를 살펴볼 수 있는 조랑말박물관, 조랑말 승마 체험을 할 수 있는 따라비 승마장, 말똥과자 만들기와 도자기 조랑말 꾸미기 등을 할 수 있는 체험장 등이 있다. 제주에서 생산되는 먹거리를 맛볼 수 있는 마음카페와 오름으로 둘러싸인 목장의 모습을 볼 수 있는 옥상정원도 있다.

추천 일정

제주국제공항 → 세계자연유산센터 거문오름 탐방 (40분) → 숙박 → 따라비오름 (20분) → 조랑말 체험공원 (5분) → 정석항공관 (45분) → 해녀박물관

여행 정보

웹 페이지와 전화
제주세계자연유산센터 1800-2002, http://wnhcenter.jeju.go.kr **조랑말체험공원** 064-787-0960, www.jejuhorsepark.com **해녀박물관** 064-782-9898, www.haenyeo.go.kr **정석항공관** 064-784-5322

대중교통
버스 제주시외버스터미널-표선, 710, 720번(20분 간격 운행), 거문오름 입구에서 하차 후 세계자연유산센터까지 700m 도보 이동

자가운전
제주국제공항→월성사거리→오라오거리→국립박물관사거리→번영로 따라 약 17km 진행→거문오름 입구 사거리→제주세계자연유산센터

숙박
온더로드 게스트하우스 제주시 구좌읍 일주동로, 010-3318-1755 **티파니에서아침을 펜션** 서귀포시 남원읍 서의로 154번길, 064-764-9669 **오션그랜드호텔제주** 제주시 조천읍 조함해안로, 064-783-0007 **너랑나랑하우스** 제주시 구좌읍 송당4길, 064-783-5089

맛집
선흘방주할머니식당 두부·검은콩국수, 제주시 조천읍 와선로, 064-783-1253 **샤라의정원** 허브 요리, 제주시 조천읍 선교로, 070-7773-9631 **하늘보리** 청국장·보리밥, 제주시 조천읍 선교로, 064-784-6300

축제 및 행사
제주들불축제 매년 3월 초, 064-728-2751, www.buriburi.go.kr **제주왕벚꽃축제** 매년 4월 초, 064-728-2753

겨울여행

078 북촌 한옥마을 | 600년 역사의 재미난 스토리가 흐르는 골목 서울특별시 종로구
079 경춘선 기차여행 | 젊음의 낭만이 가득한 물의 여정 경기 가평군
080 대관령 눈꽃마을 | 봅슬레이 눈썰매로 겨울이 뜨겁다 강원 평창군
081 거가대교 | 바다 위와 바다 속을 달리다 경남 거제시
082 목포 별미여행 | 겨울 입맛을 돋워주는 목포 5미 전남 목포시
083 천수만 | 서해바다를 붉게 물들이는 다침 해를 품에 안다 충남 태안군
084 고판화박물관 | 판화의 오묘한 세상 속으로 들다 강원 원주시

078
북촌 한옥마을
서울특별시 종로구

600년 역사의 재미난 스토리가 흐르는 골목

여행 내비게이션

여행 콘셉트 외국인 관광객도 사랑하는 서울의 대표 산책길 여행
추천 일정 당일 **추천 교통** 지하철 **추천 계절** 사계절
Must Do
1.북촌8경 하나하나 찾아보기 2.골목 누비며 어린 시절 추억하기 3.정독도서관 뜰에서 명상 즐기기 4.서울교육박물관 관람하기 5.한옥에서 숙박 체험하기

PART 4. 겨울 : 겨울여행

조선시대에는 도성 한복판을 가로질러 흐르는 청계천을 경계로 북쪽은 북촌, 남쪽은 남촌이라 불렀다. 경복궁과 창덕궁 사이에 있는 삼청동, 팔판동, 계동, 가회동, 원서동 일대에 해당하는 북촌은 집권세력인 사대부들의 주거지였고 남촌은 중인들이나 벼슬을 하지 못하는 선비들이 모여 사는 곳이었다. 조선시대의 전형적인 양반가옥들이 현재까지 가장 잘 보존된 곳이 바로 북촌이다.

북촌을 제대로 관람하려면 관광안내소에 비치된 북촌지도를 손에 들고 북촌8경을 따라가 보는 것이 좋다. 북촌8경 지점마다 '포토스폿(Photo Spot)'이 표시되어 있다. 북촌길 동쪽 끄트머리쯤의 원서빌딩 앞 제1경 포토스폿에서 동쪽을 바라보면 하늘을 향해 날개를 펼친 창덕궁의 기왓골과 오래된 회화나무의 휘어진 나뭇가지를 감상할 수 있다. 창덕궁 길을 따라 계속 북쪽으로 걸어가면 궁중음식연구소를 지나게 되고 창경궁의 신선원전 담장 밖에 만들어진 빨래터를 만난다. 이곳에서 궁녀들이 빨래를 했다고 하는데 아직도 빨래를 하던 돌 빨래판이 남아있다. 이 빨래터 초입이 북촌2경 원서동 공방길이다.

락고재한옥체험관 주변으로는 북촌 3~7경이 모여 있다. 비탈진 골목을 올라갈수록 골목길과 한옥의 기왓골 사이로 서울 중심이 드러나 보인다. 특히 6경의 포토스폿은 언제나 셀카를 찍거나 단체 사진을 찍으려는 사람들로 붐빈다. 오르막을 향해 걷다가 팔을 벌려 셀카를 찍으면 자신의 모습 뒤에 남산의 서울N타워가 함께 찍힌다. 이곳에는 외국인 관광객들도 심심치 않게 찾아와 단체 사진을 찍느라 여념이 없다.

화개길 북쪽의 북촌8경은 삼청동 길을 발 아래로 내려다보면서 인왕산, 북악산을 조망하는 것이다. 십장생의 굳건함을 그대로 간직한 인왕산의 바위에서는 세월이 흘러도 변하지 않을 꿋꿋함이 그대로 펼쳐져 보인다. 오른쪽으로 눈길을 돌리면 푸른 숲으로 둘러싸인 북악산이 어머니 품처럼 포근하다.

1 가회민화박물관 부채 그리기 체험 2 짚풀생활사박물관 체험 3 길상사

추천 여행지

서울교육박물관

북촌에서 사랑받는 곳 중의 하나가 정독도서관과 서울교육박물관이다. 정독도서관 터는 사육신 중 한 명인 성삼문이 살던 곳이며 경기고등학교가 있던 자리다. 경기고등학교가 강남으로 이전하고 그 자리에 들어선 정독도서관 앞에는 서울교육박물관이 들어서 있다. 박물관 안으로 들어가면 삼국시대의 교육에서부터 근대교육까지 전시물을 관람할 수 있는데, 그 중에서도 1970~80년대의 학교 교실, 운동회날, 소풍 장면 등이 정겹게 재현되어 있다.

삼청동길

삼청동길은 북촌에 이어 유명세를 타고 있는 길이다. 동십자각에서 시작하여 삼청공원으로 이어지는 길을 따라 북쪽으로 올라가면 오래도록 터를 다져온 갤러리나 음식점들이 줄지어 나타난다. 삼청동길은 언제나 생동감이 있다. 현대인들의 입맛과 유행을 맞추려는 음식점, 카페, 소품 가게들이 매일같이 옷을 갈아입는 듯 산뜻하다. 산책 끝에 나타나는 삼청공원의 우거진 숲에 들어서면 시끄러운 세상과 잠시 작별한 듯한 기분을 맛볼 수 있다. 삼청공원에서는 말바위 전망대나 와룡공원 정상으로 길이 이어진다.

인사동길

역사문화의 거리 인사동길은 쌈지길 같은 다목적 공예점, 노점상, 거리의 화가, 신세대풍 카페 등이 늘어나면서 나날이 그 모습이 다양해지고 있다. 외국인 관광객들은 인사동길을 '매니스 앨리'라고도 부른다. '많은 것들이 널려 있는 골목'이라는 뜻이다. 가족 단위 골목투어는 인사동 홍보관에서 시작하는 것이 좋다. 문화관광 해설사들은 방문객들과 함께 조계사→민영환선생 자결터→삼일독립선언유적지→인사동 네거리→천도교중앙대교당→운현궁 코스로 돌면서 구한말의 역사 이야기를 듬뿍 들려준다.

수제비

북촌8경의 8경 포토스폿에서 계단으로 내려가면 삼청동길. 맛집이 매우 많은데, 그 중에서도 삼청동주민센터 옆의 삼청동수제비 식당은 30년 넘는 역사를 자랑하는 터줏대감이다. 주문을 받으면 그때부터 수제비 반죽을 얇게 떠내 한결 부드러운 맛을 자랑한다. 멸치육수에 감자, 호박, 부추 등을 넣고 끓여서 국물도 시원하다. 작은 옹기에 담아내는 정성도 고맙다. 수제비 외에 찹쌀옹심이, 파전, 녹두전도 맛볼 수 있으며 동동주를 곁들이면 좋다.

1 가회민화박물관 2 경찰박물관의 경찰차와 사이드카 3 삼청동수제비

추천 일정

북촌문화센터 ▶ 북촌1경 ▶ 북촌2경 ▶ 북촌3경 ▶ 북촌4경 ▶ 북촌5경, 6경
도보 5분
인사동길(저녁) ◀ 삼청공원 ◀ 삼청동길(점심) ◀ 북촌8경 ◀ 북촌7경
버스 5분

북촌문화센터 | 북촌 역사를 알아보고 투어 정보를 얻어가세요
서울교육박물관 | 초등학교나 중고등학교 시절의 추억을 떠올려보세요
중식 | 삼청동에는 수제비, 칼국수, 홍합밥, 퓨전한식, 단팥죽 등 맛집이 많아요
삼청동길 | 예쁜 소품가게들 구경하고 카페에서 차 한 잔 하며 여유를 즐겨요
인사동길 | 갤러리에서 예술작품 감상하고 최신 유행 군것질거리들도 맛봐요

북촌문화센터

쇳대박물관

여행 정보

웹 페이지와 전화
북촌한옥마을 02-2133-1371, http://bukchon.seoul.go.kr
재동초등학교 관광안내소 02-2148-4160 정독도서관 관광안내소 02-2148-4161 서울교육박물관 02-2011-5780, http://edumuseum.sen.go.kr

대중교통
북촌 지하철 3호선 안국역 2, 3번 출구 이용
삼청동 지하철 5호선 광화문역 2번 출구 이용
인사동 지하철 1호선 종각역 3번 출구, 3호선 안국역 6번 출구 이용

숙박
가인게스트하우스 종로구 가회동, 070-7594-5563 락고재 종로구 계동, 02-742-3410 효선재 종로구 안국동, 02-725-7979 큰대문집 종로구 계동, 02-762-6981

맛집
삼청동수제비 수제비, 종로구 삼청동, 02-735-2965 청수정 홍합밥, 종로구 삼청동, 02-738-8288 서울서둘째로잘하는집 단팥죽, 종로구 삼청동, 02-734-5302 북촌면옥 냉면, 종로구 원서동, 02-742-9999

축제 및 행사
북촌축제 매년 9월 개최, 02-2148-1853 인사동전통문화축제 매년 4월 개최 사직대제 매년 9월 개최

079 경춘선 기차여행
경기 가평군

젊음의 낭만이 가득한 물의 여정

여행 내비게이션

여행 콘셉트 전철 타고 떠나는 서울 근교 낭만 여행
추천 일정 당일 **추천 교통** 경춘선 전철 **추천 계절** 사계절
Must Do 1. 남이섬에서 자전거 타기 2. 쁘띠프랑스에서 프랑스 문화 체험하기
3. 강촌에서 레일바이크 타기 4. 김유정문학촌에서 한국 근대 문학을 접하기
5. 구봉산 카페에서 춘천 시내 내려다보기

PART 4. 겨울 : 겨울여행

춘천 가는 기차는 겨울에도 봄을 만나게 해준다. 그 끝에 춘천이 있어서다. '춘천'이라는 이름에는 일년 열두 달 따사로운 봄볕이 비출 것만 같다. 그래서인지 춘천 가는 기차도 'ITX 청춘'이다.

춘천행 기차에 몸을 실으면 하루 동안 자연과 문화를 보고, 레포츠를 즐기고, 차를 마시며 쉴 수 있다. 여행 목적지는 본격적으로 강을 따라가는 물의 여정이 시작되는 가평~춘천 구간이다. 남이

1 남이섬 숲길을 걷는 여행객 2 강변 풍경이 아름다운 경춘선 옛길

섬은 가평에서 로맨틱한 시간을 보낼 수 있는 장소다. 배를 타고 들어가 자작나무길, 잣나무길, 메타세쿼이아길 등 영화에서 봄직한 이국적인 숲길을 걸어보자. 드라마 〈겨울연가〉 촬영 장소를 찾아 추억의 한 페이지를 장식해도 좋고, 유리공예나 도자기 체험도 흥미롭다. 구석구석 누비며 비밀스런 추억을 남길 곳이 많아 남이섬은 '강 위에 떠 있는 여행 천국'이라 불린다.

가평을 떠나 강촌에 이르면 오감으로 강과 산의 정취를 즐길 수 있는 레일바이크가 기다린다. 젊음의 낭만을 싣고 북한강을 따라 오가던 경춘선은 폐쇄되었지만, 그 길을 여행객들이 페달을 밟으며 달릴 수 있다. 레일바이크 코스는 두 가지. 경강역에서 가평철교까지 다녀오는 왕복 코스와 강촌역에서 김유정역까지 가는 편도 코스가 있다.

경강역 구간은 옛 경춘선 간이역을 만나는 코스다. 길이 7.2km로 왕복 1시간 20분 정도 걸린다. 오전 9시부터 오후 4시까지 정시마다 출발, 하루 8회 운행한다. 경강역은 경춘선 간이역 중에서 여행객의 사랑을 가장 많이 받은 역이다. 경기도와 강원도의 접경 지역에 위치해서 두 지역의 앞 글자를 딴 이름으로, 1997년 영화 〈편지〉를 통해 많은 이들에게 알려졌다. 일제 강점기에 붉은 벽돌로 지어진 역사가 원형 그대로 보전되어 고즈넉한 간이역의 향수를 즐기려는 이들이 즐겨 찾는다.

여행객들이 선호하는 코스는 강촌역과 김유정역 사이다. 철로를 따라 달리면 강이 벗이 되어 곁을 지킨다. 칼바람이 매서워도 탁 트인 풍경은 마음을 환하게 한다. 중간에 간이 휴게소도 있다. 잠시 뻐근한 다리를 풀며 따끈한 어묵으로 추위를 달랜다. 강촌역~김유정역 코스에는 터널이 4개 있는데, 이중 가장 긴 터널을 지날 때면 화려한 조명과 흥겨운 음악이 분위기를 돋운다. 두려움보다는 어깨가 들썩이는 즐거움을 준다. 편도 8km로 1시간 30분 가량 소요된다.

김유정역에 도착하면 강촌역까지 운행하는 셔틀버스가 있어 승차한 곳으로 이동하면 된다. 바로 돌아가기 아쉽다면 커다란 책들이 즐비하게 세워진 광장에서 김유정, 박경리, 전상국, 신봉승, 한수산 등 강원도와 연을 맺은 소설가의 주요 작품을 살펴본다.

추천 여행지

김유정문학촌

김유정역에서 가까운 거리에 있다. 김유정문학촌이 있는 실레마을은 〈봄봄〉, 〈동백꽃〉, 〈만무방〉 등 김유정 소설의 무대이자 작가의 고향이다. 그는 이곳에서 태어나 살면서 작품 활동을 했다. 생가 터에 마련된 김유정문학촌에 가면 김유정과 실레마을의 관계를 알 수 있다.

구봉산

춘천 동쪽에 자리한 산. 정상부는 춘천 제일의 전망대이자 분위기 좋은 카페가 모인 카페촌이다. 여행지 분위기가 물씬 풍기는 카페에서 직접 로스팅한 특별한 원두커피를 마시며 호수를 내려다보는 재미가 있다. 호수와 춘천을 둘러싼 산자락, 그 속에 자리한 도시까지 한눈에 들어온다. 이곳에서 바라보면 춘천이 왜 물의 도시인지, 얼마나 아름다운 도시인지 실감할 수 있다.

소양강 처녀상

춘천역으로 가는 길의 북한강변에 있다. 18세 소녀의 청순함과 애틋한 기다림을 표현한 동상은 춘천의 이미지를 대표한다. 크기는 웅장하지만 소녀의 표정과 옷차림은 매우 부드럽다. 조각상 앞에 있는 버튼을 누르면 '소양강 처녀' 노래도 흘러나온다. '해 저문 소양강에 황혼이 지면'이란 노랫말처럼 일몰 무렵의 풍경이 가장 멋있다. 동상 옆 소양2교는 춘천의 상징 중 하나로, 밤에는 오색 조명이 켜져 무지개가 떠 있는 모습을 연출한다.

1 김유정 소설의 내용을 표현한 조형물 2 구봉산에서 바라본 춘천 전경 3 해질 무렵의 소양강처녀상

추천 일정

쁘띠프랑스 ▶ 남이섬 ▶ 강촌 레일바이크(김유정역) ▶ 김유정문학촌 ▶ 구봉산 ▶ 소양강 처녀상
25분 / 30분 / 도보 10분 / 20분 / 15분

쁘띠프랑스 | 어린왕자가 기다리고 있는 아주 특별한 테마파크예요
남이섬 | 〈겨울연가〉의 낭만이 가득해요
강촌 레일바이크 | 옛 경춘선 철길을 페달 밟으며 신나게 달려요
김유정문학촌 | 김유정의 단편 소설을 읽고 가면 정말 좋아요
구봉산 | 춘천을 내려다보며 커피 한 잔 하세요
소양강 처녀상 | '소양강 처녀' 노래 들으며 동상을 바라봐요

쁘띠프랑스

강촌 레일바이크

김유정역 앞 광장

여행 정보

웹 페이지와 전화
춘천낭만여행 033-250-3545, http://tour.chuncheon.go.kr 쁘띠프랑스 031-584-8200, www.pfcamp.com 남이섬 031-580-8114, www.namisum.com 강촌레일파크(레일바이크) 033-245-1000, www.railpark.co.kr 김유정문학촌 www.kimyoujeong.com

대중교통
ITX 청춘 용산역-춘천, 하루 17회(06:00~22:00) 운행, 약 1시간 10분 소요. 청량리-춘천, 하루 22회(06:16~22:16) 운행, 약 1시간 소요.
경전철 지하철 7호선 상봉역에서 경춘선 전철 이용

자가운전
서울춘천간고속도로→화도IC→대성리→청평댐사거리→호명리→쁘띠프랑스→복장리→남이섬→가평오거리→구강촌역→김유정역→춘천 구봉산

숙박
라데나리조트 춘천시 스포츠타운길, 033-240-8000, www.ladenaresort.com 춘천숲자연휴양림 춘천시 동산면 종자리로, 033-264-1156 호텔베어스 춘천시 스포츠타운길, 033-265-2525, www.hotelbears.com 노이슈반 남산면 말골길, 070-4238-6882, www.noisuban.com 강촌마운틴펜션 남산면 풀무골길, 010-9133-9006, www.gcmountain.co.kr 소담꽃펜션 남산면 강촌로구곡길, 033-261-5934, www.소담닭갈비.com 강촌하늘사랑 남산면 강촌로, 011-208-2631, www.gcskylove.com

맛집
샘밭막국수 막국수, 신북읍 신샘밭로, 033-242-1712 퇴계막국수 막국수, 춘천시 영서로, 033-255-3332 1.5닭갈비 닭갈비, 춘천시 후만로, 033-253-8635 검봉산칡국수 칡국수, 남산면 강촌구곡길, 033-261-2986 툇마루 촌두부전골, 남산면 갯골길, 033-261-1589

080 대관령 눈꽃마을
강원 평창군

봅슬레이 눈썰매로 겨울이 뜨겁다

여행 내비게이션

여행 콘셉트 하얗게 뒤덮인 눈의 나라에서 하루 종일 놀자
추천 일정 1박 2일 **추천 교통** 자가운전 **추천 계절** 겨울
Must Do
1.눈꽃마을에서 봅슬레이 눈썰매 타기 2.전통썰매 체험 3.대관령 바우길(2구간) 트레킹
4.의야지 바람마을에서 양 먹이 주기 5.우리나라 스키 역사 알아보기

PART 4. 겨울 : 겨울여행

1 대관령 눈꽃마을 2 봅슬레이 눈썰매장을 즐기는 가족 3 설피

　2018평창동계올림픽대회의 무대가 되는 대관령에서는 눈썰매도 올림픽 스타일로 즐긴다. 이름하여 봅슬레이 눈썰매. 슬로프가 봅슬레이 경기장처럼 구불구불하기 때문이다. 튜브에 올라 눈 위로 미끄러지면 어른들도 "와~" 소리가 절로 나올 만큼 스릴 있다.

　봄부터 가을까지는 고랭지 배추를 재배하고, 겨울에 눈이 덮이면 자연스럽게 눈썰매장이 되는 것. 눈썰매 튜브를 여러 개 연결해 기차처럼 타고 내려가면 더욱 짜릿하다. 건너편 산등성이 너머로 풍력발전기가 슬그머니 고개를 치켜든 경치도 근사하다. 봄부터 가을까지는 레일 위를 달리는 봅슬레이 루지 체험이 눈썰매를 대신한다고. 눈썰매 타는 속도가 시시하면 스노래프팅에 도전해보라. 고무보트에 앉거나 누우면 설상 스쿠터가 끌고 달린다. 스쿠터 때문에 눈보라가 얼굴을 시원하게 덮친다. 직접 운전하는 사튠오토바이(ATV)도 재미있다.

　눈꽃마을이 자리한 차항2리를 비롯해 대관령 일대는 1950년대 우리나라 스키 역사가 시작된 곳이다. 당시에는 목장 경사면에서 활강하고, 마을을 한 바퀴 돌며 노르딕 경기를 펼쳤다고 한다. 그 역사적인 장소가 오는 2018년에는 동계올림픽의 무대가 되어 새로운 역사를 이어간다.

　눈꽃마을 뒤를 감싼 산자락은 백두대간의 준령 황병산(1,407m)이다. 이 지역에서는 예부터 겨울이면 멧돼지와 노루 등을 사냥했는데, 사냥하러 나갈 때는 고로쇠나무로 만든 전통 썰매와 설피가 필수품이었다. 지금도 그 전통을 이어 평창황병산사냥민속(강원도무형문화재 19호)놀이를 즐긴다.

　전통 썰매 타기에 도전해보는 것도 특별한 체험이다. 현대 스키 타는 법과 비슷한 점도 있고, 전혀 다른 점도 있다. 양손에 잡는 폴 대신 긴 창 하나를 폴처럼 짚는데, 몸의 중심을 뒤에 두고 무릎을 최대한 굽혀 눈밭 위를 미끄러져 가면 된다. 처음에는 자세가 엉거주춤해서 갈팡질팡하지만 차츰 요령이 생기면 스키보다 결코 어렵지 않다. 스키는 외국에서 시작된 스포츠지만, 우리나라에서도 예부터 이와 흡사한 전통 썰매를 즐겼다는 게 인상적이다. 또 옛사람들이 눈이 많이 왔을 때 발이 빠지지 않게 신발에 덧신은 설피 체험, 워낭·코뚜레 만들기, 새집 만들기, 국궁 체험 등 하루가 부족할 정도로 다양한 체험이 기다린다.

추천 여행지

대관령스키역사관

알펜시아리조트에 있는 대관령스키역사관에 가면 한복 차림으로 전통 썰매를 타는 옛사진을 볼 수 있다. 썰매는 스키를 짧게 만든 것처럼 생겼다. 전통썰매와 스키의 유사성을 보여주는 사진이라서 재미있다. 역사관 내에는 해방 이전의 스키와 대관령에 스키장이 만들어지면서 우리나라 스키가 발전하는 과정 등을 다양한 전시물을 통해 보여주고 있다. 대관령스키역사관 바로 옆에 알펜시아리조트의 명물인 스키점프대가 있어 함께 둘러보기 좋다.

대관령 바우길 눈꽃마을길

대관령 바우길 2구간이 눈꽃마을길이다. 눈꽃마을 산촌생태체험장을 기점으로 목장, 숲, 능선을 따라 한바퀴 돌아오는 길이 12km 정도 된다. 완주하려면 5~6시간 가까이 걸리는데, 눈꽃마을에서 사파리목장 입구까지 차로 이동한 다음 목장에서 데크 전망대까지만 왕복해도 눈꽃마을길의 진수를 느끼기에 충분하다. 단, 눈이 많을 때는 목장 올라가는 경사로가 미끄러우므로 마을에 차를 두고 걸어 올라가는 게 안전하다. 사파리목장에 올라서면 주변 전망이 시원하게 펼쳐지고, 풍력발전기도 볼 수 있다.

의야지바람마을

대관령눈꽃마을에서 멀지 않은 의야지바람마을 역시 겨울이 가장 즐거운 곳이다. 방목해서 기르는 양에게 건초 주기, 치즈 만들어 맛보기, 딸기잼 만들기, 아이스크림 만들기 같은 체험을 사계절 할 수 있다. 길고 넓은 슬로프가 마련돼 눈썰매도 원하는 만큼 타고 놀 수 있다. 체험 프로그램이 다양해 국내여행객은 물론 눈을 보기 힘든 동남아에서 온 외국인 관광객도 많이 찾는다.

대관령신재생에너지전시관

옛 영동고속도로 대관령휴게소에 자리했다. 대관령 풍력단지에 대한 설명과 풍력 에너지에 관해 주로 다루고 있다. 친환경에너지인 풍력발전을 통해 건강한 미래를 제시하며, 전시관 앞에는 실제로 작동하는 풍력발전기도 있다.

1 대관령스키역사관 2 눈꽃마을길 트레킹 3 의야지바람마을의 양 먹이 주기 체험

추천 일정

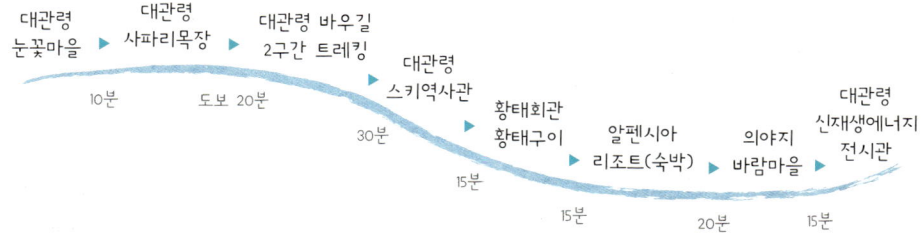

대관령 눈꽃마을 → (10분) → 대관령 사파리목장 → (도보 20분) → 대관령 바우길 2구간 트레킹 → (30분) → 대관령 스키역사관 → (15분) → 황태회관 황태구이 → (15분) → 알펜시아 리조트(숙박) → (20분) → 의야지 바람마을 → (15분) → 대관령 신재생에너지 전시관

대관령 눈꽃마을 | 유아용 썰매장이 따로 있어 안전해요
대관령 바우길 | 눈 덮인 눈꽃마을길의 아름다운 풍광 감상!
대관령스키역사관 | 우리나라 스키의 역사를 만나요
의야지바람마을 | 눈썰매도 재미있고, 치즈 체험도 좋아요

눈꽃마을 스노래프팅

의야지바람마을

여행 정보

웹 페이지와 전화
평창군청 문화관광과 033-330-2762, www.yes-pc.net 평창군 종합관광안내소 033-330-2771~2 **대관령눈꽃마을** 033-333-3301, www.snowtown.co.kr **의야지바람마을** 033-336-9812, http://windvil.com **대관령스키역사관** 033-339-0410(알펜시아리조트 내)

대중교통
버스 동서울종합터미널-횡계, 하루 24회 운행, 2시간 30분 소요 / 횡계-눈꽃마을, 택시 10~15분 소요

자가운전
영동고속도로 횡계IC→좌회전→100m 앞 차항교 앞에서 우회전→약 4.7km 진입→대관령눈꽃마을

숙박
숲속의 요정 봉평면 팔송로, 033-336-2225, www.elfpension.com **대관령눈꽃마을 산촌생태체험장 펜션** 대관령면 차항서녘길, 033-333-3301, www.snowtown.co.kr **알펜시아리조트** 대관령면 솔봉로, 033-339-0000, www.alpensiaresort.co.kr **국립두타산자연휴양림** 진부면 아차골길, 033-334-8815, www.huyang.go.kr **국립평창청소년수련원** 용평면 새터마을길, 033-330-0800, www.pnyc.or.kr

맛집
황태덕장 황태 요리, 대관령면 눈마을길, 033-335-5942 황태회관 황태구이·황태찜, 대관령면 횡계리, 033-335-5795 동양식당 오징어불고기·오삼불고기, 대관령면 대관령로, 033-335-5439 **대관령한우타운** 한우구이, 대관령면 올림픽로, 033-332-0001

축제 및 행사
대관령눈꽃축제 매년 1월 중순~2월 초, 033-335-3995, www.snowfestival.net **평창송어축제** 매년 12월 하순~2월 초, 033-336-4000, www.festival700.or.kr

081 거가대교
경남 거제시

바다 위와 바다 속을 달리다

여행 내비게이션

여행 콘셉트 부산과 거제를 잇는 바닷길 드라이브로 섬 여행하기
추천 일정 1박 2일 **추천 교통** 자가운전 **추천 계절** 사계절
Must Do
1.거가대교 드라이브 하기 2.유호전망대와 하유마을에서 거가대교 바라보기
3.외포항에서 대구탕 맛보기 4.바람의 언덕 산책하기 5.여차~홍포 해안도로 드라이브

1

PART 4. 겨울 : 겨울여행

거가대교는 거제도 장목면과 부산광역시 가덕도를 잇는 다리다. 거가대교가 개통되기 전에는 부산에서 거제도를 가려면 창원, 고성, 통영을 거쳐 가야 해 140km 거리에 2시간이 넘게 걸렸다. 하지만 거가대교가 개통되면서 부산에서 거제까지의 거리는 60km, 소요시간은 50분으로 크게 단축됐다. 거리만 단축된 것이 아니다. 거가대교는 새로운 경남 남해권의 새로운 관광 아이콘이 됐다.

1 율호전망대에서 본 거가대교 2 가덕도에서 본 천성항과 가덕해저터널 입구

부산신항만을 끼고 가덕대교와 눌차교를 건너면 거가대교가 시작되는 가덕도에 이른다. 가덕도에 들어서면 바로 해저터널이다. 해저터널로 들어가기 전 가덕 해양파크 휴게소를 잠시 들러보자. 가덕 해양파크 휴게소에는 거가대교가 바라다 보이는 전망대와 거가대교 홍보전시관이 있다. 거가대교를 직접 건너보기 전에 거가대교의 진가를 먼저 만나볼 수 있다. 홍보전시관의 모형을 보면 터널의 함체를 바다 밑에 가라앉혀 연결하는 침매터널과 사장교가 어떻게 만들어졌는지 쉽게 알 수 있다.

가덕 해양파크 휴게소로 들어가기 전 천성IC로 나오면 가덕도를 한바퀴 둘러볼 수 있다. 가덕도 천성항은 거가대교의 전망 포인트다. 대죽도를 빠져나오는 해저터널의 모습과 대죽도와 저도를 연결하는 거가대교의 모습이 아스라이 펼쳐진다.

가덕도에서 시작되는 가덕해저터널은 길이 130m, 높이 9.8m에 이르는 바다터널 구조물을 바다 밑에 가라앉혀 연결한 해저터널이다. 바다터널 구조물을 침매함이라 부르는데, 무려 4만 7천 톤에 이르는 침매함을 예인선으로 이동해 가라앉힌 뒤 침매함 18개를 이어 만든 것이다. 또한, 최대 수심 48m에 설치되어 세계에서 가장 수심이 깊은 곳에 건설된 침매터널로 일약 유명해졌다. 전체 8.2km 가운데 해저터널인 침매터널만 3.7km에 이른다.

중죽도와 저도, 그리고 거제도를 잇는 두 개의 사장교를 지나면 거가대교를 모두 지나게 된다. 그렇게 장목 나들목으로 빠져나와 58번 지방도를 따라가면 거가대교의 웅장한 전경을 볼 수 있는 유호전망대와 하유마을, 시방방파제를 만날 수 있다. 유호전망대에서는 저도와 대죽도를 잇는 두 개의 사장교의 모습이 펼쳐지고, 시방방파제에서는 바다 위로 우뚝 선 거가대교의 전경을 볼 수 있다. 하유마을은 거가대교와 어우러진 일출의 장관을 볼 수 있는 포인트이기도 하다.

추천 여행지

외포항

외포항은 우리나라 최대 대구 산지로 알려진 곳이다. 매년 11월 중순부터 2월까지 외포항은 대구로 넘쳐난다. 짧은 경매가 끝나면 외포항 주변은 대구를 내다 놓고 파는 사람과 사려는 사람들로 다시금 부산해진다. 외포항 곳곳에서는 팔뚝만한 작은 대구부터 알이 꽉 차 배가 불뚝한 암대구까지 온갖 종류의 대구들이 여행객의 발길을 쉬이 놓아주지 않는다. 외포항에 들렀다면 대구탕을 꼭 맛봐야 한다. 외포항의 대구탕은 곤이와 대구 살에서 우러나는 개운하고 담백한 국물 맛이 일품이다.

바람의 언덕

바다를 향해 불뚝 튀어나온 거제시 남부면 갈곶리는 바람의 언덕, 신선대, 해금강 등의 비경을 품고 있는 거제도 최고의 명소다. 바람의 언덕은 도장포 선착장을 지나면 지척이다. 바람이 늘 머무르는 언덕이라 붙여진 이름이다. 바람의 언덕에 오르면 잔잔한 바다와 함께 멀리 학동 흑진주몽돌해변이 한눈에 들어온다. 바람의 언덕이 한눈에 조망되는 곳에는 높이 11m에 이르는 네덜란드 풍차도 있어 제법 이국적인 풍광을 자아낸다. 도장포선착장에서는 외도로 가는 여객선과 해금강 유람선을 이용할 수 있다.

여차~홍포 해안도로

여차~홍포 해안도로는 망산을 휘감아 도는 1018번 지방도로 거제의 숨은 비경을 간직한 해안드라이브 코스다. 대부분 구간은 포장을 하지 않아 자연 그대로의 모습을 잘 간직하고 있다. 여차몽돌해변을 지나 만나는 전망대는 해안도로에서 가장 아름다운 전망을 선사한다. 활처럼 휘어 돌아가는 여차몽돌해변과 바다 위에 올망졸망 떠 있는 섬들의 모습이 발아래로 끝없이 펼쳐진다. 여차해변은 영화 〈은행나무 침대〉에서 황장군(신현준 분)이 죽음을 맞이한 촬영지로도 잘 알려져 있다.

1 외포항에서 대구를 고르는 사람들 2 바람의 언덕 3 바람의 언덕에 세워진 풍차 4 여차~홍포 해안도로 전망대에서 본 여차몽돌해안

추천 일정

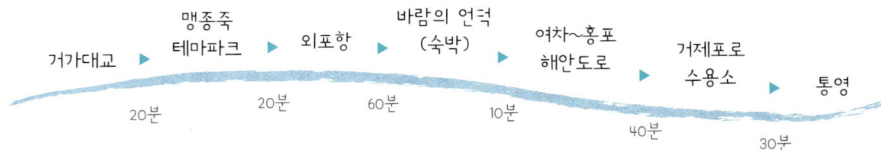

거가대교 ▶ 맹종죽테마파크 ▶ 외포항 ▶ 바람의 언덕(숙박) ▶ 여차~홍포 해안도로 ▶ 거제포로수용소 ▶ 통영
20분　　20분　　60분　　10분　　40분　　30분

거가대교 | 유호전망대에서 하유마을은 황포 방면, 시방방파제는 외포항 방면으로 가야 합니다
맹종죽테마파크 | 아이들과 함께 가면 아주 좋아합니다
외포항 | 신선한 대구를 저렴하게 구입할 수 있어요
바람의 언덕 | 신선대, 우제봉전망대도 걸어보세요
여차~홍포 해안도로 | 해발 397m의 망산에 올라보세요(3시간 소요)

갓 잡아온 대구

해풍에 말리는 대구

양지바위횟집

여행 정보

웹 페이지와 전화
거제시청 055-639-3399, tour.geoje.go.kr GK해상도로 주식회사 1644-0082, www.gklink.com

자가운전
중앙고속도로 대저분기점→남해 제2고속도로 가락IC→58번지방도→거가대교

숙박
상상속의집 일운면 거제대로, 055-682-5252 홍포 망산펜션 남부면 거제남서로, 055-633-1157 거제도비치호텔 거제시 장승포해안로, 055-682-5161

맛집
양지바위횟집 대구탕, 장목면 외포5길, 055-635-4327 중앙횟집 대구탕, 장목면 외포리, 055-636-6026 백만석 멍게비빔밥, 거제시 계룡로, 055-638-3300 항만식당 해물탕, 거제시 장승포동, 055-682-3416

축제 및 행사
옥포대첩기념제전 매년 6월 중순, 055-639-8129 신년해맞이축제 매년 1월 1일, 055-639-4178

082

목포 별미여행
전남 목포시

겨울 입맛을 돋궈주는 목포 5미

여행 내비게이션

여행 콘셉트 별미를 먹으며 항구도시 목포 돌아보기
추천 일정 1박 2일 **추천 교통** 기차, 자가운전 **추천 계절** 사계절
Must Do
1. 목포 5미 맛보기 2. 유달산에 올라 해돋이 보기
3. 목포대교 건너 고하도 다녀오기 4. 목포의 근대문화유산 만나기

PART 4. **겨울** : 겨울여행

1 목포 5미 중 민어회 **2** 알이 가득한 간장게장 **3** 연포탕 **4** 갈치조림 **5** 홍탁삼합

목포는 누가 뭐래도 '맛의 도시'다. 목포가 신안의 바다에서 나는 해산물들의 집산지인 탓에 맛 좋고 몸에 좋은 음식들이 지천이다. 이 가운데 세발낙지, 홍탁삼합, 꽃게무침과 꽃게장, 민어회, 갈치조림이 목포 5미다. 유달산이나 갓바위, 목포의 근대문화유산을 구경한 뒤 맛보는 목포 별미가 피로를 잊게 해준다.

'갯벌 속의 인삼'이라 불리는 낙지는 첫손에 꼽는 목포의 별미다. 다리가 가늘어 세발낙지라 불리는데, 요리 종류만 10가지가 넘는다. 그중 연포탕과 낙지탕탕이가 대표적인 음식이다. 연포탕은 끓는 국물에 낙지를 넣어 먹고, 낙지탕탕이는 기절시킨 낙지를 '탕탕' 썰어서 참기름과 깨만 얹어 낸다. 양념이 많으면 낙지 고유의 담백하고 개운한 맛이 떨어지기 때문이다.

홍탁삼합은 삭힌 홍어와 삶은 돼지고기, 묵은 김치를 함께 먹는 음식이다. 전라도 잔칫상에 꼭 올려야 하는 음식이자, 삼합 열풍의 원조이기도 하다. 삭힌 홍어의 알싸한 맛과 돼지고기의 담백함, 묵은 김치의 시원한 맛이 일품이다. 꽃게 요리는 꽃게무침, 간장게장, 꽃게살 등이 대표적이다. 홍탁삼합과 함께 목포에서 맛보기 쉬운 요리 중 하나다. 간장게장은 기본, 매운 양념이 가미된 꽃게무침, 살만 발라 양념을 더한 꽃게살은 목포 5미 가운데 최고의 밥도둑이다.

여름철 보양식으로 알려진 민어는 해가 갈수록 귀해지는 생선이다. 목포는 '민어의 거리'가 있을 정도로 민어가 유명하다. 살은 회로 먹고, 뼈와 대가리는 매운탕으로 먹는다. 껍질과 부레, 뼈까지 버릴 것이 없는 민어는 회뿐 아니라 건이나 무침으로도 맛볼 수 있다. 사흘 정도 숙성시켜야 살이 쫄깃하고 감칠맛이 난다. 갈치는 크게 먹갈치와 은갈치로 나뉘는데, 목포에서는 먹갈치를 으뜸으로 친다. 사실 그물로 잡느냐 낚시로 잡느냐가 다를 뿐, 맛은 같다. 갈치는 얼큰하고 짭조름한 조림과 두툼한 살의 고소함이 진하게 느껴지는 구이로 맛볼 수 있다.

목포수산업협동조합 위판장에서 매일 새벽 5시부터 열리는 경매를 둘러보는 것도 잊지 말자. 홍어와 각종 수산물, 건어물을 판매하는 목포종합수산시장, 질 좋은 건어물을 저렴하게 구입할 수 있는 목포시서남권수산물유통센터는 돌아가는 길 두 손을 즐겁게 해주는 쇼핑 명소다.

추천 여행지

유달산
겨울은 유달산(228m)에서 해돋이를 보기 좋은 계절이다. 유달산에 서면 바다와 영산강 하구, 월출산을 배경으로 떠오르는 해를 볼 수 있다. 유달산 초입에서 정상까지는 넉넉잡고 40분. 정상에 오르면 아직 잠에서 깨지 않은 목포 시가지와 여명으로 빛나는 바다, 그리고 다도해의 섬들을 볼 수 있다. 유달산 일출은 일등바위보다 그 아래 있는 마당바위에서 보는 것이 좋다.

고하도 용오름길
고하도는 목포를 포근히 감싸고 있는 기다란 섬이다. 고하도에는 용이 승천하는 모습을 닮은 섬의 지형에서 이름을 딴 용오름길이 있다. 고하도복지회관을 지나면 시작되는 용오름길은 말바우, 뫼막개를 거쳐 용머리까지 갔다가 돌아오는 5.6km 코스로, 왕복 2시간 30분 정도 걸린다. 말바우는 용오름길에서 가장 아름다운 풍경을 선사하는 곳이다. 용이 바다에서 솟구치듯 길게 뻗는 섬과 목포대교가 한눈에 보인다.

고하도 이충무공기념비와 조선육지면발상지비
고하도복지회관 뒤편의 낮은 산자락에는 꼭 들러봐야 할 곳이 있다. 고하도는 1597년 명량대첩을 승리로 이끈 이순신 장군의 함대가 완도의 고금도로 옮기기까지 107일간 머무르며 군량미를 비축하고 전력을 재정비한 곳이다. 울창한 솔숲에 마련된 모충각 안에 고하도이충무공기념비(전라남도 유형문화재 39호)가 있다. 인근에는 일제강점기 미국에서 들여온 육지면을 처음 재배했음을 알리는 조선육지면발상지비가 밭 한가운데 있다.

목포해양유물전시관
문물을 교류하기 위해 바닷길을 오가다 난파된 다양한 선박과 발굴된 유물 등의 수중문화재를 전시해 놓은 곳이다. 충남 태안과 전남 서남해안 일대에서 발굴된 다양한 난파선의 흔적뿐 아니라 청자, 목간, 닻돌 등 진귀한 유물도 만나볼 수 있다.

목포자연사박물관
지구의 46억 년 역사를 한눈에 볼 수 있는 전시관이다. 국내 최초의 육식공룡알둥지화석의 원본, 세계에서 단 2점밖에 없는 프레노케라톱스와 콘로렙터 공룡화석 등 진귀한 화석도 만나볼 수 있다.

김대중 노벨평화상 기념관
고 김대중 전 대통령의 노벨평화상 수상을 기념하기 위해 세운 기념관이다. 고 김대중 전 대통령의 노벨평화상 수상 이야기와 노벨상의 모든 것을 알아볼 수 있다.

1 고하도 이충무공 기념비 2 유달산 일출 3 고하도 용오름길에서 본 용머리와 목포대교

추천 일정

고하도 ▶ 용오름길 트레킹 ▶ 이충무공기념비, 조선육지면발상지비 ▶ 목포근대역사관 ▶ 구 목포일본영사관 ▶ 김대중 노벨평화상 기념관

15분 / 도보 10분 / 5분 ▼ 신안비치호텔 (숙박) → 10분

갓바위 ◀ 목포자연사박물관 ◀ 해양유물전시관 ◀ 유달산 일출

도보 5분 / 1분 / 15분 / 도보 40분

고하도 용오름길 | 원점 회귀 코스가 아니어서 다시 되돌아와야 해요
목포근대역사관 | 일제강점기 때의 목포 역사를 배워 보세요
김대중 노벨평화상 기념관 | 노벨상의 탄생 과정과 종류, 에피소드를 알아볼 수 있어요
목포해양유물전시관 | 오랜 세월 바다에 묻혀 있던 난파선과 유물들을 만나보세요
목포자연사박물관 | 압해대교 건설 당시 발견된 수각류 공룡알둥지화석이 있어요
갓바위 | 밤에 가면 야경이 아름다워요

목포종합수산시장

낙지탕탕이

꽃게무침

여행 정보

웹 페이지와 전화
목포문화관광 061-270-8432, http://tour.mokpo.go.kr
목포해양유물전시관 061-270-2000, www.seamuse.go.kr **목포자연사박물관** 061-274-3655, http://museum.mokpo.go.kr **김대중 노벨평화상 기념관** 061-245-5660, http://kdjnp.mokpo.go.kr

대중교통
버스 센트럴시티터미널-목포, 하루 34회 운행, 4시간 소요
기차 용산-목포, KTX 하루 9회 운행, 3시간 30분 소요

자가운전
서해안고속도로-목포 톨게이트→연산동사거리→동부광장사거리→목포역 교차로→유달산

숙박
신안비치호텔 목포시 해안로, 061-243-3399 **샹그리아비치호텔** 목포시 평화로, 061-285-0100 **베네치아호텔** 목포시 미항로, 061-283-9955 **샤르망호텔** 목포시 신흥로, 061-285-3300

맛집
인동주마을 본점 꽃게장백반·홍어삼합, 목포시 복산길 12번길, 061-284-4068 **영란횟집** 민어회, 목포시 번화로, 061-243-7311 **명인집** 간장게장·홍어삼합, 목포시 하당로 30번길, 061-245-8808 **선경준치회집** 갈치조림·구이, 목포시 해안로 57번길, 061-242-5653 **초원식당** 갈치조림·구이, 목포시 번화로, 061-243-2234 **허사도회전문점** 민어요리, 목포시 평화로, 061-285-4888 **인도양일식회** 연포탕, 목포시 해안로, 061-243-0777

축제 및 행사
유달산꽃축제 매년 3월 말, 061-270-8411 해양문화축제 매년 8월 초, 061-270-8441, www.mokpofestival.com

083
천수만
충남 태안군

서해바다를 붉게 물들이는
아침 해를 품에 안다

여행 내비게이션

여행 콘셉트 해돋이 감동에 물든 안면도 섬 종단 드라이브
추천 일정 1박 2일 **추천 교통** 기차, 자가운전 **추천 계절** 겨울
Must Do
1.일출 촬영하기 2.황도붕기풍어제 사당 답사하기 3.안면도자연휴양림 산책하기
4.천상병 시인 옛집 관람하기 5.백사장항에서 수산물이나 건어물 구입하기

1 황도해안에서 맞이한 일출 2 황도의 새벽

　안면도 북동부 천수만 바닷가에 위치한 황도. 섬이지만 안면도와 교량으로 연결된 이곳이 천수만 일출 감상 명소이다. 황도의 해돋이는 기럭기 떼의 편대비행과 함께 시작된다. 먼동이 틀 무렵 황도 바닷가에 서면 기러기 떼의 울음소리가 새벽잠을 깨운다. 천수만의 간월호와 부남호에서 겨울을 나는 기러기 떼, 가창오리 떼는 참으로 부지런해서 이른 새벽부터 V자 편대비행을 하거나 군무를 시작한다. 하늘을 올려다보면 아직 어둠이 가시지 않았건만 겨울 철새들은 저마다 방향을 잡아 아침먹이를 찾아 나선다.

　황도 동쪽 편 해안길이나 선착장 방파제에서 천수만 건너편으로 새벽 공기에 한들한들 흔들리는 불빛이 보인다. 간월도 상가에서 뻗어 나오는 불빛이다. 그 불빛의 남쪽 끄트머리를 유심히 바라보면 간월암이 자리 잡고 있다. 간월암 새벽 예불의 목탁소리가 바다를 건너 해돋이를 기다리는 여행객들의 귀에까지 들리는 듯하다.

　안면도와 홍성, 보령 사이에 깊숙이 들어온 천수만은 물안개가 자주 낀다. 해가 뜨기 전 자욱한 물안개를 헤치고 작은 고깃배들이 통통거리면서 잔잔하기 이를 데 없는 천수만을 헤엄친다. 눈을 떼기 어려울 정도로 시적인 모습이다.

　황도 바닷가에서 체험하는 해돋이 감상의 즐거움은 해가 홍성의 야산 위로 완전히 솟아올랐어도 끝나지 않는다. 아침 햇살을 가득 받아 한없이 따스하게만 느껴지는 갯벌로 시선을 두면 굴을 캐기 위해 새벽잠을 설치고 나오는 황도 주민들의 부지런한 삶이 파인더에 들어온다. 그들은 한겨울에도 천수만 굴을 캐기에 바쁘다. 이곳 굴은 남해안 지방의 굴과 달리 크기가 자잘하다. 비록 몸체는 작지만 썰물 때 햇볕을 많이 받아서 풍미가 그윽하다고 주민들은 자랑한다.

　황도 바닷가뿐만 아니라 지금은 폐교된 황도초등학교 북쪽의 '황도붕기풍어제' 사당 주변에서도 해돋이 기운을 맞이해보자. 사당 앞에 선 수령 200년의 홰나무 뒤로 풍어제 유래비가 세워져 있고 그 뒤에 사당이 자리를 잡았다. 고기가 많이 잡히고 마을이 평안하기를 기원하는 붕기풍어제는 매년 정월 초이튿날부터 초사흗날까지 벌어지는 민속 행사이다.

추천 여행지

안면도자연휴양림

소나무의 둘레가 굵어 경복궁을 지을 적에 많이 사용되었던 안면송을 한 자리에서 만나볼 수 있는 곳이 안면도자연휴양림이다. 남한 땅의 동쪽에 울진 금강송이 있다면 서쪽에는 안면도 안면송이 있다. 안면도의 소나무는 백제시대 때 구룡사라는 절의 사찰림으로 보호받았으며 고려시대부터 국가가 특별 관리하는 자원으로 대접받았다. 조선시대로 넘어와서도 섬 안의 73군데를 민간인이 함부로 벌채할 수 없는 봉산으로 지정, 궁궐 건축이나 선박 제조용 목재의 공급처로 엄격히 관리했다.

천상병 시인 옛집

의정부 수락산 자락에 있던 천상병 시인(1930~1993)의 집이 2004년 안면도로 옮겨졌다. '시인의섬' 펜션에서 옛집과 갤러리를 '천상병문학관'이라는 이름으로 운영하고 있다. 가운데 방을 중심으로 서쪽에 여닫이문 하나를 단 건넌방, 동쪽에 미닫이문을 단 안방 등 방 3개짜리로 단출하다. 가운데 방으로 들어가면 궤짝을 이용한 책상 위에 먼지 앉은 문예지 몇 권이 올려있고 오른쪽 벽에 시 〈귀천〉이 걸려 있다. '나 하늘로 돌아가리라'로 시작되는 시 〈귀천〉은 언제 읽어도 여행객들에게 세상을 살아가는 이치를 깨우쳐준다.

백사장항

안면도 섬 여행을 마칠 무렵 건어물이나 꽃게, 굴, 생선 등을 맛보고 구입하려면 안면도 북단의 백사장항이나 남단의 영목항을 찾아가자. 백사장항은 안면도 최대의 항구로 고깃배가 많이 드나들고 경매가 이뤄지는 장면도 볼 수 있다. 겨울철 생선으로는 우럭과 아귀, 물메기가 흔히 보이고, 건어물 중에서는 말린 박대와 말린 우럭, 말린 보리새우가 인기 품목이다.

게국지

게국지는 본래 게장 국물이나 해산물 국물을 넣고 만든 김치를 뜻한다. 그러던 것이 먹거리가 다양해진 요즘에 와서는 게국에 담근 김치나 우거지를 이용한 찌개로 변모했다. 백사장항의 게국지는 묵은지찌개에 꽃게, 대하, 호박고구마를 넣고 끓인, 일종의 해물탕이라 할 수 있다. 멸치 육수에 묵은지, 팽이버섯, 안면도 호박고구마와 꽃게를 넣은 탕이다. 잘 익은 김장 김치의 진한 국물 맛과 어우러진 꽃게의 달콤한 맛이 오묘한 조화를 이룬다.

1 안면도자연휴양림의 토종 소나무 2 천상병 시인 고택 3 시원한 국물맛의 게국지 4 백사장항

추천 일정

황도 바닷가 일출 감상 ▶ 황도붕기풍어제 사당 ▶ 안면암 ▶ 안면도 자연휴양림 ▶ 천상병 시인 옛집
도보 10분 / 10분 / 20분 / 20분

백사장항에서 해산물이나 건어물 쇼핑 ◀ 안면해수욕장, 삼봉해수욕장 산책 ◀ 꽃지해수욕장 일몰 촬영(숙박) ◀ 영목항, 바람아래해수욕장, 샛별해수욕장 산책
15분

황도 | 겨울바다 산책 분위기가 좋고 펜션이 많아요
안면암 | 여기도 일출 명소. 갯벌에 놓인 부교를 건너가 보세요
꽃지해수욕장 | 할미바위와 할아비바위는 물론 해넘이 명소로 소문난 곳이에요
저녁식사 | 활어회는 기본이고 간장게장이나 칼국수 등을 추천해요
백사장항 | 게국지, 대하튀김, 꽃게튀김, 호박고구마튀김 등 간식거리들이 많아요

황도초등학교

황도마을

꽃지해변

여행 정보

웹 페이지와 전화
태안군청 문화관광 041-670-2147, www.taean.go.kr 안면도자연휴양림 041-674-5019, www.anmyonhuyang.go.kr 안면암 041-673-2333, www.anmyeonam.org

대중교통
버스 서울남부터미널-태안, 하루 22회 운행, 2시간 20분 소요 / 태안읍-황도리, 하루 5회 운행 / 안면읍-황도리, 하루 5회 운행

자가운전
서해안고속도로 홍성IC→갈산터널→천수만방조제→간월도 입구→안면대교→황도리
경부고속도로→당진대전간고속도로 예산수덕사IC→홍성군 갈산면→천수만방조제→안면대교→황도리

숙박
나문재펜션 안면읍, 041-672-7634, www.namoonjae.co.kr 리솜오션캐슬 안면읍, 041-671-7000, www.resom.co.kr/ocean 시인의섬펜션 안면읍, 041-673-7273, www.poetisland.co.kr 그람피하우스 남면, 010-8515-6653

맛집
일송꽃게장백반 간장게장, 안면읍, 041-674-0777 대성식관 칼국수, 안면읍, 041-674-1156 충남수산 주꾸미 샤브샤브, 남면, 041-674-6859 유진회센타 게국지, 안면읍, 041-672-4328

축제 및 행사
해넘이·해맞이행사 매년 12월 31일, 1월1일 안면도 백사장 대하축제 매년 9~10월 몽산포 국제 모래조각 페스티벌 매년 7월 몽산포항 주꾸미축제 매년 4~5월

084 고판화박물관
강원 원주시

판화의 오묘한 세상 속으로 들다

여행 내비게이션
여행 콘셉트 재미난 판화의 세계를 찾아 가는 체험 여행
추천 일정 1박 2일, 당일 **추천 교통** 자가운전 **추천 계절** 봄~겨울
Must Do
1.고판화박물관에서 판화 책자 만들어 보기 2.뮤지엄 산의 자작나무숲 거닐기
3.진밭마을에서 썰매와 트랙터 타고 놀기 4.진밭마을의 산나물 밥상으로 점심 먹기

PART 4. 겨울 : 겨울여행

1 고판화박물관 전시 관람
2 책 만들기 체험
3 고판화박물관 전경

　원주는 조선 초기부터 500년간 강원감영이 있던 도시다. 관찰사의 업무 공간이자, 중앙의 정치 이념과 문화를 지역에 전하던 감영은 새로운 생각과 정보가 가득한 책도 출판했다. 중앙에서 만든 책을 지역에 필요한 만큼 제작·배포하거나, 지역의 정보를 모아 직접 책을 만들기도 했다.
　원주시 곳곳에 감영이 있던 시절과 공통점을 찾을 수 있는 문화 공간이 자리한다. 책을 만들기 위해 글자나 그림을 나무에 새긴 목판과 판화를 소장·전시하는 고판화박물관, 한지부터 현대의 종이까지 작품으로 만날 수 있는 뮤지엄 산(SAN), 책 속 이야기와 구전 이야기가 눈앞에 펼쳐지는 오랜미래 신화미술관이다.
　신림면 물안길에 자리한 고판화박물관은 고즈넉한 절집 명주사 경내에 있다. 명주사 주지이자 고판화박물관 관장인 한선학 스님은 군 법사 시절부터 판화를 모으기 시작해, 지금은 목판과 판화 4,000여 점을 소장하고 있다. 박물관에 전시된 작품은 그중 일부로, 주제를 정해 전시한다. 새해가 시작되는 겨울에는 길흉화복이나 건강, 승진, 장수 등의 소망을 담은 부적 판화를 전시하기도 한다. 대부분의 판화는 기본 선을 찍어낸 뒤 채색해 오랜 시간이 지났는데도 바래지 않고 색채가 화려하다.
　현대 인쇄 기술을 이해할 수 있는 목판도 있다. 채색 목판 네 개가 모여 판화 한 장이 된다. 정교하게 인출해야 깨끗한 작품을 얻을 수 있는데, 각 색채의 농담까지 맞춘 전시 작품은 일본의 판화가가 이곳에 방문했을 때 완성했다고 한다.
　전시관을 돌아본 뒤에는 판화 체험을 할 수 있다. 목판에 먹물을 골고루 바르고, 한지를 올려 문지른 뒤 떼어내기만 하면 되어 간단하다. 전통 책 만들기 체험도 가능하다. 먼저 두꺼운 표지용 종이를 능화판에 얹고 둥근 나무로 골고루 문질러 요철 모양을 인출한다. 그 다음 글과 그림이 있는 여러 가지 판화를 인출한다. 속지와 표지를 정리하고 가장자리에 오침 제본용 구멍을 뚫은 다음, 전통 방식으로 노끈을 묶으면 책 모양이 갖춰진다. 마지막 작업은 책 제목 정하기. 제목을 쓴 종이를 표지 앞면에 붙이면 완성이다.

추천 여행지

뮤지엄 산

오크밸리 리조트 내에 있으며, 박물관으로 아름다운 자연과 박물관, 미술관을 함께 즐길 수 있다. 산 정상에 있어 관람 동선을 따라 걷기만 해도 자연과 동화되는 기분이다. 관람은 웰컴센터에서 시작해 자작나무 길이 아름다운 플라워가든, 건물의 반영이 주는 색다른 즐거움을 누릴 수 있는 워터가든, 종이의 역사를 알 수 있는 페이퍼갤러리, 기획 전시를 하는 청조갤러리, 우리나라 팔도를 상징하는 조형물로 구성된 스톤가든, 빛이 만들어내는 다양한 세계를 체험할 수 있는 제임스 터렐관으로 이어진다. 들꽃이 만개한 플라워가든과 눈 덮인 워터가든은 겨울에 그 아름다움을 볼 수 없어 아쉽다. 하지만 2.3km에 이르는 전시 동선을 따라 작품을 감상하다 보면 아쉬움조차 잊게 된다. 중간에 휴게 공간과 체험 공간이 있으니 느긋하게 누려보자.

오랜미래 신화미술관

문막읍 취병로에 자리한 오랜미래 신화미술관은 우리의 신화를 빚어놓은 공간이다. 조소를 전공한 김봉준 관장이 신화를 연구하여 만든 작품들이 전시됐다. 창세신화, 건국신화, 마을 신화, 여신 신화 등 그 종류도 다양하다. 김 관장은 다양한 신화를 설명하며 우리 역사 속 신화를 맛깔나게 이해시킨다. 오랜미래 신화박물관은 방문 예약제로 운영된다.

진밭마을

오랜미래 신화미술관이 있는 진밭마을은 재미있는 곳이다. 마을에 전해지는 호랑이 이야기를 주제 삼아 호랑이 조각도 만들 수 있는데, 마을 이름도 '호시탐탐 진밭마을'이라 정했다. 마을 입구 숲에서 깊숙한 곳까지 여기저기 자리한 체험 공간을 빼놓지 않고 탐험해 본다는 뜻도 된다. 마을 탐험은 마을 입구 숲에서 시작한다. 마을 숲 아래 캠핑장과 작은 썰매장이 있다. 썰매장은 꽁꽁 얼어붙은 계곡이다. 이곳에서 썰매를 타다 보면 어느새 배가 고파진다. 이때 찾아갈 곳은 마을 쉼터. 천연 염색, 두부 만들기, 전통 방식으로 콩국 만들기 등 체험 활동은 물론, 산나물 밥상도 맛볼 수 있다. 직접 농사지은 콩으로 만든 두부와 달래무침 등이 나온다. 호시탐탐 트랙터를 타고 오랜미래 신화미술관을 지나 마을 끝에 자리한 옛책고을박물관과 목장까지 가보자. 한겨울 울퉁불퉁한 길을 따라 올라가는 트랙터가 그대로 놀이기구가 된다.

1 뮤지엄 산의 종이갤러리 2 취병리 진밭마을의 오랜미래 신화미술관 내부 3 진밭마을의 호랑이 트랙터 4 진밭마을의 콩으로 만든 두부전골

추천 일정

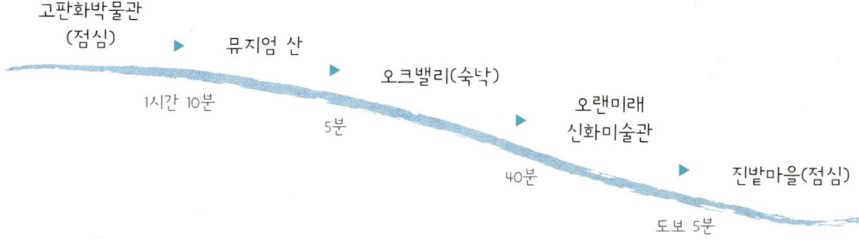

고판화박물관 (점심) — 1시간 10분 ▶ 뮤지엄 산 — 5분 ▶ 오크밸리(숙박) — 40분 ▶ 오랜미래 신화미술관 — 도보 5분 ▶ 진밭마을(점심)

뮤지엄 산 | 세계적인 건축가 안도 다다오의 건축물을 감상해 보세요
오랜미래 신화미술관 | 조소와 회화 작품의 배경을 알아보면 더욱 재밌어요
진밭마을 | 호랑이 트랙터를 타고 돌아보세요

여행 정보

웹 페이지와 전화
원주시 문화관광 033-737-5122, tourism.wonju.go.kr 고판화박물관 033-761-7885, www.gopanhwa.com 뮤지엄 산 033-730-9000, museumsan.org 오랜미래 신화미술관 033-746-5256

대중교통
기차 청량리-원주, 하루 19회(06:40~23:25) 운행, 1시간 내외 소요
버스 동서울종합터미널-원주, 10~30분 간격(06:10~22:25) 운행, 약 1시간 30분 소요

자가운전
영동고속도로→중앙고속도로→신림IC→영월·주천·법흥사 방면 우회전→신림황둔로 따라 3.69km 진행→신림터널 지나 약 1.3km 진행, 명주사 고판화박물관 이정표 따라 좌회전→약 680m 진행→고판화박물관

숙박
치악산호텔 소초면 치악로, 033-731-7931, www.chiaksanhotel.co.kr **스카이모텔** 원주시 감영길, 033-747-5788 **오크밸리** 지정면 오크밸리 1길, 033-730-3500, www.oakvalley.co.kr **베니키아호텔 비즈인** 원주시 만대로, 033-748-0100, www.biz-inn.co.kr **베니키아호텔 문막** 문막읍 왕건로, 033-734-7315, www.munmakhotel.co.kr

맛집
원주복추어탕 추어탕, 원주시 치악로, 033-762-7989 **소반** 한정식, 문막읍 귀문로, 033-733-7200 **선매운탕** 매운탕, 지정면 지정로, 033-732-6076 **만낭포감자떡** 감자떡, 지정면 지정로, 033-731-9953, www.mannangpo.com

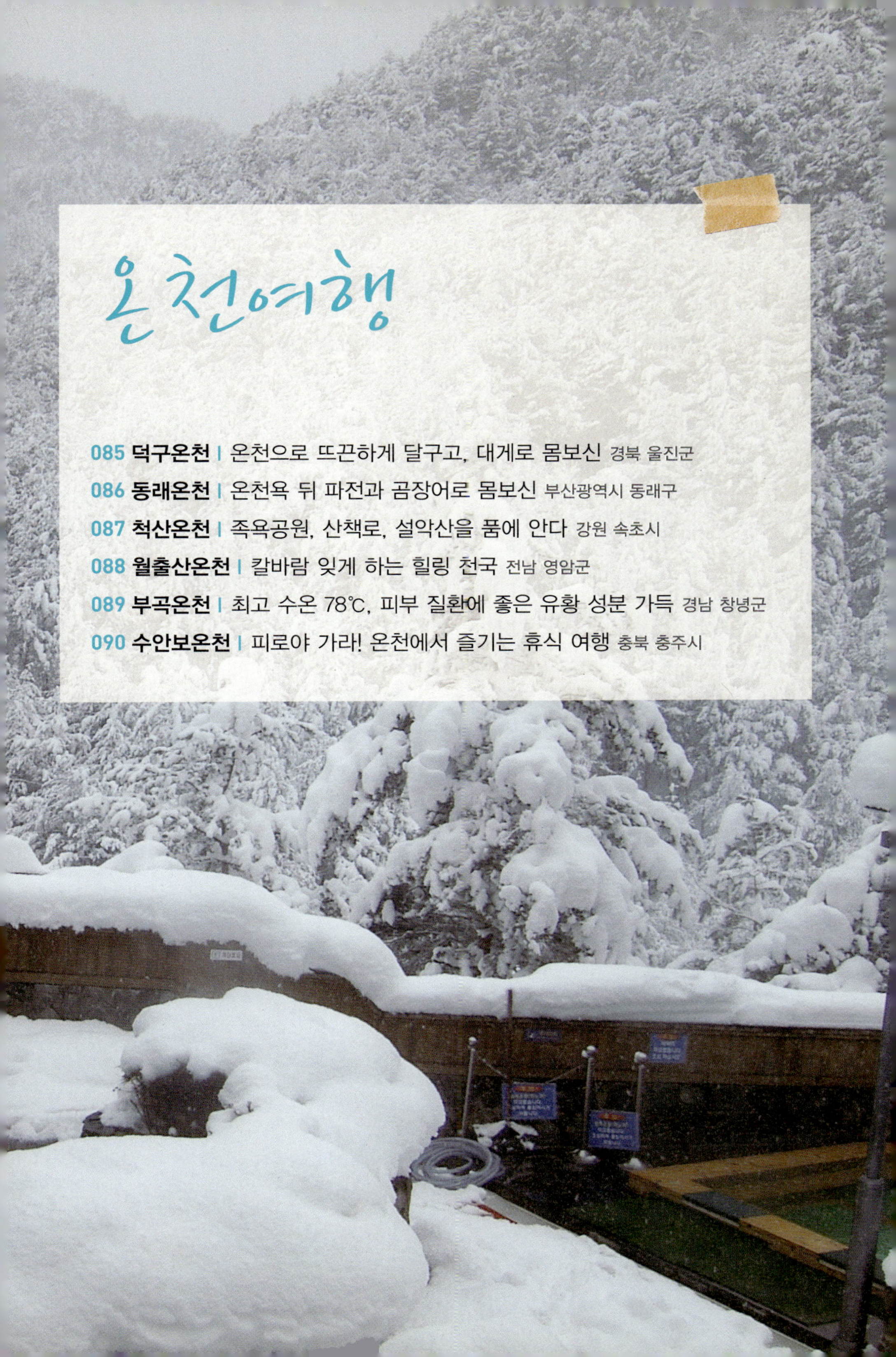

온천여행

085 덕구온천 | 온천으로 뜨끈하게 달구고, 대게로 몸보신 경북 울진군
086 동래온천 | 온천욕 뒤 파전과 곰장어로 몸보신 부산광역시 동래구
087 척산온천 | 족욕공원, 산책로, 설악산을 품에 안다 강원 속초시
088 월출산온천 | 칼바람 잊게 하는 힐링 천국 전남 영암군
089 부곡온천 | 최고 수온 78℃, 피부 질환에 좋은 유황 성분 가득 경남 창녕군
090 수안보온천 | 피로야 가라! 온천에서 즐기는 휴식 여행 충북 충주시

085

덕구온천
경북 울진군

온천으로 뜨끈하게 달구고, 대게로 몸보신

　동해안 제일의 온천 휴양지 울진에는 유구한 역사를 자랑하는 덕구온천, 백암온천이 자리잡았다. 죽변항에서 고포로 향하는 길의 덕구온천은 노천탕의 원조격으로 유래가 600년이 된 전통 온천이다. 고려 말 사냥꾼에게 쫓기던 상처 입은 멧돼지가 계곡에 몸을 담그더니 쌩쌩해져서 달아났다는 전설이 내려온다. 1979년 온천이 본격 개발되기 전까지 마을사람들은 계곡에 노천탕을 만들어 사용했다. 미끌미끌한 약알카리 성분으로 칼륨, 철, 나트륨 등 10여 가지 광물이 포함돼 있어 보양 온천의 대명사로 여겨지기도 한다. 응봉산 중턱의 원탕에서 온천수가 솟구쳐 나오며 직접 온천수를 마시려는 사람들로 붐빈다. 이 온천수는 덕구호텔 온천의 대온천장으로 이어지는데, 온천장 위 스파월드의 자스민탕, 레몬 노천탕이 연인들에게 인기가 높다. 이곳에 몸을 담그고 숲 향기 맡으며 산등성이 너머로 해가 지는 모습을 감상하는 것 역시 운치 있다.

여행 내비게이션

여행 콘셉트 겨울의 참맛인 대게도 먹고 온천도 즐기고
추천 일정 1박 2일 **추천 교통** 자가운전 **추천 계절** 사계절
Must Do 1.죽변항 경매 구경 2.대게찜 맛보기
3.덕구온천에서 온천욕 4.불영계곡 금강송 군락지 산책

추천 여행지

백암온천
신라 때부터 알려진 유서 깊은 온천이다. 일제강점기인 1917년부터 온천지구로 개발됐다. 국내 유일의 라듐유황온천으로 그 향내가 독특하며, 만성 관절염·위염·피부병 등 치료에 뛰어난 효능이 있다. 온천수의 수온이 48℃까지 올라가기 때문에 식혀서 온천탕으로 보낸다.

울진 대게
울진 대게는 4월까지 그 달콤한 맛을 즐길 수 있는데 설을 전후로 해서 가장 맛이 좋다. 대게는 쭉 뻗은 다리가 대나무를 닮았다고 해서 대게로 불리는데 찜은 물론 탕이나 회로도 먹는다. '게맛'을 제대로 보려면 15~20분간 쪄 먹는 것이 요령이다.

추천 일정

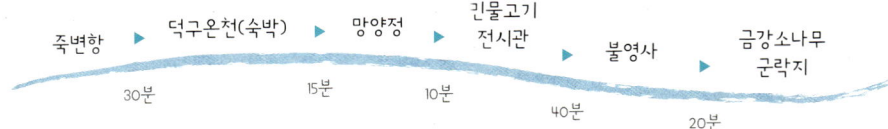

죽변항 ▶ 덕구온천(숙박) ▶ 망양정 ▶ 긴물고기 전시관 ▶ 불영사 ▶ 금강소나무 군락지
30분　　15분　　10분　　40분　　20분

여행 정보

웹 페이지와 전화
울진군청 054-789-6903, www.uljin.go.kr 덕구온천스파월드 054-782-0677, www.duckku.co.kr 백암온천 054-787-3047

대중교통
버스 동서울종합터미널-울진, 1시간 간격 운행(죽변항에서 하차 가능), 4시간 30분 소요

자가운전
영동고속도로→동해고속도로→삼척→7번국도

숙박
덕구온천스파월드 북면 덕구온천로 054-782-0677, www.duckku.co.kr 한화리조트 백암온천 온정면 온천로, 054-787-7001 통고산자연휴양림 서면 불영계곡로, 054-782-9007

맛집
맛있게 회센타 대게찜, 죽변면 죽변항길, 054-782-6616
제일회수산 대게찜, 죽변면 죽변중앙로, 054-782-3416 행곡솔밭식당 수육, 메밀전, 근남면 행곡리 054-783-1073

축제 및 행사
울진대게축제 2월 중순

086 동래온천
부산광역시 동래구

온천욕 뒤 파전과 곰장어로 몸보신

　동래온천은 신라 때부터 존재해 1910년대 근대적인 온천으로 개발되면서 조선 최고의 온천지로 명성을 날렸다. 대형 워터 테마파크가 우후죽순처럼 생겨난 요즘은 인기가 예전만 못하지만 풍부한 수량, 뛰어난 수질, 편리한 접근성(부산지하철 1호선 온천장역에서 5분) 등 매력적인 요소가 많다. 동래온천 테마거리에 들어서면 호텔농심이 운영하는 '허심청'이 먼저 눈에 띈다. 동래온천의 랜드마크 격인 허심청은 3,000명이 동시에 입장할 수 있는 온천탕을 비롯해 찜질시설, 베이커리, 브로이 하우스 등 다양한 부대시설을 갖췄다. 허심청 외에도 온천탕과 객실에 가족탕이 딸린 온천호텔도 즐비하다. 어느 곳이든 온천수는 45~61℃의 약알칼리 식염천이며 류머티즘과 신경통, 근육통, 부인병 등에 효과가 좋은 것으로 알려졌다. 동래온천 테마거리에는 무료 노천 족욕탕도 두 곳이 있다. 허심청 정문을 바라보고 왼쪽이 '동래온천 노천 족욕탕', 오른쪽이 '동래 스파토피아'다. 동절기에는 오전 11시부터 오후 4시까지 이용할 수 있다. 동래온천 노천 족욕탕은 수요일과 금요일에, 동래 스파토피아는 화요일에 쉰다.

여행 내비게이션

여행 콘셉트 겨울 여행의 꽃, 온천 즐기고 맛난 음식 먹기
추천 일정 1박 2일 **추천 교통** 기차 **추천 계절** 사계절
Must Do 1.무료 노천족욕탕 체험하기 2.동래온천에서 온촌욕 하기
3.동래시장에서 군것질하기 4.동래읍성과 복천박물관 견학하기

추천 여행지

곰장어구이&동래파전

온천 못지않은 동래의 명물이 '곰장어구이'와 '동래파전'이다. 단백질이 풍부한 스태미나 음식인 곰장어는 소금구이나 고추장 양념구이로 먹는다. 온천장 곰장어 골목에 10곳이 넘는 곰장어 집이 있고, 동래시장 주변에도 곰장어 골목이 있다. 동래파전은 밀가루 대신 쌀가루를 넣어 차지고 쫀득한 것이 특징이다. 기름 두른 번철에 쪽파를 펼쳐놓고 쌀가루 반죽을 부어 파 사이사이에 스며들게 한 뒤 양념한 쇠고기와 조갯살, 굴, 새우 등 해산물을 푸짐하게 올려 뒤집어가며 부친다. 마지막에 달걀을 깨뜨려 넣고, 해물 맛을 살리기 위해 초고추장에 찍어 먹는다.

추천 일정

금정산 트레킹 ▶ 동래온천 ▶ 곰장어구이&동래파전 ▶ 숙박 ▶ 동래시장 ▶ 복천동 고분군과 복천박물관 ▶ 장영실 과학동산 ▶ 동래읍성 북장대

지하철+도보 20분 / 지하철+도보 15분 / 도보 10분 / 도보 5분 / 도보 10분

여행 정보

웹 페이지와 전화
부산시 문화관광 051-888-4302, tour.busan.go.kr 동래온천번영회 www.dongnaespa.com 복천박물관 051-554-4263, bcmuseum.busan.go.kr

대중교통
기차 서울-부산, KTX 하루 55회 운행, 약 3시간 소요. 부산역에서 지하철 1호선 이용, 온천장역 하차

자가운전
경부고속도로 부산IC→첫번째 신호등에서 직진 4km 남해고속도로 북부산IC→만덕 방향→2터널 통과 후 좌회전해서 약 3km

숙박
호텔농심 동래구 금강공원로 20번길, 051-550-2100, www.hotelnongshim.com 킹모텔 동래구 금강로 124번길, 051-554-0058 녹천온천호텔 동래구 금강공원로 26번길, 051-553-1005~9, www.nokcheonhotel.com

맛집
원조소문난산곰장어 곰장어구이, 동래구 금강공원로 26번길, 051-554-8400 원조할매집산곰장어 곰장어구이, 동래구 금강로 124번길, 051-556-3643 동래할매파전 파전, 동래구 명륜로 94번길, 051-552-0792 원조동래파전 파전, 동래구 명륜로 94번길, 051-556-0324

축제 및 행사
동래읍성역사축제 매년 10월 중, festival.dongnae.go.kr

087
척산온천
강원 속초시

족욕공원, 산책로, 설악산을 품에 안다

　척산온천은 온천욕과 더불어 복합적인 재미가 녹아 있다. 온천탕뿐 아니라 족욕공원, 송림 산책로, 설악산의 산세까지 '1석 4조'의 체험이 곁들여진다. 탕에 담그면 노곤해지는 몸과 함께 눈과 코, 발까지 즐겁다. 척산온천이 들어선 노학동 일대는 예전부터 땅이 따뜻해 눈이 오는 겨울에도 풀이 자라던 마을이었다. 주민들에게는 온정리, 양말이라는 이름으로 더욱 익숙하다. 날개를 다친 학이 이곳에서 치료했다는 전설이 있어 '학사평'이라 불리기도 했다. 척산온천은 강알카리성 온천으로 온천수의 온도가 50도 안팎이다. 라돈 등이 포함된 특수온천으로 피부와 신경통에 탁월한 효과가 있는 것으로 알려졌다. 온천수는 수분이 무거우면서도 부드러워 만지면 매끄러운 감촉이 느껴진다. 척산온천지구에는 휴양촌과 족욕공원, 노학동 길을 따라 연결되는 설악워터피아, 설악파인리조트 등이 있다. 척산온천휴양촌을 둘러싼 송림 산책로는 설악 누리길과 척산마을 족욕공원으로 연결된다. 마을 주민들이 직접 운영하는 족욕공원에서는 척산온천휴양촌의 원천수로 무료 온천욕을 즐길 수 있다.

여행 내비게이션

여행 콘셉트 설악산 뜨끈한 온천 체험과 동해 즐기기
추천 일정 1박 2일 **추천 교통** 자가운전 **추천 계절** 사계절
Must Do 1. 척산온천 체험 2. 족욕탕 즐기기
3. 실향민문화촌 방문하기 4. 동명항 회타운에서 회 먹기

추천 여행지

실향민문화촌
척산온천휴양촌에서 설악워터피아 방면으로 속초박물관, 실향민문화촌, 발해역사관 등이 한데 모여 있다. 그중 실향민문화촌은 이북 5도 가옥을 비롯해 실향민들이 아바이마을을 형성했던 당시의 하꼬방 골목을 재현해 놓았다. 1일 2회 풍물공연을 하며, 숙박 체험도 가능하다.

해맞이공원
대포항, 설악항과 가까운 해맞이 공원은 한적한 휴식과 함께 해돋이를 선사하는 곳이다. 해맞이공원 산책로에 들어선 조각상들은 상념의 운치를 더한다. 파도를 맞으며 솟아 있는 연인 인어상은 '영원한 사랑이 이뤄진다'는 사연과 함께 연인들이 즐겨 찾는 명소이기도 하다.

추천 일정

설악산 권금성 ▶ 신흥사 ▶ 척산온천(숙박) ▶ 해맞이공원 ▶ 실향민문화촌 ▶ 동명항
도보 10분 / 30분 / 30분 / 30분 / 30분

여행 정보

웹 페이지와 전화
속초시 문화관광 033-639-2690, www.sokchotour.com
척산온천휴양촌 033-636-4000, www.choksan.co.kr **설악워터피아** 033-630-5500, www.seorakwaterpia.co.kr

대중교통
버스 서울 동서울터미널, 강남터미널-속초 수시로 운행. 2시간 30분 소요, 속초시내에서 척산온천까지는 3, 3-1번 운행.

자가운전
서울춘천고속도로 동홍천IC→인제-미시령터널→속초시내 방향→한화리조트 사거리에서 우회전→척산온천

숙박
노루목리조트 속초시 설악산로, 033-636-7171 **산과바다 스포츠호텔** 속초시 동해대로, 033-635-6644 **척산온천휴양촌** 속초시 관광로, 033-636-4000

맛집
양반댁 함흥냉면 함흥냉면, 속초시 청초호반로, 033-636-9999 **진솔할머니 순두부** 순두부, 속초시 원암학사평길, 033-636-9519 **두메산골 황태해장국**, 속초시 관광로, 033-635-2323

축제 및 행사
해맞이축제 매년 1월 1일 **장사항오징어맨손잡기축제** 매년 7월 중순~8월 초

088
월출산온천
전남 영암군

칼바람 잊게 하는 힐링 천국

영암은 건강과 에너지를 모두 얻을 수 있는 남도의 여행지다. '달이 뜨는 산' 월출산에서 솟는 온천은 지친 몸을 풀어주고, 독천낙지마을의 낙지는 영양을 복돋워준다. 여기에 한옥마을 체험과 도갑사, 구림사, 왕인박사유적지 같은 볼거리도 지천이다. 한마디로 일거삼득의 여행지다. 온천의 상큼한 맛은 피부가 먼저 아는 법. 그런 면에서 월출산온천은 일단 합격점이다. 월출산온천은 암반대의 주요 구성 암석인 홍색장석화강암(맥반석)을 수원으로 하여 '맥반석 온천수'로 통칭된다. 맥반석은 흡착·정화 성질이 강해서 온천수의 유해물과 오염물을 제거해주기 때문에 피로 회복 효과가 탁월하다. 수질은 약알칼리성식염천으로, 각종 미네랄 성분과 용존 산소량, 원적외선 방사량이 풍부하다. 월출산온천에서 빼놓지 말아야 할 필수 코스는 매그넘탕이다. 다양한 수중 안마 장치가 부착되어 어깨가 결리거나 몸이 찌뿌듯한 사람에게 제격이다. 뜨거운 물속에서 강한 기포가 마사지 효과를 일으켜 굳은 관절을 부드럽게 해준다. 레저 개념으로 조성된 유수기류탕도 인기다. 노천탕이 있지만 겨울철에는 운영하지 않는 것이 아쉽다.

여행 내비게이션

여행 콘셉트 온천과 맛, 볼거리를 함께 즐기는 삼색 여행
추천 일정 1박 2일 **추천 교통** 자가운전 **추천 계절** 봄, 가을, 겨울
Must Do 1.월출산온천에서 피로 풀기 2.독천낙지마을 낙지 요리로 원기 충전
3.영암구림마을에서 한옥 체험하기 4.왕인박사유적지 둘러보기 5.도갑사 오솔길 걷기

추천 여행지

독천낙지마을

독천낙지마을은 과거에 바닷물이 드는 갯마을이었다. 영산강 하굿둑이 생기면서 갯벌이 사라지고 낙지도 자취를 감췄는데, 낙지집 30여 곳이 남아 그 시절의 명성을 잇고 있다. 대표 음식은 갈낙탕이다. 쇠갈비와 낙지를 함께 끓이는 음식으로, 연포탕과 갈비탕을 합친 것으로 생각하면 된다. 쫄깃한 낙지를 씹는 재미와 갈비를 뜯는 즐거움을 동시에 누릴 수 있다. 맑고 시원한 국물이 으뜸인 연포탕도 인기다. 이밖에 나무젓가락에 돌돌 말아 참기름장에 찍어 먹는 산낙지와 낙지를 데쳐 채소와 함께 무쳐내는 초무침도 있다.

추천 일정

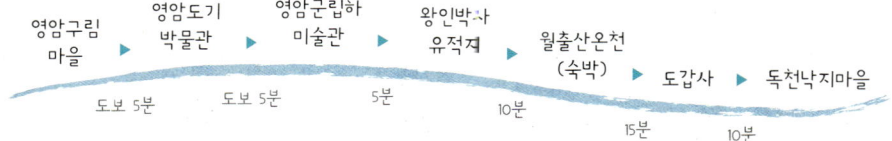

여행 정보

웹 페이지와 전화
영암문화관광 061-470-2255, http://tour.yeongam.go.kr
월출산온천 061-473-6311, www.wolchulspa.co.kr **영암구림마을** 061-472-0939, http://ygurim.namdominbak.go.kr **왕인박사유적지** 061-470-6643, http://wangin.yeongam.go.kr

대중교통
버스 센트럴시티터미널-영암, 하루 4회(08:00, 10:30, 14:40, 16:50) 운행, 4시간 50분 소요

자가운전
서해안고속도로 목포IC→2번국도(영암 방면)→영산호방조제→학산면 소재지(독천낙지마을)→819번 지방도로→월출산온천

숙박
월출산온천관광호텔 군서면 마한로, 061-473-6311, www.wolchulspa.co.kr **영산재(한옥호텔)** 삼호읍 나불외도로, 061-463-0300, http://ysjhotel.com **구림전통한옥민박** 군서면 죽정서원길, 061-472-4581, http://구림전통한옥.kr **목원당** 군서면 죽정서원길, 061-473-7077, www.mokwondang.co.kr **월인당** 군서면 모정1길, 061-471-7675, http://moonprint.smarter.or.kr

맛집
청하식당 낙지 요리, 학산면 독천로, 061-473-6993 **독천식당** 낙지 요리, 학산면 독천로, 061-472-4222, www.nakji1970.com **동락식당** 낙지 요리, 영암읍 서문안길, 061-471-3388

축제 및 행사
영암호 해맞이축제 매년 1월 1일, 061-470-2259, http://sunrise.yeongam.go.kr

089 부곡온천
경남 창녕군

최고 수온 78℃,
피부 질환에 좋은 유황 성분 가득

부곡온천은 최고 수온이 78℃로, 국내 온천수 중 가장 높은 수준이다. 너무 뜨거워서 수온을 낮춘 다음 공급해야 온천욕이 가능할 정도다. 이처럼 수온이 높고, 온천시설마다 온천공을 보유하여 '수질 관리'가 확실하다는 점이 부곡온천의 매력이다. 또 국내 온천수 가운데 유황 성분을 가장 많이 함유해 피부 질환, 신경통, 부인병 등에 효과가 있다고 한다. 온천단지가 조성되면서 1980년대까지 신혼여행지로 각광을 받다가 2000년대 들어 잠시 주춤했던 부곡온천은 최근 시설을 현대적으로 고치고, 웰빙과 힐링 열풍이 불면서 다시 살아나기 시작했다. 현재 부곡온천에 있는 20여 곳의 온천 중 부곡하와이는 계곡형 노천탕, 게르마늄 습식 사우나, 워터 안마탕 등으로 구성된 스파니아, 황토 한방 사우나, 적외선 동굴 온천탕 등을 갖춘 대장글탕, 바디 슬라이드, 대공연장, 어린이풀, 유수풀 등으로 구성된 실내워터랜드 등을 운영 중이다. 부곡스파디움은 대온천장, 건식·습식 사우나, 이벤트탕, 노천스파(바데풀) 등을 보유하고 있다. 특히, 노천스파는 바람을 맞으며 호방하게 온천욕을 즐길 수 있어 인기 만점이다. 일부 객실에는 제트스파라는 월풀 욕조가 설치되었다.

여행 내비게이션

여행 콘셉트 우포늪이나 창녕 읍내 문화유산 답사하고 온천욕
추천 일정 1박 2일 **추천 교통** 자가운전 **추천 계절** 겨울
Must Do 1.온천욕 즐기기 2.교동과 송현동 고분군 답사
3.주남저수지 철새 관찰 4.교동고분군과 석빙고 돌아보기

추천 여행지

우포늪
1억4,000만 년 전에 형성된 늪으로 살아 있는 자연사 박물관으로 불린다. 겨울에는 가창오리를 비롯한 철새들의 낙원이다. 우포늪생태관 2층 가상 체험실에서는 우포의 사계절을 입체 영상으로 볼 수 있다.

관룡사
신라시대 8대 사찰 중 하나다. 절 이름은 원효대사가 100일 기도를 마친 날, 화왕산 정상 월영삼지에서 용 아홉 마리가 승천하는 모습을 보았다는 데서 유래했다. 용선대 석조여래좌상(보물 295호)에서 내려다보는 풍경이 장쾌하다.

추천 일정

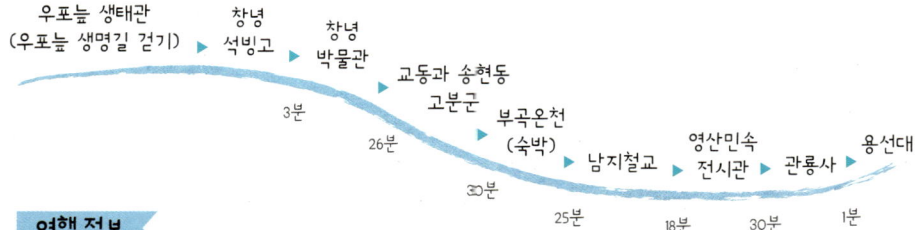

우포늪 생태관 (우포늪 생명길 걷기) → 3분 → 창녕 석빙고 → 26분 → 창녕 박물관 → 교동과 송현동 고분군 → 30분 → 부곡온천 (숙박) → 25분 → 남지철교 → 18분 → 영산민속전시관 → 30분 → 관룡사 → 1분 → 용선대

여행 정보

웹 사이트와 전화
창녕군청 문화관광 055-530-1591, http://tour.cng.go.kr **부곡하와이** 055-536-6277, www.bugokhawaii.co.kr **부곡스파디움** www.spadium.co.kr **우포늪생태관** www.upo.or.kr 055-530-1551 **관룡사** 055-521-1747

대중교통
버스 서울남부터미널-부곡, 1일 4회 운행, 4시간 소요 / 부산서부버스터미널-부곡, 1일 14회 운행, 1시간 20분 소요 / 대구서부시외터미널-부곡, 1일 14회 운행, 1시간 10분 소요

자가운전
중부내륙고속도로 영산IC→영산면사무소 입구→부곡온천관광특구

숙박
부곡하와이 부곡면 온천중앙로, 055-536-6331, www.bugokhawaii.co.kr **부곡스파디움** 부곡면 온천중앙로, 055-530-3000, www.spadium.co.kr **레인보우관광호텔** 부곡면 온천중앙로, 055-521-5777 **일성부곡콘도미니엄** 부곡면 온천로, 055-536-9870, ilsung.ilsungcondo.co.kr

맛집
양반청국장 청국장·순두부, 창녕읍 화왕산로, 055-533-0066 **도리원** 장아찌밥상, 영산면 온천로, 055-521-6116, www.doriwon.kr **토담산장** 수제비·비빔밥, 창녕읍 화왕산로, 055-533-0022 **석정** 숯불갈비·돌솥밥, 창녕읍 명덕로, 055-533-1180

090
수안보온천
충북 충주시

피로야 가라!
온천에서 즐기는 휴식 여행

　수안본온천의 역사는 깊다. 〈조선왕조실록〉을 보면 태조 이성계가 피부병을 다스리기 위해 수안보온천을 자주 찾았다는 기록이 있다. 53℃ 약알칼리성 온천수를 찾아 몸과 마음의 휴식을 취한 것이다. 일반 백성도 이용했다. 당시 얼마나 많은 사람이 모여들었는지, 이들로 인해 흐트러진 민심을 바로잡기 위해 향약(마을자치규약)을 만들었을 정도다. 수안보온천은 모든 온천탕이 같은 온천수를 이용한다. 온천수는 충주시가 직접 관리 하는데, 2,000톤짜리 탱크에서 27개 온천탕으로 온천수를 공급한다. 수안보온천에서는 취향에 따라 온천탕을 선택할 수 있다. 뜨끈한 온천수에 몸을 담그고 한겨울 쌀쌀한 공기를 마음껏 즐기고 싶다면 노천탕이 있는 수안보파크호텔과 한화리조트의 온천탕을, 대중교통으로 편리하게 온천을 즐기고 싶다면 하이스파를 비롯한 중심지 온천탕을 선택하면 된다. 수안보온천의 선택 기준은 물이 아니라 이용 편의성이다.

여행 내비게이션

여행 콘셉트 건강을 챙기는 웰빙 여행
추천 일정 1박 2일 **추천 교통** 자가운전 **추천 계절** 겨울
Must Do 1.온천과 뜨끈한 음식으로 겨울 보양 제대로 즐기기 2.미륵리 절터와 하늘재 오르기 3.나만의 도자기 작품 만들기 4.몸에 좋은 꽃차 마시기

추천 여행지

금가참숯차 시음장
꽃차를 시음하고 체험해볼 수 있는 곳이다. 모두 제철에 피는 꽃을 가장 향기가 강할 때 수확, 24시간 넘게 정성 들여 차를 만든다. 아이 주먹만 한 황촉규(닥풀), 달리아, 금진화, 참나리 등이 모양과 빛깔을 유지한 채 꽃차로 만들어지는 것이 신기하다.

종댕이길
계명산의 한 줄기인 심항산과 충주호의 풍경을 아름답게 빚어낸 길이다. 상종·하종 마을의 옛 이름에서 유래된 이름으로 심항산도 종댕이산으로 불렀다. 12km에 가까운 3개의 코스가 있지만, 심항산을 휘감아 도는 4km 정도의 코스가 가장 인기가 있다. 소요시간은 2시간에서 2시간 반 정도로 충주호의 비경이 쉼 없이 이어진다.

추천 일정

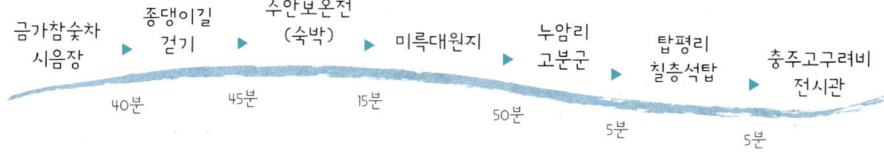

금가참숯차 시음장 → 종댕이길 걷기 (40분) → 수안보온천 (숙박) (45분) → 미륵대원지 (15분) → 누암리 고분군 (50분) → 탑평리 칠층석탑 (5분) → 충주고구려비 전시관 (5분)

여행 정보

웹 페이지와 전화
충주문화관광 043-850-6713, www.cj100.net/tour 수안보온천관광협의회 043-846-3605, www.suanbo.or.kr
금가참숯 자연이가득한집 043-853-7753

대중교통
버스 센트럴시티터미널-충주, 30분 간격 운행, 약 1시간 50분 소요

자가운전
중부내륙고속도로→충주IC→충주 방향 진입→용두사거리→3번국도→살미면 세성교차로→수안보온천

숙박
수안보대림호텔 수안보면 온천천변길, 043-856-8333 수안보온천랜드 수안보면 주정산로, 043-855-8400 수안보성시스파호텔 수안보면 수안보로, 043-843-2001 한화리조트 수안보온천 수안보면 수안보로, 043-846-8211

맛집
영화식당 산채정식, 수안보면 물탕1길, 043-846-4500 상록수식당 능이버섯전골, 수안보면 주정산로, 043-846-0433 진풍가든 꿩 요리, 살미면 세성로, 043-851-0771

축제 및 행사
충주세계무술축제 매년 8~9월 중, 043-850-6720, www.martialarts.or.kr 수안보온천제 매년 4월 중, 043-846-3605, www.suanbo.or.kr

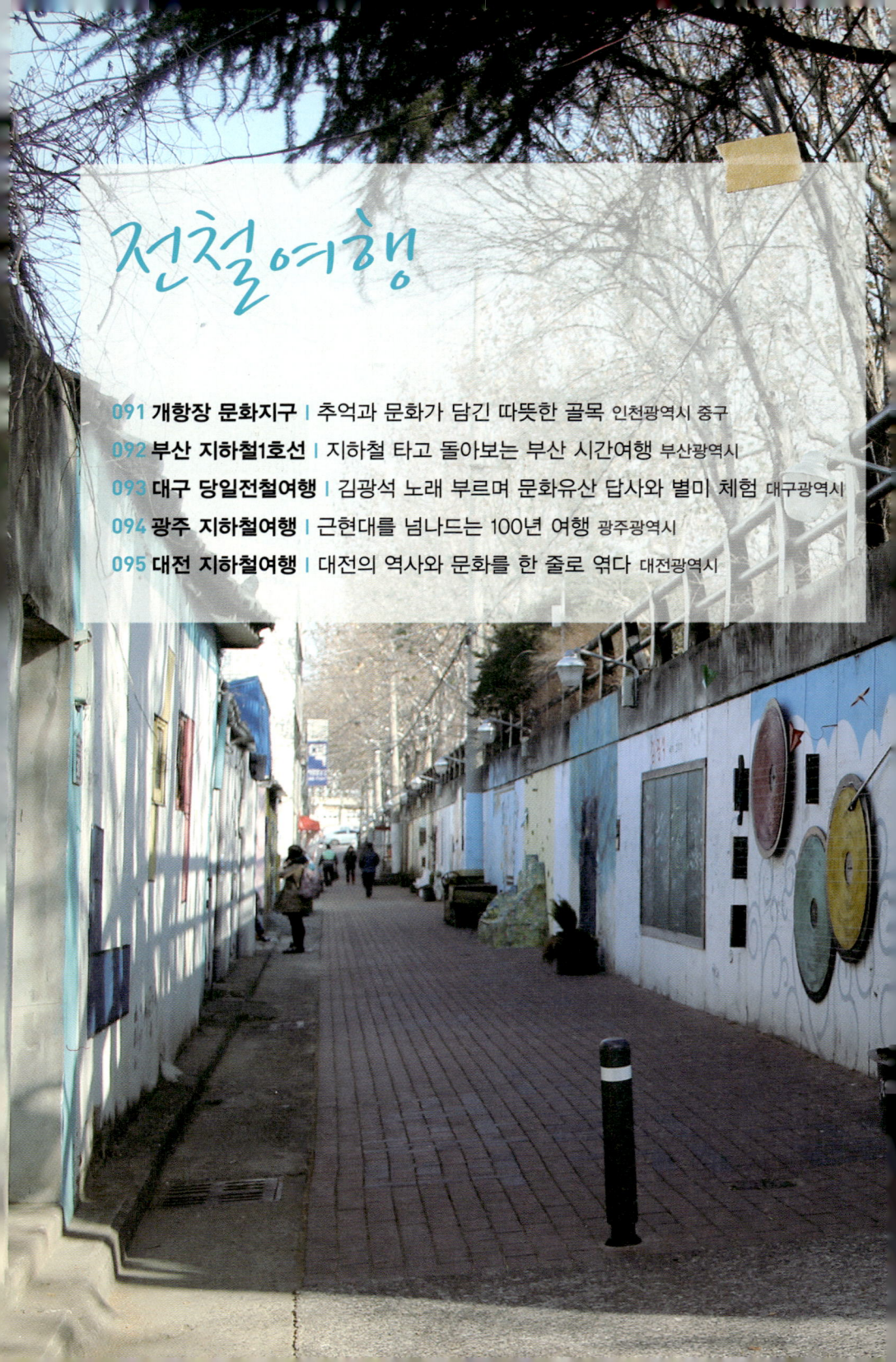

전철여행

091 개항장 문화지구 | 추억과 문화가 담긴 따뜻한 골목 인천광역시 중구
092 부산 지하철1호선 | 지하철 타고 돌아보는 부산 시간여행 부산광역시
093 대구 당일전철여행 | 김광석 노래 부르며 문화유산 답사와 별미 체험 대구광역시
094 광주 지하철여행 | 근현대를 넘나드는 100년 여행 광주광역시
095 대전 지하철여행 | 대전의 역사와 문화를 한 줄로 엮다 대전광역시

091
개항장 문화지구
인천광역시 중구

추억과 문화가 담긴 따뜻한 골목

여행 내비게이션

여행 콘셉트 전철 타고 개항장 문화지구 거닐기
추천 일정 당일 **추천 교통** 전철 **추천 계절** 사계절
Must Do
1.차이나타운에서 짜장면 먹기 2.자유공원 전망대 구경
3.문화지구에서 커피 한잔 4.개항장 박물관 둘러보기

PART 4. 겨울 : 전철여행

인천항과 연결되는 인천역 인근은 옛 향기에 취할 이색 산책 코스와 박물관이 옹기종기 모여 있는 곳이다. 인천역은 전철역 이전에 한국 최초의 철로가 개설된 경인철도의 흔적이 서린 공간이다. 인천역이 지닌 시대적 의미를 되새기며 인천 개항 당시 건물을 개조한 박물관, 갤러리, 일본식 가옥, 성당, 카페 등이 들어선 개항장 문화지구만 둘러봐도 마음은 넉넉해진다.
　인천역의 또 다른 명칭이 차이나타운역이다. 인천역 앞에는 차이나타운으로 연결되는 중국식 전통 대문인 패루가 웅장하게 세워져 있다. 이 패루를 지나면 본격적인 인천역 개항장 여행이 시작된다. 인천역과 인천항이 만나는 이 일대는 예부터 화교들이 정착해 국내 최대의 차이나타운이 형성된 곳이다.
　거리 한편에는 짜장면박물관이 들어서 있고 골목 곳곳은 중국풍으로 단장돼 있다. 구한말 인천에 온 중국인들이 불공을 드렸다던 의선당과 삼국지 명장면이 벽화로 새겨진 삼국지 벽화 거리도 사람들의 눈길을 끈다. 자유공원에 오르면 인천항과 인천역과 개항지구가 한눈에 펼쳐져 보인다.
　자유공원 뒷길은 북적이는 차이나타운과는 또 다른 세상이다. 차이나타운 골목이 고전적인 투어의 의미가 강렬했다면 최근에는 개항장 문화지구가 새롭게 조명 받고 있다. 개항장 문화지구에는 옛 개항 당시의 건물을 리모델링한 박물관과 갤러리가 들어서 있고 오래된 일본식 가옥이 발길을 붙든다. 곳곳에 들어선 아기자기한 이색 카페들 역시 쉼터 역할을 한다.
　개항 당시의 옛 창고나 은행을 새롭게 단장한 건축물들은 이곳 개항장 문화지구의 향취를 더욱 도드라지게 만든다. 인천아트플랫폼과 한국근대문학관은 이곳 문화지구를 상징하는 새로운 양대 축으로 자리매김했다. 인천아트플랫폼은 인천을 대표하는 예술창작공간이자 신개념 거리미술관으로, 개항기와 일제 강점기에 세워진 총 13개 동의 건축물과 창고를 전시와 창작 공간으로 쓰고 있다.

1 일본인 목조건물과 중앙동 커피집 2 인천역 앞 차이나타운 패루 3 인천역

추천 여행지

한국근대문학관
한국근대문학관은 100년 세월의 물류창고를 문학박물관으로 재조성한 곳이다. 근대문학관은 국내에서 유일하게 1890년대 계몽기부터 1940년대 후반까지의 근대문학 자료를 보존하고 있다. 최남선, 한용운, 김소월, 나도향, 현진건, 백석, 염상섭 등 한국 근대문학을 대표하는 기라성 같은 문인들의 작품을 한꺼번에 조우할 수 있다.

인천개항박물관
개항박물관은 1883년 일본의 제일국립은행 부산지점 인천출장소로 출발한 건물로 후기 르네상스식의 외관을 띠고 있다. 이곳에는 개항기 인천을 통해 처음 도입됐거나 인천에서 발생한 근대문화 유물 600여 점이 전시돼 있다. 옛 인천역의 모습도 이곳에서 발견할 수 있다.

내리교회&답동성당
한국 최초의 감리교회인 내리교회는 선교사 아펜젤러가 세운 공간으로 100년 넘는 세월만큼 많은 사연을 간직한 곳이다. 신포시장 건너편의 답동성당 역시 1894년에 착공해 1937년에 현 모습을 갖추게 됐는데 로마네스크 양식과 돔 형태의 외관이 독특하고 아름답다. 이런 옛 건물들은 인천 개항누리길을 따라 걸어서 두세 시간이면 호젓하게 감상할 수 있다.

개항장 카페촌
개항장 일대의 앙증맞은 카페를 방문하는 것도 여행을 따사롭게 만든다. 자유공원 뒷편의 '낙타사막'은 예술가들이 직접 운영하는 곳으로 2층 카페에 올라서면 인천항 전경이 창문을 통해 들어온다. 중구청 앞 일본인 가옥 1층에 위치한 '중앙동 커피집' 역시 이곳 주민들이 단골로 찾는 찻집이다.

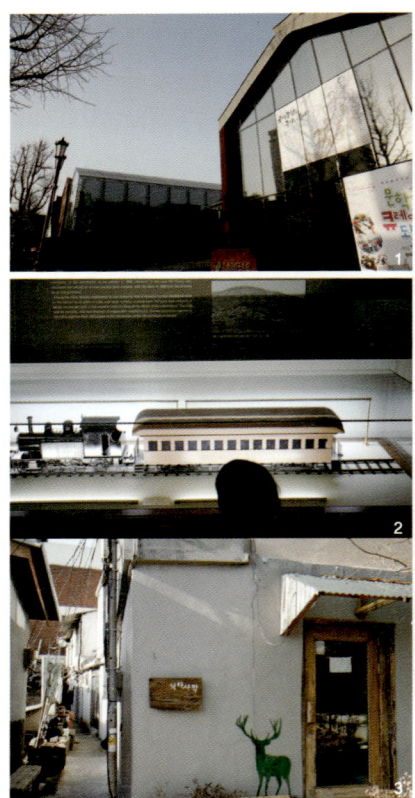

1 한국근대문학관 2 개항박물관의 인천역 열차 모형물
3 낙타사막 카페 4 답동성당

추천 일정

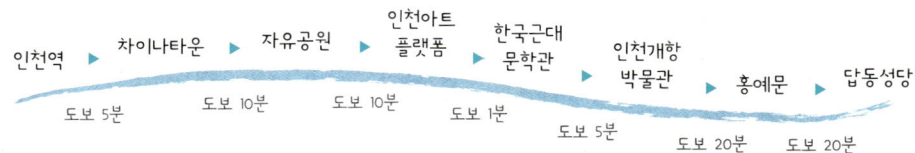

인천역 ▶ 차이나타운 ▶ 자유공원 ▶ 인천아트플랫폼 ▶ 한국근대문학관 ▶ 인천개항박물관 ▶ 홍예문 ▶ 답동성당

도보 5분 / 도보 10분 / 도보 10분 / 도보 1분 / 도보 5분 / 도보 20분 / 도보 20분

차이나타운 | 맛있는 짜장면 집은 외진 골목에도 있어요
자유공원 | 가을에 가면 더욱 운치 넘쳐요
인천아트플랫폼 | 다양한 체험 프로그램을 즐겨요
한국근대문학관 | 국어책 속의 인물들을 찾아봐요
답동성당 | 개항지구에서 걸어서 갈 수 있어요

개항장지구 찻집

짜장면박물관

내리교회

여행 정보

웹 페이지와 전화
인천관광 032-777-1330, http://itour.visitincheon.org
인천아트플랫폼 032-760-1000, www.inartplatform.kr
한국근대문학관 032-455-7165, http://lit.ifac.or.kr

대중교통
지하철 1호선 인천역에서 하차

자가운전
경인고속도로 인천IC 우회전→인천역, 중구청 방면→인천역

숙박
센트로호텔 중구 연안부두로 43번길, 032-887-0490, blog.naver.com/hotelcentro 바이킹호텔 중구 연안부두로 55번길, 032-887-1539 뉴욕호텔 중구 연안부두로 53번길, 032-889-0154, www.hotelnewyork.co.kr

맛집
중국성 중화요리, 중구 차이나타운로, 032-762-1677 대창반점 중화요리, 차이나타운로, 032-772-0937 큰손집삼치 삼치구이, 중구 우현로 67번길, 032-766-2994

092 부산 지하철1호선
부산광역시

지하철 타고 돌아보는 부산 시간여행

여행 내비게이션

여행 콘셉트 전철 타고 즐기는 부산 여행
추천 일정 1박 2일 **추천 교통** 대중교통 **추천 계절** 사계절
Must Do
1. 복천박물관에서 가야무사 만나기 2. 금정산성 산책하기
3. 범어사와 함께 부산 지질 여행 즐기기

PART 4. 겨울 : 전철여행

1 금정산성의 남문
2 동래읍성의 북문

　부산 지하철 1호선은 사하구 신평역에서 금정구 노포역까지 이어지는 노선으로, 가야부터 조선까지 부산의 역사를 만끽할 수 있는 지하철 여행 코스로 제격이다. 지하철 1일 이용권(4,500원)이면 알뜰살뜰하게 돌아볼 수 있다.
　동래역 4번 출구로 나와 6번 마을버스를 타고 가는 복천박물관(동래읍성역사관)은 복천동 고분군(사적 273호)에서 출토된 다양한 유물을 만날 수 있는 곳이다. 4~6세기 가야 지배층의 무덤인 복천동 고분군에서는 토기, 말머리 모양 뿔잔, 금동관, 철갑옷과 말갖춤새 등 유물 1만 2,000여 점이 출토되었다. 우리나라에서 가장 오래된 금동관, 철기 문화로 대표되는 가야 무사들의 갑옷과 투구 등 철기 유물도 많다. 야외 전시장에는 53~54호 고분이 발굴된 모습을 그대로 재현해 부장품, 순장의 흔적 등 가야시대의 매장 풍습을 확인할 수 있다. 복천동 고분군 주변은 임진왜란 때 '길을 빌려달라'는 왜군에 맞서 동래부사 송상현이 "싸워 죽기는 쉬우나 길을 빌리기는 어렵다"는 말을 남기고 치열한 전투 끝에 순절한 곳이다.
　동래읍성 서쪽으로는 부산의 진산으로 불리는 금정산과 우리나라 산성 중에서 규모가 가장 큰 금정산성이 있다. 길이가 무려 17km에 이르는 금정산성은 산행이 목적이 아니라면 금강공원의 로프웨이(케이블카)를 타고 쉽게 오를 수 있다. 금강공원은 동래역 4번 출구로 나와 1-1번 마을버스를 타면 된다. 금강공원 로프웨이는 해발 540m 금정산 자락까지 오른다. 정상에 오를수록 장산과 황령산 사이로 마린시티와 광안대교가 보인다. 로프웨이 도착 지점에서 조금만 오르면 금정산성의 남문과 동문을 만나는 오붓한 능선 길이 이어진다.
　범어사역 5·7번 출구로 나와 90번 버스를 타고 범어사 입구에서 내리면 범어사를 만난다. 범어사는 의상대사가 창건하고, 서산대사가 승병 활동을 한 곳이며, 일제강점기 때 만해 한용운과 함께 '범어사 학림 의거'라는 독립 만세 운동을 한 곳이기도 하다. 범어사 입구에서 소나무와 서어나무, 팽나무 등을 감고 올라가는 450여 그루 등나무 군락(천연기념물 176호), 다른 사찰의 일주문과 사뭇 다른 조계문과 대웅전, 삼층석탑 등 보물로 지정된 문화재를 차례로 만난다.

추천 여행지

40계단과 40계단문화관

중앙역 11번 출구에서 만나는 40계단은 한국전쟁 당시 판잣집을 짓고 부두에서 노동하며 계단을 오르내리던 피란민의 삶을 대변하는 곳이다. 40계단 앞에 서면 피란민의 힘겨운 삶보다 영화 〈인정사정 볼 것 없다〉에서 비지스의 명곡 '홀리데이'와 함께 펼쳐지는 명장면이 떠오른다. 동광동주민센터 5층에 마련된 40계단문화관도 찾아보자. 한국전쟁을 겪으며 40계단 주변으로 난립한 피란민의 삶을 한눈에 볼 수 있다. 40계단은 원래 유진봉투 건물에 있었는데, 1953년 부산역 화재로 판자촌이 폐허가 되어 지금의 위치로 옮겨진 것이다.

부산근대역사관과 부산타워

부산근대역사관은 원래 일제강점기에 수탈의 상징이었던 동양척식회사 부산지점으로 지어졌다. 개항기와 일제강점기에 일본인 이주와 수탈을 겪으며 한산한 어촌에서 근대 도시로 변모했던 부산의 역사를 만나볼 수 있다. 용두산공원 정상에는 120m에 이르는 부산타워가 있다. 전망대에 올라가면 부산 시내 전경이 파노라마처럼 펼쳐진다. 부산항과 복원된 영도다리, 남항대교, 태종대가 있는 봉래산 등이 한눈에 들어온다. 용두산공원은 남포역 1번 출구로 나와 에스컬레이터를 타고 공원까지 오를 수도 있다.

자갈치시장

자갈치역 4·6·8·10번 출구로 나오면 명실상부 우리나라 최대의 수산물 시장인 자갈치시장이다. '오이소, 보이소, 사이소'라는 캐치프레이즈가 걸린 입구에 들어서면 싱싱한 활어와 해산물 등 다양한 수산물을 구경하고 맛볼 수 있다. 특히 자갈치해안로를 따라 늘어선 수산물 시장은 가장 활기 넘치는 곳이다. 노릇노릇 생선을 구워내는 집들이 늘어서 그냥 지나치기 힘들다. 갈치, 볼볼락, 가자미, 서대 등이 나오는 생선구이는 자갈치시장의 별미다.

감천문화마을

토성역 6번 출구로 나와 2번이나 2-2번 마을버스를 타고 감정초등학교 앞에 내리면 감천문화마을이다. 마을 곳곳에 설치된 미술품과 옛 정취가 남아 있는 골목길이 인상적이다. 감천마을 내 하늘마루에서는 도자기, 천연염색 등 다양한 체험 프로그램을 운영한다. 옥상 전망대에 오르면 바다를 향해 시원하게 내리뻗은 감천마을의 전경이 한눈에 들어온다.

1 하늘마루에서 바라본 감천문화마을 2 40계단문화관 3 부산근대역사관 4 자갈치시장

추천 일정

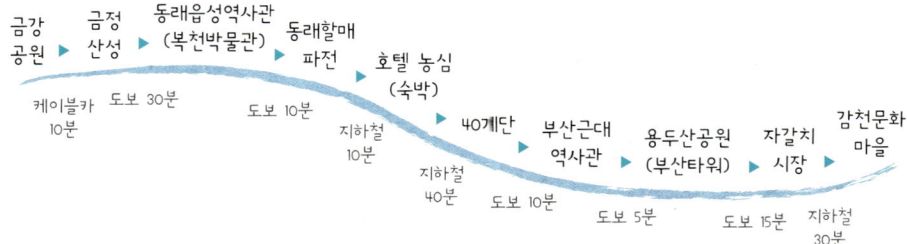

- **금강공원** | 케이블카 타기 전에 공원 산책을 즐기세요
- **금정산성** | 금정산성 막걸리를 꼭 맛보세요
- **복천박물관과 동래읍성** | 동래의 문화유적을 만날 수 있는 8km 산책로가 있어요
- **40계단** | 40계단이 원래 있던 위치를 꼭 확인해 보세요
- **자갈치시장** | 생선구이는 꼭 맛보세요
- **감천문화마을** | 하늘마루 전망대에 올라 보세요

동래읍성

용두산공원 부산타워

복천동 고분군

여행 정보

웹 페이지와 전화
부산 문화관광 051-888-4302, http://tour.busan.go.kr
금정산성 051-517-5527, www.kumjungsansung.com
금강공원 051-860-7880, geumgangpark.bisco.or.kr **범어사** 051-508-3122, www.beomeo.kr **복천박물관** 051-554-4263, bcmuseum.busan.go.kr/main **40계단문화관** 051-600-4041, www.bsjunggu.go.kr/40stair/main.php
부산근대역사관 051-253-3845, http://modern.busan.go.kr/main **부산타워** 051-257-9771, www.busantower.co.kr

대중교통
버스 서울-부산, 20~40분 간격 운행, 4시간 20분 소요
기차 서울-부산, KTX 하루 50여 회 운행, 2시간 40분 소요

자가운전
중앙고속도로→대동 IC→대동 방면 좌회전→와석교차로에서 좌회전→화명삼거리→산성로→금정산성

숙박
펀스테이 게스트하우스 중구 구덕로, 051-254-2203
게스트하우스코리아 부산역 동구 중앙대로, 051-464-5800 **타워힐 호텔** 중구 백산길, 051-243-1001, **호텔 농심** 동래구 금강공원로 20번길, 051-550-2100

맛집
동래할매파전 파전, 동래구 명륜로 94번길, 051-552-0791 **충무횟집** 생선구이, 중구 자갈치해안로, 051-246-8563 **초량밀면** 밀면, 동구 중앙대로, 051-462-1575

093 대구 당일전철여행
대구광역시

김광석 노래 부르며
문화유산 답사와 별미 체험

여행 내비게이션

여행 콘셉트 대구지하철 1호선과 2호선 이용해서 시내의 여행 명소 찾아다니기
추천 일정 당일, 1박 2일 **추천 교통** 지하철 **추천 계절** 봄, 가을, 겨울
Must Do
1. 대구 근대골목투어 참가하기 2. 약령시에서 한방차 마셔보기 3. 팔공산 올레길 걷기
4. 팔공산, 앞산 케이블카 타보기 5. 대구 10미 골고루 맛보기

PART 4. 겨울 : 전철여행

대구 지하철의 59개 역 중 가장 붐비는 역은 1호선과 2호선이 교차하는 반월당이다. 반월당역 사거리에서 북쪽으로 향하면 1호선 중앙로역 사거리와 대구역으로 이어진다. 이 대로를 중심으로 동쪽과 서쪽에 여행 명소들이 자리 잡았다. 반월당역~중앙로역 구간 지상 대로의 동편에는 동성로, 대구백화점, 2·28 기념중앙공원, 국채보상운동기념관·공원, 대구광역시청, 동인동 찜갈비골목 등이 여행자를 반긴다. 서편에는 경상감영공원과 대구근대역사관, 대구중부경찰서 경찰역사체험관, 따로국밥집, 진골목, 대구약령시한의약박물관, 구 제일교회, 계산성당, 이상화·서상돈고택, 현대백화점, 동아백화점 등이 밀집해 있다.

이 가운데 중요한 명소를 가려서 돌아보고자 한다면 경상감영공원과 대구근대역사관을 첫손에 꼽는다. 대구근대역사관 1층은 상설 전시실, 2층은 기획 전시실과 체험 학습실로 운용된다. 상설 전시실에 들어서면 오른편부터 조선식산은행실 모형, 부영버스 탑승 체험 코너, 경상감영의 변화, 국채보상운동의 발상지 대구, 근대의 대구 문화, 교육 도시 대구, 향토 생활 유물, 근대산업 도시 대구 등으로 꾸며졌다. 이웃한 경상감영공원은 경상감사가 집무를 보던 선화당과 관찰사의 처소 징청각을 중심으로 역사 경관의 흔적이 있는 공간이다.

2호선 경대병원역 3번 출구로 나오면 김광석 다시 그리기 길에 갈 수 있다. 방천시장과 신천대로 옹벽 사이에 난 이 길에는 대구 출신 가수 김광석의 벽화가 있고, 그의 노래가 애잔하게 흘러나온다. 골목이 시작하는 곳에는 김광석이 기타를 메고 나무 벤치에 앉아서 노래를 부른다. 여행자들은 그 옆 빈자리에 앉아서 김광석과 함께 기념사진을 찍는다. 골목 안쪽을 따라 걸어가면서 김광석을 모티프로 그린 벽화를 보노라면 그의 노래가 왜 지금까지 많은 팬들을 사로잡는지 알 수 있다. 최근에는 주말이면 좁은 골목이 여행객으로 북적거린다. 골목길 중간쯤에서도 선 채로 기타를 연주하는 김광석 조형물을 만날 수 있다.

지하철을 타고 대구의 맛 기행을 하려면 1호선 신천역은 평화시장 닭똥집골목, 칠성시장역은 칠성시장 포장마차촌, 중앙로역은 북성로 연탄불고기골목과 따로국밥골목, 안지랑역은 안지랑 곱창골목으로 연결된다. 2호선 서쪽 끝의 문양역은 논메기매운탕마을, 감삼역은 중리동 곱창골목, 반고개역은 내당동 무침회골목, 서문시장역은 서문시장 먹자골목으로 가기 좋다.

1 김광석 조형물 2, 3 김광석 다시 그리기 길

추천 여행지

이상화·서상돈고택
반월당역과 서문시장역 중간, 계산성당과 이웃한 골목에는 저항시인이자 독립운동가 이상화와 국채보상운동을 펼친 민족운동가 서상돈의 고택이 남아서 후손들에게 오늘도 부끄럼 없이 살아가라고 가르친다. 이상화 고택 옆에 새롭게 들어선 근대문화체험관 계산예가는 근대 역사와 시설을 한눈에 볼 수 있는 곳이다. 고택으로 이어지는 골목에 쓰인 이상화의 대표적 시 '빼앗긴 들에도 봄은 오는가'가 가슴을 뭉클하게 만든다.

모명재
담티역 1번 출구에서 도보로 10분 거리에 위치한 모명재는 임진왜란과 정유재란 때 원군으로 와서 무공을 세우고 귀화한 명나라 장수 두사충을 기리는 재실이다. '모명'은 두사충의 호로, 명나라를 그리워한다는 뜻이다. 시성 두보의 후손인 두사충은 임진왜란 당시 이여송 장군을 따라 참전했고, 정유재란 때 다시 조선에 와서 명나라 수군 도독 진린의 소개로 충무공 이순신 장군을 만났다. 이충무공이 두사충에게 써준 우정의 시가 모명재 주련에 남아 있다.

대구약령시한의약박물관
중앙로역이나 반월당역에서 가까운 대구약령시한의약박물관. 3층으로 올라가 실감나게 재현한 모형을 통해 대구약령시의 역사와 문화를 배우고, 한방 족탕 체험까지 하면 걷기 여행의 피로가 스르르 풀린다. 족탕 체험장 앞에 쓰인 홍보 문구가 인상적이다. '발을 따뜻하게 하고 머리를 차게 하라. 그러면 의사들이 할 일이 없어진다.' 2층은 한방 원리와 몸속 탐험 존, 한방 건강 존으로 꾸며졌다. 어린이도 흥미를 느끼는 '내가 만드는 보약' 코너에서는 각 보약의 증상과 효능을 알 수 있다.

따로국밥
따로국밥을 대구 음식의 '좌장' 격이라 불러도 시비걸 사람은 없다. 이름에 겉멋을 들이지 않았지만 주머니가 가벼운 여행객들의 한 끼 영양식으로 이만한 것이 없다 싶다. 서울의 음식으로 비교하자면 육개장에 가까우나 고기를 잘게 찢지 않는 것이 다른 점이고 반찬이라야 김치와 깍두기뿐이다. 기호에 따라서 싱싱한 생부추를 넣어 먹어도 좋다. 고추기름으로 매운 맛을 내는데 싫은 사람은 주문 시 미리 말하면 덜 맵게 해서 낸다.

1 이상화고택 입구의 벽화 2 모명재 3 대구미술관 실내 4 따로국밥

추천 일정

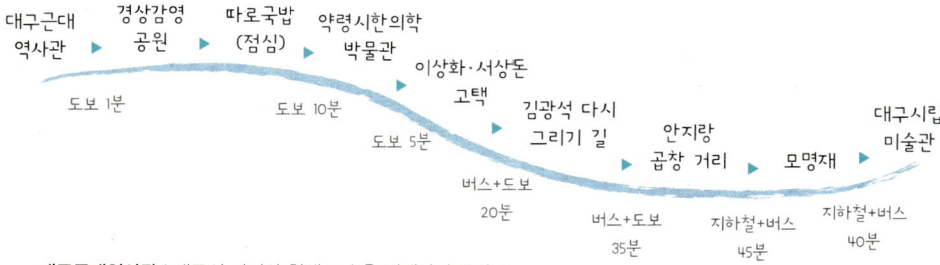

- **대구근대역사관** | 대구의 과거와 현재 모습을 이해하기 좋아요
- **약령시거리** | 걷기만 해도 보약을 먹은 기분이 들어요
- **김광석 다시 그리기 길** | 김광석 벽화 보며 추억에 잠기고 방천 시장 구경해요
- **안지랑 곱창거리** | 대구 10미는 따로국밥, 누른국수, 찜갈비, 둥티기, 납작만두, 복어불고기, 무침회, 논메기매운탕, 막창구이, 야끼우동이에요
- **근대문화의 발자취 골목투어** | 대구 100년의 역사를 듣고 만날 수 있어요

경상감영공원

안지랑곱창

여행 정보

웹 페이지와 전화
대구광역시청 관광과 053-803-6511, tour.daegu.go.kr 대구근대사관 053-606-6430, artcenter.daegu.go.kr 대구약령시한의약박물관 053-253-4729, dgom.daegu.go.kr 대구미술관 053-790-3000, www.daeguartmuseum.org

대중교통
기차 서울-동대구, KTX 하루 50여 회(05:30~23:00) 운행, 약 1시간 50분 소요
버스 서울고속버스터미널-대구, 20분 간격(06:00~다음날 01:30) 운행, 약 3시간 40분 소요 / 부산종합버스터미널-동대구, 하루 26회(06:25~22:30) 운행, 1시간 10분 소요

자가운전
경부고속도로 금호JC→서대구IC→서구 평리사거리→대구역→대구광역시청 경부고속도로 동대구JC→동대구IC→동대구역→대구광역시청

숙박
그랜드호텔 수성구 동대구로, 053-742-0001 공감게스트하우스 중구 중앙대로 79길, 070-8915-8991 엘디스리젠트호텔 중구 달구벌대로, 053-253-7711 앞산비즈니스호텔 남구 현충로, 053-625-8118

맛집
벙글벙글찜갈비 찜갈비, 중구 동덕로, 053-424-6881 중화반점 야끼우동, 중구 중앙대로, 053-425-6839 국일따로국밥 따로국밥, 중구 국채보상로, 053-253-7623 상주식당 추어탕, 중구 국채보상로, 053-425-5924

축제 및 행사
팔공산벚꽃축제 매년 4월 중순, www.palgongsan.org 동성로축제 매년 9월 하순, 053-423-3337, http://dsr.or.kr

094 광주 지하철여행
광주광역시

근현대를 넘나드는 100년 여행

여행 내비게이션

여행 콘셉트 지하철 타고 즐기는 당일 광주 도심 여행
추천 일정 당일 **추천 교통** 버스 **추천 계절** 사계절
Must Do
1. 양림동 근대건축 기행 2. 최고의 번화가인 충장로에서 역동적인 광주 느껴보기
3. 궁전제과 나비파이와 송정떡갈비 맛보기

PART 4. 겨울 : 전철여행

1 오웬기념각 2 이장우가옥 안채 3 수피아 홀

　지하철 1호선 남광주역에서 시작하는 여행의 콘셉트는 '근대와 현대를 넘나드는 100년 여행'이다. 가장 먼저 찾을 곳은 광주의 근대가 집약된 양림동 역사문화마을. 100여 년 전, 광주 최초로 서양 문물을 받아들인 양림동은 광주 기독교 선교의 발상지기도 하다. 당시 지은 서양식 건물들이 이국적인 풍경을 자아내고, 근대의 한옥들은 시간이 멈춘 듯 매혹적인 시공간 속으로 여행자를 안내한다. 양림동에는 근대건축물을 포함해 선교기념비, 사직공원 산책로, 선교사 묘역 등을 두루 잇는 '양림동 근대역사문화 둘레길'이 총 4.5km에 걸쳐 조성되었다. 남광주역 2번 출구에서 1km 거리에 위치한 양림동주민센터를 기점으로 삼으면 좋다.
　양림동 근대문화유산을 대표하는 건축물은 오웬기념각, 이장우가옥, 우일선 선교사 사택, 광주 구 수피아여학교 수피아 홀과 커티스 메모리얼 홀 등이다. 2층짜리 회색 벽돌 건물인 오웬기념각(광주광역시 유형문화재 26호)은 전남 지역 최초의 선교사로 광주에서 활동하다 순교한 클레멘트 C. 오웬(한국명 오기원)과 그의 조부를 기려 1914년에 건립됐다.
　오웬기념각 뒤 현대적인 건물은 캐나다 출신 선교사 고든 어비슨을 기념하는 어비슨기념관이다. 2층에 카페가 있어 따뜻한 차를 마시며 쉬었다 가기 좋다. 1899년에 지은 전통 상류 가옥인 이장우가옥(광주광역시 민속문화재 1호)은 대문간, 곳간채, 행랑채, 사랑채, 안채로 구성되었다. 우일선 선교사 사택(광주광역시 기념물 15호)은 숲 속의 작은 별장 같다. 제중원(현 기독병원) 원장이던 미국인 선교사 로버트 M. 윌슨(한국명 우일선)이 1920년대에 지은 집으로, 광주에 남은 가장 오래된 서양식 주택이다.
　1911년 건립된 수피아 홀(등록문화재 158호)은 광주 여성 교육의 요람 수피아여학교(현 수피아여중·고교)에서 가장 오래된 건물이며, 커티스 메모리얼 홀(배유지 기념예배당, 등록문화재 159호)은 수피아여학교 설립자인 유진 벨(한국명 배유지) 목사를 추모하기 위해 1925년 건립되었다.

추천 여행지

충장로

양림동을 둘러본 뒤에는 충장로부터 광주북동천주교회까지 걸으며 100년을 넘나드는 시간 여행을 완성하자. 충장로는 광주 최대 상권으로 서울의 명동에 해당한다. 국내외 SPA 패션 브랜드 매장과 커피 전문점을 비롯해 황금동 보세옷거리, 불로동 카페거리 등이 있어 젊은이들이 즐겨 찾는다. 광주 토종 빵집으로 사랑받는 '궁전제과' 본점도 충장로에 있다.

광주극장

친구나 연인과 함께라면 충장로5가에 위치한 광주극장에서 예술영화 한 편 감상해보기를 권한다. 1935년에 세워진 이 극장은 외관은 물론 로비와 상영관 내부까지 앤티크 스타일에 빈티지한 감각이 돋보인다. 타임머신을 타고 30~40년 전으로 돌아간 느낌. 일반 극장들이 꺼리는 예술영화와 독립영화를 상영하며 멀티플렉스 상영관 사이에서 꿋꿋이 제 역할을 하는 보물 같은 존재다. 상영 시간표는 네이버 카페를 통해 일주일 단위로 공지한다.

광주북동천주교회

1937년 착공해 이듬해 완성된 건물. 정면에 종탑을 두고 외벽은 붉은 벽돌, 내부 벽과 천장은 회벽으로 마감했다. 충장로에서 도보 10분 거리에 있다. 광주광역시 기념물 25호.

증심사와 의재미술관

증심사에는 조선 초기 건물인 오백전, 신라 말에 세운 삼층석탑, 철조비로자나불좌상(보물 131호)이 있다. 증심사 가는 길목에 위치한 의재미술관도 들러보자. 남종화의 대가 의재 허백련(1891~1977) 선생의 주옥같은 작품들을 만날 수 있다. 지하철 학동·증심사입구역에서 버스로 10분, 도보 20분.

송정떡갈비

맛의 고장 광주를 대표하는 음식 중 하나인 떡갈비를 맛보려면 광산구청 앞에 송정리 떡갈비 골목으로 가자. 갈빗살을 기본으로 하되 부드러운 식감을 위해 돼지고기도 일정량 섞어 다진 다음 갖은 양념을 해 구워낸다. 대개 비빔밥을 함께 주문해 먹는다. 날짜가 맞는다면 3일, 8일에 열리는 송정 5일장도 구경하자.

1 충장로(불로동 카페거리) 2 광주극장 3 광주광역시 북동천주교회 4 떡갈비 상차림

추천 일정

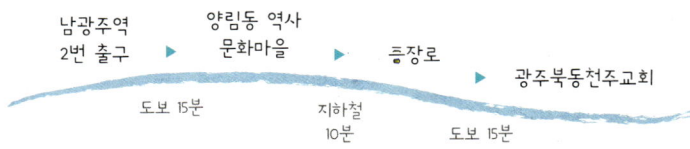

남광주역 2번 출구 ▶ 양림동 역사문화마을 ▶ 충장로 ▶ 광주북동천주교회
도보 15분 / 지하철 10분 / 도보 15분

양림동 역사문화마을 | 양림동주민센터에서 지도를 구할 수 있어요
이장우가옥 | 대문이 잠겨 있으면 왼쪽 샛문을 밀어보세요
충장로 | 지하철 금남로4가역에서 내리세요
궁전제과 | 나비파이와 공룡알빵이 인기 메뉴!

궁전제과

우일선 선교사 사택

담양국수

여행 정보

웹 페이지와 전화
광주 문화관광 062-613-3633, utour.gwangju.go.kr 광주도시철도공사 www.gwangjusubway.co.kr 양림동주민센터 062-650-7601 광주극장 062-224-5858, cafe.naver.com/cinemagwangju 증심사 www.jeungsimsa.org

대중교통
기차 용산-광주 송정, KTX 하루 12회 운행, 약 2시간 50분 소요
버스 센트럴시티터미널-광주, 5~15분 간격 운행, 3시간 30분 소요

자가운전
호남고속도로 동광주IC→두암교차로→남광주교차로→지하철 1호선 남광주역

숙박
에프엔티호텔 서구 상무연하로, 062-714-1003 베니키아호텔 예술의전당 서구 시청로 20번길, 062-600-9999, www.hotelarthall.co.kr 라마다플라자 광주호텔 서구 상무자유로, 062-717-7000, www.ramadagwangju.com 홀리데이인 광주호텔 서구 상무누리로, 062-610-7000, www.holidayinnngwangju.com

맛집
송정떡갈비 떡갈비·육회비빔밥, 광산구 광산로 29번길, 062-944-1439, www.sjddukgalbi.co.kr 현완단겸 상무점 상추튀김·순대·떡볶이, 서구 상무중앙로, 062-375-3721 궁전제과 충장점 동구 충장로, 062-222-3477, www.kungjeun.co.kr 담양국수 멸치국물국수·비빔국수, 동구 증심사길 30번길, 062-226-1178

095 대전 지하철여행
대전광역시

대전의 역사와 문화를 한 줄로 엮다

여행 내비게이션

여행 콘셉트 지하철 타고 대전의 명소 돌아보기
추천 일정 당일
추천 교통 기차
추천 계절 사계절

Must Do
1. 옛 충남도청 탐방
2. 대전 최고의 빵집 성심당 빵맛 보기
3. 유성온천 족욕체험장에서 무료 족욕
4. 이응노미술관 탐방
5. 으능정이 문화의 거리에서 스카이로드 거닐기

여행자에게 대전 지하철은 친절하고 충실한 안내자다. 도시철도 대전역에서 지하철 여행을 시작해 보자. 대전역은 볼거리, 살거리, 먹거리가 많은 중앙시장과 이어진다. 일제강점기에 개통된 경부선 철도와 호남선 철도가 대전에서 만나더 중앙시장은 중부 지역 최대의 시장으로 성장했다. 특히 포목점과 한복점, 의류 상점들이 밀집해서 지금도 명절을 맞아 설빔을 장만하려는 사람들, 예단을 맞추려는 사람들로 활기가 넘친다. 재래시장이라면 먹자골목이 빠질 수 없다. 중앙시장을 대표하는 먹자골목은 순대골목이다. 두툼한 찹쌀순대와 따끈한 어묵탕으로 발길을 잡는 좌판이 길게 이어진다.

중앙로역에서 내려 2번 출구로 나오면 대전의 명물 성심당이 있다. 줄 서서 사 먹을 정도로 인기인 튀김소보로와 부추빵 외에도 다양한 빵을 골라 먹는 재미가 쏠쏠하다. 성심당 아래쪽에는 도심 속 작은 미술관인 대전창작센터가 있다. 농산물검사소 충청지소로 쓰이던 건물이 근대문화유산으로 지정되었는데, 1층과 2층 전시실에서 젊은 작가들의 작품을 볼 수 있다.

대전창작센터에서 길을 건너면 대흥동 문화예술의 거리가 이어진다. 오랜 세월 붓을 만들어 온 '일심필방', 명품 수제 차를 만드는 '소산원', 젊은 예술가를 위한 게스트하우스 겸 전시 공간 '산호여인숙' 등 도심의 풍경에 낭만을 더하는 거리다. 여행자를 위한 카페 '도시여행자'는 세계 각국의 여행 정보를 담은 책을 마음껏 읽고, 차 한 잔 마실 수 있는 곳으로 사랑받는다.

중앙로 쪽으로 나오면 옛 충남도청 건물이 여행자를 맞는다. 이곳은 영화 〈변호인〉 촬영지다. 건물 2층의 대회의실을 세트장으로 꾸며 법정 장면을 촬영했다. 등록문화재 18호로, 일제강점기인 1932년에 지어져 도청이 홍성으로 옮겨가기까지 80년 동안 충청남도 행정의 중심 역할을 한 곳이다. 건축 당시 유행한 모더니즘의 영향을 받아 독특한 벽 장식과 긴 창문을 거느린 복도를 걸어보고, 'ㄷ'자로 이어진 건물 뒤편까지 천천히 돌아보자. 건축 당시 사용된 스크래치 타일과 창문 고리 등이 그대로 보존되었다. 대전의 역사를 정리해놓은 1층의 대전근현대사 전시관, 충남도청사의 설계와 건축 과정을 담은 기획 전시실, 2층 도지사실을 둘러보면서 대전의 어제와 오늘을 만날 수 있다.

1 옛 충남도청의 독특한 벽장식과 복도 2 옛 충남도청사 전경 3 천장의 샹들리에와 장식 4 카페 도시여행자 5 대전창작센터

추천 여행지

이응노미술관

정부청사역에서 내리면 이응노미술관과 대전시립미술관이 지척이다. 이응노미술관은 동양화와 추상을 접목한 세계적인 미술가 고암 이응노 화백의 작품을 만나는 공간이다. 작가의 일생과 작품 세계에 대한 학예사의 설명을 들을 수 있어 더욱 의미 있다. 대전 지역에서 활동하는 젊은 예술가들의 설치미술 작품을 전시한 공간과 일상에서 접하기 힘든 독립 영화를 상영하는 상영관도 있다. 백남준의 비디오아트 작품이 전시된 대전시립미술관도 나란히 자리한다.

유성온천 족욕 체험장

여행으로 지친 다리를 쉬고 싶을 땐 온천욕이 제격이다. 유성온천역에 내리면 무료 족욕 체험장이 있다. 세 구역으로 나뉜 탕이 총 50m에 달하고, 발을 씻고 말릴 수 있는 시설까지 갖추었다. 사랑하는 이와 나란히 발 담그고 앉아 정겨운 대화를 나누며 피로를 풀기에 그만이다. 매일 새로운 물을 공급하며, 오전 7시부터 오후 11시까지 운영한다.

으능정이 문화의 거리

해가 질 무렵 다시 지하철을 타고 중앙로역으로 가보자. 으능정이 문화의 거리가 화려한 불빛으로 물드는 시간이다. 도심의 하늘을 가르는 대형 LED 스크린을 통해 다양한 영상 쇼가 펼쳐져 장관을 이룬다. '대전 스카이로드'라 이름 붙은 이곳은 길이 250m 영상 아케이드로, 아이돌 가수의 뮤직비디오와 다양한 광고 영상을 볼 수 있다. 낮보다 밤이 화려하고, 추워서 더욱 눈부신 거리다. 매일 저녁 4회에 걸쳐 운영되며, 월요일에는 쉰다.

대선칼국수

대전 여행안내 지도 중에 '칼국수 지도'가 따로 있을 만큼 대전에는 칼국수를 파는 집이 많다. 그중에서 시청역 인근에 있는 대선칼국수는 1958년 문을 연 유서 깊은 식당이다. 멸치 국물로 맛을 낸 칼국수와 고추장 양념에 비벼 먹는 비빔칼국수가 독특하다. 수육과 두부두루치기도 맛보자.

1 이응노미술관 내부 전시실 2 유성온천 족욕체험장
3 대흥동 으느정이 문화의 거리 4 대선칼국수의 비빔칼국수

추천 일정

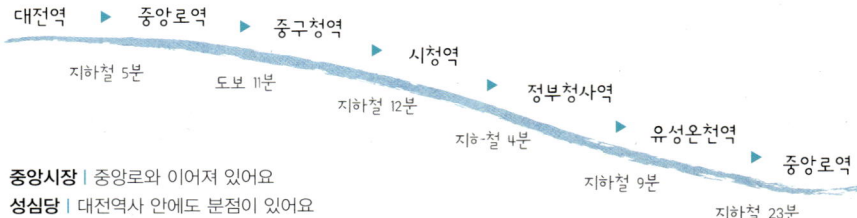

대전역 ▶ 중앙로역 ▶ 중구청역 ▶ 시청역 ▶ 정부청사역 ▶ 유성온천역 ▶ 중앙로역
지하철 5분 / 도보 11분 / 지하철 12분 / 지하철 4분 / 지하철 9분 / 지하철 23분

중앙시장 | 중앙로와 이어져 있어요
성심당 | 대전역사 안에도 분점이 있어요
대전창작센터 | 예술 작품을 감상하며 여유를 느껴요
옛 충남도청 | 도지사실에서 대전 원도심을 내려다볼 수 있어요
대선칼국수 | 비빔칼국수 외에 수육도 유명해요
이응노미술관 | 젊은 예술가들의 작품도 볼 수 있어요
유성온천 족욕체험장 | 온천물에 발 담그고 수다 떠는 재미를 놓치지 마세요
으능정이 문화의 거리 | 한류스타들의 동영상을 볼 수 있어요

이응노미술관

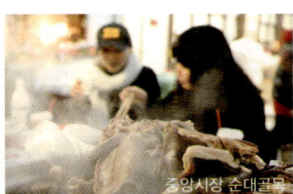
중앙시장 순대골목

성심당

여행 정보

웹 페이지와 전화
대전관광포털 www.daejeon.go.kr/tou/index.do **대전종합관광안내센터** 042-861-1330 **대전역관광안내소** 042-221-1905 **이응노미술관** 042-611-9821 **대전 스카이로드** 042-252-7100

대중교통
기차 서울-대전, KTX 하루 60회(05:30~23:30) 운행, 약 1시간 소요
버스 서울고속버스터미널-대전, 5~20분 간격 운행, 약 1시간 50분 소요

자가운전
경부고속도로 대전IC→동부사거리에서 금산·옥천 방면 좌회전→삼성사거리에서 대전역 방면 좌회전→원동사거리에서 유턴 후 약 600m 진행→대전역 주차장

숙박
호텔그레이톤둔산 서구 둔산중로, 042-482-1000 **기안레지던스호텔** 서구 둔산로 042-487-3939 **호텔아드리아** 유성구 온천로, 042-828-3636 **호텔리베라 유성** 유성구 온천서로, 042-823-2111

맛집
대선칼국수 칼국수·두부두루치기, 서구 둔산중로, 042-471-0316 **진로집** 두부두루치기, 중구 중교로, 042-226-0914 **성심당** 튀김소보로, 중구 대종로, 042-256-4114 **태화장** 중화요리, 동구 중앙로, 042-256-2407 **신도칼국수** 칼국수, 동구 대전로, 042-253-6799

축제 및 행사
대전국제푸드&와인페스티벌 매년 10월경, 042-860-0151, www.djfoodwine.com **대전 사이언스페스티벌** 매년 10월~11월경, 042-869-5170, www.djsf.kr

한옥마을

096 쌍산재 | 지리산과 섬진강에 기댄 명당에서 쉬다 전남 구례군
097 계암고택 | 300년의 시간을 오감으로 느끼는 하룻밤 충남 서산시
098 조선왕가 | 왕가의 기품이 서린 한옥 경기 연천군
099 조견당&우구정가옥 | 따뜻한 온기가 담긴 추억의 옛집 강원 영월군
100 청송한옥민예촌 | TV 없던 선조들의 심심한 일상을 체험해볼까 경북 청송군

096
쌍산재
전남 구례군

지리산과 섬진강에 기댄 명당에서 쉬다

여행 내비게이션

여행 콘셉트 고즈넉한 옛집에서 머물기
추천 일정 1박 2일 **추천 교통** 자가운전 **추천 계절** 사계절
Must Do
1.쌍산재 돌아보기 2.저수지 아침 산책 3.아궁이 군불 지피기
4.운조루 탐방하기 5.지리산온천에서 온천욕 하기

PART 4. **겨울** : 한옥마을

풍수가들이 명당으로 일컫는 구례 지리산 상사마을에 있는 쌍산재. 이 곳은 해주 오씨인 주인장의 6대조 할아버지가 처음 터를 잡은 뒤, 고조부가 집 안에 서당인 쌍산재를 지어 오늘에 이르는 한옥이다. 여러 차례 보수와 증축을 거친 탓에 고택의 자취는 미미하지만, 넓은 집터에 살림채, 별채, 서당채, 대숲, 잔디밭까지 갖추고 있다. 모든 건물이 숙소로 꾸며져 편안한 한옥 체험이 가능하다. 개별 화장실과 샤워시설이 갖추어져 있어 불편함도 없다.

쌍산재로 들어서기 전에 눈길을 끄는 것은 당몰샘이다. 지리산에서 흘러내린 물이 모인 샘으로, 가뭄에도 마르지 않고 그 맛이 달기로 유명하다. 전국 1위 장수 마을인 원인이 이 물에 있다 하여 지금도 인근에서 수시로 물을 길어 온다. 당골샘 물맛을 보고 쌍산재의 아담한 대문 안으로 들어서면 안채와 사랑채가 마주 보고, 오른쪽에 무심한 듯 비껴 앉은 건너채가 있다. 목에 힘이 들어간 양반 가옥이 아니라 소박한 여염집의 분위기를 보여주는 이유가 특별하다. 벼슬에 뜻을 두지 않고 책을 가까이 하며 검소하게 살고자 한 선대의 가풍 때문이라는 주인의 설명이다.

대문에서 정면으로 바라보이는 것은 울창한 대숲 사이로 난 돌길이다. 한 발 한 발 돌을 디디며 처마가 멋들어진 별채와 아담한 정자인 호서정을 차례로 만난다. 대숲이 끝나고 동백나무 터널을 지나면 서당채가 모습을 드러낸다. 너른 옛집의 가장 높은 곳에 자리한 서당채는 집안의 자제들이 모여 글을 배우던 곳이다. 서당채의 쪽문을 나서면 아담한 저수지가 와락 안겨든다. 아침, 저녁으로 산책하기 좋은 곳이다.

쌍산재에 머물며 지리산둘레길과 이어진 상사마을을 산책하는 시간도 특별하다. 구불구불한 마을 길을 걷고, 주민들이 함께 운영하는 카페 '단새미'에서 차 한잔과 빵으로 아침 식사를 할 수 있다. 마을 앞으로 펼쳐진 들녘을 바라보며 걷는 산책길에서 지리산과 섬진강의 맑은 기운이 전해진다.

1 서당으로 쓰였던 쌍산재 2 대숲 안에 자리한 별채 3 동백나무 터널이 안내하는 길

추천 여행지

운조루
마산면과 이어진 토지면 오미리에는 1776년에 지어진 운조루(중요민속자료 8호)가 있다. 조선 후기 양반가옥의 모습을 보여주는 고택으로, 당시 삼수부사 유이주가 지은 것이다. 안채와 사랑채, 긴 행랑채, 섬진강 건너편 오봉산과 삼태봉의 화기를 막기 위해 만들었다 전해지는 연지를 볼 수 있다. 가난한 이들이 쌀을 퍼 가도록 '타인능해(他人能解)'라 새겨놓은 나무뒤주도 남아 있다. 10인 이상 단체는 하루 전까지 구례군청 문화관광과로 예약하면 문화해설사의 설명을 들으며 둘러볼 수 있다.

곡전재
운조루 인근의 높고 긴 돌담이 독특한 고택이다. 1929년 승주에 사는 부호 박승림이 지은 것을 이교신이 인수해 현재는 성주 이씨 24대손이 거주하며 관리한다. 5채 51칸 규모로 관람 안내 표시를 따라가며 둘러볼 수 있고, 한옥 체험도 가능하다.

섬진강어류생태관
섬진강의 자연생태와 그 속에 깃들어 사는 민물고기들을 전시한 공간이다. 크고 작은 수족관 안에 민물고기들을 전시하고 있어 아이들과 함께 둘러볼 만하다. 섬진강을 터전으로 살아온 사람들의 모습을 담은 전시장, 민물고기의 부화과정을 알아보는 전시장과 다양한 수족관이 볼거리다. 야외의 생태연못과 정원도 즐거운 체험공간이다.

지리산온천랜드
천연 게르마늄 온천수로 여행의 피로를 씻어보자. 가볍게 온천탕을 즐겨도 좋고 가족과 함께 할 수 있는 찜질방도 있다. 히노끼탕과 바데풀 등이 있는 노천 온천 테마파크는 수영복을 입어야만 입장할 수 있는데 대여도 가능하다.

1 높은 돌담에 둘러싸인 곡전재 2 섬진강어류생태관의 대형 수족관 3 운조루 전경 4 지리산온천랜드

추천 일정

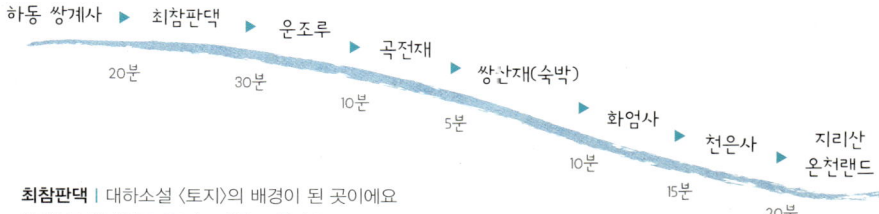

하동 쌍계사 ▶ 최참판댁 ▶ 운조루 ▶ 곡전재 ▶ 쌍산재(숙박) ▶ 화엄사 ▶ 천은사 ▶ 지리산 온천랜드
20분 / 30분 / 10분 / 5분 / 10분 / 15분 / 20분

최참판댁 | 대하소설 〈토지〉의 배경이 된 곳이에요
쌍계사 | 쌍계사로 오르는 계곡도 좋아요
운조루 | 가난한 이들을 돌본 뒤주 '타인능해'를 찾아요
곡전재 | 주인 내외가 가꾼 정원이 예뻐요
쌍산재 | 숙박하지 않아도 둘러볼 수 있어요
화엄사 | 국보 76호 각황전의 위엄을 느껴요
천은사 | 감로천과 구렁이의 전설이 깃들어 있어요

쌍산재

카페 단새미

카페 단새미

여행 정보

웹 페이지와 전화
쌍산재 010-3635-7115, www.ssangsanje.com **운조루** 061-781-2644, www.unjoru.net **곡전재** 061-781-8080, www.gokjeonjae.com **섬진어류생태관** 061-781-3665, www.sjfish.or.kr **지리산둘레길** 061-781-0850, http://jirisantrail.kr **쌍계사** 055-883-1901, www.ssanggyesa.net **최참판댁** 055-880-2654 **화엄사** 061-782-7600, www.hwaeomsa.org **천은사** 061-781-4800, www.choneunsa.org **지리산온천랜드** 061-780-7800, www.spaland.co.kr

대중교통
기차 용산-구례구역, KTX 하루 2회, 새마을호 하루 2회, 무궁화호 하루 9회 운행, 3시간~4시간 30분 소요. 구례구역에서 쌍산재까지 약 9.7km, 택시 약 1만원
버스 서울남부터미널-구례, 하루 10회 운행, 약 3시간 10분 소요 / 구례공영버스터미널에서 구례-문수 농어촌 버스 승차, 상사 정류장 하차

자가운전
순천완주고속도로 구례·화엄사IC→산업로→구례로→냉천삼거리에서 화엄사·천은사 방면 좌회전→화엄사로→상사리

숙박
지리산1박 2일펜션 토지면 섬진강대로, 061-782-6596 **섬진강은빛물결펜션** 지리피아 토지면 섬진강대로, 061-783-7470 **쌍산재** 마산면 장수길, 061-782-5179 **한화리조트 지리산** 마산면 화엄사로, 061-782-2171 **오미한옥마을** 토지면 운조루길, 061-781-5225 **전망좋은집** 토지면 섬진강대로, 010-6354-3049

맛집
섬진강다슬기 다슬기수제비, 토지면 섬진강대로, 061-781-9393 **지리산회관** 메기탕, 구례읍 섬진강로, 061-782-3124 **산아래첫집** 산채비빔밥, 토지면 직전길, 061-782-7460, **송죽원** 대통밥·돌솥밥, 마산면 화엄사로, 061-782-4015

축제 및 행사
구례산수유꽃축제 매년 3월, 061-780-2726, http://sansuyu.gurye.go.kr/sanflower **섬진강변벚꽃축제** 매년 4월, 061-7802921 **피아골단풍축제** 매년 10월 말~11월 초, 061-780-2227

097
계암고택
충남 서산시

300년의 시간을 오감으로 느끼는 하룻밤

여행 내비게이션

여행 콘셉트 고택에 머물며 목조건축의 우수성과 전통문화를 접한다
추천 일정 1박 2일
추천 교통 자가운전
추천 계절 사계절
Must Do 1.계암고택에서 아궁이에 불 때기 2.서산 용현리 마애삼존상에서 '백제의 미소' 보기 3.개심사 심검당과 종각 등에서 목조건축의 묘미 찾아보기 4.해미읍성의 성벽 걷기 5.시원한 국물이 일품인 서산 게국지 먹기

PART 4. 겨울 : 한옥마을

1 계암고택에서 아침을 먹는 여행객
2 계암고택 사랑채와 마당
3 계암고택의 아침상

　충남 서산시 한다리마을은 경주 김씨 집성촌이다. 안주목사를 지낸 김연이 서흥부사로 재직할 때 임꺽정을 토벌하고 얻은 사패지를 근거로 약 500년 전 들어와 집성촌을 이뤘다. 김씨 가문은 많은 정승을 배출한 명문가다. 영조의 계비인 정순왕후와 추사 김정희도 이 가문의 후손이다. 한다리마을은 전형적인 부촌으로 기와집이 모여 있던 곳이었으나, 현재는 계암고택과 정순왕후 생가만 남았다. 두 집은 담장을 이웃하며 오랜 세월 함께 했다.
　계암고택에 도착하면 솟을대문 옆으로 길게 돌담이 뻗고, 담장 위로 날아갈 듯 사뿐히 치켜 올린 고옥의 추녀가 길손을 맞는다. 직선 돌담이 건물의 유려한 지붕 선과 중첩되면서 무질서하던 모습이 정돈되었다. 솟을대문을 밀고 들어가면 넉넉한 마당이 나오고, 'ㅡ'자형 행랑채와 사랑채가 모습을 드러낸다. 단아한 기와집은 여행객에게 고향처럼 편안하게 다가온다.
　행랑채와 사랑채 앞마당은 넓지 않아도 아이들이 맘껏 뛰놀 수 있는 놀이터로 손색이 없다. 행랑채에는 집을 수리할 때 나온 기와로 꾸민 고려와당박물관도 있다. 전시물이 많지는 않지만 전통문화에 대한 호기심을 불러 일으킨다. 사랑채는 차양을 둔 것이 돋보인다.
　안채는 사랑채 끝 중문을 통해 연결된다. 'ㅁ'자형 구조로 마당에는 오래된 우물이 자리한다. 안채에서 가장 눈길을 끄는 공간은 부엌이다. 여느 한옥의 부엌에 비해 넓은 것도 그렇지만, 한옥 체험을 위해 본래의 구조를 그대로 든 채 흙바닥에 황토석을 깔고 고풍스런 식탁을 둬 다양하게 활용할 수 있도록 했다. 식사를 하면 식당이고, 차를 마시면 카페로 변한다. 옛 정취에 실용성을 더한 아이디어는 안주인의 솜씨다. 이곳에서 율병 만들기 같은 전통 음식 체험도 할 수 있다.
　현재 계암고택을 지키는 이는 김연의 후손 김기현씨 내외다. 부부는 고택에서 한옥과 전통문화 길라잡이 역할을 하고 있다. 안주인 이효원씨는 고택을 쓸고 닦아 손님 맞을 준비를 하고, 성심으로 손님을 대한다. 아침에 정성을 다한 상차림을 맛볼 수 있는 것도 안주인의 덕이다. 계암고택은 좋은 숙박 시설의 조건인 위치, 시설, 인심의 삼박자를 고루 갖췄다.

추천 여행지

여미리마을
한옥 체험을 할 수 있는 유기방가옥을 비롯해 갤러리, 문화센터 등 신구가 조화된 다양한 볼거리가 있는 마을이다. 유기방가옥은 드라마 〈직장의 신〉의 촬영 장소로 1900년대 초에 지어진 한옥이다. 여미갤러리는 10년 넘게 방치되던 마을 정미소를 리모델링해 갤러리와 카페로 재탄생시킨 곳이다. 갤러리에는 연중 유명 작가의 작품이 전시되고, 카페에는 디자인 관련 서적이 벽면 가득하다. 생활문화센터는 질그릇, 도자기 같은 공예와 디자인을 배우고 체험하는 문화 공간이다. 이밖에 조선 정종의 4남인 선성군 사당, 수백 년 수령을 자랑하는 느티나무와 비자나무, 여미리 미륵불 등이 있다.

서산 용현리 마애여래삼존상
'백제의 미소'라 불리는 석불로 우리나라에서 발견된 마애불 중 가장 오래되고 뛰어난 작품이다. 암벽을 조금 파고 들어가 중앙에 여래입상, 오른쪽에 보살입상, 왼쪽에 반가사유상을 조각했다. 각 불상은 머리 부분의 돋을새김이 깊고, 다리 부분이 얕아 전체적으로 입체감이 두드러진다. 용현리 마애여래삼존상은 빛이 비치는 방향에 따라 웃는 모습이 달라지는 것으로 유명하다. 빛이 비치는 오전 10시, 오후 5시 전후에 미소를 가장 잘 볼 수 있다. 불상을 좌우에서 유심히 보면 눈과 입가의 미소가 서로 다르다.

개심사
조용하고 단정한 분위기, 소박하고 인간미 넘치는 건물, 자연을 닮은 돌계단으로 사랑받는 절이다. 자연석으로 만든 돌계단은 다듬어진 모양새나 보폭이 자연스러워 마치 자연의 솜씨 같다. 심검당과 범종각의 대들보와 기둥은 휜 나무로 부재를 삼아 자연스러움과 질박한 아름다움이 돋보인다. 선조들이 건축 재료인 육송의 특징을 살려 찾아낸 최고의 아름다움이자, 우리나라 목조건축의 특징이기도 하다.

해미읍성
우리나라에 남은 읍성 가운데 원형이 가장 잘 보존된 곳이며, 천주교의 성지다. 1866년 흥선대원군의 천주교 박해로 1,000명이 넘는 신도가 이곳의 감옥소에 갇히고 처형 당하는 피의 순교사를 써 내려갔다. 진남문에서 60m쯤 떨어진 곳에 천주교인을 처형한 회화나무 사형대가 있다. 회화나무 가지에는 신자들의 머리를 매달아 고문한 흔적으로 철사 줄이 박혀 있다.

1 계암고택의 부엌
2 개심사 석탑과 대웅보전
3 여미갤러리 카페의 갤러리
4 해미읍성과 은행나무

추천 일정

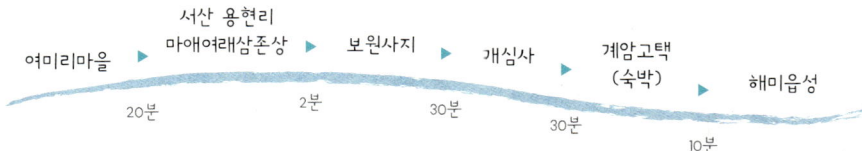

여미리마을 → (20분) → 서산 용현리 마애여래삼존상 → (2분) → 보원사지 → (30분) → 개심사 → (30분) → 계암고택(숙박) → (10분) → 해미읍성

여미리마을 | 디자인도 배우고, 도예체험도 해요
서산 용현리 마애여래삼존상 | 입구에 어죽을 잘하는 식당이 였어요
계암고택 | 방문을 열고 밤하늘에 가득한 별을 봐요
개심사 | 전각에 사용된 자연스러운 건축기법을 배워요
해미읍성 | 천주교인들이 박해 당한 역사의 흔적을 찾아보세요

여미갤러리 카페

계암고택

해미읍성

여행 정보

웹 페이지와 전화
서산문화관광 041-660-2499, www.seosantour.net 계암고택 041-688-1182, www.gyeam.net 여미리마을 041-667-7344, http://yeomii.com 개심사 041-688-2256, www.gaesimsa.org 해미읍성 041-660-2540

대중교통
버스 서울남부터미널-서산, 하루 31회(06:30~20:00) 운행, 약 2시간 소요 / 동서울종합터미널-서산, 하루 4회(07:20, 10:25, 14:30, 18:10) 운행, 약 2시간 소요 / 센트럴시티터미널-서산, 하루 47회(06:00~21:50) 운행, 약 1시간 50분 소요

자가운전
서해안고속도로 해미IC→해미읍성→29번국도(서산 방향)→대교천 지나 한다리길로 우회전→계암고택

숙박
계암고택(명품고택) 음암면 한다리길, 041-688-1182, www.gyeam.net 유기방가옥 운산면 이문안길, 041-663-4326 프리마모텔 서산시 읍내6로, 041-667-7774 스카이모텔 서산시 동헌로, 041-668-7822 메르디앙모텔 서산시 동헌로, 041-668-1222

맛집
진국집 게국지, 서산시 관아문길, 041-665-7091 경성식당 게국지, 서산시 대사동5로, 041-667-3333 산해별미 꽃게장, 서산시 대사동5로, 041-663-7853 서산불고기 백반의신 불고기, 서산시 율지19길, 041-663-6659

098 조선왕가
경기 연천군

왕가의 기품이 서린 한옥

여행 내비게이션

여행 콘셉트 한옥스테이와 함께 하는 힐링 여행
추천 일정 1박 2일 **추천 교통** 자가운전 **추천 계절** 사계절
Must Do 1. 흔하지 않은 고구려의 흔적 만나보기 2. 전곡선사박물관에서 구석기 체험
3. 당포성, 호로고루성 등 고구려 성에 올라 임진강 바라보기
4. 태풍전망대 등 분단현장 체험하기 5. 한탄강 민물매운탕 맛보기

---

1 조선왕가의 야경

PART 4. 겨울 : 한옥마을

한옥스테이 '조선왕가'는 조선 말기 황실에서 지은 한옥을 옮겨 만들었다. 조선왕가에서 가장 중요한 건물인 염근당은 원래 서울시 종로구 명륜동 성균관대학교 옆에 있었는데, 대학 기숙사에 터를 내주고 사라질 운명이었다. 위기에 처한 염근당을 연천군으로 옮겨 지은 사람은 조선왕가의 주인 남권희·김미향 씨 부부다.

염근당에서는 건물 해체 도중 집주인이 누구인지 밝혀줄 상량문이 발견되었다. 상량문에는 이 집을 지은 사람이 고종 황제의 손자 '이근'이며, 건물의 이름이 '미나리처럼 혼탁한 물속에서도 추운 겨울을 이기고 자라는 기상을 생각하는 집'이라는 뜻의 '염근당'이라는 내용이 기록되어 있었다. 황손의 집이 어떤 모습인지 알 수 있는 귀중한 한옥인 것이다. 남권희·김미향 씨 부부는 염근당을 연천으로 옮겨 짓는 동안 기둥 하나, 장대석 하나 다치지 않고 조선 시대 건축양식에 맞게 복원되도록 꼼꼼히 살폈다. 여러 전문가의 도움이 있었다고 해도 99칸 한옥을 옮기는 일이 만만치 않았을 것이다.

조선왕가의 한옥은 본채인 염근당과 행랑채인 사반정, 별채인 자은정으로 구성됐다. 조선왕가의 손님맞이는 편의시설이 자리한 현대식 건물 1층에서 시작된다. 이곳에서 입·퇴실 절차와 식사 예약을 마치고 한옥으로 건너가 편안히 쉴 수 있다.

염근당은 황손의 집답게 장대석을 높이 쌓은 기단 위에 우뚝 자리한다. 대청마루를 중심으로 좌우로 뻗은 건물은 'ㄷ'자 모양이다. 주련으로 장식된 기둥과 대들보는 일반 민가에서 보기 드문 곧게 뻗은 나무를 사용했다. 어디 하나 금 가고 터지지 않은 나무를 보면 오래전 지은 집이라는 사실이 믿기지 않는다. 모두 궁궐을 지을 때 쓰이는 잘 말린 금강송을 사용했기 때문이다. 그래서인지 염근당은 휜 나무를 그대로 사용해 푸근한 곡선미를 보여주는 민가에 비해 반듯한 위엄이 서려 있다. 저절로 발걸음을 조심조심 떼게 되는 공간이다.

염근당을 내려서면 대문채인 사반정이 있다. 'ㅡ'자 건물인 사반정에는 연천평야가 한눈에 들어오는 누마루가 있다. 따뜻한 햇볕이 내리쬐는 한낮, 이곳에 앉아 차 한잔 마시며 여유를 즐겨도 좋겠다. 염근당 뒤편에 자리한 자은정은 이 집의 별채다. 연천으로 온 주인 부부가 처음 기거하던 곳인데, 지금은 여러 가족이 함께 머물 수 있는 공간으로 준비되었다. 명륜동 시절엔 고 박정희 대통령도 자주 들른 집이다.

조선왕가에서는 숙박 외에 다양한 체험을 할 수 있다. 여러 가지 약재를 넣어 끓인 물로 온몸의 독소를 빼내는 왕가비 훈욕 테라피, 황토견백찜질방에서 찜질하기, 약재 가루를 넣어 비누 만들기 등이다. 봄부터 가을까지는 글램핑장도 운영된다. 이곳에서 직접 발효시켜 만든 여러 가지 효소차와 약선 음식을 카페테리아에서 맛볼 수 있으며, 단 식사는 예약해야 한다.

추천 여행지

당포성

당포 샛강과 한탄강이 합수되는 임진강변에 세워진 성으로 사적 제 468호다. 삼각형 모양의 절벽 위에 세운 석성으로 국경선 역할을 했다. 고구려가 임진강변을 따라 새로운 국경선을 만들면서 백제와 신라를 방어하기 위해 최초로 쌓은 전초기지다. 호로고루성, 은대리성과 함께 우리나라에 남아 있는 고구려 성으로 잘 알려져 있다.

숭의전지

조선시대 때 고려 태조를 포함해 7왕의 위패를 모시고 고려를 위한 제사를 지냈던 사당이다. 조선을 건국한 태조 이성계가 고려의 시조인 태조 왕건의 제사를 지내기 위해 창건한 이후 정종 때 태조를 비롯한 혜종, 정종, 광종, 경종, 성종, 목종, 현종 등 고려왕조에서 업적이 뛰어난 7명의 왕과 15명의 공신을 숭의전과 배신청에 각각 모셨다. 숭의전, 배신청 외에 이안청, 전사청, 앙암재 등의 전각으로 구성되어 있으며 사적 제 223호로 지정되어 있다.

전곡선사박물관

1978년에 주한 미군으로 우리나라에 온 그렉 보웬이 아슐리안형 주먹도끼를 발견하면서 알려지기 시작했다. 전곡리에서 발굴된 아슐리안형 석기는 동아시아에서 최초로 발견된 것으로 아프리카와 유럽에서만 발견되어 동아시아의 구석기문화를 수준 낮게 평가하던 뫼비우스의 학설을 뒤집는 결정적인 계기가 되었다. 주먹도끼의 다양한 모양, 매머드 뼈로 지은 집의 형태, 아프리카부터 한반도까지 걸어서 이동한 구석기인의 삶을 보여주는 영상물 등 선사시대의 이해를 돕는 다양한 전시가 펼쳐진다.

1 당포성 2 연천 숭의전지 3 전곡선사박물관
4 조선왕가에서 맛볼 수 있는 아침식사

추천 일정

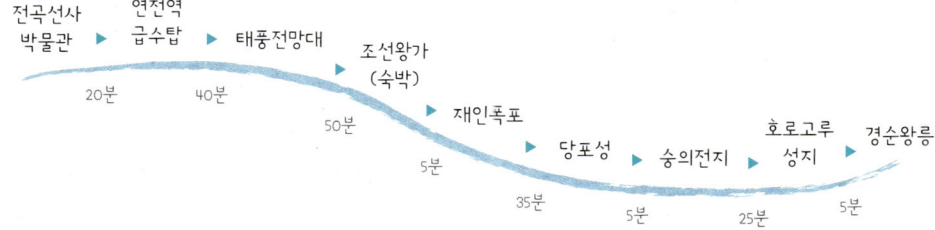

연천역급수탑 | 가까운 신탄리역에서 연천시티투어가 연계돼요
태풍전망대 | 신분증이 필요해요. 겨울에는 전망대 가는 길에 두루미 생태관찰대에서 두루미를 볼 수 있어요
전곡선사박물관 | 전시관 입구에 세계를 깜짝 놀라게 했던 구석기 유물이 전시되어 있어요

불탄소가든

조선왕가 한방차

임진강 주상절리

여행 정보

웹 페이지와 전화
연천군청 문화관광 031-839-2061, www.iyc21.net/_yc/tour/a06_b09_c01.asp **조선왕가** 031-834-8383, www.royalresidence.kr **전곡선사박물관** 031-830-5600, www.jgpm.or.kr

대중교통
버스 지하철 4호선 수유역 인근 수유역(강북구청) 버스 정류장에서 일반버스 36번 승차, 한국농촌공사 · 전곡읍사무소 정류장에서 일반버스 56번으로 환승, 8297부대 정류장에서 하차, 조선왕가까지 약 140m 도보 이동

자가운전
서울외곽순환고속도로 → 의정부IC → 3번국도 → 양주시 → 동두천시 → 소요산역 → 청산면 소재지 → 대전삼거리 → 양촌삼거리 → 궁평삼거리 → 고문리삼거리 → 조선왕가

숙박
조선왕가 연천읍 현문로, 031-834-8383, www.royalresidence.kr **초성모텔** 청산면 청신로, 031-835-2610

맛집
불탄소가든 민물매운탕, 연천읍 현문로, 031-834-2770 **한탄강오두막골** 가물치구이 · 민물새우탕, 청산면 청창로 141번길, 031-832-4177 **나능이** 능이버섯백숙, 전곡읍 평화로, 031-833-9988

축제 및 행사
전곡구석기축제 매년 10월 중, 031-839-2561, http://festival.goosukgi.org

099 조견당&우구정가옥
강원 영월군

따뜻한 온기가 담긴 추억의 옛집

여행 내비게이션

여행 콘셉트 따뜻한 추억이 담긴 한옥 나들이
추천 일정 1박 2일 **추천 교통** 자가운전 **추천 계절** 사계절
Must Do
1. 조견당에서 하룻밤 묵기 2. 고택에 대한 사연 듣기 3. 우구정가옥 구들 체험
4. 한반도 지형 산책

PART 4. **겨울** : 한옥마을

겨울의 문턱에서 한옥 여행을 꿈꾸는 것은 따뜻함에 대한 추억과 동경 때문이다. 영월 조견당과 우구정가옥은 겨울에 가볼 만한 전통한옥이다. 백년 세월을 뛰어넘은 두 옛집은 서로 다른 개성을 뽐내며 한옥으로의 여행을 부추긴다.

조견당은 옛것과 새것이 적절하게 조화를 이룬 한옥이다. 느티나무 고목 아래의 안채는 1827년에 상량을 올렸으니 그 세월이 200년 가까이 된다. 안채 대청마루의 천장을 떠받친 웅장한 대들보만 봐도 당시의 위세를 짐작할 수 있다. 조견당은 한 때 99칸이 넘는 규모로 중부지방 양반집을 대표하는 전통가옥이었다. 한국전쟁 등을 거치며 나머지 가옥들은 대부분 손실되고 현재는 안채만 남아 있다. 조견당은 강원도 문화자료 71호에 등재돼 있으며, 김종길가옥으로도 불린다. 조견당 밖으로 나서면 주천읍내와 주천강이 걸어서 닿는 거리다.

조견당의 독특한 점은 한옥에서 단순히 하룻밤 묵는 것만이 아니라 종부가 직접 들려주는 고택의 사연과 함께할 수 있다는 것이다. 안채 외벽에 새겨진 문양과 집의 역사에 관한 소소한 얘기를 종부로부터 직접 들으면 고택에서의 하룻밤은 더욱 잔잔하게 새겨진다. 하룻밤 숙박료는 8만~30만 원까지 다양하다.

남면의 우구정한옥은 시골 전통집의 정서가 남아 있는 한옥이다. 100년을 넘어선 한옥은 큰 자리바꿈 없이 옛 모습을 고스란히 간직하고 있다. 장작을 때는 아궁이며, 아궁이 위에 가마솥까지 어렸을 적 시골 할머니댁에 놀러온 듯한 푸근한 풍경을 만들어낸다. 집 밖으로는 배추밭이 펼쳐져 있고, 밭 너머로는 평창강이 흐르는 그윽한 시골마을에 우구정가옥이 들어서 있다.

우구정가옥은 안채, 사랑채, 헛간채로 구성된 'ㅁ'자 형태의 기와집이다. 자연석으로 기단을 만들고 안채 뒤로 돌담을 두른 중부 영서지방의 전통가옥 형태를 띠고 있다. 방은 안채, 건넌방, 사랑방 등 단출하게 3개다. 이들 방들은 모두 장작을 이용해 구들에 불을 땐다. 방들 옆에는 대청마루와 툇마루가 붙어 있고 창호 문만 열면 소소한 시골 정경이 펼쳐진다. 하룻밤 묵는 비용은 5만~13만 원이다.

1 우구정가옥 전경
2 우구정가옥 장작불
3 조견당 전경

추천 여행지

장릉
단종의 능으로 유네스코에 등재된 세계문화유산이기도 하다. 단종에 얽힌 사연들은 구구절절 구슬프다. 12세에 왕위에 올라 숙부인 수양대군에게 3년 만에 자리를 뺏긴 단종은 영월 청령포에 유배된다. 17세에 죽임을 당한 이후에 동강에 떠내려가는 시신을 수습해 이곳 장릉 지역에 매장했다고 한다. 장릉 내에서는 단종의 일대기를 연대기식으로 전시한 단종역사관도 함께 둘러보면 좋다.

요선정
주천읍내에서 법흥사로 향하는 길목에 위치한 요선정은 말뜻 그대로 '신선이 놀던 정자'의 풍취를 지녔다. 정자 위에 올라서면 법흥계곡의 수려한 물길이 아득히 펼쳐진다. 숙종이 하사한 어제시도 걸려 있고 오층석탑과 바위에 새겨진 마애불상도 운치를 더한다. 요선정 앞 요선암의 돌개구멍은 하천의 하식기능을 보여주는 특이지형으로, 천연기념물로도 등재됐다.

선암마을 한반도 지형
영월의 특이지형 중 선암마을의 한반도 지형은 이제 전국적인 명성을 얻는 곳이다. 한반도 지형은 삼면이 바다로 둘러싸인 우리 국토와 쏙 빼닮았다. 동쪽은 높고 서쪽은 낮으며 백두산과 호미곶 같은 특이지형도 지녔다. 한반도 지형은 평창강과 주천강이 만나기 전 강물이 크게 휘돌면서 조성된 것으로 하안단구 등을 관찰할 수 있다. 탐방로 초입에서 전망대까지 가는 길에는 회양목 군락지와 쉼터도 마련돼 있어 호젓한 산책을 즐기기에도 좋다.

1 주천 섶다리 2 주천 두부버섯전골 3 한반도 지형

추천 일정

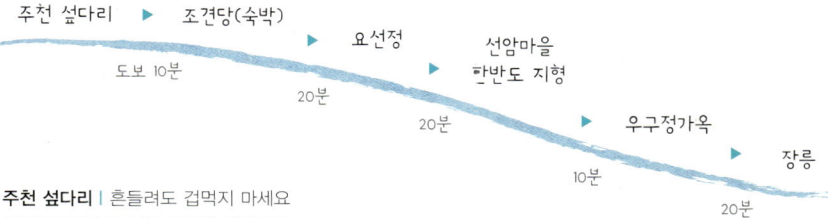

주천 섶다리 ▶ 조견당(숙박) ▶ 요선정 ▶ 선암마을 한반도 지형 ▶ 우구정가옥 ▶ 장릉
도보 10분 · 20분 · 20분 · 10분 · 20분

주천 섶다리 | 흔들려도 겁먹지 마세요
조견당 | 종부의 고택 설명을 들어봐요
한반도지형 | 우리가 사는 곳을 살펴봐요
우구정가옥 | 장작불에 고구마를 구워요
장릉 | 단종의 슬픈 사연을 되새겨 보아요

여행 정보

웹 페이지와 전화
영월군청 문화관광 033-370-2037, http://ywtour.com
조견당 033-372-7229, www.jogyundang.com 우구정가옥 033-372-5704, 010-7160-5714

대중교통
버스 동서울종합터미널-영월, 1일 13회 운행, 2시간 20분 소요 / 센트럴시티터미널-영월, 1일 4회(10:00, 13:30, 19:00, 20:30) 운행, 2시간 30분 소요
기차 청량리-영월, 무궁화호 1일 7회(07:10~23:15) 운행, 2시간 15분~2시간 45분 소요

자가운전
중앙고속도로 신림IC→주천 방면 88번도로→주천읍내→조견당

숙박
조견당 주천면 고가옥길, 033-372-7229 우구정가옥 남면 들골안길, 033-372-5704 동강시스타 영월읍 사지막길, 033-905-2000, www.cistar.co.kr

맛집
주천묵집 메밀묵밥, 주천면 솔치로, 033-372-3800 청산회관 곤드레밥, 영월읍 중앙로, 033-374-2141 풍류관 꺼먹돼지구이, 주천면 서강로, 033-372-8851

100
청송한옥민예촌
경북 청송군

TV 없던 선조들의 심심한 일상을 체험해볼까

여행 내비게이션

여행 콘셉트 잘 지은 전통한옥에서 느긋한 하룻밤 보내기
추천 일정 1박 2일 **추천 교통** 자가운전 **추천 계절** 사계절
Must Do
1. 한옥민예촌 내 한옥 순례 2. 심수관도자기 감상 3. 달기약수 마시기
4. 솔기온천에서 온천욕 즐기기 5. 객주문학관에서 책 읽기

PART 4. 겨울 : 한옥마을

1 청송한옥민예촌 전경
2 대감댁의 대청마루
3 전통기법으로 쌓은 담장

청송에는 오랜 역사를 간직한 아름다운 고택들이 많다. 그 고택들의 멋을 고스란히 옮겨놓은 곳이 주왕산 입구에 자리한 청송한옥민예촌이다. 대감댁, 영감댁 등 총 8동은 대부분 청송에 있는 고택을 모델로 지어, 청송군의 전형적인 가옥을 한자리에서 감상할 수 있다. 대감댁은 송소고택이 있는 덕천마을 가옥 중 초전댁을 재현한 것으로, 상류층 양반집 형태를 감상할 수 있다. 솟을대문을 지나 들어가면 마당이 나오고, 사랑채 문을 통과하면 'ㅁ'자형 안마당에 이른다. 안채와 사랑채, 대문채까지 방이 여러 개 있고 넓은 대청마루가 인상적이다. 영감댁은 안방과 사랑방, 자녀 방이 'ㄱ'자로 배치되었다. 마루로 연결돼 쉽게 오갈 수 있고, 마당 한켠에 디딜방아가 있어 방아 찧는 흉내를 내며 아이들이 즐거워한다.

정승댁은 덕천마을 송소고택의 안채를 재현한 것으로, 가운데 대청을 중심으로 방이 대칭으로 배치되었다. 대청마루에는 문이 달려 방처럼 사용할 수도 있고, 문을 들어 올려 처마에 걸면 탁 트인 마루가 된다. 뒷문까지 열면 바람이 통해 여름철에 시원하게 머물기 좋다. 마당이 넓어 다양한 놀이 공간으로도 활용할 수 있다. 요즘엔 잔디 깔린 마당을 선호하지만 전통 한옥에서 마당은 흙을 그대로 두었다. 마당에서 집안 대소사를 치르거나 수확한 농산물을 말리기도 하며, 마당에 반사된 빛이 방을 환하게 하는 효과도 있기 때문이다.

이밖에 'ㄷ'자형 건물에 누마루가 인상적인 훈장댁, 농민이나 서민의 가옥 구조를 보여주는 참봉댁과 생원댁, 외양간이 있는 교수댁, 마당어 넓은 평상을 펼쳐놓은 주막 등이 있다. 집마다 생김이 다르고 개성이 있어 한 집 한 집 둘러보는 재미가 쏠쏠하다. 대부분 기와집인데, 생원댁과 주막 등은 이엉을 정성스레 올린 초가라 정감이 간다. 청송을 대표하는 작가 김주영의 〈객주〉에 나올 법한 주막에 앉으면 국밥에 막걸리 한잔 생각이 절로 난다.

한옥마을에는 TV가 없다. 선조들의 생활을 느껴보도록 방에 TV를 비치하지 않았다고. 습관적으로 보던 TV가 없으니 아이들은 마당에 나가 투호 같은 전통 놀이를 하거나, 동네를 산책하거나, 책을 꺼내 든다. 돌을 섞어 쌓은 토담이 보기 좋고, 부드러운 곡선을 그리는 토담을 따라 걷는 골목길이 운치 있다. 민예촌 뒤로 산책로가 있고, 고개를 들면 청송의 명산 주왕산이 멀리 보인다.

추천 여행지

심수관도예전시관
민예촌 옆에 자리한 도예촌에는 심수관도예전시관, 청송백자전시관, 전통가마, 도예공방이 한데 모여 있다. 임진왜란 후 끌려간 도공이 일본에서 우리 전통 기법으로 빚어낸 심수관가의 도예 작품은 섬세하고도 아름답다. 청송군수석꽃돌박물관도 민예촌 바로 앞에 있으니 들러볼 것.

송소고택
청송을 대표하는 고택으로, 조선시대 만석꾼 청송 심씨의 7대손이 새로 지어 9대까지 부를 누리고 살던 집이다. 대문채, 사랑채, 안채, 별묘, 방앗간까지 두루 갖춰 경북 지역의 전형적인 양반집을 보여준다. 송소고택에서 고택 숙박 체험이 가능하며, 마을에 역사 깊은 고택이 여러 채 있다.

솔기온천
읍내에서 달기약수 방면으로 가는 길에 있다. 미끌미끌한 물이 좋아 일부러 온천욕을 하러 청송에 올 정도다. 지하 710m 암반에서 솟아오르는 pH 9.1의 알카리성 중탄산나트륨 천연온천으로, 일반 온천수보다 알카리 성분이 높은 편이다. 피부미용, 노화방지, 근육통, 류머티스 질환, 만성피부염, 알레르기성 질환에 효과가 있다고.

달기약수탕
조선시대에 발견한 약수로, 마시면 속이 편안해진다. 달기약수 주변으로 식당이 즐비한데, 모두 약수를 넣고 끓인 닭백숙을 상에 올린다. 약수 덕에 쫄깃해진 닭고기와 국물에 푹 퍼진 녹두죽을 한 그릇 먹으면 겨울에도 땀이 맺히고 속이 든든하다. 닭살을 잘게 다지고 매콤한 양념으로 구운 닭불고기도 일품이다.

객주문학관
2014년 진보면에 문을 연 객주문학관은 10권으로 완결된 소설가 김주영의 〈객주〉를 테마로 한 곳이다. 선생은 소설을 연재하는 동안 실제로 전국의 오일장을 떠돌며 현장에서 원고를 집필해 '길 위의 작가'라고 불린다. 원고지 대신 대학 노트를 들고 다니며 글을 썼는데, 깨알 같은 글씨가 가득 적힌 육필 원고가 독특하다.

1 심수관도예전시관 2 송소고택 3 솔기온천 4 달기약수로 요리한 닭백숙 5 객주문학관 내부 전시물

추천 일정

객주문학관 ▶ 군립청송 야송미술관 ▶ 솔기온천 ▶ 소헌공원 ▶ 송소고택 ▶ 달기약수탕 닭백숙 ▶ 청송한옥민예촌(숙박) ▶ 주산지 ▶ 주왕산 ▶ 도예촌 ▶ 청송군수석꽃돌박물관

15분 / 40분 / 3분 / 10분 / 20분 / 30분 / 20분 / 20분 / 10분 / 도보 3분

청송한옥민예촌 | 주왕산, 주산지가 지척이에요
객주문학관 | 세련된 전시장과 풍부한 전시 내용에 반해요
솔기온천 | 매끌매끌 피부천사로 변신해보세요
송소고택 | 무료 자전거(2인용)로 마을을 달려요
달기약수탕 | 백숙 먹은 뒤에 나오는 죽이 별미!

영감댁 디딜방아

솔기약수탕 원탕

청송한옥민예촌

여행 정보

웹 페이지와 전화
청송관광안내소 070-7719-6244, http://tour.cs.go.kr 청송한옥민예촌 054-874-9098, www.cctf.or.kr 송소고택 054-874-6556, www.송소고택.kr 솔기온천(주왕산온천관광호텔) 054-874-7000, www.juwangspahotel.co.kr 객주문학관 054-873-8011, gaekju.com

대중교통
버스 동서울종합터미널-청송, 하루 6회 운행, 4시간 10분 소요 / 대구동부터미널-청송, 하루 14회 운행, 2시간 30분 소요.

자가운전
중앙고속도로 서안동IC→안동→남순환로→충효로→청송교차로 우회전→청송로→청운삼거리 좌회전→주왕산로→청송한옥민예촌

숙박
청송한옥민예촌 부동면 주왕산로, 054-874-9098 주왕산온천관광호텔 청송읍 중앙로, 054-874-7000, www.juwangspahotel.co.kr 나이스모텔 부동면 주왕산로, 054-874-3651 청송자연휴양림 부남면 청송로, 054-872-3163, http://csforest.co.kr

맛집
달기약수닭백숙 토종닭백숙, 청송읍 약수길, 054-873-2351 송이가든 자연산송이버섯전골, 부동면 주왕산로, 054-874-0066 청솔식당 산채정식, 부동면 공원길, 054-873-8808 송림정 한식, 파천면 중평병부길, 054-873-6300

축제 및 행사
청송사과축제 매년 11월, 054-873-3686, http://tour.cs.go.kr 주왕산수달래축제 매년 4월 말~5월 초, 054-873-3686

사시사철 주말여행 프로젝트

2015년 7월 27일 초판 1쇄 펴냄

지은이 한국관광공사
참여작가 김숙현 문일식 박성원 서영진 오주환
　　　　　유연태 이정화 장태동 정은주 한은희
발행인 김산환
편집인 조동호
편집 정다움
디자인 이아란
영업 신경국
펴낸곳 꿈의지도
인쇄 다라니
출력 태산아이
종이 월드페이퍼
주소 경기도 파주시 광인사길 68 성지문화빌딩 401호
전화 070-7535-9416
팩스 031-955-1530
홈페이지 www.dreammap.co.kr
출판등록 2009년 10월 12일 제82호

ISBN 979-11-86581-42-1-13980

* 이 책의 판권은 지은이와 꿈의지도에 있습니다.
　지은이와 꿈의지도 허락 없이는 어떠한 형태로도 이 책의 전부, 또는 일부를 이용할 수 없습니다.
* 잘못된 책은 바꾸어 드립니다.

대한민국 구석구석 www.visitkorea.or.kr
한국관광공사가 운영하는 국내 최대 여행 정보 사이트. 관광지·음식점·숙박·축제 등 3만5,000건의 DB와 테마별·시기별 여행기사 제공.

대한민국 구석구석 앱
대한민국 구석구석 관광정보를 모바일로 간편하게 볼 수 있게 만든 앱.

굿스테이 www.goodstay.or.kr
문화체육관광부와 한국관광공사가 인증한 중저가 숙박시설 우수 브랜드.

한옥스테이 www.hanokstay.or.kr
전통 한옥에서 숙박 체험을 할 수 있게 한국관광공사가 인증한 숙박 브랜드.

스마트투어가이드
우리나라 대표적인 관광지의 역사와 문화를 음성으로 소개해주는 '오디오 가이드 앱' 서비스.

1330관광안내전화
내·외국인 관광객에게 국내여행 안내 및 관광통역서비스를 지원하는 관광안내 대표전화.

※이 책의 정보는 2015년 7월 15일을 기준으로 하였습니다. 이후 사정에 따라 정보가 바뀔 수 있습니다.
※사진을 협조해주신 가평군청, 강릉시청, 고흥군청, 국립고흥청소년우주센터, 국립생태원, 국립수목원, 남원시청, 달성군청, 덕유산국립공원관리사무소, 밤별캠핑장, 보령시청, 보성군청, 비봉내마을, 서울 현충원, 설악워터피아, 세계자연유산관리단, 순천시청, 옥천군청, 울산광역시, 울진군청, 익산시청, 창원시청, 충북도청, 충주시청, 태백 365 세이프타운, 풍기온천리조트, 화천군청, 홍천군청(이상 가나다 순) 등 여러 관계자에게 감사드립니다.